Erkenntnisgrundlagen zur
Bhagavad Gītā

Heinz Grill

Erkenntnisgrundlagen zur Bhagavad Gītā

Mit dem Originaltext der Bhagavad Gītā

Stephan Wunderlich Verlag

Dem Originaltext der *Bhagavad Gītā* liegt in dieser Ausgabe die Übertragung aus dem Sanskrit ins Englische von Śrī Aurobindo zugrunde (The Gita, with text, translation and notes compiled from Śrī Aurobindo's Essay on the Gita, herausgegeben von Anilbaran Roy, Śrī Aurobindo Ashram, Pondycherry 1954 bzw. 1977).

Die Übertragung aus dem Englischen besorgten Heinz Kappes und Rolf Hinder unter Mitarbeit von Jürgen Genings. Die in Klammern befindlichen Textpassagen, Erläuterungen oder Titel wurden, soweit nicht als solche des Übersetzers kenntlich gemacht, von Śrī Aurobindo resp. Roy dem Text der *Gītā* hinzugefügt.

Die freundliche Genehmigung zur Verwendung der Übersetzung erteilte der Aquamarin Verlag, Grafing.

Fotos und Zeichnungen in dieser Ausgabe stammen von Yva Ev (S. 104, 120, 128, 237) und R. R. (S. 20 unten, 37, 53, 86, 93, 107, 113, 148, 232, 248, 315, 317, 351, 356), Martin Sinzinger (S. 24, 347), Josefo (214, 219 oben, 221, 270), Walter Gruber (S. 20 oben), Geert de Neve (S. 311) und Melissa Winter (alle restlichen). Das Layout besorgte Stephan Wunderlich nach Ideen von Heinz Grill.

IMPRESSUM

Stephan Wunderlich Verlag
Gorheimer Str. 16
D-72488 Sigmaringen
Tel.: +49 (0) 7571 - 725736
Fax: +49 /0) 7571- 1854997
E-Mail: info@stw-verlag.de
Internet: www.stw-verlag.de

ISBN: 978-3-948803-18-6

Autor: Heinz Grill, www.heinz-grill.de

Druck: FINIDR s.r.o. Česky Tešín

II Kṛiṣṇa und Arjuna 75

III Die Opfergabe und das reine Handeln 105

Inhalt

Vorwort

Die Vorträge, die in dem Buch »Erkenntnisgrundlagen der *Bhagavad Gītā*« niedergeschrieben sind, liegen mittlerweile mehr als 25 Jahre zurück. Wenn ich heute diese damals frei gesprochenen Vorträge übernehme und mit vielen weiteren zusätzlichen Inhalten ausschmücke, ergänze und auf eine noch bessere praktische Verständnisgrundlage führe, fühle ich mich wie einer, der in der Wüste ruft oder wie ein einsam im Zimmer sitzender Mönch, der seine Stimme besser zu den letzten Außenseitern, die es im Leben noch gibt, richtet, denn das Interesse für geistige Inhalte mit tiefsinnigem Charakter ist über die Jahre hinweg weit zurückgegangen.

Die *Bhagavad Gītā* spricht von einem Kampf und meint aber nicht unbedingt jenen gewaltsamen Aktionismus der weltlichen Machtspiele, sondern vielmehr spricht sie zur Seele und ihren innersten Kämpfen, dem Aufsteigen und Gewahrwerden zum Geiste und zu größter Vollkommenheit. Die meisten Personen, die mit dieser Schrift der *Gītā* und ihren wunderschönen Versen konfrontiert werden, stören sich sofort an der blutrünstigen gefühllosen Kampfsituation und finden es besonders anstößig, dass die Gottheit den Schüler zu einem unendlich schrecklichen Werk anstiftet, ja nicht nur anstiftet, sondern ihn sogar zur Pflicht des Kämpfens zwingt. Die heutige Zeit ersehnt friedvolle, schnell versöhnliche und mütterlich fürsorgliche Gefühle im Sinne einer liebevollen Welt und muss sich an der kompromisslosen erschütternden Bewegtheit der vielen Kräftespiele, die auf den Ebenen Geist, Seele und Welt stattfinden, erschrecken. In der Wirklichkeit aber ist die *Bhagavad Gītā*, wenn man sie nur genau erarbeitet und sorgfältig mit ihren Ebenen der Unterscheidung prüft, eine großartige Friedensbotschaft, denn sie wählt nicht den Kampf um Macht, sondern um höchste Reinheit, Güte, Erkenntnis und möchte zu einer besten universal friedvollen Ausstrahlung des Menschen beitragen.

Für die dritte Ausgabe erschien es mir geeignet, die gesamte *Bhagavad Gītā* mit ihren Versen in Transkription und der Übersetzung von Aurobindo abzudrucken. Die freundliche Genehmigung des Aquamarin-Verlags ermöglichte diese weitere Ergänzung.

Gerne erinnere ich mich beim Schreiben der Gestaltungen und Zusätze dieser Ausgabe an meine Sanskritprofessorin Bhagyalata aus Pune und auch an Francis Xavier D'Sa, der eine große Wertschätzung zu diesem indischen Werk besitzt. Die Angaben, die Rudolf Steiner im Werk »Die *Bhagavad Gītā* und die

Paulusbriefe« machte und die einen außerordentlich tiefsinnigen Charakter des geistigen Schauens beinhalten und die Schriften von Śrī Aurobindo über die *Bhagavad Gītā* in ihrer rhythmischen Wortvielfältigkeit lassen eine tiefe Empfindung in der Seele entstehen. Der Geist, wenn auch heute nicht mehr beliebt, lebt dennoch auf unsichtbare und doch sehr nahe Weise in der Weltenschöpfung.

In dieser dritten Auflage war es mir wichtig, einige Gestaltungselemente, die den Text einigermaßen oder wenigstens in ersten leichten Annäherungen illustrieren, hinzuzufügen. Die Dreiecksformen in hochgerichteter Ausdrucksgebung erschienen mir hierzu günstig. Wenn man die Verse der *Bhagavad Gītā* liest, wird der Leser unweigerlich auf die philosophischen, dreigegliederten Erklärungsschritte aufmerksam, die wohl in dieser Zeit nicht untypisch waren, da sie als kosmische Wirklichkeitsdimension erlebt wurden.

Die *Bhagavad Gītā* erstrebt erstmals eine Synthese von Geist und Welt. Die Dreiheit in ihrer vielfältigen Erscheinungsweise kann diese Verbindung von einer geistigen Welt mit einer seelischen Wirklichkeit und irdischen Erscheinungsweise ermöglichen. In diesem Sinne kann die Gestaltung des Dreieckes verstanden werden.

Heinz Grill

Lundo, am 5. Mai 2024

ātma
buddhi
manas

1 Der östliche und der westliche Weg

Vortrag vom 28.10.1995

1 Bhagavān ist der Herr oder der Gedanke

Himmel und Erde beschreiben die Welt von Geist und Materie. Sie sind, obwohl sie zunächst Gegensätze darlegen, eine faszinierende Melodie oder Komposition in einer höchst exakten, bestehenden, zusammenwirkenden und daher einheitlichen Realität. Sie sind makellos aufeinander abgestimmt und tragen sich wie eine Musik in der Seele des einzelnen Menschen zur Offenbarung. Das menschliche Individuum vereint himmlische und irdische Kräfte und repräsentiert willentlich und unwillkürlich in der Welt ein einzigartiges Geheimnis.

Die *Bhagavad Gītā* ist, wie die wörtliche Übersetzung zeigt, das Lied des Herrn. *Gītā* heißt Lied und *bhagavān* ist der Herr. Da sie auf den ersten Blick für den Menschen, der in der abendländischen, christlichen Kultur erzogen wurde, inhaltlich sehr fremd anmutet und in ihrem spirituellen Gehalt außerordentlich schwierig zu erfassen ist, sollen einmal einige erste Unterscheidungen erfolgen, die vor allem den östlichen Yogaweg charakterisieren und diesen in ein Verhältnis zum christlich-geistigen Weg stellen. Der östliche Weg besitzt eine sehr lange Tradition und zeigt von seiner gesamten Entstehungsgeschichte oftmals unverständliche und heute sehr schwer nachvollziehbare Gebräuche. In ihrer Mitte und in der gemeinsamen Quelle der Spiritualität, die sich nach und nach in der Zeitgeschichte sowohl im Osten als auch im Westen entfaltete, bilden die Wege jedoch ein Ganzes. Im Allerinnersten oder im heiligen Gemach der Lehren sind die östlichen, wie auch die westlichen Wege nicht sehr weit voneinander entfernt, sie besitzen eine Art immer wiederkehrende Mitte, die sich jedoch entsprechend der unterschiedlichen Kulturepochen mit sehr verschiedenen Gesichtern äußert.

Diese zunächst äußeren kulturellen Unterschiede bereiten dem Suchenden nicht gerade geringe Schwierigkeiten, denn die okzidentale Mentalität ist an das allgemein verfügbare Kulturgut gebunden und kann sich nur schwer in die östlichen Gebräuche hineinversetzen. Die erste Begrifflichkeit stellt bereits relativ große Anforderungen, wenn man das Wort Yoga genauer erfassen will. Yoga bedeutet vielleicht für den Unbefangenen und im ganz einfachen, profanen Verständnis mehr eine Arbeit mit Körperübungen, mit der sich ein gewisses Bewusstsein vorbereiten lässt, damit man zu mehr Ruhe und Harmonie findet. Die Begrifflichkeit des Yoga besitzt jedoch eine sehr lange Entwicklungstradition und sie ist nicht ohne ein kosmologisches Fühlen und Wahrnehmen zu erfassen. Würde das Wort Yoga auf Körperübungen reduziert werden, so wäre dieses Verständnis eine erhebliche Limitation.

Yoga ist nach dem indischen Verständnis weitaus mehr als eine körperliche Übungsdisziplin; er ist eine umfassende, mentale, verinnerlichte und willensfreudige Bemühung um die Verwirklichung der höchsten, weit gedachten und vollkommensten Ideale des Menschseins. Er bildet die Suche nach dem Ewigen, nach dem Einssein mit der Sphäre, die göttlich genannt wird. Die *Bhagavad Gītā* erzählt die Gesetze und die Lehre vom Yoga in einer anschaulichen, personifizierten Geschichte. Sie soll für die kommenden Beschreibungen mit ersten Überlegungen vor die studierenden Augen rücken. Es bedarf einiger zusätzlicher Ausführungen, die das Bewusstsein vorbereiten und zu den Begriffen hinführen, die in diesem gewaltigen Werk der *Bhagavad Gītā* enthalten sind. Es sollte nicht der Fehler erfolgen, dass man von seinem persönlichen Verständnis, wie etwa Spiritualität sein könnte, ausgeht oder, wie man es häufig gewohnt ist, eine sehr menschlich-moralisierende Bewertung über Gut und Böse diesem Schriftentum beifügt. Die *Gītā* erzählt von den großen Gesetzen der geistigen Welt und ist in allen Kapiteln wie eine reine Initiationsschrift, eine reine Form der Einweihung zu den höheren Welten zu verstehen.

Die östliche Art des Denkens entwickelte sich von den großen, tiefen Wahrheitsquellen inspiriert mehr intuitiv weiter, gemäß einer beseelten Sicht zum Unendlichen und einem Wahrnehmen zum sogenannten Kosmos. Der Geist war in diesen frühen Jahren sehr real und keinesfalls nur ein äußerer Glaube oder ein theoretisches Konstrukt. Früher war der Blick zu einem Ewigen sehr leicht zu bejahen und er lag wie ein sensibles Licht über dem Menschen. Der Yoga entstand sehr früh in Nordindien. Indien ist ein großes Kulturland, dem man für die Spiritualität eine gravierende Bedeutung beimessen muss. Es erstrahlt aus diesem subtropischen Land eine Inspiration für die ganze Welt. Es brachte immer wieder großartige Quellen in Form von erhabenen Personen und später von einem reichhaltigen Schrifttum hervor. Noch vor Beginn der Zeitrechnung entsprang, wie dies Rudolf Steiner ausdrückte, die altindische Kultur; sie war eine Kultur des Wissens, in sich sehr friedvoll, bewegt und noch intensiv mit dem Kosmos verbunden. Sie ist nun längst vergangen, wie beispielsweise auch die großartige ägyptische Kultur mit ihren Pyramiden. Im wechselnden Auf- und Abgleiten über die lichtvollen Kulminationspunkte

Die Schöpfung ist eine Einheit

Himmel und Erde, geistige Welt und irdische Erscheinung wirken in einem Mysterium melodisch und faszinierend zusammen. Trotz ihrer gegensätzlichen Offenbarung handelt es sich jedoch nicht um eine Einheit, die man romantisieren oder mit menschlichen Emotionen belegen könnte. Die begabte Seele mit ihrem Denken, Fühlen und Wollen will die vielen Widersprüchlichkeiten, die die weltliche Stimmung kreiert überwinden. Die Erzählung der *Bhagavad Gītā* beschreibt in konkreten Formen die geistige Wirklichkeit und lässt die menschliche Wahrnehmung zu einer größeren Bewusstseinsvorstellung aufsteigen und eine intakte Einheit mit logischen Gesetzen erleben.

der geschichtlichen Entwicklung verblieb Indien bis zum heutigen Tage ein ärmeres Land, jedoch noch mit restlichen Andeutungen von Zeitlosigkeit und spirituellen Empfindungen.

Um aber die damalige Zeit, in der es noch ein großartiges Wissen im alten Indien gegeben hat, etwas genauer zurückzuverfolgen, helfen sorgfältige Erwägungen und Überlegungen, die über die Art und Weise des damaligen Menschen aufgestellt werden, beispielsweise darüber, wie man in der früheren Epoche seelisch empfand. Wie fühlten die Menschen, die sich auf den Yogapfad begaben, wie war ihr Bewusstsein ausgerichtet? Die Menschen damals waren, wenn man den Vergleich anbringt, wie angenehme Blumen, auf die das Licht herniederscheint. Die sogenannte Ätherkonfiguration, die Formen der Lebenskräfte, die das Land begleiten, sind wie in ein Unten und ein Oben gegliedert. So wie die Pflanze irdisch ist und vom Licht der Sonne ernährt wird, im gleichen Maße erlebten und erleben manchmal bis heute noch die Menschen in Indien ihr irdisches Dasein (siehe Abbildungen S. 20).

Nachdem langsam die Hochkultur Indiens verflossen war, folgte die Zeit der Askese: das ist jene Periode, in der man durch Entsagung, sehr strengen Verzicht und vollkommene Zurückgezogenheit die Spiritualität gewinnen wollte. Im frühen Indien, in der altindischen Kultur, lebte noch ein Wissen, das ohne große Strenge dem Menschen zufloss: es war ein großartiges intuitives Wissen. Dieses Wissen ging nach und nach verloren und es folgte dann in logischer Weise der Weg der Entsagung, *saṁnyāsa*[1], bei dem die menschliche Willens- und Opferleistung wieder großartige Dimensionen gewann, die für den Abendländer und vor allem für die moderne Zeit nicht mehr vorstellbar sind. Die großen Asketen konnten auf jegliche Nahrung und Kommunikation verzichten; sie vermochten tatsächlich, allen Bedürfnissen des Lebens zu entsagen. In die Zeit, in der die Entsagung noch sehr thronte, kam die spirituelle Initiative einer genaueren Formulierung des Yoga, die die erste Grundlegung der *Bhagavad Gītā* hervorbrachte und dies reicht 3000 Jahre vor Christus zurück. Es entstand damals die Erzählung einer authentischen Geschichte von dem großen Krieg zwischen den *Kauravas* und den *Pāṇḍavas*, zwischen zwei Völkern, die real und zugleich bildhaft repräsentativ für das Gute und für das Böse sind. Es kam über die mündliche Überlieferung der Yoga in eine sehr klare Form, die dann später niedergeschrieben wurde.

---

1 *Saṁnyāsa* ist ein wichtiger Begriff für alle Methoden der Entsagung, des persönlich gewählten Weltenrückzugs, des bewussten Sich-Zurücknehmens von allen Verhaftungen, von Besitzesstreben, von weltlichen Geschäften und dem daraus resultierenden Gewinnstreben. Er bezeichnet einen großen Zweig der indischen Kultur und jener, der sich dieser Tradition widmet, gilt als ein *saṁnyāsin*, als ein Mönch, der sich von der Familie und allen Bindungen zurückzieht.

Der Begriff des Yoga wird heute leider nur noch mit Körperübungen assoziiert.

Die Wortwurzel, die dem Begriff Yoga zugrunde liegt, leitet sich von *yuj* ab und bedeutet verbinden, vereinen, trennende Gegensätze durch Erkenntnisse aufzulösen.

In Wirklichkeit bedeutet Yoga deshalb eine souveräne Führungskraft für das Bewusstsein, die der Einzelne aus einem vollreifen, inhaltlichen Denken und Wahrnehmen in das Leben hineinlegt.

Der einzelne Mensch gewinnt durch die geistigen Begabungen eine höhere Stellung, als es die Naturphänomene demonstrieren. Er führt gestaltend und veredelnd Haltungen innerhalb der Naturbedingungen aus. Yoga ist deshalb nicht nur eine Körperbeherrschung, sondern eine Fähigkeit einer idealen Gedanken-, Gefühls- und Willensleistung. In II/40 heißt es: *svalpam apy asya dharmasya* – schon ein wenig dieser Disziplin des Yoga, der Führung durch das Selbst, schützt vor der großen Gefahr, *trāyate mahato bhayāt*.

Die Begriffe Äther und Ätherleib

Im Allgemeinen wird der Begriff des Äthers mit *ākāsa* übersetzt und heißt so viel wie Himmel, oder der subtile Raum. Es ist jene feinstoffliche Ebene einer Sphäre, die alle energetischen Bewegungen auf der Erde bei Pflanzen, Tieren und Menschen steuert. Der menschliche Ätherleib ist mit diesen Himmelskräften oder feinstofflichen Energien verbunden. Das sind die Wärme, die lichte Durchdringung, die chemische Koordination und schließlich die proteinbildenden Substanz im vitalen Organismus.

Die ätherischen Verhältnisse auf der Erde bilden sich in sehr unterschiedlichen Ausdrucksformen ab. In Europa überwiegen die Charakteristiken der einzelnen Ätherkräfte, wie beispielsweise das lichte Prinzip in Italien oder das vitale Ätherprinzip in Deutschland.

Insgesamt gibt es vier Ätherarten: den Feueräther, den Lichtäther, den chemischen Äther und den vitalen Äther.

»Wie der das All durchdringende Äther aufgrund seiner Feinheit nicht beschmutzt wird, ebenso wird das Selbst, das überall im Körper weilt, nicht befleckt.« (II/24)

In Indien offenbaren sich sehr beschauliche Verhältnisse. Das Leben erscheint bodennah, da die oberen Äther von den unteren noch mehr getrennt erscheinen. Die sogenannten Wärme- und Lichtätherkräfte erstrahlen aus dem Kosmos, während der sogenannte chemische Äther oder vitale Äther bodennah und integrativ mit der Natur verbunden sind.

II Die Zeitgeschichte der Bhagavad Gītā

Die Zeit beinhaltet ein Geheimnis, wenn sie in ihrer Phänomenalität, wie sie dem Bewusstsein erscheint, betrachtet wird. Zunächst ist sie eine rein irdische Erfahrung, die sich durch die Zeitrechnung, sowohl in großen Perioden mithilfe des Kalenders, als auch in kleinen Dimensionen durch die Uhr darlegen lässt. Was ist die tiefere und tatsächliche Erscheinungsform der Zeit? Was ist ihr Mysterium, ihre verborgene Wirklichkeit? Ist die Zeit nach einer philosophischen Einschätzung ein Sein oder nur eine Art Einbildung mit erfahrbarem Charakter und dadurch eine sehr subjektive Wahrnehmung?

Die *Bhagavad Gītā* kann, historisch gesehen, in unterschiedliche Zeitrechnungen eingebunden werden. Nach religionswissenschaftlichen Forschungen wird sie meist auf die sogenannte Vedantaperiode, auf das Ende der Veden, datiert. Die vedische Periode, das Zeitalter des sogenannten Wissens, erscheint etwa von 1500 bis 500 vor Christus. Nach vielen traditionellen Auslegungen jedoch wird die Zeit der *Veda* sehr viel früher angegeben. Der Grund für den Unterschied in diesen Angaben liegt wohl darin, dass es in den früheren Zeitperioden nur die mündliche Überlieferung durch die sogenannte *śruti* gab, das sind Worte, die vom Lehrer direkt zum Schüler gesprochen wurden. Niederschriften von religiösen Inhalten gab es in den früheren Perioden der Kultur noch nicht.

Es gibt aber noch einen anderen Grund, der diese zeitlichen Differenzen rechtfertigt. Ähnlich wie eine Zeitphase im Erleben als sehr lange registriert oder im Gegensatz dazu auch als sehr kurz wahrgenommen werden kann, so kann das Gebilde des Zeitlichen zu unterschiedlichen Kulturepochen ganz variabel erscheinen. Das indische Geistleben besitzt in seinen ruhigen, kontemplativen Offenbarungen gewissermaßen einen zeitlosen Ausdruck. Das Leben gleitet, bildhaft gesehen, nahe am Erdboden entlang und der Geist schwebt wie übergeordnet über allen Phänomenen. Das Äußere erscheint und vergeht und die Schwelle des Todes nimmt für den Orientalen eine weniger entscheidende Bedeutung an, als für den Okzidentalen.

Das indische Geistleben ist durch die erwähnte Ätherkonfiguration, die in diesem Land vorherrscht, mehr in einer Art der natürlichen Beschaulichkeit gegründet. Der Geist lebt durch die Wärme- und Lichtbedingungen wie frei von dem Boden der Erde und schließlich auch freier vom Körper. Aus diesem Grunde lässt sich das zeitlose Empfinden in Indien noch bis zum heutigen Tage wahrnehmen. Die *Bhagavad Gītā* sollte unter diesen Aspekten der freien oberen und somit beschaulich erscheinenden unteren Welt gelesen werden.

Die Bodennähe, die nahezu bis zum heutigen Tage noch in geringem Umfang in Indien erlebbar ist, entwickelt sich aus einem Fühlen, dass alle Erscheinungen, die es gibt, einen kosmischen Ursprung besitzen.

Die sogenannte Äthersphäre gliedert sich in ein Oben und ein Unten auf.

Die Boote gleiten beispielsweise wie eine sanfte Berührung auf der Wasseroberfläche.

III Die Zeit der Veda

Die vedischen Schriften sind in vier Teile eingeteilt. Der älteste ist der *Ṛig-Veda*, mit vielen Hymnen, es folgen der *Sāma-Veda* und der *Yajur-Veda* und schließlich der *Atharva-Veda*. Die Niederschriften erfolgten etwa 1000 bis 500 Jahre vor Christus, wobei der Weise *Vyāsa* bereits sehr viel früher Texte verfasste und diese überlieferte.

Die altindische Kultur überlieferte ihre mystischen Schauungen auf mündliche Weise, wie bereits gesagt, über den Weg der *śruti*. Es war eine Zeit der kosmischen Mystik, in der sich der Einzelne sehr stark als Teil eines Ganzen empfand. Er fühlte den Kosmos als seine Heimat und das irdische Dasein immer und unaufhörlich von kosmischen Impulsen getragen und geführt. Die Welt der Sinne war für ihn nur eine Widerspiegelung eines kosmischen Einflusses. Sie war so viel wie ein Schneekristall im Frühjahr, der sich sehr bald den jahreszeitlichen Veränderungen hingeben musste. Das Vergängliche und Wandelbare war jedoch ein Teil eines göttlichen Gesamten. Es wurde in Einheit mit dem Kosmos empfunden.

Die Offenbarungen des *Veda* waren monistisch, im Sinne eines Einheitlich-Göttlich-Ganzem.

Die Überlieferungen aus dieser Zeit des *Veda* sind auf unpersönliche Weise geschehen. Es gibt keine Autoren, die einen Anspruch an die Urheberschaft dieser kosmischen Verkündigungen zum Werden des Menschseins und des geistig-göttlichen Daseins erheben.

Nicht ganz zu Unrecht kann man deshalb diese Zeit als eine Zeit des unpersönlichen und intuitiv lebendigen Wissens bezeichnen. Das Wort *Veda* leitet sich von *vid*, von Wissen ab. Es ist wie der wissende Weltenatem, der weisheitsvoll in der altindischen Kultur die Menschenseele belebte und ihr das Gefühl der Zugehörigkeit zu einem Ganzen bestätigte.

Das Wort Wissen bedarf einer sorgfältigen und im Vergleich zu früheren Zeiten erwogenen Erklärung. Durch das Lesen von Büchern, durch Studiengänge und praktische Lehrdisziplinen erlangt der heutige Bürger das nötige Wissen in seinem Beruf und darüber hinaus entwickelt er ein sogenanntes Allgemeinwissen, das ihn zu einem tauglichen, sozialfähigen Verhalten führt. Mühsam muss das Kind das Alphabet erlernen und mathematische Gleichungen lösen.

Die Entwicklung von Wissen geschieht jedoch immer durch eine Anschauungsbildung zum Objekt, beispielsweise zu Zahlen, und es entwickeln sich die Kenntnisse schließlich durch wiederholtes Einüben von Schriftzeichen, Zahlenrechnungen und Kombinationen auf dem jeweiligen Fachgebiet.

Dieses Wissen, das sich der Einzelne durch Bücher und übende Schulungskurse erwirbt, gab es in der frühen vedischen Zeit nicht oder zumindest nur in einer viel einfacheren und weniger intellektuellen Form. Ebenfalls musste der Lernende sich zu einem Phänomen eine Anschauung bilden. Er aber sah dieses Phänomen in seiner kosmischen Dimension und erlebte es dadurch sehend, lebendig, in seinem metaphysischen Erstrahlen und seiner innersten Signifikanz.

Zur altindischen Kultur des Wissens gab es für den Lernenden immer einen weisen Lehrer, der ihn sowohl für die tugendhaften Werte zum Leben vorbereitete, sowie er ihn auch gleichzeitig zur Weisheit schulte. Wenn dieser Schüler das Rechnen lernte, so lernte er nicht ein Einmaleins, sondern er lernte mehr die Zusammenhänge in kosmologischer Hinsicht, denn diese waren seinen Augen leichter zugänglich als abstrakte Zahlenfolgen. Der Schüler konnte noch gar nicht abstrakt und isoliert einen Denkvorgang leisten, sondern er begab sich unmittelbar in die kosmisch-übergeordnete Welt, erlebte beispielsweise die 3 und der Lehrer machte ihn aufmerksam, wie er diese Zahl im ätherischen Lichtstrom wie eine erhellende Quelle der Strahlung sehen kann, und schließlich lehrte er, die Erscheinung in Verbindung mit anderen Zahlen zu deuten. Wie kann man die 3 im Verhältnis zur 9 erleben? Er hätte niemals gesagt, 3 x 3 = 9, sondern er hätte die rhythmische Ordnung und metaphysische Wirklichkeit derjenigen Dimension, die in 3 oder 9 lebt, erblickt. Infolge dieses Schauens und erlebnisreichen kosmischen Fühlens war er hellsichtig, sehend und wissend.

Das Wissen war deshalb zur Zeit der *Veda* ein lebendiges Schauen und wahrnehmendes Fühlen. *Dṛiṣṭa*[1] bedeutet sehen und von diesem Wort leitet sich der heilige Seher und Weise, der *Ṛiṣi*, ab. Diese großen und heiligen Seher der damaligen Zeit konnten das Volk inspirieren und lehren, sodass das damalige noch sehr naive und noch nicht zur Weisheit ausgestaltete Sehen mit ersten Sinngehalten und zusammenhängenden Kenntnissen bereichert wurde.

1 *Dṛiṣṭa* bedeutet im Allgemeinen Sehen, in der *Bhagavad Gītā* aber wird das Wort für ein geistiges Schauen verwendet. Bedeutungsvoll waren in dieser Zeit die kosmischen Visionen, die die Seher im Sinne einer Hellsichtigkeit erschaut haben. Aus diesem Grunde muss man das Wort *dṛiṣṭa* mehr mit Hellsichtigkeit oder Wahrheitsschauen übersetzen.

Die Bücher der Veden

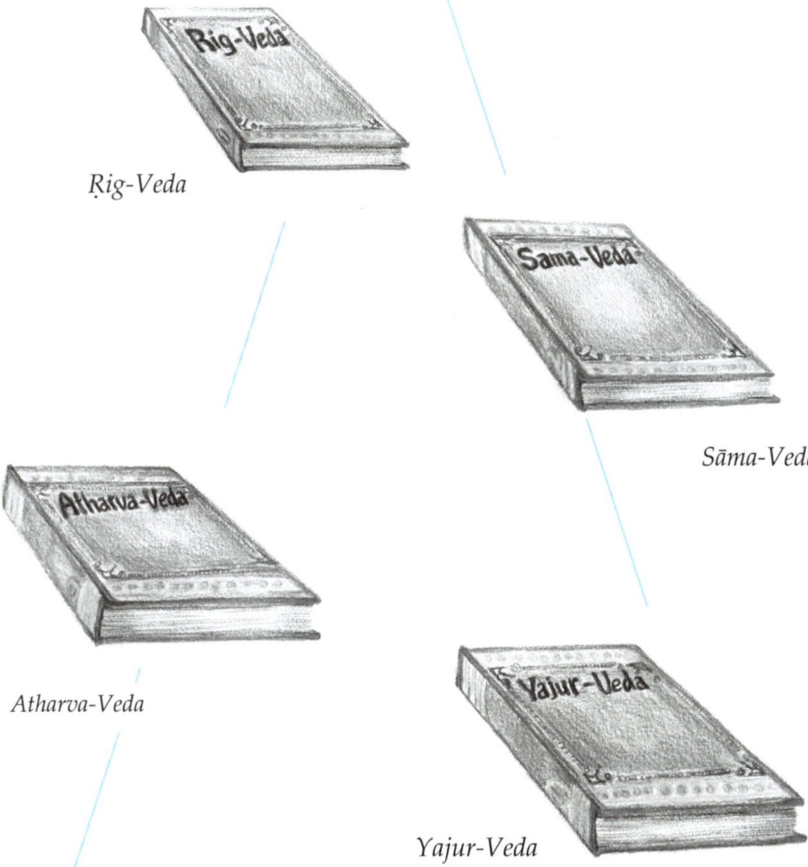

Ṛig-Veda

Sāma-Veda

Atharva-Veda

Yajur-Veda

Erst eine geraume Zeit nach den mündlichen Überlieferungen fanden die Niederschriften in den 4 Vedabüchern statt. Das ehemalige, lebendige, von Mund zu Mund geflossene Wissen wurde auf diese Weise in Buchstaben der fixierten Schrift konserviert. Zunächst waren es drei große Ströme des *Veda, ṛig, sāma* und *yajur* (IX/17), die sich dann aber in vier Büchern niederschlugen.

Die Zeit im Sinne der Entwicklung, materiell wie geistig

Die Zeit lässt sich am besten im Werdeprozess bei einer Pflanze darstellen, wie sie beispielsweise in unterschiedlichen Phasen wächst. Zur vorbereitenden Beurteilung muss der Blick auf das Irdische erfolgen und der Gedanke gepflegt werden, dass Kräfte, sogenannte ätherische Kräfte, die unterschiedlichen Phasen der Gestaltung und des Werdens bestimmen.

Die Entwicklung allen Werdens und Vergehens ist durch das zeitliche Phänomen markiert. Indem es eine Entwicklung in der Welt und in der Menschheit gibt, erscheint die Zeit.

IV Das christliche Symbol des Kreuzes und der Kreis der Einheit im Buddhismus

Der horizontale Balken des Kreuzes symbolisiert die Erde, das soziale Leben, das menschliche Miteinander, das Bedürftigsein des Menschen zu gegenseitigen Gefühlen. Die Welt will sich im Miteinander und friedvoller Versöhnung begegnen, die Gefühle harmonisieren und die Wünsche in reichhaltige Erfüllung führen. Die vertikale Achse hingegen zeigt die himmelwärts gerichteten Kräfte, die Einflüsse und Wirkungen des Geistes, die über den Gedanken den Menschen zu höchsten Erkenntniserrungenschaften bewegen, aber gerade durch ihre eigene innere Erwartung, Forderung, Entwicklungsperspektive und nächsthöhere Zukunft eine kämpfende Stellung des Individuums prosperieren und somit all jene netten Sentimentalitäten des Lebens außerordentlich relativieren oder sogar zerstören.

Die Bedürfnisse des irdischen Menschen kreuzen sich mit den geistigen Forderungen, sie bilden einerseits eine Spannung und doch symbolisieren sie ein Ganzes, eine Einheit, die untrennbar in der Weltenschöpfung und in jedem einzelnen Menschen existiert. Die Seele eines Suchenden ringt selbst in einfachen Gewohnheiten zwischen irdischen und geistigen Erfahrungen und erlebt den ganzen Lebensgang mit Mühsal und Anstrengungen. Das Kreuz ist deshalb nicht nur ein geistig-kosmisches Symbol, sondern lebt in jedem einzelnen Herzen des Menschen.

Das Symbol des Kreuzes, das eine Spannung und Polarität darstellt, wird in der Schule der Rosenkreuzervereinigung mit einem im Kreis gehaltenen Rosenkranz veredelt. Der Kreis soll die Faszination der Einheit, die der Polarität zugrunde liegt, darstellen und gleichzeitig den Menschen die Erinnerung geben, dass jede Form der Spannung eine universale Wirklichkeit besitzt oder, anders ausgedrückt, durch eine größere universale Geistigkeit erlöst werden kann.

Die Rosen am Kreis bezeichnen die sieben Hauptplaneten.

V Der tanzende Śiva des Hinduismus

Ganz anders als das christliche Kreuzsymbol äußert sich der tanzende *Śiva*, der in seinem Gebärdenspiel eine dynamische und runde Form darstellt und häufig in einen Kreis eingebunden ist. Die östliche Hindureligion sieht in der Evolution eine unaufhörliche Kreisbewegung, mit sowohl nach außen als auch nach innen fließenden Kräftewirkungen, dem Tanze als kosmologischem Bild entsprechend, das die Mächte der Entfaltung, Erhaltung und Auflösung in der Welt kennzeichnet. Ein ewiger Wandel mit mächtigen, die Schöpfung verschlingenden Gesten und dann wieder belebenden, gütigen Versöhnungen, mit ruhmreichen Höhen der Kultur, demonstrieren das große Schauspiel des *Śiva*, der tragenden und erhaltenden Gottheit. *Śiva* ist der Herr des Yoga, der die Natur und all ihre Geschöpfe miteinander verbindet und in sich ein Ganzes mit universaler Gültigkeit darstellt. Die Gottheit wird deshalb als der Herr aller Wandlungen und Transzendierungen dargestellt.

Die *Bhagavad Gītā* entstand in diesem östlichen Kontext. Sie spricht sich mit vielen Versen über das Werden *prabhāva* und das Vergehen *pralaya* aus. Die Schrift zeigt Zyklen und signalisiert die Lehre der Reinkarnation, die ebenfalls auf Werde- und Verwandlungsprozesse des Menschen hinweist. Das ganze Weltbild der *Bhagavad Gītā* zeigt eine kosmozentrische und kosmogenetische Ursache und geht schließlich in langsamen Schritten auf eine anthropozentrische, den Menschen in die Mitte führende Entwicklungsstufe zu. Sie behält und erhält jedoch immer den Atem des waltenden und ursächlichen Kosmos über das individuelle Menschsein.

Diese bekannte indische Figur zeigt den tanzenden *Śiva* im Kreise der Ewigkeit. Er ist der große Wandler und gleichzeitig der Zerstörer. Der innere Aspekt des *Śiva* ist jener der Universalität, die sich in einer unnennbaren, immer fortschreitenden Schöpfung und einer gewaltigen Zerstörung um des Heilens willen zu ihrem Ziele bewegt. Die Verse in Kapitel XI über die Schau des *Arjuna* sind wohl nur verständlich, wenn man die mächtige Ablösung eines Zeitalters und all der Zerstörungskräfte, die hierfür nötig sind, erkennt.

VI Der Yoga, die Selbstverwirklichung und der Aufstieg des Menschen zu einer Freiheit im Selbst

Welche Dimension ein orientalischer Yoga im religiösen, praktischen und übergeordneten Sinne bedeutet und welche Tiefe er umfasst, soll in den folgenden Vorträgen besprochen werden. Wesentlich erscheint es aber, den Blick auf die kosmische Stimmung zu richten, die aus dem Osten bis in den Westen herüberklingt, sich als großartiger Pfad in die gesamte Welt wie eine orientalische Mystik hinauslebt und jene wichtige Aussage, wie sich der Mensch durch übende Disziplin mit den geistigen Welten verbinden kann, transportiert. Diese sensitive, typische kosmische Melodie der indischen Kultur soll mit den westlichen Riten und Gepflogenheiten verglichen werden. Die westliche Kultur erscheint, als ob sie eine vollkommen unterschiedliche Entstehungsgeschichte aufweisen würde, sie ist aber in ihrem Inneren dennoch tief von dieser ehemaligen vedischen Zeit und ihren luftig mündlichen Überlieferungen geprägt.

Es war im alten Indien der Mensch noch nicht so gediegen und fest im Körper angekommen, wie er das heute ist. Die Mentalität, die Art und Weise des Wahrnehmens und Fühlens und die Sprachgestaltung waren anders als heute. Die dazumal übliche sinnliche Wahrnehmung existierte noch fern von Körpergefühlen. Als das erste konkrete Fühlen zum Körper auftauchte, kam schon die Zeit der Entsagung und als dann der Yoga definiert wurde und er in der *Bhagavad Gītā* eine solide Charakterisierung gefunden hat, wurde sich der Mensch seines Körpers erst richtig bewusst. Er bemerkte in zunehmendem Maße, wie die Körperlichkeit ihn zu einer Bindung an die Erde und an die Welt zwang, und wie er mit den belegten Sinnen die Bewusstseinsverbindung zur Unendlichkeit, das heißt zum kosmischen Wissen, verlor. Dies war etwa 3000 Jahre vor Christus. Der Mensch wurde sich seines Körpers in wachsendem Maße bewusst, er bemerkte, dass er ein begrenztes Wesen ist und mit dem Körper an die sterbliche Welt gebunden bleibt. Diese Bindung konnte nun einerseits durch den Yoga überwunden werden oder auch durch den Versuch einer in strengster Weise getätigten Entsagung. Die strengen Entsagungen begannen aber in wachsendem Maße unmenschlich zu werden und sie konnten nicht dauerhaft zu dem gewünschten und zukunftstragenden Erfolg führen. So fiel die erste mündliche Komposition der *Bhagavad Gītā* genau in jenen Zeitraum hinein, in dem immer mehr ein neuer Weg des Selbstwerdens oder des Yoga begann, und ein älterer Weg, mit dem man sich vollkommen von der Welt abgewendet und nur alleinig Entsagung geübt hatte, zu

Ende ging. Wohl sind diese Schritte von einer Periode in die nächste nicht so ausschließlich charakteristisch, dass sie mit einem Mal vollzogen werden würden – sie reichen noch bis in die Zeit nach Christus und in gewisser Weise sogar vereinzelt bis in die Neuzeit hinein –, aber es lässt sich etwa zur Zeit der *Bhagavad Gītā* dieser Übergang sehen: Man konnte nicht mehr durch die Entsagung allein die wahre und frei gewählte kosmische Gesinnungsart erwerben, und somit erbat man eine brauchbarere und tiefere persönliche Integration für Selbstwerdung und Selbstverwirklichung. Man wollte zur kosmischen Heimat sehnsüchtig zurück, aber es fehlte das Glied des Selbst oder, wenn man es anders ausdrückt, des Umgangs mit einem konkreten Gedanken. Diese nun neu entstehende integrale Disziplin mit dem persönlichen Selbst wurde als Yoga bezeichnet. Yoga ist der Weg der Realisierung und Verwirklichung eines einzigen, erhabenen, ewigen Geistes, eines profunden Gedankens in und durch die Person. Es ist nicht nur der Weg zurück oder eine Flucht zum Kosmos.

Der Osten blieb in den periodischen Übergängen sehr fließend und auch von der Gesamtheit seiner Art und Weise der Lebensgestaltung mehr zeitlos. Die Zeit, wie bereits erwähnt, spielte im indischen Bewusstsein keine so große Rolle. Die Zeit war nicht so begrenzend, mit ihr lebte immer ein Fühlen von einem fast spürbaren Hauch von Ewigkeit. Das ist in Indien sogar noch bis zum heutigen Tag mit einer gewissen Feinheit der ätherischen Bewegungen, der Lebenskräfteströme spürbar. Wenn man das erste Kapitel und den Anfang des zweiten Kapitels nimmt, erscheint eine Beschreibung, die wie eine Art Hölle anmutet, in der sich der Bogenschütze *Arjuna* befindet. Das Kampffeld mit einem ausweglosen Blutbad, dem kein einziges Geschöpf entrinnen kann und sich selbst wie ein vernichtendes Ende offenbart, wird plötzlich im 12. Vers des 2. Kapitels vollständig verlassen.

na tv evā 'haṁ jātu nā 'saṁ na tvaṁ ne 'me janādhipāḥ
na cai 'va na bhaviṣyāmaḥ sarve vayamataḥ param

Jene Wirklichkeit der Hölle wird plötzlich durch ein großes Licht des Geistes erhellt und sogleich in seiner eingrenzenden Realität abgelöst. »Es gab keine Zeit, die nicht war, noch diese Herrscher der Menschen, noch werden wir je aufhören zu sein.« So lebte im Osten ein religiöses, himmelwärts und weit in den Kosmos hinein ausgerichtetes Fühlen. Dies brachte als Notwendigkeit zur persönlichen Festigung den Yoga und die Stimmung der Selbstwerdung, die ganz charakteristisch für die Schilderung der *Bhagavad Gītā* ist, hervor. Die *Bhagavad Gītā* bringt ein weites und nahezu definiertes, klares und genaues Wissen über das Wesen und die Realisierung der geistigen Gesetze, der Gedanken und schließlich des individuellen und sogar überpersönlichen Selbstes. Die Selbstverwirklichung in ihrer klassischen Begrifflichkeit war ein Charakteristikum, das in dem Land Indien wohl für die ganze Welt ihren Ausgangspunkt nahm. Der melodische Vers über die hohe und tragende Beständigkeit des Selbstes, der von der Endlichkeit und den Gefühlen des Widerspruches im Kampf und allen höllischen Qualen wie eine Erlösung erscheint, entflammt nicht nur die Philosophie der *Bhagavad Gītā*, sondern er strahlt noch weit wie eine gleichmütige und hohe Sonne über das ganze Land hinaus. Der Yoga mit seinem Aufstieg von der Hölle in den Himmel bietet sich in praktischen und klaren Schilderungen an. Mit diesen hohen Grundgedanken setzte sich immer das Eine und Wesentliche im Religiösen fort und das nannte man die praktische, spirituelle Kontemplation oder im persönlichen Sinn die Verwirklichung von hohen und edlen Gedanken nach den kosmischen und geistigen Welten. Das höchste Ziel in Indien und in der religiösen Ausrichtung des Landes war deshalb wie ein Ausgang und eine Offenbarung zur Verwirklichung des einen, ewigen Geistes oder Selbstes.

Diese Selbstverwirklichung in ihren vielen charakteristischen Ausprägungen ist im Vergleich im Westen nicht so hoch gehalten. ›Selbstverwirklichung‹ kennt man sicherlich vom Worte her und ganz besonders in den vielen Variationen, in denen sie die Psychologie definiert. Die Psychologie meint aber mit diesem Begriff wohl mehr das irdische und nicht das reine, geistige Selbst. Die offizielle christliche Religion nimmt heute in ihrer praktischen Ausübung die Selbstverwirklichung kaum als den primären Ansatzpunkt und als das wesentliche Kernstück ihrer Verkündigung. Im Westen ist die gesamte religiöse Tradition vor allem durch die Botschaft der Evangelien und durch die christlichen Zeugnisse der Heiligen beeinflusst. Leider erhielten diese Dokumente eine sehr moralisierende Auslegung und der geistige Gehalt, beispielsweise wie eine Seele nach dem Tode weiterlebt, wurde dem Volk nicht überliefert. In den Evangelien wären aber die Inhalte geradezu auf das nachtodliche Leben ausgerichtet und reichhaltige geistige Inhalte befinden sich in jedem Absatz. Das religiöse Fühlen des Volkes ist durchwoben und durchtränkt von den Erzählungen, Geschichten und Interpretationen aus dieser Zeit, in der Jesus Christus lebte. Eine konkrete Disziplin der Selbstverwirklichung oder eines direkten Aufstieges vom Irdischen in das Göttlich-Geistige, von einem Begrenzten in ein Unbegrenztes, gibt es im Westen nicht in der Art und Fülle wie im Osten. Es entstand vielmehr ein rituelles Christentum mit einer großen Zahl von moralischen Geboten. Der Blick auf den gekreuzigten Christus im verehrenden Bild der Anbetung erscheint dem indischen Geistleben häufig befremdend. Der Osten war immer schon mehr von dem Feuer des Yoga, von den Antriebskräften der Selbstmeisterung motiviert. Der Westen dagegen ist von der Hingabe und Hinwendung an die eine Gnadenquelle und an das eine Gnadenprinzip, das durch die Evangelien einen konkreten, aber sehr säkularisierten Ausdruck gefunden hat, gezeichnet. Die Geistigkeit ist in den Riten des Westens wohl weitgehendst verloren gegangen.

Die Evangelien richten sich bereits zum Persönlichen und sprechen mehr das menschliche Empfindungsleben an.

Die Evangelien sind im Gegensatz zur *Bhagavad Gītā* weitaus empfindsamer und sehr intensiv von den persönlichen Verhältnissen der Menschen, die den Christus erlebt haben, geprägt. Die Geistigkeit sucht mehr eine Versöhnung mit der Erde und eine Liebe zu dem menschlichen Zueinander. Aus diesem Grunde schenkt das Lesen in den Evangelien ein Empfinden für die Geistigkeit im Herzen, während die *Bhagavad Gītā* ein Gefühl für den übergeordneten, weiten Kosmos eröffnet.

Die Bhagavad Gītā offenbart die Himmelsgesetze und fügt die Erde wie einen Ort des Übergangs hinzu.

Es ist eine große Kosmologie im östlichen Weg beschrieben. Die höheren Gesetze des Geistes tragen ihre Musik in souveräner Einzigartigkeit bis zur irdischen Erscheinungswelt herüber. Die geistige Welt, der Himmel (nachtodliche astrale Welt) und die Erde bilden eine faszinierende Dreiheit, die in der *Bhagavad Gītā* beispielsweise im achtzehnten Kapitel genannt wird: *jñānaṁ jñeyaṁ parijñātā trividhā karmachodanā* (XVIII/18) »Die Erkenntnis, der Gegenstand der Erkenntnis und der Erkennende bilden die dreifältige Grundlage der Aktivität.«

VII Die Unterscheidung von einer moralisierenden zu einer spirituellen Auslegung religiöser Texte

Die Evangelien, die Apostelbriefe, die Johannesoffenbarung, die *Bhagavad Gītā*, die *Veda* oder die *Upaniṣaden* sprechen deutliche geistige Inhalte aus. Sie offenbaren eine Wirklichkeit, die hinter der sichtbaren Sinneswelt verborgen liegt und häufig beschreiben sie Bilder, die im Nachtodlichen real gegeben sind, ihre Verse, Gleichnisse und Definitionen belegen körperfreie und rein seelisch-geistige Wirklichkeiten. Die *Bhagavad Gītā* berichtet eine große Kampfsituation zwischen zwei Familien, die *Kauravas* werden als die sogenannten Bösen und Niederträchtigen bezeichnet, während die *Pāṇḍavas* das Prädikat des Guten in der geschichtlichen Darstellung erhalten. Die Begriffe Gut und Böse würden eine moralische Ebene der Bewertung darstellen. Diese Ebene jedoch bildet nicht das Kernstück der Komposition, sondern beschreibt lediglich die Einleitung, gleichsam die Ausgangslage für die weitere Schilderung des Werdens zum Yoga.

Indem die *Bhagavad Gītā* von einem Kampffeld spricht, zeigt sie geradewegs die Notwendigkeit auf, kleine menschliche moralisierende Bewertungen und das sogenannte gesellschaftlich Gute mit allen verhafteten Gefühlen zu überwinden, damit eine größere Moralität und umfassendere Wirklichkeit berührt werden kann. Aus den moralisierenden Elementen erhebt sich die Erzählung zu einer allumfassenden Freiheit.

Die Evangelien beschreiben ebenfalls eine spirituelle Dimension. Es liegt wohl an den von der Kirche vorgenommenen Interpretationen, dass die Ebene der Spiritualität kaum zur Darstellung gelangt und den Menschen eine Lebensregel des Gut-Seins, zum Beispiel des treuen Knechtdaseins oder des Glaubensbekenntnisses suggeriert und indoktriniert wird. Wer aber die Evangelien liest und diese nach geistigem Verständnis zu erfassen versucht, wird einen unendlichen Schatz einer Wirklichkeit entdecken, der den Menschen in seinem nachtodlichen, körperfreien Dasein charakterisiert.

Moralisieren würde in positivem Sinne heißen, jemanden auf die gute Sittenlehre aufmerksam zu machen, ihn zu reglementieren, ihn mit dem sogenannten Guten zu belehren. Die Problematik jedoch ist, dass das Gute nach den

Wertkriterien der Gesellschaft sehr verschieden definiert ist. Moralisieren ist deshalb durchwegs als eine unangenehme Eigenschaft wahrnehmbar.

Moralität wäre hingegen als Substantiv ein Wertebegriff, der das geistige Vermögen des Menschen unabhängig von dem im Moment vorherrschenden Gesellschaftskontext bezeichnet. Wahre Moralität ist wie eine rationale Autorität, die sich durch ihre eigene Größe und geistige Fülle selbst ausspricht.

In der *Bhagavad Gītā* wird *Arjuna* aus dem moralisierenden, kleinlichen Anhaften an sein von Traditionen und Erziehung geprägtes Gewissen enthoben, aus *hṛdaya daurbalyaṁ,* der Schwäche des Herzens (II/3) und durch die Lehranweisung des Yoga zu einer größeren Moralität geführt.

Der Begriff Moralität[1] erscheint in der *Bhagavad Gītā* nicht direkt, denn er war für die damalige Zeit nicht erwähnenswert. Die Begriffe von *dharma* und *adharma,* von Religiosität und Irreligiosität beschreiben etwa den Kontext von Moralität und mangelnder Moralität. Das Wort *dharma* leitet sich von dem Wortstamm *dhṛ* mit der Bedeutung ›tragen‹ und ›erhalten‹ ab. Die Moralität als innerste Grundkraft der seelisch-geistig orientierten Menschen erhält die Kultur und die Gesellschaft. Sie ist mehr eine innere Größe und weniger eine den Zeiten unterworfene Sittenlehre. Die *Bhagavad Gītā* spricht im eminentesten Sinne die höchste Moralität an. Sie ist eine Offenbarung der geistigen Welt und somit ist sie eine Geheimschrift, die es zu entziffern gilt.

1 Es lässt sich für die Moralität in der alten Sanskritsprache kein unmittelbar angemessener Begriff finden. Obwohl diese alte Sprache eine unendlich reichhaltige Wortwahl besitzt, sprach man in diesen Perioden weniger von Moralität. Die Begriffe, die die *Bhagavad Gītā* in diesem Sinne gebraucht, sind *kīrtih* und *akīrtih,* Ehre und Unehre, *svarga* und *asvarga,* Himmel und Nichthimmel. Die *Bhagavad Gītā* appelliert an ein universales Wahrnehmen des Menschen in seiner Stellung zu einer Ganzheit. Weiterhin findet sich die Verwendung der Begriffe *sanatana dharma,* das ewige Geistige in seiner Wahrheit und *svadharma,* das im Menschen gegebene, individuelle, moralische Gewissen. *Śreyān svadharmo viguṇaḥ paradharmāt svanuṣṭhitāt svadharme nidhanaṁ śreyaḥ paradharmo bhayāvahaḥ* (III, 35) – »Besser ist, das eigene Gesetz des Wirkens, *svadharma,* zu erfüllen, auch wenn es an sich noch fehlerhaft ist, als das Gesetz eines anderen, selbst wenn es vollkommener ist. Den Tod im Gehorsam gegen das eigene Wesensgesetz zu erleiden, ist vorzuziehen. Gefährlich ist es, einem fremden Wesensgesetz zu folgen.«

Mahātmā Gandhi, ein Beispiel für einen authentischen und gelebten Yoga

Mahātmā heißt übersetzt ›die große Seele‹. Er war in seinem Leben ein perfekter Yogin, der keine moralisierenden Dogmen aufstellte, sondern das Ideal der Gewaltfreiheit *ahiṃsā* zu einem Ideal in der Politik und im ganzen Gesellschaftsleben erhob. Für ihn gab es keine Feinde, die mit moralisierendem Tadel zu benetzen wären, sondern nur seine Vision zur Erhöhung des Menschseins durch ehrwürdiges, gewaltfreies und doch unabhängiges Verhalten.

VIII Wie kam es zur großen Konfrontation zwischen Kauravas und Pāṇḍavas?

Die Geschichte im Vorfeld der Entstehung der *Bhagavad Gītā* wird wie folgt erzählt:

Infolge einer großen Spielleidenschaft begegneten sich *Duryodhana* von den *Kauravas* und *Yudhiṣṭira* von den *Pāṇḍavas* und pflegten hohe Einsätze auf ein Ganzes zu setzen. *Yudhiṣṭira* verlor gegen *Duryodhana*. Es wird erzählt, dass *Duryodhana* falsch spielte. Er spielte nicht nach den Regeln, sondern benutzte unehrliche Methoden, um zum Erfolg zu gelangen. Durch die Niederlage wurde *Yudhiṣṭira* zu dreizehn Jahren Exil gezwungen. Treu dem Misserfolg entgegenschauend, ging *Yudhiṣṭira* mit seinen weiteren vier Brüdern in den Wald und dort konnte er sich nicht in weltlichem Vergnügen, sondern nur in Askese üben. *Duryodhana* und die hundert bösen Söhne des *Dhṛitarāṣṭra*, übernahmen das Königreich und somit den ganzen Anteil der anderen. Als schließlich die dreizehn Jahre Exil vorbei waren, kam *Yudhiṣṭira* mit seinen Brüdern wieder zurück. *Arjuna* war einer seiner Brüder. Sie verlangten nach der Rückkehr wieder den Anteil vom Erbe des Königreiches, der ihnen zustand. Das Böse aber, wie es sich in unbeugsamer Manier auflehnte, maßte sich an, weiterhin diesen rechtmäßigen Erbanteil den fünf Söhnen zu verweigern. Durch diese machtvolle Eigenbezogenheit war das Unrecht grundgelegt und die Frage nach dem Krieg musste sich erheben.

Dieses irdische Geschehen des Unrechtes trägt aber von allem Anfang an eine geistige Bedeutung in seinem Ausdruck. Höhere Engel kämpfen gegen die niedrigen Engel, denn diese wollen eine Freiheit und Entwicklung, während die niedrigeren Engel die Bindung und Gier des Menschen fördern wollen. Die Geschehnisse in der sichtbaren Welt besitzen eine Ursache in einer übersinnlichen unsichtbaren Wirklichkeit. Die *Bhagavad Gītā* nimmt den irdischen Anlass des *kurukṣetra*[1], um die höhere Wirklichkeit in den übersinnlichen Welten zu überliefern.

---

1 *Kurukṣetra* bedeutet wörtlich ›Feld der *Kurus*‹ oder allgemein irdisches Kampffeld. Gleichzeitig liefert das Geschehen innerhalb der Welt und ihren Erscheinungen ein Spiegelbild einer höheren Wirklichkeit, eines sogenannten *dharmakṣetre*, das einen Ausdruck einer tiefen und bedeutungsvollen Logik enthält. Die erste Zeile in der Erzählung beginnt bereits mit den Worten *dharmakṣetre kurukṣetre*.

IX Die Einheit mit den geistigen Welten ist ein Ziel der Philosophie

Im Gegensatz zu der modernen Zeit, in der die Materie eine übergroße Bedeutung gewinnt, erscheint das schöne vedische Weltbild der Einheit. Von einem Leib hätte man in dieser Zeit noch gar nicht gesprochen, denn sowohl die Natur mit ihren wesenhaften Geistern, als auch die gesamte Weltschöpfung waren wie von oben aus dem Kosmos gegeben und spiegelten zusammen mit dem Menschen eine untrennbare Einheit. Der Osten konnte diese Einheit viel stärker bewahren, weil er in seinem Fühlen doch noch zu einem gewissen Grade zeitloser geblieben ist. Er entwickelte nicht ganz jenen starken, übermächtigen Realismus, der ausschließlich auf die Materie bezogen ist.

Nun gibt es auch im Westen großartige philosophisch-theologische Schilderungen und Abhandlungen, wie etwa von Thomas von Aquin als einem herausragenden Beispiel der Scholastik. Er lehnte sich an die Philosophie von Aristoteles sehr nahe an und brachte den rein geistigen Realismus von Platon, der noch ganz in der übergeordneten Wirklichkeit lebte, zu einer bereits konkreteren und praktischen philosophischen Argumentation. Thomas von Aquin formulierte schließlich ein einzigartiges, bejahendes Leib-Seele-Verhältnis und er sprach darüber, wie diese Seele in allen Partikeln des Leibes von der Einzigartigkeit durchwoben ist. Der Geist klingt in seiner Philosophie in die Seele, aber die Seele wird tatsächlich zum Leib zugeordnet und durch diesen praktisch definiert. Er brachte in einer wunderbaren dialektischen Durchgestaltung das schöne Bild von dem Leben des Körpers, der für sich eine Einheit bildet und von der Seele, die ebenfalls eine Einheit bildet, und wie beide dabei doch wieder in sich zu einer ganzen Einheit zusammengehören. Diese Einheit sah Thomas von Aquin praktisch und philosophisch, aber anders, als das moderne psychologische Verständnis die Einheit von Leib und Seele definiert. Er bemerkte durch seine sich entwickelnde Argumentation, dass der Funke Gottes überall in jeder Zelle des Leibes ist, und dass er auch in jedem Atemzug des Bewusstseins lebt. Es erkannte dieser heilige Philosoph die göttliche Immanenz und gleichzeitige Transzendenz, also das, was inniglich ist, geheimnisvoll inniglich, und das was jenseitig, unendlich, aber auch wieder in allem vorhanden ist. Er erkannte es im Körper, im Bewusstsein und überall im ganzen Universum. So realisierte er auf methodisch dialektische Weise das Wirken eines Geistes, das der sensible Betrachter als die Gnadengabe des Christentums erahnt. Thomas von Aquin konnte somit eine Einheit von Leib, Seele und Geist unmittelbar charakterisieren und definieren.

Im Gegensatz hierzu steht aber die moderne heutige Vorstellung von Einheit, die leider mit Bindung verwechselt wird. Sie ist nahezu wie eine emotionale Sehnsucht, ohne wissende Einsicht in die wahrnehmende Schau zum Kosmos. Der alte Inder hätte nicht von einem Kreuzigungs- und Sterbegedanken sprechen müssen, denn er fühlte sich ohnehin noch nicht ganz als Erdenbürger und er war gefühlsmäßig im Kosmos beheimatet. Für ihn war es normal, dass der Körper einmal stirbt; dass es aber ein noch tieferes Sterben gibt, ein Sterben, das in Wirklichkeit eine Überwindung des irdischen Feldes, des *kurukṣetra* ist und eine Befreiung von Bindungen darstellt, beschreibt die ganze Komposition der *Gītā*. Der Gedanke des spirituellen Aufstieges mit der Notwendigkeit des Loslösens von einem Alten und eines Neubeginns in der Psyche erscheint leider heute nicht mehr sehr attraktiv. Geistige Entwicklung aber bedarf eines Freier-Werdens von der Bindungs- und Erdensphäre, denn wenn diese vorherrscht, kann sich das Bewusstsein nicht in die nächsthöhere Welt hineinbegeben. Die Zusammenhänge wussten die älteren Theologen in der Zeit vor dem Mittelalter. Gerade aber mit dem Begriff der Einheit, die sehnsüchtig im Herzen wartet, begegnet der geistig Übende der Versuchung, jenen Fangarmen der irdischen leidenschaftsgeprägten Wirklichkeit. Diese Wirklichkeit aus dem Genuss der Welt will äußerlich leben und verweigert in großen Zügen die Überwindung ihres eigenen mitgebrachten Erbes. Das Erleben einer Einheit mit dem Geist ist keine banale emotionale Forderung, sie ist vielmehr mit einem mühsamen Aufstieg des Bewusstseins zu Erkenntnissen, zu Unterscheidungen, zu Verzicht auf Niedrigkeiten, zu mutigen Handlungen und zu geduldiger Meditation gefordert. Die *Bhagavad Gītā* beschreibt sehr viele unterschiedliche Disziplinen dieses Selbstaufstieges, sie ist sehr weit gefasst und schließt einfachere Wege gegenüber anspruchsvolleren Aspirationen nicht aus.

Das Eingeschlossensein im eigenen Leib ist ein Kennzeichen des heutigen Menschen. Der Weg zum Geist beginnt mit mühsamer, sorgfältig gewählter Disziplin. Früher, zur Zeit der *Bhagavad Gītā*, war das menschliche Individuum noch offener für kosmische Einflüsse.

X Die Realität des Kampfes in der Seele

Was steht nun inhaltlich in der *Bhagavad Gītā*? Die Schrift der *Gītā* ist ein Kernstück aus dem großen Epos des *Mahābhārata*.[1] Das *Mahābhārata* ist eine bekannte Volksliteratur mit tiefsinnigem philosophischem Charakter in Indien. Es ist die Seele und das Herz Indiens. Der Geist des *Mahābhārata* überträgt sich deshalb auf die Kultur des Landes und prägt die Sitten und religiösen Gebräuche. In dem Epos wird uns ein massiver Kampf der *Bharatas*, der Nachkommen des Königs *Bharata*, beschrieben. Dieser Kampf findet zwischen den sogenannten Guten und den sogenannten Bösen statt, wie ihn die Geschichte der Welt immer wieder hervorgebracht hat. Im *Mahābhārata* wird erzählt, wie die Nachkommen des Königs *Bharata* in einen Streit geraten, und wie sich der daraus entstandene Krieg über lange Zeit fortsetzt. Jedoch beinhaltet die Schilderung keinerlei Kriegshandlungen, sondern sie orientiert sich an der Haltung des rechtschaffenen Menschen im Sinne des *dharma* oder *dharmakṣetra*, und erzählt wie der Mensch aus geistiger Ansicht den guten und bösen Mächten der Weltschöpfung mit Ehre, *kīrti*, gegenübertreten sollte.

Was bedeutet nun der Begriff, die Vorstellung und die Erscheinung eines Kampfes? Ist der Kampf grundsätzlich eine negative oder eine neutrale Erscheinung der Weltgeschichte? Fand in der Geschichtsschreibung die erzählte Episode mit dem großen Krieg wirklich mit diesen Tatsachen statt? Der Kampf trat mit all seinen blutrünstigen Handlungen, sowohl als irdische als auch als geistige Erscheinung tatsächlich in seine Realität; er wurde in mächtiger Form in Indien zu dieser Zeit ausgetragen und er dauerte länger, als die *Bhagavad Gītā* dies zu schildern vermag. Es ist dieser Kampf mit Pfeil und Bogen im Irdischen aber nur der Ausdruck für ein weitaus höheres Bild, das in seinen Wesenszügen auf einer anderen Ebene stattfindet. Das Erleben einer regelrechten Konfrontation ist für die Erkenntnisbildung mit integraler Logik ganz wesentlich, denn dadurch gewinnt der Leser erst ein philosophisches und geistiges Verständnis, was in der Dichtung erzählt wird. Das Verständnis ist gar nicht so sehr allein auf die irdischen Tatsachen, auf die historische Abfolge zu richten, sondern es übernimmt der Blick die Geschehnisse auf integrale Weise und richtet sich hinein in die geistige Welt. Die Ereignisse,

1 Das *Mahābhārata* bildet eine religiös künstlerische Volksliteratur, sie besteht aus achtzehn Büchern und offenbart ein bestehendes indisches Heldenepos. Den wichtigsten und bekanntesten Teil daraus bildet die *Bhagavad Gītā*, die im Wesentlichen aus den Unterweisungen *Kṛṣṇas* an *Arjuna* besteht.

die die *Gītā*-Komposition erzählt, sind wahrhaftig ein großartiger und großflächiger Himmelskampf. Es ist ein kosmischer, machtvoller Expansionsvorgang, gleich einem überschäumenden Wollen von auferstehenden Mächten und Kreationen, ein Himmelskampf, den die verschiedensten Engelswesen motivieren. Ein Friede, eine Art statische Ruhe oder eine Form des wohlklingenden harmonischen Paradieses existiert in all jenen Regionen nicht, die eine Entwicklung hervorbringen möchten. Die verschiedenen Engelswesen kämpfen um des Aufstieges des Geistes willen gegeneinander und das ist eine tiefe metaphysische, in der astralen, kosmischen Wirklichkeit bestehende Wahrheit. Wenn in einem himmlischen Reich jener Kampf um des Fortschrittes willen stattfindet, so drückt er sich immer mit seinen adäquaten Bildern und scheinbar so grausamen unbarmherzigen Widersprüchlichkeiten im Irdischen aus. Es ist der gleiche Kampf, den die Menschen in ihren innerleiblichen Spannungen zwischen zwei polaren Kräften bemerken. Eine Macht fühlt sich in einem wachsenden moralischen Gewissen zum Guten hingezogen und die andere verborgene triebhafte Neigung fühlt sich zum Laster gedrängt. Dieses beständige Spannungsverhältnis, das jeder Mensch in sich mit seiner lebensatmenden Seele trägt, lebt von allem Anfang in einer Region des Kosmos, die eine befreiende Aktion von niedrigen, leidenbeladenen Sphären sucht. Es kämpfen jene engelhaften Schöpferkräfte und es zeigt sich bereits im Vorfeld in jener oberen Welt, wie die sichtbaren Umstände verlaufen werden und wer Sieger sein wird. Im Irdischen wird das Wirken dieser Engelsmächte im entsprechenden Verhältnis ausgearbeitet und tritt zur Offenbarung.

aparyāptaṁ tad asmākaṁ balaṁ bhīṣmābhi rakṣitam
paryāptaṁ tvidam eteṣāṁ balaṁ bhīmābhi rakṣitam (I/10)

Dieser Vers im ersten Kapitel offenbart das Bewusstsein, wie die Siegesverhältnisse im Kampfe sich darbieten. *Aparyāptam* ist ein Sanskritwort für Unbegrenztheit und es bedeutet gleichzeitig mangelnde Disziplin mit wenig Straffheit. Das Heer der *Kauravas* erscheint auf dem Schlachtfeld größer und dennoch geht es nach der Vorhersehung des *Saṁjaya*, der die Geschichte dem blinden König *Dhṛitarāṣtra* erzählt, der Niederlage entgegen. Das Wort *paryāptam* stellt das Gegenteil zu dem ersteren dar und will eine Begrenztheit bei gleichzeitig guter Disziplin und deutlicher Straffheit ausdrücken. Indem der Seher diese Konditionen in der kämpfenden höheren Wesenswelt erblickt, kann er die Gefahr der Niederlage vorhersehen. Aus diesem Grunde heißt es schließlich im 11. Vers, dass sich die Krieger um den Schutz von *Bīṣma*, dem großen Ältesten der *Kauravas*, annehmen sollen. Jene Determination über die zukünftigen Verhältnisse zeigt sich bereits in den Konditionen der übersinnlichen Welten (I/10, 11).

Der Engelskampf von Michael mit dem Drachen

Gezeichnet nach einem Gemälde von Raffael

Das Leben bildet eine aufsteigende Aktivität und der Kampf ist sein befreiender Atem.

Die Wortbedeutung von Kampf

yudh

Das Sanskritwort für Kämpfen entwickelt sich aus der Wurzel des Wortes *yud*. Das Substantiv heißt schließlich *yuddha*. Das Kämpfen ist in seinem wahren Sinn ein Vorgang der Befreiung, der die lichte Wirklichkeit vor dem in der astralen Welt sich befindenden Unnützen, Dunklen bewahrt, oder anders ausgedrückt, von den schattenhaften Lastern.

Die Weltschöpfung kämpft um ihre erweiterte Identität, sie ist Liebe und dennoch ein Wollen der nächsten, werdenden Wirklichkeit. Jeder Lernschritt erfordert vom Menschen eine Art Überwindung von Trägheit und deshalb dauert der Kampf zwischen dem lasterhaft Gewordenen und dem Neuen, sich Erhebenden und Werdenden immer an. Wie jeder Begriff kann ›Kampf‹ eine negative oder eine positive Konnotation gewinnen. Grundsätzlich aber darf und muss der Begriff eine reine und gehobene Bedeutung erlangen, denn er ist sowohl mit der irdischen als auch mit der geistigen Existenz des Menschen inniglich verbunden.

Im idealen Sinne ist Kämpfen der Mut, den geistigen Gesetzen des Lebens näherzutreten, ihnen gerecht zu werden und mit vollkommener Präsenz niedrige Eigenschaften aus der Seele zu verbannen und das Risiko eines Aufstieges zu einem Ideal zu unternehmen. Der Kampf im gehobenen Sinne ist für den Geiststrebenden unausweichlich, während er für den Menschen, der Erwartungen sucht, einen Widerspruch darlegt.

XI Die Leichtigkeit der Komposition in metrischen Versen

Die *Bhagavad Gītā* ist nach wörtlicher Übersetzung das Lied des Herrn, das Lied, das die in göttlicher Person erscheinende Gestalt selbst durch ihre Worte an den Schüler *Arjuna* gibt. Inhaltsreich, füllig an Bildern und weit gefasst in ihrem Ausdruck ist diese Komposition, die eine geistige Wirklichkeit, ja sogar eine vollkommene, geistige Realität beschreibt. Sie ist wahrhaftig ein Lied, in schwingenden ätherischen Wellen, eine Musik für die Seele. Die Sprache des Sanskrit wird häufig gesungen oder im Sprechgesang rezitiert und diese musikalische Art des religiösen Umganges ist bezeichnend für das Land Indien. Wenn man einmal etwas zurückblickt auf Schriften, die vor der *Bhagavad Gītā* entstanden sind, beziehungsweise die die Zeit vorher beschreiben und durch die Seher überliefert wurden, dann bemerkt der aufmerksame Leser auf recht eindeutige Weise, dass alle diese Texte etwas Musikalisches beinhalten. Sie sind wahrhaftige Dichtungen, schwingende Musik für die Seele. Aus ihnen strömt in leichter Verfügbarkeit die lebendige Geistvision, die damals nicht nur eine These war, nicht nur eine angenommene Idee oder ausschweifende Phantasie, sondern ein Lebendiges, eine Schönheit und Reinheit zusammen und sie beinhalten einen erhabenen Klang. So wird die *Bhagavad Gītā* nicht umsonst das Lied einer Gottheit oder göttlichen Inkarnation genannt.

Diese Musik hat sich sogar bei den späteren Interpreten noch wesentlich fortgesetzt. Wenn man Śrī Aurobindo liest, der viel zur *Bhagavad Gītā* geschrieben hat, so empfindet man, dass seine ganze Sprache wie eine weit gefasste Musik ist. Sie trägt Melodiöses und damit das sogenannte Ätherische in sich. Auch bei Śivānanda, der in seiner aspirativen Spannkraft sehr stark von der *Bhagavad Gītā* geprägt ist, kann man diese Musik der höchsten Entschlossenheit zu einer geistigen Vision hören, es handelt sich dabei um die persönliche Ausdrucksgebung, die ab einem bestimmten Zeitpunkt aus dem Menschen herausströmt und die die gesamte Art des Unterrichtens, des Sprechens oder des Vermittelns mit einem lebendigen Klang und einer freudigen Leichtigkeit beseelt.

In Indien besitzt diese Leichtigkeit eine Tradition und besondere Bedeutung. Es kann als Beispiel eine vergleichende Betrachtung, wie die verschiedenen Kontinente dem Phänomen des Todes gegenüberstehen, zum Verständnis dienen. Die *Bhagavad Gītā* spricht in einer faszinierenden Leichtigkeit, obwohl sie inmitten eines Kampfes, in dem ein Sieg der höheren Mächte über die

Die Zeitlosigkeit in der Natur

Eine Blume ist gemäß ihrem Wesen zeitlos, denn sie fügt sich ohne Begierde in die Welt mit ihrer vergänglichen Blütenkraft hinein.

Das menschliche Bewusstsein kann durch niedrigere Triebe vereinnahmt sein und auf dieser Grundlage das Erleben der Zeit sehr bedrängend erfahren. Werden jedoch die Triebe durch den Geist geläutert, sodass alles Begehren, das seinen Sitz im sogenannten Astralleib belegt, schweigt, erlebt das menschliche Bewusstsein die Zeit als offen und sogar als Entwicklung. Nicht dass sich der Mensch als zeitlos erlebt, vielmehr erlebt er sich in einer geläuterten Situation als entwicklungsfreudig und in positiver Abstimmung mit der Erfahrung der Zeit.

niedrigen Mächte erfolgen soll, vermittelt wird. Die Leser erleben aus der Dichtung sehr deutlich, dass der Tod tatsächlich keine so gefürchtete Rolle spielt. Das zeitlose und unendliche Leben in Indien misst dem Tod nicht sehr viel Bedeutung bei; der Tod gehört zum Leben hinzu, Gleichmut ist es, Gleichmut gegenüber der irdischen Welt, als ein typisch orientalischer Ausdruck. Die Reinkarnationslehre prägte in Indien seit alters her sehr inbrünstig das ganze Leben und die Mentalität. Der Tod ist nicht das Ende, er ist Übergang oder vielleicht sogar Neubeginn. Im Westen aber, und gerade in der gegenwärtigen Kultur, erscheint der Tod wie das irdische Ende und wie das Ende von allem. Da es ein zeitbegrenztes Leben gibt und dieses scheinbar ohne einen Gedanken darüber hinaus eine absolute Wirklichkeit darstellt, gibt es im Westen wohl und unter anderem jenen starken Materialismus. Würde hier in der westlichen Kultur aber die Reinkarnation als lebendiges Kulturgut leben, dann könnten die besitzergreifenden Gemüter nicht in diesem Maße dem Leben eine so überdimensionale Bedeutung beimessen. Aus einem Ganzen gesehen hat es seinen geistigen Grund, dass die okzidentale Haltung diesem Leben eine so ungeheure Wichtigkeit zuweist. Hier im Westen entwickelte sich schneller als in der indischen Kultur ein sehr vitales Selbstbewusstsein. Weniger sind es die Kräfte, die die Menschen zu einer Gruppe oder zu einem Familiensinn zusammenführen, die aus einem Geistigen den Menschen entgegenströmen. Es sind vielmehr jene Einflüsse, die das individuelle Dasein und eine gewisse Egoität in abgeschlossener Form fördern. Es lebt im Westen die Versuchung nach extremer und abgeschlossener Individualisierung, und deshalb ist das Kulturgut von einer Lehre geprägt, die den Tod wie eine abgeschlossene Wirklichkeit betrachtet.

Wenn man den Tod vonseiten der irdischen Welt betrachtet, erscheint er wie ein Absolutes, während er von der geistigen Welt aus eine rein relative Erscheinung ist. Aus diesem Grunde spricht im 21. Vers des 2. Kapitels die *Bhagavad Gītā*: »Wer dieses Selbst erkennt, als ein unsterbliches Ewiges, wie kann dieser töten oder Ursache des Tötens sein?« Vom Standpunkt der geistigen Erkenntnis erscheint das irdische Dasein relativ und darf mit leichteren Gemütsregungen erlebt werden. Die *Bhagavad Gītā* ist in ihren Darlegungen sehr kompromisslos, denn sie öffnet den Schleier aller Illusionen einer menschengemachten Selbstgerechtigkeit und einer erwartungsvollen, wunschgeprägten Liebesvorstellung. Es ist jene Wahrheit, die man vielleicht leise ahnend im Dunkel seiner Seele trägt und die nun die Schrift in unmittelbaren, sich steigernden Versen hervorbringt. Die Schau der Seele heißt, im Krieg zu stehen und einem unentwegten Lebenskampf entgegenzublicken. Die Realität der Seele, wie sie zwischen Konstruktivität und Destruktivität steht, gewinnt eine unmittelbare Darlegung und dies ohne jegliche Süße und Entschuldigung.

Die Zeiterfahrung als Eigenschaft des Menschseins

Wenn der Mensch eine wirkliche Konzentration übt, wie sie in der Seelenübung ›Die Konzentration‹ beschrieben ist, bemerkt er, wie er aus den Gedanken in die Entwicklung tritt und sich weder in Zeitbedrängnis noch in einem zeitlosen Gefühl befindet.

Wenn starke Begehrenskräfte aus dem Menschen motivierend das Leben bestimmen, wird er ein Sklave von Zeitbedrängnissen oder dem Gegenbild, das jedoch ebenfalls dem Begehren entspringt, von Langeweile.

XII Die geistige Pflicht und der Lebensauftrag bilden ein Kernstück der Erzählung

Was erzählt dem Leser nun die *Bhagavad Gītā*, wenn sie eine heftige unausweichliche Kampfsituation in ihre Mitte stellt? Die einzelnen Verse in einer Folge von achtzehn Kapiteln berichten von einem Aufstieg einer individuellen Seele mithilfe von Yoga. Es wird zunächst die *Sāṅkhya*-Philosophie dargelegt und dann die geistige Disziplin des Yoga geschildert. Die einzelnen Begriffe benötigen eine fachliche Ausarbeitung und Deutung. Manche Interpretationen fassen die Schilderung kurz und bündig zusammen. In der *Bhagavad Gītā* findet sich eine weitreichende Ausformulierung über die höchste Pflicht und höchste Verantwortung eines jeden Menschen. Das Wort Pflicht oder Verpflichtung ist aber infolge der vielseitigen Verwendung näher zu charakterisieren und in seinem spirituellen Sinn zu verstehen.

Was ist eine höchste Pflicht oder was kann sie sein? Spricht man von weltlichen Verpflichtungen oder von notwendigen geistigen Aufgaben, die eine vorzügliche Dringlichkeit für die Entwicklung besitzen? Welche Worte lassen sich mit der Pflicht assoziieren? Die Verpflichtung ist nach einer rein geistigen Einschätzung, um sie mit einem anderen Namen zu benennen, die Verwirklichung des Lebensauftrages.

In den mysteriösen Tiefen der Seele ist ein Lebensauftrag eingeschrieben. Das Tragische jedoch des Daseins ist es, dass die wenigsten Menschen an jene große Schwelle gelangen, an der sie sich diesem Lebensauftrag im höheren Sinne gewahr werden. Meistens bleibt die wirkliche Verpflichtung auf einer Ebene des Unterbewusstseins, sodass es zu den wesentlichen Realisationen nicht kommen kann. Der Lebensauftrag, der im Verborgenen der Seele wartet, offenbart sich meist erst, nachdem viele Prozesse des weltlichen Daseins abgeschlossen sind, und nachdem schon so viel an Erfahrung, so viel an Reinheit und Vorbereitung stattgefunden hat, dass sich die Möglichkeit zu einem ganz neuen Orientiertsein und einem Aufstieg innerhalb der geistigen Welten eröffnet. Die *Bhagavad Gītā* schildert dem wachen Leser jenen geistigen Entwicklungsprozess, der nicht als weltliche Pflicht im einfachen Sinne zu verstehen ist, sondern als gesteigerter, höherer, verfeinerter Aufstiegsprozess der Seele zur größtmöglichen Realisation.

Es ist in jedem Menschen dieser Lebensauftrag geheimnisvoll in den sogenannten Feueräther[1] eingeschrieben. Allgemein trägt jeder in der Tiefe seiner Seele eine große Gabe zur Pflicht, die er der Welt zur Verfügung stellen möchte. Genauer ausgesprochen, lebt dieser Lebensauftrag bereits im sogenannten Ätherleib, und zwar in den feurigen oder rein kosmischen Anteilen. Der Ätherleib ist der Lebenskräftebildeleib, der offensichtliche und verborgene Energien zur Verfügung stellt. Geheimnisvoll trägt er in sich den Keim des höchsten Willens, der darauf wartet, in die Verwirklichung zu kommen. Dieses Geheimnis des werdenden Lebensauftrages mit einem Grenzüberschreiten einer Schwelle wird dem Leser geschildert und ganz bildhaft, eindringlich und exakt mit beständigen Steigerungen im Fortgang der Dichtung komponiert.

akīrtiṁ cā 'pi bhūtāni kathayiṣyanti te vyayām
saṁbhāvitasya cā 'kīrtiḥ maraṇād atiricyate (II/34)

Im zweiten Kapitel schildert die *Gītā* des Weiteren jenen nachtodlich verhängnisvollen Zustand, der eintreten muss, wenn der Lebensauftrag mit seiner geistigen Verpflichtung und mit seiner tatsächlich notwendigen Berufung verleugnet wird, ein Umstand, der mehr Bedeutung besitzt als das ledigliche Verlassen der irdischen Pflicht, indem sie auf die Schande, *akīrti* und das Ertragen einer Ausgrenzung hinweist. Alle Wesen setzen demjenigen zu, der vom Kampffeld flüchtet. Die Seele, die im Nachtodlichen weilt, erlebt unerträgliche wesenhafte Einflüsse, die ein Ergebnis eines unehrenhaften Rückzuges darstellen und deshalb eine Art Ausgegrenztsein beordern. Selbst jene Feinde erleben keine Verbindung zu dem Krieger, der sich nicht auf dem Kampffeld mit Ehre, *kīrtih* auszeichnet. Deshalb ist dieser Zustand des Versäumens der höchsten göttlichen Lebenspflicht eine schwer zu ertragende, einsame, ausgegrenzte und schmerzhafte Situation. Die großen Krieger, wie es in Vers 35 heißt, werden denken, dass *Arjuna* aus Angst vor der Auseinandersetzung das Kampffeld verlassen hat, das ist eine Bezeichnung, die besagen will, wie sich das *karma*, das Schicksal verlagert. *Arjuna* muss die negativen Seiten dieser großen Krieger tragen, er übernimmt das *karma*. Die Beschreibungen der Verse 34 bis 36 betreffen nicht das Gerede von Menschen, weder von freundlich Gesonnenen noch von feindlichen, sondern die Ehre der Verbindung, die eine würdige Haltung im Geistigen hervorruft. Diese ehrenvolle geistige Verpflichtung, mit all ihren nötigen Ausströmungen in die Geschichte, bewirkt im nachtodlichen Reich für die Seele eine nahe Versöhnung, sowohl mit den Mitkämpfern als auch Feinden.

---

1 Der Feueräther gilt als ein Teil des menschlichen Ätherleibes. Dieser ist nach den geisteswissenschaftlichen Erkenntnissen von Rudolf Steiner in vier Glieder unterteilt. Durch den Ätherleib entfaltet und regeneriert sich allgemein das Leben. Der Feueräther ist nach den Bezeichnungen der Lehren der höchste der vier Äther; er entspricht der subtilen Wärmeebene. Darin liegt auch der höhere göttliche Wille, der im Individuum eine Ausgestaltung finden soll, verborgen.

XIII Der erste Vers der Gītā erhebt den Blick von der sinnlichen in die übersinnliche Welt

Wo treffen sich im Profunden die Wege des Ostens und Westens oder wie sind sie überhaupt in ihrem Sinngehalt und in ihrer Tiefe zu verstehen? Da jedes Individuum die Hinwendung an eine geistig-spirituelle Quelle, wie beispielsweise die Evangelien oder die *Bhagavad Gītā* benötigt, sogar die Wahl eines geeigneten Lehrers erstreben muss, sollte die Unterscheidung erfolgen, zwischen dem was der Einzelne zu seinem geistigen Fortschritt selbst leisten muss und den Kräften, die ganz natürlich durch Gnade oder Geist ankommen können. Stellt sich ein Übender, der sich auf den Weg der Selbstmeisterschaft begibt, diese Fragen nach Eigeninitiative und nach der übergeordneten herabsteigenden Geistdimension nicht und ignoriert er im weiteren Verlauf die gegebenen Kulturelemente, errichtet er schnell eine Barriere zwischen sich selbst und der gewählten Quelle. Die Wege der geistigen Übung und des Studiums müssen aus diesem Grunde weit ausgerichtet sein und sollten sich nicht zu sehr in einem engen Schema und in einseitigen Begriffen verlieren.

Es sollte nicht wichtig sein, dass in der *Bhagavad Gītā* die göttliche Figur durch den *Kṛiṣṇa* repräsentiert wird, denn es handelt sich um einen Namen, mit dem eine geistige Wirklichkeit benannt ist. Grundsätzlich bilden die Verse dieser östlichen Schrift eine vorzügliche Beschreibung für eine universale Wahrheit, die keinesfalls an einen Kult, an eine *Kṛiṣṇa*-Bewegung oder an ein indisches Volk allein gebunden wäre.

Der Beginn der *Bhagavad Gītā* mit dem ersten Vers erscheint zunächst sehr einfach und dennoch trägt er ein großes Geheimnis in seiner Profundität. Der blinde König *Dhṛitarāṣṭra* fragt seinen Minister, der eine Seherfunktion für den König bereitstellt:

dharmakṣetre kurukṣetre samavetā yuyutsavaḥ
māmakāḥ pāṇḍavāś cai 'va kim akurvata saṁjaya (I/1)

Der Text der *Bhagavad Gītā* beginnt mit den Begriffen *dharmakṣetra* und *kurukṣetra*, welche die beiden Felder, das geistige und das irdische, in zusammenhängender Wirkungssphäre beschreiben.

Es heißt die Frage, wenn sie etwas frei übersetzt wird, so viel wie: »*Saṁjaya* bitte berichte mir, denn ich kann die Ereignisse in der kosmischen Welt nicht mehr sehen und möchte dennoch wissen, welche Ereignisse in den oberen Welten, den *dharmakṣetre* stattfinden und mir wäre es recht, wenn du mir die Zusammenhänge schilderst, wie sie mit den *kurukṣetre*, mit den unteren Feldern der irdischen Erscheinung zusammenhängen. Erzähle mir deshalb bitte, was die Söhne der *Pāṇḍavas* und meine eigenen Söhne auf diesen heiligen Feldern tun. Sie sind im Himmel, in der kosmischen Welt zusammengetroffen und nun versammelt sich ebenfalls in Reih und Glied ein Schlachtfeld auf der Erde. Bitte erzähle mir, welche Motivationen und Ereignisse vorliegen.«

Die *Bhagavad Gītā* beginnt tatsächlich mit einer Schilderung über eine Wirklichkeit, die im Kosmos oder in einer Art, wenn man den Begriff nimmt, astralen Wirklichkeit, einer Sternenwirklichkeit ihren Ausgang nimmt und die sich bis in die irdische Welt spiegelt.

Das erste Kapitel sollte nicht nur als eine Beschreibung für das irdische Kampffeld allein gelesen werden, denn es ist für den Erzähler der Geschichte wichtig, dass er gerade jene hohen Seelen, die im *dharmakṣetra* um ein Recht ringen, erwähnt. Aus diesem Grunde erscheint im ersten Kapitel eine vielschichtige Aufzählung von lobenswerten Kämpfern, die sich in einer Schlachtordnung befinden und um eine bevorstehende Entwicklung kämpfen. Die obere oder kosmische Welt gewinnt in dieser Schilderung weitaus mehr Aufmerksamkeit als die untere gegliederte Aufstellung der beiden Heere. Siegt der Materialismus der *Kauravas* oder gehen *Arjuna* und *Judiṣṭhira* mit ihren *Pāṇḍavas* und dem aufgestellten Heer siegreich der Entwicklung eines nächsten Zeitabschnitts entgegen?

Die erwähnten Kampfwagen sind nichts anderes als die verschiedensten Sinnbilder für planetarische Wirkungen einer kosmischen Bewegung, die niemals zu einem Stillstand kommen darf. Die Bahnen der Planeten sind vorgezeichnet und die Wagen nehmen ihren Weg in die konfrontierende Auseinandersetzung. Alle Namen und alle Bezeichnungen, die die Komposition hervorbringt, tragen eine tiefe und ausdrucksstarke Wichtigkeit. Sie sind eine Realität im Kosmos. Es befindet sich deshalb in der Erzählung kein einziges überflüssiges Wort.

Der Wagenlenker ist die lehrende Gottheit, der erhabene *Kṛiṣṇa*, der das höchste und kommende Selbst für *Arjuna* und viele weitere Seelen herbeiführt. Er ist die Unmittelbarkeit des Gedankens, der die Weltschöpfung im *dharma* trägt und aus seinem Sein die Ursachen für alle Bewegungen motiviert. Das Ich-Selbst existiert nicht ohne die tiefe und ewige Seinsexistenz des Gedankens und deshalb lenkt der Gedanke die Planeten und diese wiederum beleben die Sphären der Erde.

Die Unterscheidung von geistigem und physischem Auge

Das Schauen der übersinnlichen Welt geschieht aus dem Gedanken

Das Wahrnehmen der irdischen Phänomene vermittelt sich durch den Gesichtssinn. Die Sinne selbst sind die sogenannten *indriyāṇām.*

Im zweiten Kapitel fragt *Arjuna* den *Kṛiṣṇa,* wie jener, der sich im Yoga verwirklicht, aussieht, wie er in der geistigen Erscheinung und in der Erleuchtung wirkt, wie er sitzt und sich gebärdet (II/54).

Das geistige Schauen in der *Bhagavad Gītā,* wie man hier bemerkt, ist konkret. Es erfolgt nicht in mystischer Verschwommenheit oder in Trance. Der Mittelpunkt dieses Schauens entwickelt sich aus dem konkreten Gedanken. Aus diesem Grunde muss man die *Bhagavad Gītā* von sehr mystischen Botschaften unterscheiden.

Die Sinne können von Illusionen gefangen sein oder es strömen durch sie reine Wesenheiten, die im Allgemeinen mit *sattva* benannt werden: »Wenn durch alle Sinne das Licht der Weisheit scheint, dann wisse, dass *sattva* vorherrschend ist.« (XIV/11)

XIV Das Geheimnis des ersten Kapitels in der Bhagavad Gītā

Arjuna bittet den *Kṛiṣṇa*, der zum Wagenlenker auserwählt ist, den schmuckhaften Kampfwagen in die Mitte zwischen beide Heere zu fahren, damit er aus nächster Sicht die Feindverhältnisse in ihrer Schlachtordnung studieren kann. Dieses geschilderte Bild des ersten Kapitels erscheint sehr häufig in Zeichnungen und Gemälden, denn es beginnt von diesem Moment an das dramatische Erleben des *Arjuna*, das charakteristisch und signifikant für eine psychische Grenzsituation ist.

Die *Bhagavad Gītā* beinhaltet in allen Versen, und dies sogleich vom ersten Kapitel bis hin zum letzten, sehr eindrucksvolle, tiefgreifende Erlebnisse, die der Mensch in seinem wirklichen Umfange nur dann erkennend begreift, wenn er seinen Blick auf die seelische, nachtodliche Welt und auf die Gesetze des Geistes richtet. In jedem einzelnen Wort leben signifikante Erfahrungen, die in einer treffsicheren Unmittelbarkeit eine höhere Welt, höher als es die irdische ist, wiedergeben. Das allegorische Bild des Kampfwagens, der in die Mitte der beiden Heere geführt wird, bedeutet nichts anderes, als dass der

Wagenlenker *Kṛiṣṇa* den *Arjuna* in eine neue Stellung oder in eine besondere Perspektive führt, von der er nun die sogenannten Feinde in ihrem bedrohlichen Ausmaße betrachten kann. Er führt ihn zu einer Stellung des Herzens, die ihm eine erste übersinnliche Wahrnehmung eröffnet und sagt: *»paṣyai 'tān samavetān kurūn iti* – schaue hin auf die versammelten Menschen.« (I/25) Es ist gleichsam als ob *Arjuna* aus einem bisher sicheren Wald in eine Art Lichtung geführt wird, in der er schließlich die rechte Perspektive zum Geschehen erkennen kann. Ein erstes Erwachen öffnet sich vor den Augen, das die neue Perspektive gibt.

Mit diesem Hineinführen des Kampfwagens zwischen beide Heere will die *Bhagavad Gītā* erzählen, dass für eine geistige, hellsichtige Erfahrung die rechte Betrachtung und die wohl geordnete Stellung der Umstände notwendig ist. Noch kann aber *Arjuna* nur die Mächtigkeit und überwältigende Größe der Feinde sehen, denn es fehlt ihm die Deutung und Einordnung des Gesehenen.

In Vers 19 beschreibt der Erzähler *Saṁjaya* ein sehr bedeutungsvolles Ereignis. Die Kämpfer auf dem Schlachtfeld blasen in ihre Muschelhörner und stimmen sich zum Ereignis des Kampfes mit mutigen Gesten ein. »Dieser lärmende

Schall zerriss die Herzen der *Kauravas* und ließ Himmel und Erde widerhallen.« (I/19). Das Tönen im Himmel, hinunter bis zur Erde soll den Leser zu jener Aufmerksamkeit führen, dass die Ereignisse nicht nur eine kurze Angelegenheit repräsentieren, sie wollen eine neue Periode für die Menschheit herbeileiten. Wie eine Explosion mit großem Dröhnen öffnet sich die nächste Phase einer Entwicklung. Der lärmende Schall zerreißt deshalb die Herzen der Gegner von *Arjuna*.

Die *Kauravas*, die eigentlich rein geschichtlich das größere Heer hatten, werden im Blicke von *Saṁjaya*, dem Seherblick, als zu schwach eingestuft, sodass sie deshalb keine Aussicht auf Erfolg im Kampf haben.

»Dieses unser Heer, befehligt von *Bhīṣma* ist zu schwach, während das Heer der anderen, befehligt von *Bhīma* genügt.« (I/10)

Das Heer von *Bhīma* war tatsächlich zahlenmäßig geringer, jedoch, wie bereits ausgedrückt, straffer, disziplinierter, wie es dem strebsamen Menschen geziemt. Im Sinne einer geistigen Vision wurde die offensichtliche Stärke der höheren Wirklichkeiten sichtbar und aus diesem Grunde erlebt der Seher, wie sich die Entwicklung vonseiten der lichten Gesetze durchsetzen wird. Die dunklen und einseitig fordernden Begierden mit ihrer mangelnden Disziplin können sich nicht dauerhaft in den höheren Welten behaupten. Diese Wahrheit in der astralischen Wirklichkeit erscheint in erzählender Weise im ersten Kapitel. Es sind Geheimnisse, die in Bildern dargelegt werden.

Die weiteren tieferen Zusammenhänge über Leben und Tod in Beziehung zur geistigen Welt schildert die *Bhagavad Gītā* sodann im zweiten Kapitel.

Abb. rechts: Das Blasen der Muschelhörner will die neu aufbrechende Situation im Himmel, in der astralen Wirklichkeit, demonstrieren. Sie stellen nicht die von Pythagoras erlebte Weltenmusik mit ihrer Harmonie dar, sondern sie markieren tatsächlich einen Kulminationspunkt in der Entwicklung der Menschheit.

Die Bhagavad Gītā

nach der Originalübersetzung von Śrī Aurobindo

Kapitel I – II

I Yoga der Niedergeschlagenheit *Arjunas* *kurukṣetra*

dhṛtarāṣṭra uvāca
dharmakṣetre kurukṣetre samavetā yuyutsavaḥ
māmakāḥ pāṇḍavāś cai 'va kim akurvata saṁjaya

1. *Dhṛitarāṣṭra* sprach:
Als sie auf dem Felde von *kurukṣetra* versammelt waren, dem Felde der Ausarbeitung des *dharma* (Gesetz, Ordnung), ungestüm zur Schlacht drängend, was taten sie da, o *Saṁjaya*, mein Volk und die *Pāṇḍavās*?

saṁjaya uvāca
dṛṣṭvā tu pāṇḍavānīkaṁ vyūḍhaṁ duryodhanas tadā
ācār yam upasaṁgamya rājā vacanam abravīt

2. *Saṁjaya* sprach:
Als der Fürst *Duryodhana* sah, dass das Heer der *Pāṇḍavās* in Schlachtordnung aufgestellt war, trat er zu seinem Lehrer (*Droṇa*) und sprach folgende Worte:

paśyai tāṁ pāṇḍuputrāṇām ācārya mahatīṁ camūm
vyūḍhāṁ drupada putreṇa tava śiṣyeṇa dhīmatā

3. »Schau auf dieses gewaltige Heer der *Pāṇḍu*-Söhne, o *ācārya* (Lehrer), das hier von deinem klugen Schüler, dem Sohn des *Drupada*, aufgestellt worden ist.«

atra śūrā maheṣvāsā bhīmārjunasamā yudhi
yuyudhāno virāṭaś ca drupadaś ca mahā rathaḥ

dhṛṣṭaketuś cekitānaḥ kāśirājaś ca vīryavān
purujit kuntibhojaś ca śaibyaś ca narapuṁgavaḥ

yudhāmanyuś ca vikrānta uttamaujāś ca vīryavān
saubhadro draupadeyāś ca sarva eva mahārathāḥ

4. – 6. »Da stehen in dieser mächtigen Armee Helden und berühmte Bogenschützen, die *Bhīma* und *Arjuna* im Kampf gleich sind: *Yuyudhāna, Virāṭa* und *Drupada* in seinem großen Kampfwagen; *Dhṛṣṭaketu, Cekitāna* und der tapfere Fürst von *Kāśi; Purujit, Kuntibhoja* und *Śhaibya*, der Anführer der Männer; *Yudhāmanyu*, der Starke, und *Uttamauja*, der Siegreiche; *Saubhadras* Sohn (*Abhimanyu*) und die Söhne der *Draupadi* – alles Männer von großer Tapferkeit.«

asmākaṁ tu viśiṣṭā ye tān nibodha dvijottama
nāyakā mama sainyasya saṁjñārthaṁ tān bravīmi te

7. »Erfahre aber auch, wer auf unserer Seite die Ausgezeichnetsten sind, o Bester der Zweifach-Geborenen, die Führer meines Heeres. Ich nenne sie dir zu deiner besonderen Beachtung:«

bhavān bhīṣmaś ca karṇaś ca kṛpaś ca samitiṁjayaḥ
aśvatthāmā vikarṇaś ca saumadattis tathai 'va ca

anye ca bahavaḥ śūrā mad arthe tyakta jīvitāḥ
nānā śastra praharaṇāḥ sarve yuddha viśāradāḥ

8. – 9. »Du selbst und *Bhīṣma; Karṇa* und *Kṛipa*, der Siegreiche im Kampf; *Aśvatthāma, Vikarṇa* und auch *Saumadatti*; und viele andere Helden haben um meinetwillen ihr Leben eingesetzt. Sie alle sind mit mannigfaltigen Waffen und Geschossen ausgerüstet und wohlerfahren im Krieg.«

aparyāptaṁ tad asmākaṁ balaṁ bhīṣmābhi rakṣitam
paryāptaṁ tvidam eteṣāṁ balaṁ bhīmābhi rakṣitam

10. »Unbegrenzt ist diese unsere Armee, die von *Bhīṣma* befehligt wird, während ihre Armee begrenzt ist und sich auf *Bhīma* verlässt.«

ayaneṣu ca sarveṣu yathā bhāgam avasthitāḥ
bhīṣmam evā 'bhirakṣantu bhavantaḥ sarva eva hi

11. »Darum ihr alle, die ihr in euren Formationen an den verschiedenen Abschnitten der Front steht: Gebt acht auf *Bhīṣma*!«

tasya saṁjanayan harṣaṁ kuru vṛddhaḥ pitāmahaḥ
siṁha nādaṁ vinadyo 'ccaiḥ śaṅkhaṁ dadhmau pratāpavān

12. Um Begeisterung im Herzen *Duryodhanas* zu erwecken, blies der mächtige Ahnherr (*Bhīṣma*), der Älteste der *Kurus*, in seine Muschel, sodass es vom Schlachtfeld widerhallte wie Löwengebrüll.

tataḥ śaṅkhāś ca bheryaś ca paṇavānaka gomukhāḥ
sahasai 'vā 'bhyahanyanta sa śabdas tumulo 'bhavat

13. Darauf erschollen plötzlich die Muscheln und Pauken, die Tamburine, Trommeln und Hörner. Das Getöse wurde gewaltig.

tataḥ śvetair hayair yukte mahati syandane sthitau
mādhavaḥ pāṇḍavaś cai 'va divyau śaṅkhau pradadhmatuḥ

14. Stehend auf ihrem großen, mit weißen Rossen bespannten Wagen, stießen dann *Mādhava* (*Śrī Kṛiṣṇa*) und der Sohn des *Pandu* (*Arjuna*) in ihre himmlischen Muscheln.

pāñcajanyaṁ hṛṣīkeśo devadattaṁ dhanaṁjayaḥ
pauṇḍraṁ dadhmau mahā śaṅkhaṁ bhīma karmā vṛkodaraḥ

anantavijayaṁ rājā kuntī putro yudhiṣṭhiraḥ
nakulaḥ sahadevaś ca sughoṣa maṇipuṣpakau

15. – 16. *Hṛiṣīkeśa* (*Kṛiṣṇa*) blies seine *pāñcajanya* und *Dhanaṁjaya* (*Arjuna*) seine (ihm von Gott gegebene) *devadatta*. *Vṛikodara*, der Held schrecklicher Taten, stieß in seine mächtige Muschel *pauṇḍra*; König *Yudhiṣṭira*, Sohn der *Kuntī*, in die *anantavijaya*; *Nakula* und *Sahadeva* in die *sughoṣa* und in die *maṇipuṣpaka*. (*Yudhiṣṭhira*, *Vṛikodara*, *Nakula* und *Sahadeva* sind die vier Brüder *Arjunas*).

kāśyaś ca parameṣvāsaḥ śikhaṇḍī ca mahā rathaḥ
dhṛṣṭadyumno virāṭaś ca sātyakiś cā 'parājitaḥ

drupado draupadeyāś ca sarvaśaḥ pṛthivī pate
saubhadraś ca mahābāhuḥ śaṅkhān dadhmuḥ pṛthak-pṛthak

17. – 18. *Kāśya* mit seinem mächtigen Bogen und *Śikhaṇḍī* mit seinem großen Streitwagen, *Dhṛiṣṭadyumna*, *Virāṭa* und der unbesiegte *Sātyaki*, ferner *Drupada* und die Söhne *Draupadis*, o Herr der Erde, und *Saubhadra* mit den mächtigen Armen stießen von allen Seiten in ihre verschiedenen Muschelhörner.

sa ghoṣo dhārtarāṣṭrāṇāṁ hṛdayāni vyadārayat
nabhaś ca pṛthivīṁ cai 'va tumulo vyanunādayan

19. Dieser ungeheure Aufruhr, über Erde und Himmel widerhallend, erschütterte die Herzen der Söhne des *Dhṛitarāṣṭra.*

atha vyavasthitān dṛṣṭvā dhārtarāṣṭrān kapidhvajaḥ
pravṛtte śastrasaṁpāte dhanur udyamya pāṇḍavaḥ

hṛṣīkeśaṁ tadā vākyam idam āha mahīpate

20. Als er auf die Söhne des *Dhṛitarāṣṭra*, die in Schlachtordnung dastanden, schaute und schon die Geschosse zu fliegen begannen, da erhob der Sohn des *Pāṇḍu* (*Arjuna*), der den Affen im Banner führte, seinen Bogen und sagte zu *Hṛṣīkeśa*, dem Herrn der Erde, diese Worte.

arjuna uvāca
senayor ubhayor madhye rathaṁ sthāpaya me 'cyuta

yāvad etān nirikṣe 'haṁ yoddhu kāmān avasthitān
kair mayā saha yoddhavyam asmin raṇasamudyame

yotsyamānān avekṣe 'haṁ ya ete 'tra samāgatāḥ
dhārtarāṣṭrasya durbuddher yuddhe priyacikīrṣavaḥ

21. – 23. *Arjuna* sprach:
Halte, o *Acyuta* (Makelloser, Unerschütterlicher) meinen Wagen zwischen den beiden Heeren an, damit ich diese Myriaden mustern kann, die kampfbegierig dastehen und mit denen ich zusammenstoßen muss an diesem Festtag der Schlacht. Ich will sie betrachten, die hierher kamen, um für die Sache des übelgesinnten Sohns des *Dhṛitarāṣṭra* einzutreten.

saṁjaya uvāca
evam ukto hṛṣīkeśo guḍākeśena bhārata
senayor ubhayor madhye sthāpayitvā rathottamam

bhīṣma droṇa pramukhataḥ sarveṣāṁ ca mahīkṣitām
uvāca pārtha paśyai 'tān samavetān kurūn iti

24. – 25. *Saṁjaya* sprach:
So angeredet von *Guḍākeśa* (einer, der den Schlaf überwunden hat, *Arjuna*), o *Bhārata*, brachte *Hṛiṣīkeśa* jenen besten der Streitwagen zwischen den beiden Heeren zum Stehen, gegenüber von *Bhīṣma*, *Droṇa* und all den Fürsten der Erde, und sprach: »Schau hin, o *Pārtha*, auf diese versammelten *Kurus*!«

tatrā 'paśyat sthitān pārthaḥ pitṛn atha pitāmahān
ācāryān mātulān bhrātṛn putrān pautrān sakhīṁs tathā

śuvaśurān suhṛdaś cai 'va senayor ubhayor api

26. Da sah *Pārtha* Onkel und Großväter, Lehrer, Vettern, Söhne und Enkel, Gefährten, Schwiegerväter, Wohltäter einander gegenüberstehend.

tān samīkṣya sa kaunteyaḥ sarvān bandhūn avasthitān

kṛpayā parayā 'viṣṭo viṣīdann idam abravīt

27. Als er alle diese Verwandten kampfbereit dastehen sah, wurde *Kaunteya* (*Arjuna*) von tiefem Mitleid ergriffen. Traurig und niedergeschlagen äußerte er sich wie folgt.

arjuna uvāca
dṛṣṭve 'maṁ svajanaṁ kṛṣṇa yuyutsuṁ samupasthitam

sīdanti mama gātrāṇi mukhaṁ ca pariśuṣyati
vepathuś ca śarīre me romaharṣaś ca jāyate

gāṇḍīvaṁ sramasate hastāt tvak cai 'va paridahyate

28. – 29. *Arjuna* sprach:
Wenn ich hier meine eigenen Verwandten in Schlachtordnung vor mir sehe, o *Kṛiṣṇa*, werden meine Glieder schwach, mein Mund dörrt mir aus, mein Leib erzittert, und meine Haare sträuben sich. Der Bogen (*gāṇḍīva*) entgleitet meiner Hand, und meine ganze Haut scheint zu brennen.

na ca śaknomy avasthātum bhramatī 'va ca me manaḥ

nimittāni ca paśyāmi viparītāni keśava
na ca śreyo 'nupaśyāmi hatvā svajanam āhave

na kāṅkṣe vijayaṁ kṛṣṇa na ca rājyaṁ sukhāni ca

30. – 31. Ich kann nicht mehr aufrecht stehen, und mir dreht sich der Kopf. Auch sehe ich widrige Vorzeichen, o *Keśava*. Nichts Gutes erkenne ich darin, dass ich meine Verwandten in der Schlacht töte, o *Kṛiṣṇa*. Ich begehre weder Sieg, noch Herrschaft, noch Freuden.

kiṁ no rājyena govinda kiṁ bhogair jīvitena vā

yeṣām arthe kāṅkṣitaṁ no rājyaṁ bhogāḥ sukhāni ca
ta ime 'vasthitā yuddhe prāṇāṁs tyaktvā dhanāni ca

ācāryāḥ pitaraḥ putrāḥ tathai 'va ca pitāmahāḥ
mātulāḥ śvaśurāḥ pautrāḥ śyālāḥ sambandhinas tathā

etān na hantum icchāmi ghnato 'pi madhusūdana
api trailokya rājyasya hetoḥ kiṁ nu mahīkṛte

nihatya dhārtarāṣṭrān naḥ kā prītiḥ syāj janārdana
pāpam evā 'śrayed asmān hatvai 'tān ātatāyinaḥ

32. – 36. Was bedeutet Herrschaft für uns, o *Govinda*, was bedeuten uns Freuden, ja selbst das Leben? Jene, um deretwillen wir Herrschaft, Genüsse und Freuden begehren, stehen hier im Kampf und setzen ihr Blut und Gut ein: Lehrer, Väter und Söhne, auch Großväter, Onkel, Schwiegerväter, Enkel, Schwäger und sonstige Blutsverwandte. Nie brächte ich über mich, sie zu erschlagen, o *Madhusūdana*, und wenn ich selber erschlagen würde; nicht einmal für die Herrschaft über die drei Welten, geschweige denn über die Erde. Was bleiben uns schon für Freuden, wenn wir die Söhne des *Dhṛitarāṣṭra* getötet haben, o *Janārdana*?

tasmān nā 'rhā vayaṁ hantuṁ dhārtarāṣṭrān svabāndhavān
svajanaṁ hi kathaṁ hatvā sukhinaḥ syāma mādhava

yady apy ete na paśyanti lobhopahata cetasaḥ
kulakṣayakṛtaṁ doṣaṁ mitradrohe ca pātakam

kathaṁ na jñeyam asmābhiḥ pāpād asmān nivartitum
kulakṣaya kṛtaṁ doṣaṁ prapaśyadbhir janārdana

37. – 39. An uns wird die Sünde haften bleiben, wenn wir sie umbringen, auch wenn sie die Angreifer sind. Darum ist es nicht recht, dass wir die Söhne des *Dhṛitarāṣṭra* töten, unsere eigenen Verwandten. In der Tat, wie können wir noch glücklich sein, wenn wir unsere eigenen Leute töten? Wenn auch jene, von Habgier in ihrem Bewusstsein getrübt, in der Zerstörung ihrer Sippe keine Schuld erkennen und kein Verbrechen in der Feindschaft gegen Freunde, warum sollten nicht wir die Weisheit besitzen, vor solch einer Sünde zurückzuscheuen, o *Janārdana*, die wir erkennen, dass die Vernichtung der Sippe von Übel ist!

kulakṣaye praṇaśyanti kuladharmāḥ sanātanāḥ
dharme naṣṭe kulaṁ kṛtsnam adharmo 'bhibhavaty uta

40. Denn mit Ausrottung der Sippe werden auch ihre ewigen Traditionen zerstört. Wenn diese heiligen Bräuche zusammenbrechen, überwältigt Gesetzlosigkeit den gesamten Stamm.

adharmābhibhavāt kṛṣṇa praduṣyanti kula striyaḥ
strīṣu duṣṭāsu vārṣṇeya jāyate varṇasaṅkaraḥ

41. Wo aber Gesetzlosigkeit herrscht, o *Kṛiṣṇa*, werden die Frauen der Sippe verderbt. Werden die Frauen verderbt, o *Vārṣṇeya*, gerät die feste Ordnung der Kasten durcheinander.

saṁkaro narakāyai 'va kulaghnānāṁ kulasya ca
patanti pitaro hy eṣāṁ lupta piṇḍodaka kriyāḥ

doṣair etaiḥ kulaghnānāṁ varṇa saṅkarakārakaiḥ
utsādyante jātidharmāḥ kuladharmāś ca śāśvatāḥ

42 – 43. Dies Chaos bringt für die Zerstörer der Sippe Verdammnis, aber auch für die Sippe. Denn ihre Ahnen fallen, da sie das Reisopfer (*piṇḍa*) und die Spende des Tranks entbehren müssen. So werden durch die Untaten der Zerstörer der Sippe, die die Verwirrung der heiligen Ordnung zur Folge hat, die ewigen Gesetze des Volkes und die sittliche Grundlage der Sippe vernichtet.

utsanna kula dharmāṇāṁ manuṣyāṇāṁ janārdana
nnarake 'niyataṁ vāso bhavatī 'ty anuśuśruma

aho bata mahat pāpaṁ kartuṁ vyavasitā vayam
yad rājya sukha lobhena hantuṁ svajanam udyatāḥ

44 – 45. Und die Menschen, deren Sippenmoral verderbt ist, leben für immer in der Hölle, o *Janārdana*. So wurde uns überliefert. Wehe uns, die wir davor standen, eine schreckliche Sünde zu begehen, und unsere eigenen Verwandten töten wollten aus Gier nach den Freuden der Macht.

yadi mām apratīkāram aśastraṁ śastrapāṇayaḥ
dhārtarāṣṭrā raṇe hanyuḥ tan me kṣemataraṁ bhavet

46. Viel eher gereicht mir zum Heil, dass die bewaffneten Söhne des *Dhṛitarāṣṭra* mich, der ich waffenlos bin und keinen Widerstand leiste, erschlagen. (Ich will nicht kämpfen!)

saṁjaya uvāca
evam uktvā 'rjunaḥ saṁkhye rathopastha upāviśat
visṛjya saśaraṁ cāpaṁ śokasaṁvignamānasaḥ

47. *Saṁjaya* sprach:
Als *Arjuna* auf dem Schlachtfeld so gesprochen hatte, sank er auf den Sitz des Kampfwagens zurück, warf seinen göttlichen Bogen und den unerschöpflichen Köcher hin (die er von den Göttern für diese furchtbare Stunde erhalten hatte), und sein Geist war von Kummer überwältigt.

II Yoga der Erkenntnis (*Sāṅkhya-yoga*)

A. Der Glaube des arischen Kriegers

saṁjaya uvāca
taṁ tathā kṛpayā 'viṣṭam aśrupūrṇākulekṣaṇam
viṣīdantam idaṁ vākyam uvāca madhusūdanaḥ

1. *Saṁjaya* sprach:
Zu ihm, der so von Mitleid ergriffen war, die Augen voll Tränen und Kummer, das Herz überwältigt von Schwermut und Mutlosigkeit, sprach *Madhusūdana* folgende Worte.

śrī bhagavān uvāca
kutas tvā kaśmalamidaṁ viṣame samupasthitam
anāryajuṣṭam asvargyam akīrtikaram arjuna

2. Der Erhabene sprach:
Woher ist diese Niedergeschlagenheit, diese Verfärbung und Verfinsterung deiner Seele in der Stunde der schweren Entscheidung und Gefahr über dich gekommen, *Arjuna*? Das ist nicht die Art, die vom arischen Mann hochgehalten wird. Nicht vom Himmel hernieder ist diese Stimmung zu dir gekommen, und sie kann dich auch nicht empor zum Himmel tragen. Auf Erden bedeutet sie den Verlust deines Ruhmes.

klaibyaṁ mā sma gamaḥ pārtha nai 'tat tvayy upapadyate
kṣudraṁ hṛdaya daurbalyaṁ tyaktvo 'ttiṣṭha paraṁtapa

3. Lass nicht ab von der Männlichkeit des Kriegers und Helden, o *Pārtha*! Das passt nicht zu dir. Schüttele diese erbärmliche Schwachherzigkeit ab! Steh auf, *Paraṁtapa* (du Geißel der Feinde)!

arjuna uvāca
kathaṁ bhīṣmam ahaṁ saṁkhye droṇaṁ ca madhusūdana
iṣubhiḥ pratiyotsyāmi pūjārhāv arisūdana

4. *Arjuna* sprach: Wie soll ich, o *Madhusūdana*, im Kampfe *Bhīṣma* und *Droṇa*, die der Verehrung würdig sind, mit Waffen schlagen, o Feindetöter?

gurūn ahatvā hi mahānubhāvān śreyo bhoktuṁ bhaikṣyam apī 'ha loke
hatvā 'rthakāmāṁstu gurūn ihai 'va bhuñjīya bhogān rudhirapradigdhān

5. Es ist mir lieber, in dieser Welt nur von Almosen zu leben, als die Gurus, die hohen Seelen, zu töten. Würde ich diese Gurus erschlagen, schmeckten mir alle Genüsse in dieser Welt nur noch nach Blut.

na cai 'tad vidmaḥ kataran no garīyo yad vā jayema yadi vā no jayeyuḥ
yān eva hatvā na jijīviṣāmas te 'vasthitāḥ pramukhe dhārtarāṣṭrāḥ

6. Auch weiß ich nicht, was für uns besser ist: sie zu besiegen oder von ihnen besiegt zu werden. Denn vor uns stehen die *Dhṛitarāṣṭier*. Haben wir sie getötet, sollten wir nicht mehr weiterleben wollen.

kārpaṇyadoṣopahatasvabhāvaḥ pṛcchāmi tvāṁ dharmasaṁmūḍhacetāḥ
yac chreyaḥ syān niścitaṁ brūhi tan me siṣyas te 'haṁ śādhi māṁ tvāṁ prapannam

7. Es ist die Dürftigkeit des Geistes, die mein (wahres, heldenhaftes) Wesen so tödlich getroffen hat. Mein Bewusstsein ist völlig verwirrt in seinem Urteil über Recht und Unrecht. Dich frage ich, was wohl das Bessere ist. Sage es mir eindeutig! Wie ein Jünger nehme ich meine Zuflucht zu Dir. Erleuchte mich!

na hi prapaśyāmi mamā 'panudyād yac chokam ucchoṣaṇam indriyāṇām
avāpya bhūmāv asapatnam ṛddhaṁ rājyaṁ surāṇām api cā 'dhipatyam

8. Ich sehe nicht, was mich von diesem Kummer befreien könnte, der mir die Sinne ausdörrt. Selbst dann nicht, wenn ich eine reiche und unangefochtene Herrschaft auf Erden oder gar die Hoheitsgewalt der Götter erlangen würde.

saṁjaya uvāca
evam uktvā hṛṣīkeśaṁ guḍākeśaḥ paraṁtapaḥ
na yotsya iti govindam uktvā tūṣṇīṁ babhūva ha

9. *Saṁjaya* sprach:
Guḍākeśa, der Schrecken seiner Feinde, der so zu *Hṛiṣīkeśa* geredet hatte, sagte noch: »Ich will nicht kämpfen!« Dann schwieg er.

tam uvāca hṛṣīkeśaḥ prahasanniva bhārata
senayor ubhayor madhye viṣīdantam idaṁ vacaḥ

10. Zu ihm, o Bharata, der so niedergeschlagen und entmutigt war, sprach nun zwischen den beiden Heeren *Hṛiṣīkeśa*. Und es war, als ob er dabei lächelte.

śrī bhagavān uvāca
aśocyān anvaśocas tvaṁ prajñāvādāṁś ca bhāṣase
gatāsūn agatāsūṁś ca nā nuśocanti paṇḍitāḥ

11. Der Erhabene sprach:
Du beklagst die, welche man nicht beklagen sollte, – und doch redest du Worte der Klugheit. Der erleuchtete Mensch betrauert weder die Lebenden noch die Toten.

na tv evā 'haṁ jātu nā 'saṁ na tvaṁ ne 'me janādhipāḥ
na cai 'va na bhaviṣyāmaḥ sarve vayamataḥ param

12. Es ist nicht wahr, dass Ich zu irgendeiner Zeit nicht gewesen bin, noch du, noch diese Könige unter den Menschen. Und es ist auch nicht wahr, dass einer von uns je aufhören wird, hernach zu sein.

dehino 'smin yathā dehe kaumāraṁ yauvanaṁ jarā
tathā dehāntaraprāptir dhīras tatra na muhyati

13. So wie die Seele körperlich durch Kindheit, Jugend und Alter hindurchgeht, so geht sie auch weiter zum Wechsel des Körpers. Der gelassen in seinem Selbst gegründete Mensch erlaubt es sich nicht, hierdurch verwirrt und geblendet zu werden.

mātrāsparśāstu kaunteya śītoṣṇa sukha duḥkhadāḥ
āgamāpāyino 'nityās tāṁs titikṣasva bhārata

14. Vergänglich sind, o Sohn der *Kuntī*, die materiellen Berührungen von Kälte und Hitze, von Freude und Leid. Sie kommen und gehen. Lerne dies zu ertragen, o *Bhārata*!

yaṁ hi na vyathayanty ete puruṣaṁ puruṣarṣabha
sama duḥkha sukhaṁ dhīraṁ so 'mṛta tvāya kalpate

15. Der Mensch, den sie nicht mehr bekümmern noch schmerzen, o Löwenherz unter den Männern, der Starke und Weise, der ausgeglichenen Sinnes ist in Freude und Leid, er bereitet sich vor für die Unsterblichkeit.

nā 'sato vidyate bhāvo nā 'bhāvo vidyate sataḥ
ubhayor api dṛṣṭo 'ntas tv anayos tattvadarśibhiḥ

16. Was wirklich ist, kann nicht das Sein verlieren, genauso wenig wie das, was nicht ist, ins Sein eintreten kann. Zweck und Ziel dieses Gegensatzes von ›es ist‹ und ›es ist nicht‹ haben die Seher der wesenhaften Wahrheiten erkannt.

avināśi tu tad viddhi yena sarvam idaṁ tatam
vināśam avyayasyā 'sya na kaścit kartum arhati

17. Erkenne Jenes als das Unzerstörbare, durch das dies alles hier in Raum und Zeit ausgebreitet wird. Wer kann schon den unsterblichen Geist erschlagen?

antavanta ime dehā nityasyo 'ktāḥ śarīriṇaḥ
anāśino 'prameyasya tasmād yudhyasva bhārata

18. Begrenzte Körper haben ein Ende. Aber Jenes, das den Körper besitzt und verwendet, ist unendlich, unbegrenzbar, ewig, unzerstörbar. Darum kämpfe, o *Bhārata*!

ya enaṁ vetti hantāraṁ yaś cai 'naṁ manyate hatam
ubhau tau na vijānīto nā 'yaṁ hanti na hanyate

19. Wenn einer diese (Seele) als einen Tötenden ansieht oder wenn einer denkt, dass diese getötet wird, versagen beide im Erkennen der Wahrheit. Die Seele erschlägt nicht, noch wird sie erschlagen.

na jāyate mriyate vā kadācin nā 'yaṁ bhūtvā bhavitā vā na bhūyaḥ
ajo nityaḥ śāśvato 'yaṁ purāṇo na hanyate hanyamāne śarīre

20. Die Seele wird nicht geboren und stirbt auch nicht. Sie ist auch kein Ding, das nur ein einziges Mal ins Sein eintritt und, wenn sie abgeschieden ist, nie mehr ins Sein kommen wird. Die Seele ist ungeboren, uralt, immer dauernd. Sie wird nicht erschlagen, wenn der Körper erschlagen wird.

vedā 'vināśinaṁ nityaṁ ya enam ajam avyayam
kathaṁ sa puruṣaḥ pārtha kaṁ ghātayati hanti kam

21. Wer sie erkennt als ein unsterbliches, ewiges, unzerstörbares, geistiges Sein, wie kann dieser töten, o *Pārtha*, oder Ursache des Tötens sein?

vāsāṁsi jīrṇāni yathā vihāya navāni gṛhṇāti naro 'parāṇi
tathā śarīrāṇi vihāya jīrṇāni anyāni saṁyāti navāni dehī

22. Die verkörperte Seele wirft ihre alt gewordenen Körper ab und geht in neue Körper ein, so wie ein Mensch zerschlissene Kleider gegen neue wechselt.

nai 'naṁ chindanti śastrāṇi nai 'naṁ dahati pāvakaḥ
na cai 'naṁ kledayanty āpo na śoṣayati mārutaḥ

23. Waffen können die Seele nicht zerschmettern, Feuer kann sie nicht verbrennen, noch Wasser sie durchnässen oder der Wind sie ausdörren.

acchedyo 'yam adāhyo 'yam akledyo 'śoṣya eva ca
nityaḥ sarvagataḥ sthāṇur acalo 'yaṁ sanātanaḥ

24. Sie ist unzerreißbar und unbrennbar, sie kann weder durchnässt noch ausgedörrt werden. Ewig beständig, unbeweglich, alles durchdringend, ist sie für immer und ewig.

avyakto 'yam acintyo 'yam avikāryo 'yam ucyate
tasmād evaṁ viditvai 'naṁ nā 'nuśocitum arhasi

25. Sie tritt nicht in die Sichtbarkeit hervor, ist unvorstellbar und unwandelbar. So wird sie (in den *śrutis* = Heiligen Schriften) beschrieben. Darum solltest du, sofern du die Seele als von solcher Art erkennst, unbekümmert sein.

atha cai 'naṁ nityajātaṁ nityaṁ vā manyase mṛtam
tathā 'pi tvaṁ mahābāho nai 'naṁ śocitum arhasi

26. Auch wenn du von ihm (dem Selbst) annehmen solltest, es sei ständig Geburt und Tod unterworfen, so solltest du, o Starkarmiger, dich doch nicht grämen.

jātasya hi dhruvo mṛtyuḥ dhruvaṁ janma mṛtasya ca
tasmād aparihārye 'rthe na tvaṁ śocitum arhasi

27. Denn sicher ist der Tod für den Geborenen. Und sicher ist die Geburt für den Toten. Darum sollte, was unvermeidlich ist, kein Anlass für deinen Kummer sein.

avyaktādīni bhūtāni vyakta madhyāni bhārata
avyaktanidhanāny eva tatra kā paridevanā

28. Ungeoffenbart sind die Wesen am Anfang, geoffenbart in der Mitte, o *Bhārata*. Und genauso ungeoffenbart sind sie bei ihrer Auflösung. Worüber soll man sich hierbei grämen?

āścaryavat paśyati kaścid enam āścaryavad vadati tathai 'va cā 'nyaḥ
āścaryavac cai 'nam anyaḥ śṛṇoti śrutvā 'py enaṁ veda na cai 'va kaścit

29. Der eine betrachtet es (das Selbst) als ein Mysterium. Ein anderer spricht oder hört von ihm als einem Mysterium. Aber keiner kennt es. Auf Jenes (das Selbst, das Eine, das Göttliche) blicken wir, von ihm sprechen oder hören wir als dem Wunderbaren jenseits unseres Verstehens, denn trotz allem, was wir von denen gelernt haben, die Erkenntnis besitzen, hat kein menschliches Bewusstsein jemals dieses Absolute gekannt.

dehī nityam avadhyo 'yaṁ dehe sarvasya bhārata
tasmāt sarvāṇi bhūtāni na tvaṁ śocitum arhasi

30. Dieser Bewohner im Körper eines jeden Menschen ist ewig und unzerstörbar, o *Bhārata*. Darum solltest du um keiner Kreatur willen Kummer empfinden.

svadharmam api cā 'vekṣya na vikampitum arhasi
dharmyādd hi yuddhāc chreyo 'nyat kṣatriyasya na vidyate

31. Und weiter: Wenn du dein eigenes Gesetz des Handelns betrachtest, solltest du nicht erzittern. Es gibt kein höheres Gut für den *kṣatriya* als die gerechte Schlacht.

yadṛcchayā co 'papannaṁ svargadvāram apāvṛtam
sukhinaḥ kṣatriyāḥ pārtha labhante yuddham īdṛśam

32. Wenn sich ihnen eine solche Schlacht von selbst anbietet wie das offene Tor zum Himmel, sind die *kṣatriya* glücklich.

atha cet tvam imaṁ dharmyaṁ saṁgrāmaṁ na kariṣyasi
tataḥ svadharmaṁ kīrtiṁ ca hitvā pāpam avāpsyasi

33. Wenn du aber diesen Kampf für das Recht nicht wagst, hast du deine Pflicht, die Mannestugend und deinen Ruhm preisgegeben. Mit Sünde hast du dich beladen.

akīrtiṁ cā 'pi bhūtāni kathayiṣyanti te vyayām
saṁbhāvitasya cā 'kīrtiḥ maraṇād atiricyate

34. Überdies werden die Menschen von deiner unauslöschlichen Schande erzählen. Aber für einen Mann von edlem Rang ist die Unehre schlimmer als der Tod.

bhayād raṇād uparataṁ maṁsyante tvāṁ mahārathāḥ
yeṣāṁ ca tvaṁ bahumato bhūtvā yāsyasi lāghavam

35. Die Starken werden meinen, du seist aus Furcht vor der Schlacht ausgewichen. Und du, der du von ihnen hoch geachtet warst, musst deine Ehre mit Schmach besudeln lassen.

avācyavādāṁś ca bahūn vadiṣyanti tavā 'hitāḥ
nindantas tava sāmarthyaṁ tato duḥkhataraṁ nu kim

36. Viele unziemliche Worte werden von deinen Feinden geredet werden, mit denen sie deine Stärke verleumden. Gibt es größeren Kummer als diesen?

hato vā prāpsyasi svargaṁ jitvā vā bhokṣyase mahīm
tasmād uttiṣṭha kaunteya yuddhāya kṛta niścayaḥ

37. Wirst du erschlagen, wirst du den Himmel gewinnen. Bist du aber siegreich, wirst du die Erde genießen. Darum steh auf, o Sohn der *Kuntī*, zum Kampf entschlossen!

sukha duḥkhe same kṛtvā lābhālābhau jayājayau
tato yuddhāya yujyasva nai 'vaṁ pāpam avāpsyasi

38. Lass Kummer und Glück, Verlust und Gewinn, Sieg und Niederlage gleich viel für deine Seele sein und stürze dich in die Schlacht! So wirst du keine Sünde auf dich laden.

B. Der Yoga des vernunftbegabten Willens

eṣā te 'bhihitā sāṅkhye buddhir yoge tv imāṁ śṛṇu
buddhyā yukto yayā pārtha karma bandhaṁ prahāsyasi

39. Diese Einsicht (die vernunftgemäße Erkenntnis der Dinge und des Willens) wird dir durch *Sāṅkhya* vermittelt. Vernimm nun dasselbe im Yoga! Denn wenn du durch diese Einsicht im Yoga gegründet bist, o *Pārtha*, wirst du die Fesseln deiner Taten abschütteln.

ne 'hā 'bhikramanāśo 'sti pratyavāyo na vidyate
svalpam apy asya dharmasya trāyate mahato bhayāt

40. Auf diesem Pfad ist keine Mühe verloren, kein Hindernis kann sich durchsetzen. Selbst ein wenig von diesem *dharma* befreit dich von der großen Furcht.

vyavasāyātmikā buddhir eke 'ha kuru nandana
bahuśākhā hy anantāś ca buddhayo 'vyavasāyinām

41. Die fest im Selbst gegründete und entschlossene Vernunft ist eines und gleichartig, o Freude der *Kurus*. Aber vielverzweigt und mannigfaltig ist die Vernunft der Unentschlossenen.

yām imāṁ puṣpitāṁ vācaṁ pravadanty avipaścitaḥ
vedavādaratāḥ pārtha nā 'nyad astī 'ti vādinaḥ

kāmātmānaḥ svargaparā janma karma phala pradām
kriyā viśeṣa bahulāṁ bhogaiśvarya gatiṁ prati

42. – 43. Es ist eine blumige Rede, die jene verkünden, die keine klare Urteilskraft haben, der Lehre des *Veda* ergeben und davon überzeugt sind, dass es nichts darüber hinaus gibt; Seelen der Begehrlichkeit, nach dem Paradies Suchende. Ihre Lehre bringt die Früchte der Werke der Geburt, ist vielgestaltig, verlangt besondere Riten und ist auf Genuss gerichtet und auf Macht als ihr Ziel.

bhogaiśvarya prasaktānāṁ tayā pahṛtacetasām
vyavasāyātmikā buddhiḥ samādhau na vidhīyate

44. Die Vernunft derer, die durch diese blumige Rede fehlgeleitet werden und sich an Genuss und Macht klammern, ist nicht fest im Selbst gegründet.

traiguṇya viṣayā vedā nistraiguṇyo bhav 'rjuna
nirdvandvo nitya sattvastho niryogakṣema ātmavān

45. Die Wirkungsweise der drei *guṇas* (Seins-Bestimmungen) ist Gegenstand des *Veda*. Du aber werde frei von den drei *guṇas*, o *Arjuna*! Sei ohne Gegensätze, immer fest im wahren Sein gegründet, frei von Erwerben- und Habenwollen, fest im Besitz des Selbstes!

yāvān artha udapāne sarvataḥ saṁplutodake
tāvān sarveṣu vedeṣu brāhmaṇasya vijānataḥ

46. So viel Nutzen, wie in einer Quelle liegt, um die herum das Wasser in Fluten strömt, so viel Nutzen liegt in allen *Veden* für den *Brāhmaṇen*, der zur wahren Erkenntnis gelangt ist.

karmaṇy evā 'dhikāras te mā phaleṣu kadācana
mā karma phala hetur bhūr mā te saṅgo 'stv akarmaṇi

47. Du hast ein Recht auf das Handeln, aber nur auf das Handeln an sich, niemals auf dessen Früchte. Lass nicht die Früchte zum Beweggrund deines Wirkens werden! Und sei nicht der Untätigkeit verhaftet!

yogasthaḥ kuru karmāṇi saṅgaṁ tyaktvā dhanaṁjaya
siddhy asiddhyoḥ samo bhūtvā samatvaṁ yoga ucyate

48. Fest gegründet im Yoga, vollbringe deine Taten als einer, der jegliche Haftung aufgegeben hat und gleichmütig geworden ist hinsichtlich Misslingen und Erfolg! Denn Ausgeglichenheit ist der Sinn des Yogas.

dūreṇa hy avaraṁ karma buddhiyogād dhanaṁjaya
buddhau śaraṇam anviccha kṛpaṇāḥ phalahetavaḥ

49. Taten sind von weit minderem Wert als der Yoga der Vernunft, o *Dhanaṁjaya*. Suche darum deine Zuflucht in der Vernunft! Arme und erbärmliche Seelen sind jene, die die Frucht ihrer Werke zum Ziel ihrer Gedanken und Taten machen.

buddhiyukto jahātī 'ha ubhe sukṛta duṣkṛte
tasmād yogāya yujyasva yogaḥ karmasu kauśalam

50. Derjenige, dessen Einsicht das Eins-Sein erlangt hat, weist schon hier in dieser Welt der Gegensätze beides, ›gut‹ oder ›schlecht‹ zu handeln, von sich. Strebe also danach, im Yoga gegründet zu sein. Yoga ist die Geschicklichkeit im Handeln.

karmajaṁ buddhiyuktā hi phalaṁ tyaktvā manīṣiṇaḥ
janma bandha vinirmuktāḥ padaṁ gacchanty anāmayam

51. Die Weisen, die ihre Einsicht und ihren Willen mit dem Göttlichen geeint haben, verzichten auf die Frucht, die das Wirken ihnen einbringt. Befreit von den Fesseln der Geburt, erlangen sie den Zustand jenseits des Elends.

yadā te moha kalilaṁ buddhir vyatitariṣyati
tadā gantāsi nirvedaṁ śrotavyasya śrutasya ca

52. Wenn deine Einsicht den Wirbel der Täuschung überschreitet, erregt dich nicht mehr, was du schon aus den Schriften hörtest oder noch zu hören bekommst.

śrutivipratipannā te yadā sthāsyati niścalā
samādhāv acalā buddhiḥ tadā yogam avāpsyasi

53. Wenn deine Einsicht, die durch die *śruti* (*Veden* und *Upaniṣaden*) verwirrt ist, unbeweglich und fest im *samādhi* steht, wirst du den Yoga erlangen.

arjuna uvāca
sthitaprajñasya kā bhāṣā samādhisthasya keśava
sthitadhīḥ kiṁ prabhāṣeta kim āsīta vrajeta kim

54. *Arjuna* sprach:
Was ist das Kennzeichen des Menschen in *samādhi*, dessen Einsicht fest in der Wahrheit gegründet ist? Wie spricht, wie sitzt, wie handelt dieser Weise, dessen Verstehen sicheren Grund gefunden hat?

śrī bhagavān uvāca
prajahāti yadā kāmān sarvān pārtha manogatān
ātmany evā 'tmanā tuṣṭaḥ sthitaprajñas tado 'cyate

55. Der Erhabene sprach:
Wenn ein Mensch, o *Pārtha*, aus seinem Bewusstsein alles ichhafte Verlangen ausmerzt und im Selbst durch das Selbst sein volles Genüge gefunden hat, dann sagt man von ihm: Er ist in seiner Einsicht fest gegründet.

duḥkheṣv anudvignamanāḥ sukheṣu vigataspṛhaḥ
vīta rāga bhaya krodhaḥ sthitadhīr munir ucyate

56. Er, dessen Bewusstsein unerschüttert bleibt inmitten von Leiden und Freuden, ist frei geworden vom Verlangen. Neigung, Furcht und Zorn sind aus ihm gewichen. Er ist der Weise, dessen Verstehen auf sicherem Grunde ruht.

yaḥ sarvatrā 'nabhisnehas tat-tat prāpya śubhāśubham
nā 'bhinandati na dveṣṭi tasya prajñā pratiṣṭhitā

57. Wer in allen Dingen frei von Gemütsbewegung bleibt, ob nun dies Gute oder jenes Übel ihn betrifft, und weder hasst noch frohlockt, – dessen Einsicht ruht auf starkem Fundament in der Weisheit.

yadā saṁharate cā yaṁ kūrmo 'ṅgānī 'va sarvaśaḥ
indriyāṇī indriyārthebhyas tasya prajñā pratiṣṭhitā

58. Wer die Sinne von den Gegenständen der Sinne zurückzieht, so wie die Schildkröte ihre Glieder in ihren Panzer einzieht, – dessen Einsicht ruht auf starkem Fundament in der Weisheit.

viṣayā vinivartante nirāhārasya dehinaḥ
rasavarjaṁ raso 'py asya paraṁ dṛṣṭvā nivartate

59. Wenn jemand sich der Nahrung enthält, hören wohl die Gegenstände seiner Sinne auf zu wirken. Die Neigung in den Sinnen selbst, *rasa*, bleibt jedoch bestehen. Wenn das Höchste geschaut wird, hört auch *rasa* auf.

yatato hy api kaunteya puruṣasya vipaścitaḥ
indriyāṇi pramāthīni haranti prasabhaṁ manaḥ

60. Selbst bei dem Weisen, der nach Vollkommenheit trachtet, wird das Bewusstsein durch das heftige Drängen der Sinne fortgerissen, o Sohn der *Kuntī*.

tāni sarvāṇi saṁyamya yukta āsīta matparaḥ
vaśe hi yasye 'ndriyāṇi tasya prajñā pratiṣṭhitā

61. Nachdem er alle seine Sinne unter seine Herrschaft gebracht hat, muss er fest im Yoga gegründet sein und sich gänzlich an Mich hingeben. Denn wer seine Sinne gemeistert hat, dessen Vernunft ist fest (an ihrem richtigen Ort) gegründet.

dhyāyato viṣayān puṁsaḥ saṅgas teṣū 'pajāyate
saṅgāt saṁjāyate kāmaḥ kāmāt krodho 'bhijāyate

62. In demjenigen, dessen Bewusstsein mit gefesseltem Interesse an den Gegenständen seiner Sinne hängt, bildet sich Haftung an diese. Aus der Haftung kommt das Verlangen und aus Verlangen Zorn.

krodhād bhavati saṁmohaḥ saṁmohāt smṛtivibhramaḥ
smṛti bhraṁśād buddhināśo buddhināśāt praṇaśyati

63. Zorn führt zur Verwirrung, der Verwirrung folgt Verlust der Erinnerung. Hierdurch wird die Vernunft zerstört. Durch die Zerstörung der Vernunft geht er zugrunde.

rāga dveṣa vimuktais tu viṣayān indriyaiś caran
ātmavaśyair vidheyātmā prasādam adhigacchati

prasāde sarvaduḥkhānāṁ hānir asyo 'pajāyate
prasannacetaso hy āśu buddhiḥ paryavatiṣṭhate

64. – 65. Wer mit den Sinnen über die Gegenstände nur hinstreift, mit Sinnen, die dem Selbst untertan sind, und befreit von Begierde und Ablehnung, gelangt in eine weite und heitere Klarheit von Seele und Temperament. Leidenschaft und Kummer haben dort keinen Raum mehr. Die Vernunft eines solchen Menschen wird rasch und fest (an ihrem eigentlichen Ort) gegründet.

nā 'sti buddhir ayuktasya na cā 'yuktasya bhāvanā
na cā 'bhāvayataḥ śāntir aśāntasya kutaḥ sukham

indriyāṇāṁ hi caratāṁ yan mano 'nuvidhīyate
tad asya harati prajñāṁ vāyur nāvam ivā 'mbhasi

66. – 67. Für den, der nicht im Yoga gegründet ist, gibt es keine Einsicht und keine Konzentration des Denkens. Ohne Konzentration gibt es für ihn keinen Frieden. Wie kann der Friedlose glücklich sein? Schweifende Sinne, denen das Bewusstsein folgt, reißen den Verstand mit sich fort, so wie die Winde ein Schiff auf See mit sich forttragen.

tasmād yasya mahābāho nigṛhītāni sarvaśaḥ
indriyāṇī 'ndriyārthebhyas tasya prajñā pratiṣṭhitā

68. Darum, o Starkarmiger, ruht bei demjenigen, der bis zum Äußersten die Erregung der Sinne durch deren Gegenstände gezügelt hat, die Einsicht fest gegründet in der ruhigen Erkenntnis des Selbstes.

yā niśā sarvabhūtānāṁ tasyāṁ jāgarti saṁyamī
yasyāṁ jāgrati bhūtāni sā niśā paśyato muneḥ

69. Jenes (höhere Sein), das Nacht ist für alle Geschöpfe, ist Wachsein für den Weisen, der sich selbst bemeistert (sein leuchtender Tag wahren Seins, wahrer Erkenntnis und Macht). Aber das Leben in der Spannung der Gegensätze, das für jene ihr Wachsein ist (ihr Tag, ihr Bewusstsein, die helle Voraussetzung für ihr Wirken), ist Nacht für den Weisen, der erkennt (ein unruhiger Schlaf und Finsternis der Seele).

āpūryamāṇam acalapratiṣṭhaṁ samudram āpaḥ praviśanti yadvat
tadvat kāmā yaṁ praviśanti sarve sa śāntim āpnoti na kāmakāmī

70. Derjenige erlangt Frieden, in den alle Begehren einströmen wie die Gewässer in das Meer (in einen Ozean von weitem Sein und Bewusstsein), das ständig gefüllt wird und doch immer unbewegt bleibt; niemals jener, der (wie die wirbelnden schlammigen Wasser) durch jeden kleinen Zustrom von Begehren erregt wird.

vihāya kāmān yaḥ sarvān pumāṁś carati niḥspṛhaḥ
nir mamo nir ahaṅkāraḥ sa śāntim adhigacchati

71. Wer alles Begehren aufgibt und frei von Verlangen lebt und handelt, wer kein ›ich‹ und ›mein‹ mehr hat (wer sein individuelles Ich in dem Einen aufgehoben hat und in jener Einung lebt), der erlangt den großen Frieden.

eṣā brāhmī sthitiḥ pārtha nai 'nāṁ prāpya vimuhyati
sthitvā 'syām antakāle 'pi brahma nirvāṇam ṛcchati

72. Dies ist *brāhmī sthiti* (das Feststehen in *brahman*), o *Pārtha*. Wer dahin gelangt ist, wird nicht verwirrt. Wer in der Stunde des Todes in diesem Zustand fest gegründet ist, kann zum Erlöschen in *brahman* gelangen.[1]

---

1 Das zweite Kapitel der *Bhagavad Gītā* stellt gewissermaßen eine Zusammenfassung der Grundsätze dar, die der Yoga mit seiner hervorragenden Selbstfindung und freiheitlichen Selbstbestimmung geben kann.

Wie lassen sich die Verse der Bhagavad Gītā lesen?

Der Leser, der die *Bhagavad Gītā* studiert, kann ein Kapitel wählen und mit dem letzten Vers das meditative Studium beginnen.

Die letzten Verse in einem Kapitel beinhalten eine zentrierte Aussage, die gewissermaßen wie eine Essenz der vorhergehenden Erzählungen zu nehmen ist.

Indem der Studierende den Versuch unternimmt, ein Kapitel von hinten nach vorne, Vers für Vers, zu lesen, nimmt er die Kernaussage vorweg und arbeitet sich von einer umfassenden Wahrheit zu detaillierten Einzelwahrheiten hindurch.

II Kṛiṣṇa und Arjuna

Vortrag vom 29. 10. 1995

1 Die Bedeutung von inkarnierenden Persönlichkeiten

Die beiden Hauptfiguren in der Erzählung sind *Kṛiṣṇa* und *Arjuna*. *Kṛiṣṇa* gilt als erhaben, da er den höchsten und ureigensten Gedanken als geistige Existenz, als Sein repräsentiert und somit spielt er den göttlichen Wagenlenker, während *Arjuna* die individuelle Seele darstellt, die mitten in einem Kampffeld zu einer größeren geistigen Vision aufsteigt. Er verkörpert *vibūthi*, die Weltenkräfte in ihrer wachsenden Vollkommenheit und Glorie. Der Wagenlenker, der die große Dimension des Geistes darstellt, soll von Beginn an das ganze Geschick auf diesem Kampffeld steuern, das der Ausdruck für ein werdendes Menschsein ist. Er ist in personifizierter Form der große wegweisende spirituelle Führer, der die Entwicklung aus göttlichen Höhen heraus lenkt. *Arjuna* als die individuelle Seele ist der werdende Schüler, der auf diesem Schlachtfeld, in diesem Kampf sowohl um das irdische als auch um das geistige Recht ringen sollte. *Arjuna* ist am Ausgang der Geschichte noch nicht in dem reinen Sein des Gedankens angekommen, er will aber zu diesem aus wachsendem Entschluss werden und den höchsten Weltengedanken entwickeln. Der Leser hat es hier mit zwei realen Persönlichkeiten zu tun, die um des Verständnisses willen näher zu charakterisieren sind. Um diese personalen Figuren in ihrem Werdegang näher kennenzulernen, stellen sich verschiedenste Fragen: Ist die *Bhagavad Gītā* mit dem Zwiegespräch von *Kṛiṣṇa* und *Arjuna* nur Legende? Hat es diese Personen wirklich gegeben? Es gibt volksnahe Geschichten, die von dem Leben beider erzählen. Aber es bleibt dennoch die historische und schließlich sogar die geistige Frage: Gründen sich diese Geschichten wirklich auf authentische Tatsachen oder sind sie nur Erzählungen? Sind *Kṛiṣṇa* und *Arjuna* nur fiktive Gestalten, die eine intellektuelle Situation darlegen und doch mit dem realen Schauen des Geistes in reinem Symbolcharakter, gewissermaßen wie eine theoretische Philosophie erscheinen? Die *Bhagavad Gītā* wurde erst später von einem *ṛiṣi*, von einem Seher, der in der Einsamkeit lebte, verfasst. Der Seher war eine hellsichtige, weise Persönlichkeit, die dieses heilige Geschehen im Nachhinein visionär erschauen konnte, und später wurde die Geschichte in eine lebendige Geistvision, in eine wunderschöne Komposition ohne pragmatische Dogmatik gebracht.

Die Personen *Kṛiṣṇa* und *Arjuna* erschienen dem Seherauge in einer kosmisch-astralen Vision. Es muss sie im Erscheinungsbild der Erde, wie auch in der nachtodlichen, kosmischen Sphäre gegeben haben, denn hätten diese Personen nicht eine geistige Existenz, die in die körperliche Geburt tritt, so hätte dem seelischen Gesetz entsprechend das substantielle, kraftvolle Geschehen in der *Bhagavad Gītā* nicht wirklich entstehen können. Symbole oder fiktive Personen wären für eine geistige Schau unbrauchbar. Der Leser hat mit der *Bhagavad Gītā* eine enorm weit gefasste Schrift mit komprimierten, weisheitsvollen Aussagen vor sich. Die *Gītā* ist zwar mit den Evangelienbotschaften nicht gleichzusetzen, sie entspricht aber dennoch vom geistigen Kraft- und Substanzcharakter dem höchsten Range. Sie ist nicht eine reine Sage oder eine Art Märchen, sondern sie ist sogar mitten aus den indischen, real wirkenden Weisheiten geschaffen. Hätten diese Personen nicht in einer irdischen Inkarnation gelebt, hätte es, wenn man es vorweg in aller Konsequenz ausdrückt, keinen Gedanken im irdischen, unmittelbaren Bild des selbstbewussten Menschen gegeben. *Kṛiṣṇa* ist deshalb die Herabkunft des reinen Gedankens in eine Inkarnation. Wäre *Arjuna* nicht tatsächlich im Yoga zur höchsten Unterscheidung aufgestiegen, zur Glorie der *vibūthi*, zur Sonne der Weisheit, hätte es diesen geistigen Lehrer und seinen reinen Schüler nicht wirklich gegeben, so wäre auch die Erzählung ohne Verbundenheit zum Irdischen, sie wäre lediglich eine philosophische Abstraktion oder theoretische Idee geblieben. Der Yoga müsste in der geistigen Welt ideenhaft und einsam verbleiben, wenn er nicht durch *Arjuna* in die irdische Formung hereintritt. Eine Idee hätte sich nicht wirklich als jene kraftvolle Substanz über die ganze Zeit hinweg fortsetzen können. Ereignisse aus der vergangenen Geschichte und aus dem Leben von bestimmten bedeutungsvollen Persönlichkeiten prägen die Zukunft für die Spiritualität.

Die gleiche Gesetzmäßigkeit des Inkarnierens einer besonderen geistigen Persönlichkeit trifft auch für das Christentum zu. Hätte es die Person Jesus Christus niemals gegeben, so wäre das Christentum mehr oder weniger eine religiöse Idee geblieben. Durch Jesus Christus aber ist die Liebe in die Erde gekommen. Durch das reale Leben einer besonderen geistigen Wirklichkeit in einem menschlichen Leib, verbindet sich die übersinnliche höhere Ideenwelt mit einer unteren, sichtbaren Erdendimension. Es musste das Wort, wie es in der Evangeliengeschichte heißt, Fleisch werden. Es musste die hochbegabte Seele inkarnieren, damit die Substanzkraft des ganzen Geistes wirklich für die Erde kommen konnte. Das Erklingen des Geistes in einer Person beschreibt das Gesetz der Synthese von oben und unten, das durch das Inkarnieren stattfindet und mit seiner zukunftsweisenden Bedeutung die Entwicklungswege belebt. Wird nicht eine Seele in das Fleisch oder zumindest in die erste Wahrnehmung zur Erde, wie es bei *Kṛiṣṇa* war, geboren, so könnten sich die Kräfte des Himmels oder der überragenden spirituellen Welt nicht mit der Menschheit ausreichend versöhnen. Erst wenn die Seele in ihre Erdenaufgabe hereintritt, kann der wirkliche Yoga beginnen. Bliebe die Erzählung aber eine bloße Idee, wie es in Sagen ist oder wäre sie nur eine abstrakte Vorstellung eines projizierten Wunschbildes, so würde sich das Leben nach vergänglichen Regeln entfalten und der Geist mit seiner höheren Wirklichkeit bliebe getrennt von diesem Dasein. Erde und Himmel könnten sich nicht wirklich verbinden und somit könnte auch nicht wirklich eine Vergeistigung eintreten. *Kṛiṣṇa* erscheint heute in der Weltschöpfung in einer ferneren Dimension, doch existiert er als reale geistige und irdische Gestalt, als jene Offenbarung der reinen möglichen Gedankenform und ebenso erscheint *Arjuna*, der Bogenschütze, als eine reale, jedoch noch nicht so tief in das Körperliche eingetretene Persönlichkeit. Die Menschen damals waren nämlich noch weniger fest oder erdenschwer und sie waren auch in keiner Weise materialistisch. *Kṛiṣṇa* lebte in Indien als *gopāla*, als Kuhhirte, er war aber noch nicht sehr tief im Leibe inkarniert und aus diesem Grunde schwebte gewissermaßen seine Seele über dem physischen Leibe.

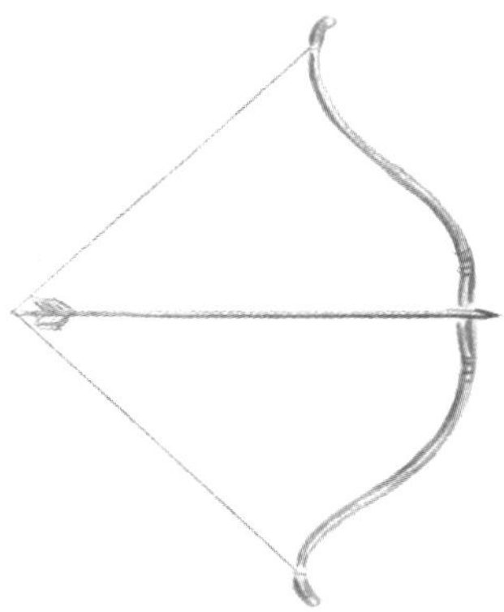

Arjuna ist der Bogenschütze, *Dhanurdhara*, der mit seiner Weisheit die Pfeile, die er von den Göttern erhalten hatte, lenken soll. Der Bogen ist jedenfalls Ausdruck des Willens, der Dynamik, die der Gedanke braucht, damit er zu seinem rechten Ziel hinüberfliegt. Die in makellosem Holz gewundene Waffe mit feinst abgestimmter, zitternder Sehne beschreibt das menschliche Potential zur Zielorientierung. Das Wollen ist eine tiefe Kraft in der Seele.

II Der Gedanke als das göttliche Sein

Die Gefahr, dass man *Kṛiṣṇa* mit einseitigen Kulthandlungen verehrt, ist relativ groß. In den Zeremonien und Feierlichkeiten um eine Gottheit errichten sich die verschiedensten Ideologien, die meistens das wahre Mysterium, das mit der Figur *Kṛiṣṇa* verbunden ist, nicht mehr zur Kenntnis nehmen. Indem nun immer dann, wenn die Person *Kṛiṣṇa* erscheint, dieser mit dem reinen und höchsten Gedanken ersetzt wird, gewinnt die Schrift einen universalen, überreligiösen Charakter. Verwechselt werden sollte jedoch der reine Gedanke keinesfalls mit einem heute so üblichen Intellektualismus oder gar mit einem pragmatischen Dogmatismus. Der Gedanke ist eine höchste Idee, eine wahre, geistige Wirklichkeit, die hinter allen Erscheinungen der Weltschöpfung lebt. Sie ist geistig, aber sie ist nicht wie eine Spekulation oder wie eine begrenzte systemabhängige Philosophie, die im menschlichen Gehirn sprunghaft hin- und her gleitet. Der Gedanke, wie er hier gemeint ist, ist das Licht der Weltschöpfung, der Anfang und der Urgrund aller Phänomene. Folgende Verse dienen als Beispiel, wie sie in Beziehung zu dieser Aussage, dass der Gedanke reiner Geist ist, gelesen werden können:

manmanā bhava madbhakto madyājī māṁ namaskuru
mām evai 'ṣyasi yuktvai 'vam ātmānaṁ matparāyaṇaḥ (IX/34)

Indem *Kṛiṣṇa* mit dem Gedanken anders konnotiert wird, heißt der Vers wie folgend:

»Neige dich dem höchsten Gedanken, verehre und liebe diesen, opfere dich für den höchsten Gedanken und beuge dich vor ihm. So in deinem ganzen Willen mit diesem Gedanken geeint, wirst du allein zum höchsten Gedanken gelangen, da du diesen Gedanken als dein höchstes Ziel hast.«

Ein zweites Beispiel:

sarva yoniṣu kaunteya mūrtayaḥ saṁbhavanti yāḥ
tāsāṁ brahma mahad yonir ahaṁ bījapradaḥ pitā (XIV/4)

»Was für Gestaltungen auch immer aus irgendwelchen Mutterschößen hervorgebracht werden, o *Kaunteya*, das *mahad brahman* ist ihr Schoß. Und ich bin (oder: der Gedanke ist) der Vater, der den Samen einsenkt.«

III Die charakteristischen Figuren in der Bhagavad Gītā

Wenn als Erstes einmal die Mentalität von *Arjuna* betrachtet wird, so erfasst man in ihr eine Persönlichkeit, die für die heutige hektische Zeit ungewöhnlich und besonders bescheiden erscheint. *Arjuna* heißt übersetzt: der Reine, der Sündlose. Tatsächlich war dieser bereits sehr reife Mann sündlos und hatte tugendhafte Eigenschaften, die ganz besonders sanftmütig hervorstechen. Eine seiner tugendhaften Eigenschaften ist beispielsweise der Gehorsam. Die Tugenden schmücken weiterhin die edle Persönlichkeit mit der Gabe des Mitgefühls gegenüber Anderen. Diese seelische Fähigkeit war auf beachtenswerte Weise in dem Krieger ausgeprägt. Er fühlte als Soldat sogar gegenüber seinen Feinden Mitleid und Liebe und das Laster des Hasses war ihm fremd. Sein Herz fühlte sich mit allen Menschen zutiefst verbunden. Weiterhin war er eine Persönlichkeit, die von allen schlechten Gewohnheiten frei war, von jenen strapaziösen Untugenden, die im Allgemeinen als Sünde gelten. Es gibt sagenumwobene Geschichten von *Arjuna*, in denen er jegliche weltliche Bindung zurückweist und unsittlichen Eigenschaften den Rücken zukehrt. *Arjuna* hatte in der Gesellschaft großes Ansehen, da er einer der besten und treuesten Kämpfer seiner Zeit war. Er war ein hoher Soldat oder in Sanskrit ausgedrückt, ein sogenannter *kṣatriya*. Dieser Rang entspricht in der gesetzlich-kosmischen Ordnung des indischen Volkes dem zweiten Glied der indischen Kasten. Das erste Glied sind die *brāhmaṇa* oder Priester, das zweite die *kṣatriya* oder Soldaten, die die Ehre der Rechtschaffenheit vertreten, das dritte Glied sind die *vaiśya*, die den Handel und das gegenseitige Miteinander fördern, und das vierte Glied die *śūdra*, die die Dienstleistungen zur allgemeinen Erhaltung der Gesellschaft erbringen. *Arjuna* war also innerhalb des Kastensystems auf einem hohen und angesehenen Rang. Mit dieser Charakterisierung der Persönlichkeit von *Arjuna* können so manche Verse in der *Gītā* besser verstanden werden. Er war eine bedeutende Persönlichkeit, die alle Vorbereitungen für einen nächsten seelischen und moralischen Aufstieg mitbrachte, er besaß hohen Ehrgeiz, eine gesunde Ausstrahlung, klare Reinheit, war autoritätsgehorsam und besaß Hingabe und menschliche Würde. *Arjuna* wurde, wie die Geschichte im Vorfeld erzählt, dreizehn Jahre ins Exil geschickt. Er wurde von der Welt verbannt, kam aber wieder zurück in die Welt und bat um sein rechtmäßiges Erbe. Nun sah er sich, wie die *Gītā* erzählt, in jene Lage des Kampfes gedrängt, in der er bei sich selbst sagte: »Nein, es ist besser, diese Menschen erschlagen mich, als dass ich gegen sie kämpfe.« (I/46) Das Mitgefühl dominierte ihn, da es seinem Wesen entsprach. *Kṛiṣṇa*, der göttliche Wagenlenker, ist repräsentativ für das Sein des Gedankens. Er ist eine über alle tugendhaften Qualitäten hinausragende Persönlichkeit. Diese Persönlichkeit ist für den Leser natürlich enorm schwer vorstellbar, denn sie verkörpert die reine geistige Instanz. Sie lässt sich nur annähernd anhand von Bildern und Geschichten, die von ihr erzählt werden, beschreiben. *Kṛiṣṇa* ist jenes ungeborene und ewige Gesetz, das *brahman*, der Geist selbst, oder, anders ausgedrückt, die reine Repräsentation des höchsten Gedankens. Die Erhabenheit, die diesem Menschen mitgegeben war, spürten sowohl die *Pāṇḍavas* als auch die *Kauravas*. Sie spürten intuitiv, dass mit *Kṛiṣṇa* etwas Ewiges, Hohes, Erhabenes und Einzigartiges, eben der reine Gedanke, in Verbindung steht. Auch seine Gegner ahnten bereits, dass es eigentlich Unsinn ist, gegen diese in menschlicher Gestalt lebende Gottheit anzukämpfen. So spürten die *Kauravas*, als sie in Reih und Glied im Kampfe standen, dass sie, obwohl sie von der Zahl und von der Bewaffnung die Stärkeren waren, schon auf der Verliererseite standen. Sie mussten sich auf die Stärke ihres Heeres berufen und sahen nicht mehr in ausreichendem Maße die höhere Wirklichkeit mit ihren Gesetzmäßigkeiten, die hinter dem äußeren Geschehen atmet. Ein Abstieg in die irdische Welt musste für die *Kauravas* eine unweigerliche Folge sein. Mit der Person *Kṛiṣṇa* steht nicht nur ein großartiges Heldentum in Verbindung, mit ihm imponiert ein ewiges Gesetz; das ist das Gesetz des reinen Gedankens im Kampffeld, das sich zur Manifestation trägt. Dieses Gesetz blickte mit der Person des Wagenlenkers auf die Erde. Wie manifestiert oder offenbart es sich? Es bestehen viele Geschichten über jene Geschehnisse, die sich damals abspielten und die in ihrer verborgenen Weisheit auf die Wahrheit des göttlichen Gesetzes in *Kṛiṣṇa* hindeuten.

Kṛiṣṇa wird als ein Gott oder eine göttliche Person dargestellt, die unglaubliche und phantasiereiche Wunder bewirkte. Einmal wird er mit einem Diskus als großer Held dargestellt, ein anderes Mal ist er fähig, Materialisation zu vollbringen. Oft erscheint er in der Person eines Kuhhirten, *gopāla*, dem alle Liebe und Sympathie entgegenbringen. Die unterschiedlichen Darstellungen ergeben sich, weil er, wie es damals nicht so ganz ungewöhnlich war, unterschiedlich mit seiner blauen Aura über andere Leiber erstrahlte. Der Geist in einem reinen Gedanken war es, der in dieser Zeit auferstehen wollte. *Kṛiṣṇa*, die Welt des Geistes und des Gedankens, war nicht auf einen Leib beschränkt. Es gab mehrere *Kṛiṣṇa*, mehrere Körper, die von dieser gleichen hohen Wesenheit aufgesucht oder ergriffen wurden. Beispielsweise gab es einen scherzhaften *Kṛiṣṇa*, der immer, obwohl er solch eine göttliche Ausstrahlung und erhabene Gelassenheit und Freude verkündete, in irgendeiner Weise die unmöglichsten Streiche auf Lager hatte. In Indien, das ja ein sehr gesittetes, moralisch strenges Land ist, war es schon etwas ganz Besonderes, wenn Frauen zum Baden gegangen sind. Sie haben ihre Kleider dann am Ufer gelassen und

Kṛiṣṇa ging einfach hin und versteckte sie. Das war etwas, was sich zu dieser Zeit natürlich niemand erlauben konnte, aber *Kṛiṣṇa* generierte in Leichtigkeit jene spielerische Neigung des vollkommenen Freiseins von kleinen Regeln. Nun erscheint er als Wagenlenker in den Kosmos und in die Erde hereintretend. In dieser Figur lenkt er den Wagen von *Arjuna* im Kampfe durch das Schlachtfeld. *Kṛiṣṇa* ist das einzigartige Gesetz, das auferstehen will, das Gesetz Gottes, das vollkommenste göttliche *dharma*, das ewige unantastbare Gesetz des Selbst oder, wie es hier ausgedrückt wird, das Gesetz des werdenden Gedankens. Wenn sich das menschliche Bewusstsein den Namen *Kṛiṣṇa* vergegenwärtigt, so sollte es das göttliche Selbst meinen. Das göttliche Selbst, der reine edelste Gedanke und *Kṛiṣṇa* sind das Gleiche.

Bedeutungsvoll ist die blaue Aura, die über verschiedene Menschen hereintreten kann und sogar eine ganze Landschaft auf feine, ätherisierte Weise zu beleben vermag. *Kṛiṣṇa* erlebte man in diesem Hereintreten der schönen blauen Farbe bis hin zu einer sichtbaren Verkörperung.

Die vier Kasten, die früher originalgetreu auftraten und heute im Menschen anteilsmäßig veranlagt sind

brāhmaṇa

Die Pflege und Meditation von hohen Wahrheiten, die Bewahrung der Schätze des Wissens und die daraus entstehende Ordnung für die Welt beschreiben die *brāhmaṇa,* die ihre entwickelte Vernunft dem Volke verfügbar machen.

Kṣatriya bilden die Kaste der dynamischen, aktiven Vertreter des Rechtes, die mit Kühnheit vor keiner notwendigen Willensleistung zurückschrecken, die Ehre mit edelmütiger Klarheit vertreten und somit den Geist ritterlich in der Gesellschaft erhalten.

vaiśya bezeichnet das Wirtschaften, den Austausch, die planende Intelligenz für alle Kultur.

śūdra

Dieser Menschentyp besitzt die Fähigkeit zur mühevollen Arbeit und erhält auf diese Weise die Gesellschaft mit Dienstleistungen und treuer Ergebenheit.

IV Der Kampf

Der Kampf, der ein Himmelsgefecht darstellt, beginnt nun an den Fronten mit einer Gegenüberstellung der Heere, begleitet von Bläsern und Trommeln. Jetzt kann so mancher gewissenhaft bei sich selbst die Frage stellen: Wären die Worte, die *Arjuna* nun bei der Gegenüberstellung der Heere und in seinem Rückzug aus Mitgefühl den Menschen gegenüber spricht, nicht doch viel sinnvoller und menschlicher, als dieses so brutale Gefecht, in dem sich Menschen aus derselben Sippschaft gegenseitig erschlagen? Lebt im Himmel das Wesen des Kampfes? Diese ethisch-moralischen Bedenken könnte man ganz zu Recht äußern und die Rücksichtnahme des *Arjuna* als wertvoll erachten. Man könnte sagen: Die *Bhagavad Gītā* lässt manche Zweifel über ihren tieferen religiösen Sinn aufkommen. Kann es wirklich Gutes bringen, wenn ein Kampf, gleich ob er im Himmel oder auf Erden stattfindet, nahezu wie ein Ideal dargestellt wird und dabei die Rechtschaffenheit des Krieges Betonung findet? Zur Überraschung und Eliminierung jeglichen Zweifels bekommt die reine Seele *Arjuna* vom göttlichen Gedanken des *Kṛiṣṇa* gesagt: »Du wirst Sünde begehen, wenn du den Bogen niedersinken lässt, denn du weichst dem rechtschaffenen Kampf aus.« (II/33)

Was bedeutet dieser Kampf auf dem *kurukṣetra*? Dieser äußere Kampf, der zwar real stattgefunden hat, wird sogleich wieder in seinem rein materiellen Gehalt überwunden. Bereits innerhalb der Szene auf dem Schlachtfeld tritt er gegenüber wachsenden philosophischen Lehrunterweisungen in den Hintergrund. Der Kampf um des äußeren Gewinnens hat von nun an eigentlich nichts mehr zu sagen. *Kṛiṣṇa* sagt zu *Arjuna*: »Steh auf und bezwinge deine Feinde. Nimm deinen Bogen in die Hand, erhebe dich und kämpfe mit mutiger Tatkraft. Wirst du im Kampf erschlagen, kommst du in den Himmel, wirst du siegreich hervorgehen, so gewinnst du damit die Erde und den Himmel zugleich. Du wirst mit dem Kämpfen keine Sünde begehen.«

sukha duḥkhe same kṛtvā lābhālābhau jayājayau
tato yuddhāya yujyasva nai 'vaṁ pāpam avāpsyasi (II/38)

Für das Studium sollte nun die Situation noch einmal mental mit der Fragestellung vor die Augen rücken, was ein Krieg mit Gewalt für eine Persönlichkeit wie *Arjuna* bedeutet. Er wird von *Kṛiṣṇa* aufgefordert zu kämpfen, sich in ein Blutbad mit jähem Getöse zu werfen; er wird wahrlich des Gut-Seins und der wohlklingenden Beschaulichkeit seines eigenen Wesens entrissen. Diese scheinbar unmoralische Tat tritt aber in ihrem physischen Sinne sogleich wieder zurück und gewinnt einen anderen, mehr psychischen Charakter. *Kṛiṣṇa* will zu *Arjuna* sagen: »Schaue deine wirklichen Feinde an. Deine wirklichen Feinde sind in dir. Der Erzfeind ist die Angst und die Furcht, das Ausweichen vor wahrer Rechtschaffenheit. In dir walten die größten Feinde und türmen sich monsterhaft mit aller Widerspenstigkeit gegen den Geist, gegen die Ordnung auf.« Die Ereignisse, die auf dem irdischen Feld stattfinden, interessieren den geistigen Lehrer nicht mehr, in den Mittelpunkt der Szenerie stellt sich das psychische Geschehen mit seinen grenzüberschreitenden Forderungen. Es handelt sich um eine außerordentlich hohe Gewissensfrage, die sich nun inmitten des Kampffeldes ereignet. Welche psychischen Symptome, Emotionen und mächtigen Zweifel überwältigen die Seele von *Arjuna*? Was geschieht mit dem Menschen, wenn er sich zu einer größeren Erkenntnis, Rechtschaffenheit und geistig göttlichen Einsicht emporhebt? Das irdische Kampffeld bildet nur noch den Rahmen, den Ausgangspunkt für eine bevorstehende Entwicklungsfrage. *Arjuna* lässt den Bogen sinken. Er verliert den Mut und will sich in sein frommes Wesen zurückziehen. In ganz besonderem Maße aber sei erwähnt, dass er beim Anblick der blutigen Gefechte sich der Verantwortung gegenüber sich selbst entledigen möchte. Die bevorstehende Situation mit der großen Anforderung an ein höheres Pflichtbewusstsein überfordert ihn. Sein Körper sinkt in den Kampfwagen zurück und will die Gegenwart der feindlichen Heere, die in Wirklichkeit in ihm selbst aufwallen, nicht ertragen. Er sagt: »Besser ist es doch, ich werde von meinen Feinden besiegt und erschlagen, als dass ich gegen diese mächtigen und mir nahestehenden Krieger ankämpfe.« (II/6)

Dieses drastische, überwältigende psychische Geschehen, das am Anfang der Schlacht geschildert wird, ist bezeichnend für die seelische Situation, die den Beginn des Yoga herbeileitet. Yoga in seiner klassischen und hervorragenden Signifikanz bedeutet Selbstwerden, Selbstmeisterschaft, Selbstüberwindung, Selbsterkenntnis und schließlich Selbstrealisierung. Es bedeutet mehr als nur Körperübungen. Es bedeutet, so wie es die großen indischen Heiligen beschreiben, die Realisierung dieses einen, ewigen, göttlichen Selbst, des höchsten menschlichen Gesetzes, des heiligen, erhabenen Lebensauftrages. Das wollende und weise Auferstehen des Selbst ist Yoga. Es geht um die Realisierung eines ewigen Ganzen, im Sinne eines Lebensauftrages. Somit ist höchste Disziplin, Mut und eine ganze Präsenz von dem Krieger *Arjuna* verlangt. Es geht um die Realisierung einer höheren Verpflichtung, die zu dieser irdischen Welt scheinbar im Widerspruch steht, aber dieser Widerspruch ist tatsächlich nur ein Schein.

Arjuna muss nun genau jene Dinge tun, die ihm am allerschlimmsten ankommen. Er ist ein Mann mit Mitgefühl und weich im Herzen. Er ist eine Persönlichkeit, die in jeder Hinsicht Gehorsam leisten kann. Sein Lebensgefühl orientiert sich an Traditionen und Gewaltlosigkeit. Gerade diese so weiche Persönlichkeit soll nun im Kampfe gegenüber den eigenen Gefühlen, die sie überwältigen, antreten. Dieses, das persönliche Selbst übersteigende Werden erzählt dem Leser die *Bhagavad Gītā*. Sie beschreibt die Schwellensituation zwischen irdischer und geistiger Welt. Die Schwellensituation mit ihrer psychischen Anforderung zeigt sich in den Versen, in denen *Arjuna* verzweifelt und mit Tränen überströmt auf den Sitz des Kampfwagens, *rathopastha*, zurücksinkt (I/47).

Kṛiṣṇa spricht jene ungewöhnlichen, emotionslosen und den Körper übersteigenden, wohlklingenden Worte zu ihm. Er belehrt ihn nun mit der hohen Weisheit der *Sāṅkhya*-Philosophie und schließlich mit der sich grenzenlos weitenden Philosophie des Yoga. *Arjuna* muss eine Schwäche in sich überwinden, die ihm in diesem Falle zur Abhängigkeit zu werden droht. Die Überwindung der Schwäche betrifft das subjektive oder subjektiv gewordene Mitgefühl, das an das sterbliche Leben gebundene Fühlen, wie es so bezeichnend im Originaltext mit *kārpaṇyadoṣopahatasvabhāvaḥ* (II/7), dem Mitleidsfehler, der das Wesen überwältigt, ausgedrückt wird. Es folgt die Stelle im Verlauf des zweiten Kapitels, an der *Kṛiṣṇa* ihm sagt: »Es ist nicht wahr, dass Ich zu irgendeiner Zeit nicht gewesen bin, noch du, noch diese Könige unter den Menschen. Und es ist auch nicht wahr, dass einer von uns je aufhören wird hernach zu sein« – *na tv evā 'haṁ jātu nā 'saṁ na tvaṁ ne 'me janādhipāḥ* (II/12). Das Schlachtfeld, das *kurukṣetra*, mit seinem Blutbad ist lediglich eine weltlich äußere Erscheinung.

Arjuna kommt in die Situation der entscheidenden Frage nach dem Selbst, mit der er gleichzeitig seinen Lebensauftrag und sein eigenes, bisheriges, bekanntes Lebensgefühl durch eine Entscheidung und durch ein Aufschwingen zu einer ungreifbaren hohen Erkenntnis überwinden soll. Vor seinen Augen ist alle Realität, wie er sie bisher gesehen hat, hinweggerissen und aus diesem Grunde erlebt er den Zustand der Verzweiflung, *viṣīdanta*, er erlebt schlechte Vorzeichen und sieht für alle Zukunft keinerlei Versöhnung mit dieser und auch nicht mit einer anderen Welt.

Wenn jemand in jene so dramatische Situation innerhalb der Ich- und Erkenntniswandlung kommt, wenn das Leben an eine Grenze stößt, an eine sogenannte Schwelle, muss er immer genau dasjenige tun, was ihm aus dem bekannten Gemüt am allerschwersten ankommt. Er erlebt seine eigenen Fehler, Irrtümer im Sinne von großen überwältigenden Emotionen und wird von diesen wie weggerissen, aus jeder Mitte eliminiert und deshalb erlebt er nur noch die Destruktivität der vernichtenden karmischen, schicksalsbeladenen

Wirkungen. Diese Schwelle, die nun überwunden werden soll, gehört zur geistigen Entwicklung. Wer deshalb in der Entwicklung sehr weit schreitet, Reinheit und Charakter ausgeprägt hat und erste Erfahrungen in einem weiten Atem besitzt, wird edle Handlungen vollbringen müssen, die ihm aufgrund der irdischen Verhaftungen äußerst schwer anmuten. In den *Upaniṣaden* heißt es, dass die Helden und Weisen seine (*brahman* ist gemeint) Speise sind und der Tod das Gewürz für sein Festmahl. Der Fortgeschrittene muss sich selbst, sein eigenes niedriges Ich-Wesen endgültig überwinden. Das wohlbekannte Gefühl aus einem vergangenen Erbgut, das in ihm noch in verhafteter Weise eine emotionale Bindung besitzt, muss er zurücklassen. Es ist jene glorreiche Schwelle zwischen Vergangenheit und neuer Verpflichtung. Er muss sich selbst vollkommen verleugnen und darf sich nicht mehr auf seine eigenen stolzen Gefühle des Menschseins und auf sein bisher geprägtes moralisches Gewissen verlassen. Er muss nun ein größeres, weisheitsvolleres, umfassenderes und der Menschheit gegenüber treues Wissen aufnehmen und dieses im unsicheren Gang über eine gewagte Schwelle zu einem neuen Sein bestimmen. Die individuelle Sicht gewinnt eine Ausdehnung auf eine kosmische Weltsicht. Das Blut, das fließt, ist unbedeutend. *Arjuna* muss den Blick in die Gemächer des geistigen Reiches richten, das nicht von irdischen Lehren, Regeln und menschengemachten Gesetzen gefangen genommen wird.

Die beiden Heere, jenes der *Kauravas* und jenes der *Pāṇḍavas*, beschreiben *dvandva*, das Ringen der Gegensätzlichkeiten in einer vergänglichen Wirklichkeit, während der Aufstieg im Kampfwagen sich in die Welt des *advaita*, der nicht-dualen Wirklichkeit erhebt.

Der große Unterschied zwischen Leiden und seliger Freude

Wenn der Leser einen typischen Vers vom ersten Kapitel mit jenen des vierten Kapitels vergleicht, wird er den großen Unterschied von subjektiven, leibgeprägten Gefühlen zu geistigen Wahrheiten erleben. Sie sind nicht nur gegensätzlich, sondern erstere sind wahrlich wie ein in der Hölle gefangener Irrtum, der sich vollkommen von der befreienden lichten Wahrheitswirklichkeit abschirmt.

yadi māṁ apratīkāram
aśastraṁ śastrapāṇayaḥ
dhārtarāṣṭrā raṇe hanyuḥ
tan me kṣemataraṁ bhavet

»Viel eher gereicht mir zum Heil, dass die bewaffneten Söhne des *Dhṛitarāṣṭra* mich, der ich waffenlos bin und keinen Widerstand leiste, erschlagen. (Ich will nicht kämpfen!)«
(I/46)

tasmād ajñānasaṁbhūtaṁ
hṛtsthaṁ jñānāsinā 'tmanaḥ
chittvai 'naṁ saṁśayaṁ
yogam ātiṣṭho 'ttiṣṭha bhārata

»Darum zerschlage mit dem Schwerte der Erkenntnis diesen Zweifel, der sich aus Unwissenheit erhoben und in deinem Herzen festgesetzt hat, und nimm Zuflucht zum Yoga! Erhebe dich, o *Bhārata*!«
(IV/42)

V Was ist der Hüter der Schwelle?

In den verschiedenen Mysterienschulungen existiert der fachliche Begriff eines Hüters, der eine ganz konkrete Schwelle bewacht. Diese besteht zwischen der irdischen Art des menschlichen Gefühlslebens zu einer geistigen erwartungsvollen Wirklichkeit. Natürlich darf man sich diesen Hüter nicht als eine bestimmte Person vorstellen, die äußerlich den Menschen bewacht, sondern man muss sie sich als das tatsächliche und existente Innenleben des Menschen vergegenwärtigen. Es ist das *karma*, das bisherige Schicksalsgefüge, das der einzelne Mensch in seinen Zellen tief eingegraben in sich trägt.

Im Unbewussten ruht das vergangene Leben mit seinen eigentümlichen Gewohnheiten. Jedes Individuum lebt in den Verhaftungen des eigenen Selbst, *ahamkāra*. Es sieht die Wirklichkeit nach den Neigungen der bisherigen Beziehungen und gelernten Gewohnheiten. Die geistige Dimension, die zur Entwicklung nötig ist, kann das menschliche Bewusstsein infolge dieser eigenen Verhaftungen nicht erkennen. Das persönliche *karma*, das Schicksal, das dem Innenleben angehört und in besonderem Maße in den Gefühlen, gepaart mit Wünschen lebt, ist die Hüterkraft, die die Schwelle zur geistigen Welt belegt. Mit dem Fachbegriff ›Hüter der Schwelle‹ ist deshalb die gesamte Summe von Denkgewohnheiten, Gefühlszuständen und Sehnsüchten angesprochen. Der Mensch kann die geistige Wirklichkeit nur dann erkennen und erleben, wenn er die hohe Unterscheidung in Bezug zu seinem eigenen, vergangenen Potential leistet. *Arjuna* erlebt im offensichtlichsten Sinne die eigene bisherige Wirklichkeit und somit steht die Person mit einem ersten reflektierenden und wertvollen Denken, *vicāra*, an der Schwelle zur geistigen Welt.

Eine Situation, wie sie die *Bhagavad Gītā* schildert, tritt für jeden Menschen, der sich ernsthaft der geistigen Welt hinwendet, einmal ein. Der Schüler, der sich zur höheren Wahrheit vorbereitet, erlebt zu einem bestimmten, meist sehr krisenhaft belasteten Moment des Daseins die überwältigenden Kräfte des Hüters der Schwelle; er erlebt mit ganzer Wucht und unmittelbarer Gegenwärtigkeit seine eigene verhaftete Selbstwirksamkeit. »Hier sind mächtige Bogenschützen« – *atra śūrā maheṣvāsā* (I/4) sagt *Arjuna*, mit Blick auf das aufsteigende Schicksal, das sich in Gefühl und Willen erhebt, aus dem Inneren sichtbar wird.

Die Phasen des Erwachens des Hüters der Schwelle können in Teilschritten oder, wie bei *Arjuna*, in vollem Umfang mit einer unausweichlichen konsequenten Forderung eintreten.

Der Hüter der Schwelle erscheint wie ein großes Spiegelbild, das jedoch die menschliche Identität vollkommen einzunehmen vermag.

Überwältigend erscheinen die Kräfte des menschlichen Innenlebens, gleichsam wie feindselige, krankmachende, Kummer bereitende Wesen in einem Spiegelbild und sie signalisieren das bisherige, niedrige Selbst. Es ist aber ein erster Befreiungsprozess des *karma,* der nun die Möglichkeit des grenzüberschreitenden Handelns anbietet.

Die wichtigsten Namen der Bhagavad Gītā

Kṛiṣṇa, als *puruṣottama*, der universale Geist, auch als *Hṛiṣīkeśa*, *Madhusūdana* oder *Govinda* bezeichnet

Arjuna der Bogenschütze, auch *Kaunteya*, *Pārtha*, *Bhārata*, *Guḍākeśa*, *Paraṁtaba* genannt

Saṁjaya ist der hellsichtige Minister vom König *Dhṛitarāṣṭra*.

Bhīṣmā ist der große Feldherr der *Kauravas*, dem Heer des Königs *Dhṛitarāṣṭra*.

Droṇa war ehemals ein Lehrer von *Arjuna*, er befindet sich aber im Heer der *Kauravas*.

Duryodhana ist einer der führenden Söhne von *Dhṛitarāṣṭra*.

Bhīma ist der Oberbefehlshaber des Heeres der *Pāṇḍavas*.

Yudhiṣṭhira ist der älteste Bruder von *Arjuna*.

VI Die Reinkarnationslehre

Arjuna wird auf dem Schlachtfeld von Angst übermannt und möchte sich zurückziehen. Sein eigenes Gefühlsleben, mit den verschiedensten mangelnden Wahrnehmungen zu der gesamten Wirklichkeit, überwältigt ihn und raubt ihm die gesunde Beurteilung. Dieser Zustand der Verzweiflung, *viṣīdantam*, muss auf einem geistigen Weg zur Vollkommenheit unweigerlich eintreten. Er wird in besten und trefflichsten Bildern im Übergang vom ersten zum zweiten Kapitel beschrieben. *Arjuna* möchte im überwältigenden emotionalen Gefangensein den weiteren Aufstieg von sich weisen. Er möchte nicht in die geistige Welt hinüberschreiten und sein Gemüt verweigert die Ansicht des Größeren, des Gesamten, des Geistes der Zukunft, da er in diesem Augenblick seine eigene Identität verloren hat. Durch diese Verhaftungen, die seinem gesamten Gefühlsleben anlasten, bleibt er zunächst in sich selbst gefangen. »Ich kann nicht einsehen, dass es den Kummer, der meine Sinne verzehrt, entfernen würde, selbst wenn ich glückliche und unvergleichliche Herrschaft über die gesamte Erde oder die Götter erlangen würde.« (II/8)

Für *Arjuna* hat sich eine sehr bedrängende, tief wirkliche Situation aufgetan, da er sehr unerwartet an die Schwelle zur geistigen Welt tritt. Die Mächte und emotionalen Vereinnahmungen bäumen sich mit einer ungeheuren Macht vor ihm auf. All jene Kräfte, die er bedrohlich in sich verspürt, steigen durch die aufwallenden Ängste in ihm selbst empor und trocknen, wie er sagt, sein Bewusstsein aus. Im Aufwallen dieser sogenannten Hüterkräfte oder eigenen organischen Verhaftungen fragt er seinen Wagenlenker: »Sage mir nun mit Bestimmtheit, was richtig ist. Was ist in dieser Situation richtig? Ich weiß in der Verwirrung nicht, was ich tun soll. Mein Blick ist getrübt, ich habe Angst. Ich weiß nur, dass ich nicht kämpfen will.« (II/7) *Kṛiṣṇa* belehrt ihn in wachsendem Maße mit Worten, die in den Versen 19 und 20 beschrieben sind. Die Wirklichkeit ist für *Arjuna* noch nicht offen, sie ist noch wie ein verschlossenes Fenster, das ihn mit seinen Emotionen wie in einem dunklen Hause festhält. Sehr typisch ist deshalb auch der Vers II/8, in dem *Arjuna* noch gar nicht die Einsicht tätigen kann. Sie ist als Sicht tatsächlich noch nicht vorhanden. *Kṛiṣṇa* erzählt ihm aber auf philosophische Weise Worte, die augenblicklich in eine andere Ebene hineinführen und diese nun tatsächlich real eröffnen.

ya enaṁ vetti hantāraṁ yaś cai 'naṁ manyate hatam
ubhau tau na vijānīto nā 'yaṁ hanti na hanyate (II/19)

na jāyate mriyate vā kadācin nā 'yaṁ bhūtvā bhavitā vā na bhūyaḥ
ajo nityaḥ śāśvato 'yaṁ purāṇo na hanyate hanyamāne śarīre (II/20)

Etwas frei übersetzt bedeuten diese Verse Folgendes: »Wenn du«, erklärt *Kṛiṣṇa* dem *Arjuna*, »auf diese Welt allein blickst, so wirst du für deinen Konflikt mit dem Kampfe keine Lösung finden. Solange du mit deinem Denken und Wahrnehmen in der Welt verhaftet bist und nur die gewissensgeprägten Gefühle dieser Welt siehst, werden sich Widersprüche über Widersprüche auftürmen. Du musst deinen Blick aus dieser Welt herausnehmen und die Wahrheit erforschen und erkennen. Dein wahres Wesen gehört nicht in diese Welt.« *Arjuna* gewinnt daraufhin größeres Vertrauen und eine Aufnahmefähigkeit für das edle Wort seines Lehrers. Er musste aber jenen Schritt selbst wagen und richtete seinen Blick auf eine ganz andere Ebene, auf eine Wirklichkeit, die ihm bislang nicht vertraut war. Das Zwiegespräch zwischen *Kṛiṣṇa* und *Arjuna* findet über den Wolken statt. Es lebt in einem geistigen Sinne, gleichsam wie eine Einführung in Gesetzmäßigkeiten, die im Leben bestehen und dennoch den Mysterien entsprechen. In der *Bhagavad Gītā* sind mit jedem Vers Wirklichkeiten geschildert, die eine große Mysterienweisheit darstellen.

Im zweiten Kapitel spricht *Kṛiṣṇa* in einigen allgemeinen Zügen von der Lehre der Wiedergeburt der Seele. Die Reinkarnationslehre wird hier in einer klaren, konzentrierten Summe wiedergegeben: »Wenn du stirbst, wirst du nur den Körper ablegen, aber nicht dein göttliches Selbst. Du wirst wiedergeboren werden. Wie man alte Kleider wegwirft, so wird dieser Körper einmal weggeworfen. Aber es kommt ein neuer Körper.«

vāsāṁsi jīrṇāni yathā vihāya navāni gṛhṇāti naro 'parāṇi
tathā śarīrāṇi vihāya jīrṇāni anyāni saṁyāti navāni dehī (II/22)

Es wird in der *Bhagavad Gītā* nicht geschildert, wann und wie dieses Kommen und Gehen geschieht, es wird nur gesagt, dass dieses Selbst immer wieder neue Körper annimmt. Das Geborenwerden findet wieder und immer wieder statt. Es ist mit dem Tod die Geburt sicher und es ist mit der Geburt der Tod sicher. Das Selbst, die unsterbliche Seele, kann niemals vergehen. Sie wird niemals aufhören zu sein. So wird in jedem das Einzigartige, das Eine, Unsterbliche weiterleben. »Du *Arjuna* wirst also von keinem wirklichen Tod berührt sein, wenn du das ewige Selbst erblickst. Denn wie kann dieses Selbst getötet werden, wenn es unsterblich ist?« (II/21)

Abb. rechts: Die Verzweiflung, *viṣīdanta*, führt zur Resignation; der Weg in den Kampf verlangt von *Arjuna* ein Grenzüberschreiten - *tasmād uttiṣṭha* (II/37) - was so viel heißt wie »erhebe dich über das gewöhnliche Vorstellungsleben«.

Die Wiedergeburtslehre, um sie nun gemäß der *Gītā* anzuführen, besagt, dass dieses Selbst, dieses Ewige, das sich von Inkarnation zu Inkarnation fortsetzt, jenes Ich-Wesen also, das immer wieder und immer wieder in der Erde und im Menschenleib erscheint, dass dieses nicht beschmutzt und nicht befleckt werden kann. Es kann weder von Hitze ausgetrocknet noch von Wasser benetzt werden. Es bleibt immer erhabener Geist. Dieses Selbst bleibt frei, obwohl das menschliche Leben der Sünde verfallen kann. Das menschliche Leben kann den Schulden und Lastern unterliegen, aber die unsterbliche Seele kann der Sünde nicht gehorchen und sie bleibt und ist frei von allem Leiden.

acchedyo 'yam adāhyo 'yam akledyo 'śoṣya eva ca
nityaḥ sarvagataḥ sthāṇur acalo 'yaṁ sanātanaḥ (II/24)

Was heißt diese Lehre, die *Kṛiṣṇa Arjuna* in wenigen Sätzen mitteilt? Wenn man nach dem Tode seinen Leib abstreift und somit in eine andere Region eintritt, dann herrschen neue Bedingungen, die nicht mehr mit der irdischen Welt gleichzusetzen sind. Diese neue Wirklichkeit nimmt eine andere und bisher unbekannte Erlebensform an; sie betrifft primär die Taten, die Handlungen, die Gedanken, und, um es kurz zu sagen, sie betrifft all dasjenige, was der Mensch durch sein eigenes Wesen nach außen gesät hat. Er kann heilen oder Sünde begehen. Aber das, was er nach außen sendet – und das ist nun das Bedeutungsvolle – entsteht durch die Eigenschaften der Natur, durch die sogenannte *prakṛiti*. Es kommt nicht durch die unsterbliche Seele, durch den Geist primär, nicht durch *puruṣa*, das ewige Selbst, wie es die *Gītā* nennt. Die unsterbliche Seele ist der schweigende Zeuge, sie ist nur der Zuschauer; sie ist jenes Leben oder jenes unsterbliche Sein, das immer für die Entwicklung bedeutungsvoll ist und gleichzeitig nicht affektive Verwicklungen mit der Welt eingeht. Es wird also das höchste Selbst oder, anders ausgedrückt, das reine Sein des Gedankens, nach dem Tode nicht leiden und es wird sich nicht freuen, denn es bleibt immer in seiner eigenen Stille, Kapazität, Reinheit und in der Großartigkeit des Seins. Leiden können nur jene anderen sogenannten astralen Kräfte. Diese, die nach dem Tode leiden, kommen aus dem Bewusstsein. Das Bewusstsein, gepaart mit unbewussten Neigungen und vielen Gefühlen, unterliegt ganz der wandelbaren und sterblichen Natur. Das Bewusstsein wird mit dem Tod in das Astralreich oder, anders ausgedrückt, in den Kosmos hinübergenommen und somit noch einmal dem wahren Leiden, dem Fegefeuer oder der Freude des Seligseins unterworfen. Das wahre Selbst, der reine Gedanke, soweit im Menschen geboren, wird also nicht in das Leiden verwickelt. Diese philosophisch-metaphysische Unterscheidung oder Einteilung wird dem Leser mit der Philosophie des *Sāṅkhya* in aller Kürze im zweiten Kapitel nahegebracht.

Das irdische, das seelisch-nachtodliche Leben im Kosmos und die rein geistige Welt des Gedankens

Das irdische Leben verabschiedet sich im Zeitenstrom, während die Seele in die nachtodliche, astrale Wirklichkeit hinübergeht. Dies ist die Seele mit all ihren inneliegenden Bewusstseinskräften. Das Selbst aber, oder der höchste Anteil der Seele, geht hinein in *brahman*, in eine reine geistige Ebene. Dasjenige, das die Schriften mit dem nachtodlichen Gericht bezeichnen, ist die nachtodliche Wirklichkeit oder der Kosmos. Der Geist selbst leidet nicht, denn er ist nicht wirklich verhaftet in der irdischen Welt und auch nicht in der kosmischen Sternenwelt.

VII Puruṣa und prakṛiti

Kṛiṣṇa führt in seinen Unterweisungen an *Arjuna* wesentliche Unterscheidungskriterien heran, wie zum Beispiel, dass es jene zwei Prinzipien gibt: Das Prinzip der Seele als geistige Dimension, das mit *puruṣa* bezeichnet wird, und die Seinsbestimmungen der Natur, welche *prakṛiti* genannt werden. *Puruṣa* gibt immer nur die Zustimmung, ein stilles Einverständnis, wie es Aurobindo sagt, denn es bleibt immateriell. *Puruṣa*, das Geistprinzip, ist immer wie der stille, schweigende Zeuge gegenüber dem Geschehen, erhaben, unberührt und beobachtend. *Prakṛiti* hingegen handelt. Es ist die Natur, die die Werkzeuge für die irdische Welt bereithält und allerlei Aktionen ausführt. Das Selbst oder anders ausgedrückt der höchste Gedanke, bleibt der schweigende Zeuge, still und ungehört von allen. Es bleibt unbeteiligt und damit transzendent, auf innigliche Weise immer gegenwärtig, weil es der Ewigkeit und Unbegrenztheit entspricht.

Mit vorsichtigen und von sensitiven Intervallen geprägten Belehrungen holt *Kṛiṣṇa Arjuna* aus seinen irdischen Verhaftungen und von Mitleid geprägten Gefühlen heraus, er lehrt ihn die Weisheit des *Sāṅkhya* und schließlich in der Folge die Disziplin des Yoga. Diese Belehrungen sind erst nach langer Vorbereitung zu verstehen, denn sie sind mit der Geschichte der *Gītā* in ein unmittelbares und sehr ideales Bild gekleidet. Nach dreizehn Jahren Exil und auch vielen spirituellen Unterweisungen von Lehrern wird *Arjuna* inmitten einer spannungsreichen Situation der Yoga nahegeführt. Es wird ihm das Gesetz der Unsterblichkeit der Seele nahegeführt. In der Unmittelbarkeit im krisenhaften Zustand seiner Gefühle fordert ihn *Kṛiṣṇa* zur unterscheidenden Erkenntnis auf und lehrt ihn die Kunst des Handelns. Nicht in einer Theorie, auf intellektuelle Weise, lehrt *Kṛiṣṇa* seine weisen Worte, sondern in unmittelbarer Gegenwärtigkeit nimmt der Schüler, *Arjuna,* die Wahrheiten einer höheren Wirklichkeit entgegen. Der weichherzige *kṣatriya* kommt mit dieser Situation des Kampffeldes und mit der Lehre des *Kṛiṣṇa* an die Grenze seines eigenen Selbst oder besser ausgedrückt an die äußersten Schwellen seines Bewusstseins. In kleinen ersten Schritten überschreitet er seine verhafteten, wenn auch wohlgemeinten Gefühle und begibt sich in eine himmlische Sphäre, in eine neue und für ihn unbekannte Wirklichkeit der Spiritualität, und er erfährt in lebendigen Eindrücken die Gesetze der nachtodlichen Welt und die Essenzen des Selbst. Er erlebt eine neue, sich öffnende Wirklichkeit in den Worten, die ihm nahegeführt werden.

Im tiefsten Inneren trägt der Mensch sein eigenes karma, ohne es zu kennen. Er steht noch vor den Grenzen zur geistigen Welt.

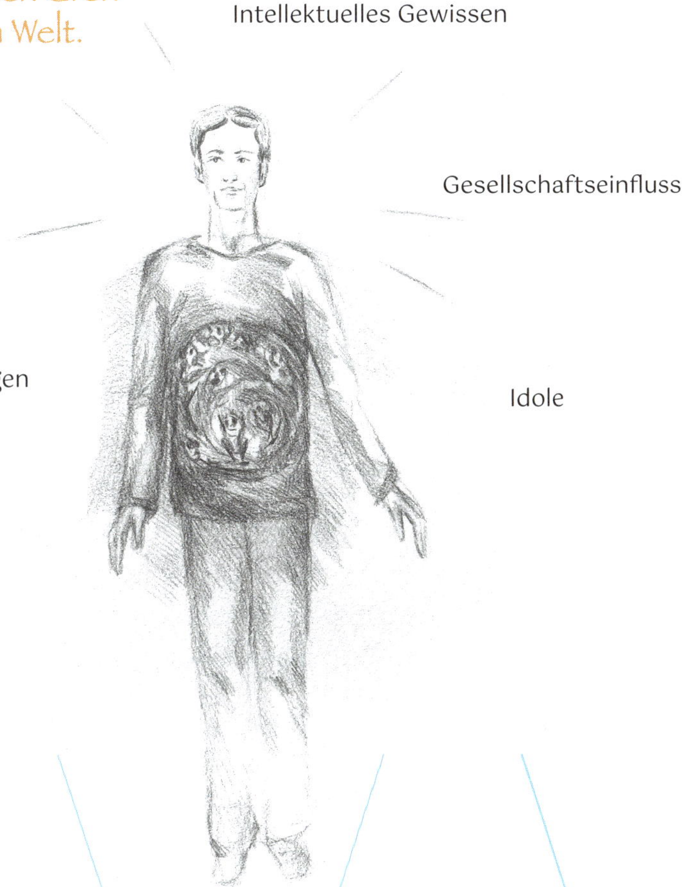

Im gewöhnlichen Zustand bleiben die Kräfte der Bindung wie konserviert und aufgespeichert in den Organen. Der Mensch ist mehr Teil einer Gesellschaft und eines funktionalen Systems und kann noch nicht sein ganzes Leben mit unabhängiger und souveräner Weisheit führen. Ab jenem Moment aber, ab dem er alle Bindungen im Inneren erkennt, muss er sich auf die Ebene der Selbstmeisterung und Selbstführung mit klaren Inhalten begeben. Er bleibt ansonsten, wie das nächstfolgende Bild (auf S. 99) zeigt, im Zustand des Verzweifelten. Die Sünde, die im Inneren konserviert ist, steigt mit der Schwelle an die Peripherie.

VIII Die Überwältigung durch das eigene karma – der Begriff ›śokasaṁvignamānasaḥ‹

Jeder, der auf einem ernsthaften spirituellen Pfad nach den höheren Wirklichkeiten strebt, sollte sich diesem Begriff ausführlichst wachsam und sogar meditierend hingeben. *Śokasaṁvignamānasaḥ* (I/47) bedeutet: von Kummer überwältigt, im Bewusstsein betrübt und verwirrt. Man könnte meinen, es sei das persönliche Schicksal von *Arjuna*, dass er auf einem Kampffeld stehen muss und nun von seinen Ängsten und Gefühlen überwältigt ist. Das Bild aber beschreibt eine sehr bekannte Erfahrung, die jeder erleben muss, der einmal die Grenze von der irdischen Welt zu einer geistigen Wirklichkeit überschreiten möchte. Die Heftigkeit von überwältigenden eigenen Gefühlen, Kümmernissen, Ängsten, Zweifel und stärksten Rückzugsneigungen kann gar nicht genügend einen beschreibenden Ausdruck erhalten. Es sind die Seele zerreißende Herausforderungen und dies sogar für die besten und stabilsten Teilnehmer einer geistigen Schule. Der bisher im Leibe untergetauchte Astralleib steigt in die periphere Wahrnehmung empor.

Ab jenem Moment, ab dem eine höhere Verpflichtung im Handeln durch die bevorstehende Entwicklung gefordert wird, bäumt sich noch einmal mit heftigster Macht das Innenleben und alle daran geknüpften Gefühle des Individuums auf. Es wird bei jedem, der an dieser Grenze anlangt, die als Hüter der Schwelle zu bezeichnen ist, das Gefühl entstehen, dass er keinerlei Überlebenskräfte besitzt und deshalb sterben muss. Aber diese Gefühle sind nicht die einzige Wirklichkeit, sie türmen sich lediglich im Übereifer der Situationen, die das menschliche und emotionale Kampffeld bieten, auf. Ein *kurukṣetra* mit großen Anforderungen stellt sich deshalb immer für den Aspiranten der Geistschulung. Viele, die an diesem Grenzpunkt ihres Lebens ankommen und eine weisheitsvolle Überwindung ihres niedrigen Gebundenseins leisten müssen, beginnen auf den Lehrer oder auf die geistige Wirklichkeit zu projizieren. Sie meinen irrtümlicherweise, dass sie in eine prekäre Notlage gekommen seien, weil sie eine geistige Schulung tätigen. In der Wirklichkeit der seelisch-geistigen Entwicklung aber will das menschliche Individuum, wenn es an die Erfahrung von *śokasaṁvignamānasaḥ* herankommt, eine neue und höhere Pflicht antreten und die menschliche Seele führt aus diesem Grunde das *kurukṣetra*, das Kampffeld herbei. Nicht der Geist ist es, der die Ursache für überwältigenden Kummer darstellt, sondern das persönliche *karma*, das sich in Übermächten auftürmt und nach Erlösung trachtet.

Der Zustand der Verzweiflung

Die Wirklichkeit des Geistes ist im Erwachen des Hüters noch ungeboren.

»Noch ist die Realität des Geistes oder das Wunder, *āścarya*, nicht geboren. Und keiner, der davon gehört hat, kann es nur verstehen!« (II/29)

Die Realität der Emotionen beherrscht das Gemüt.

aśru-pūrṇākulekṣaṇam (II/1)
»Mit den Augen voller Tränen«

Die Festigkeit der Sinne und des Verstandes gerät in höchste Unruhe.
»Ich bin unfähig zu stehen.« – *na ca śaknomy avasthātum* (I/30)

Das Erwachen der Schwelle führt den Menschen immer zur Niedergeschlagenheit und Verzweiflung, die er jedoch durch Weisheit und gezieltes Handeln überwinden muss.
(Siehe hierzu zum Beispiel die Verse II/1-8)

IX Die Bedeutung des blinden Königs Dhṛitarāṣṭra

Auf wunderbare und feinfühlige Weise ist die *Bhagavad Gītā* mit einem dichterischen Rahmen und hochspirituellen Inhalt komponiert. Es heißt in der Erzählung, dass sie durch *Saṁjaya* dem blinden König *Dhṛitarāṣṭra* mitgeteilt wird. *Dhṛitarāṣṭra* ist daran interessiert, was seinen hundert Söhnen widerfährt und er ist bestürzt und erschüttert, dass, wie im ersten Kapitel bereits erwähnt, das Heer der *Pāṇḍavas* zwar kleiner aber besser in Reih und Ordnung erscheint. *Dhṛitarāṣṭra* ist der blinde König und *Saṁjaya* sein hellsichtiger Minister. *Saṁjaya* erzählt dem König aus seinem geistigen Schauvermögen das Schlachtgeschehen, das auf dem Kampffeld, genau genommen auf den astralen Ebenen stattfindet.

Der blinde König steht für ein Bewusstsein, das sich in der ganzen weiteren Zukunft der Menschheitsentwicklung fortsetzen soll. Dieses Bewusstsein wird im Christlichen als die Finsternis bezeichnet. *Dhṛitarāṣṭra* sieht die Wahrheit und die Ereignisse in der astralen Wirklichkeit nicht mehr selbst. Er kennt die göttlichen Gesetze zu wenig und deshalb muss ihm *Saṁjaya* diese aus geistiger Sicht erzählen. *Dhṛitarāṣṭra* kann nicht mehr tiefer in die Geheimnisse hinschauen und er weiß nicht mehr, was im Himmel stattfindet. Er ist gegenüber dem Geiste blind und in der Finsternis gefangen. Das geheimnisvolle Gesetz des Selbstwerdens, das beispielsweise dem Yoga zugrunde liegt und eine höchste Weisheit mit tiefsinnigster Philosophie darstellt, ist im Himmel oder in der geistigen Welt verborgen. Es lebt hinter den sichtbaren Phänomenen. Es lebt nicht im Sinne einer mit dem Intellekt diskutierbaren Wahrheit, es existiert nicht in menschengeschaffenen Sitten und Gebräuchen und es ist auch nicht eine Art Spekulation des neugierigen Gemütes, es lebt als Mysterium hinter oder besser gesagt in der Weltenschöpfung, in der Tiefe der Seele des Menschen selbst.

Das Erwachen des sogenannten *adharma*, der Verfehlung von geistigen Gesetzen, trägt seine Kausalität im Erblinden gegenüber den höheren Wirklichkeiten. In einer relativ nahen Zeitgeschichte lässt sich das Blindwerden mit dem biblischen Sündenfall assoziieren. Die Sinne lassen sich durch die irdische Welt mit all ihren Phänomenen verführen und das Bewusstsein verliert die Wahrnehmung zu den tieferen Schöpfungsgeheimnissen.

X Der Umgang mit den einzelnen Versen

Weiterhin soll die Betrachtung auf sehr allgemeine Art auf östliche und westliche Schriften erfolgen. Die überlieferten Hauptdokumente – und die *Bhagavad Gītā* ist eine davon – beinhalten großartige Inspirationen des Geistes. Sie sind der Menschheit aus einer höheren Quelle durch Vision oder geistiges Erschauen der Geheimnisse übermittelt. Mit ihnen besitzen die nach Spiritualität suchenden Menschen eine Möglichkeit zur Hinwendung, zur Erkenntnissuche und zu einer Orientierung auf den Meditationspfaden. Sie sind dem Leser aus einem wahren hellsichtigen Erschauen gegeben, sie beinhalten keine Spekulationen und sind des Weiteren auch nicht wie ein Channeling oder eine Medienbotschaft gegeben. Sie sind aus kraftvollen Visionen und einem hohen Grad der Hellsichtigkeit verfasst. Was kann die *Bhagavad Gītā* dem Suchenden geben? Diese östliche Schrift ist in einem ähnlichen Sinne wie die Evangelien zu verstehen, sie ist nur von der Geschichte und Entwicklungsphase etwas früher angesetzt. Eine genauere Übersetzung vom Evangelium heißt: ›Botschaft aus den Engelshöhen‹. Die Evangelien sind Botschaften, die aus jenen übersinnlichen Ebenen erzählen, die sowohl die nachtodliche Welt als auch darüber hinaus die reine geistige Wirklichkeit beschreiben. Wahrheit und Liebe leben in den Worten und diese mögen im einfacheren Sinne für ein Volk Trost spenden. Es fließt Seele aus der himmlischen Sphäre in die irdische Welt herab. Diesen Strom der Wahrheit und Liebe bemerken viele Menschen, wenn sie die Evangelien lesen. Wenn die Aufmerksamkeit aber auf die *Bhagavad Gītā* erfolgt, dann empfinden die feinfühligen Menschen ebenfalls einen Klang der Wahrheit. Die Wahrheit des erhabenen Gesanges schwingt so edel und perfekt, so eindeutig und weit, dass man sie zweifellos zu den schönsten Kompositionen der Welt zählen muss. Die Seele selbst aber, das Beseeltsein, nimmt einen anderen Stellenwert ein, als es bei den Evangelien ist. Es sind sowohl zeit- als auch entwicklungsgeschichtliche Unterschiede gegeben. Auf diese Unterschiede in der Entwicklungsgeschichte wies vor allem und als Erster Rudolf Steiner hin.

Die *Bhagavad Gītā* beeinflusste hauptsächlich den östlichen Kulturraum und förderte eine Art Verehrungskult gegenüber der göttlichen Gestalt von *Kṛṣṇa*. Im Westen gilt die Andacht gegenüber Christus und den Heiligengestalten, die um diese eine Mitte herum gebildet wurden. Es ist für viele Inder mit *Kṛṣṇa* eine persönliche Gottesgestalt gegeben, die man zwar nicht ausreichend zu schauen vermag, die man aber im Glauben annimmt und die man bewusst mit Liebe und Befreiung verbindet. Für die Ehrerbietung ist es wichtig, dass die Personen einmal gelebt haben und nun nach dem Tode eine übergeordnete bleibende geistige Wirklichkeit darstellen. Die Verehrungsrituale sind für das Volk ein wichtiger und einfacher religiöser Teil. Für den aber, der sich auf den Weg des Yoga mit dem Ziel einer großen Selbstrealisation begibt, bedarf es eines intensiveren Studiums von inspirativen Schriften. Die Worte der spirituellen Botschaften wirken durch sich selbst. Je tiefer die Hinwendung im Sinne eines tatsächlichen Studiums und nicht nur eines Rituals ist, umso mehr lernt der Übende verborgene Weisheiten in der Weltenschöpfung kennen. Für den Eingeweihten aber hat die *Bhagavad Gītā* noch eine ganz besondere Bedeutung. Sie besitzt in jedem Satzgefüge eine hohe Signifikanz, die eine wahre Wirklichkeit der geistigen Welt wiedergibt. Es sind logische Zusammenhänge in der Weisheit der *buddhi*, die für alle Entwicklungsformen der menschlichen Seele immer Gültigkeit haben. Die inspirativen religiösen Dichtungen sind versiegelte und verschlüsselte Erzählungen aus der jenseitigen geistigen Welt und berichten von deren immerwährenden Gesetzen. Mit der *Bhagavad Gītā* erscheint eine Erzählung, die sich der Sinneswelt und ihren Wahrnehmungen weitgehend entziehen muss, denn sie bewegt sich auf der Ebene der Mysterienweisheiten oder anders ausgedrückt auf der Ebene des Wissens, *vijñāna*. Etwa 500 Jahre vor Christus begannen erste schriftliche Niederlegungen der damaligen, hoch angesehenen, mündlichen Tradition. Ein Seher mit seiner Gabe war notwendig, um dieses sakrale Wissen aus der geistigen Welt herauszuführen. Viele Anhänger von Meditationstraditionen glauben heute, dass sie die einzelnen Stellen der *Bhagavad Gītā* direkt wie eine äußere Form und Anleitung für das Leben nehmen könnten. Die Fixierung der Worte im äußeren Sinn verleitet aber zu einem großen Irrtum, den man über die verschiedensten Zeiten und Traditionen macht. Die einzelnen Verse sind tiefgründige Meditationsbotschaften, selbst dann, wenn sie nur wie eine Art Erzählung erscheinen. Sie beinhalten Gesetzmäßigkeiten, die man in einer Art meditativen Betrachtung erst einmal anschauen lernen muss. Es ist günstig, wenn sich der Leser bedachtsam an die einzelnen Verse der *Gītā* wendet und die Vorstellung pflegt, dass ein Geheimnis in jeder einzelnen Aussage und sogar in jedem einzelnen Wort liegt. Mit dieser vorsichtigen und doch konzentrierten, respektvollen Haltung erwacht langsam ein Verständnis, welch hohe Dimensionen in der geistigen Welt existieren. Das Verständnis kommt aus der Seele der Schrift selbst. Wenn man sich lebendig erfahrend und beschaulich einer Schrift hinwendet, die von diesen Dimensionen erzählt, dann muss man die Geduld aufbringen, bis das Verständnis aus der Schrift selbst kommt, bevor man versucht, das Verständnis bei sich mit dem Intellekt äußerlich zu finden. Die Worte können sich aus ihrem eigenen Quellgrund, verbunden mit geistig kompetenter Interpretation und unmittelbarer, werdender Erfahrung offenbaren. Ein sorgfältiges Studium mit wiederholter Hinwendung an die Verse nährt die Seele und nach reichhaltiger Lebenserfahrung wird der Leser die Gesetzmäßigkeiten der geistigen Entwicklung näher kennenlernen.

Die Gedanken, *puruṣa*, bleiben frei und leben doch als tiefste Bedeutung in jeder Erscheinung.

ūrdhvamūlam (XV/1)- die Wurzeln sind nach der geistigen Bedeutung des Baumes oben, das heißt genau umgekehrt zur irdischen Erscheinung.

Der Mensch ist durch den Gedanken der Träger des *puruṣa*.

Der Mond ist der *puruṣa* für die Katze.

Puruṣa ist schwer in graphischer oder bildhafter Form darzustellen, denn diese Ebene entzieht sich jeder sinnlichen Wahrnehmung, sie erscheint aber im Menschen durch den ausstrahlenden Gedanken, im Tier durch die empfindsame gruppenhafte Instinktsphäre und im Baum in seiner Bedeutung, wie er umgekehrt mit dem Atemprozess vom Kosmos zur Erde wirkt.

III Die Opfergabe und das reine Handeln

Vortrag vom 30.10.1995

I Die Gesetze der geistigen Welt

In der geistigen Schulung werden in der Wahl der Darstellung hohe Inspirationen oder anders ausgedrückt wahre Erzählungen aus der übergeordneten, sogenannten übersinnlichen Welt angesprochen. Die Inhalte aus der geistigen, seligen Einheit wirken auf das Bewusstsein zunächst noch nicht sehr aussagekräftig, denn sie bedürfen eines Schlüssels, damit sie in ihrer Bedeutung und Tiefe erfasst werden können. Es mag sein, dass beim Lesen die hoch aufgetürmten Bilder, die keinesfalls übertrieben sind, sondern sogar kaum der übersinnlichen Wirklichkeit gerecht werden, Ängste verursachen. Die Konsequenz dieser geistigen Welt ist spürbar, erlebbar und bei genauem Blicke eine unausweichliche Realität. Die Entwicklung erfolgt schrittweise und erlaubt bestimmte Phasen der Zeit, *kālá*, die eine Erkenntnis heranreifen lassen. Die Haltung, die es auszuprägen gilt, kann darin bestehen, dass man sich Werte vergegenwärtigt, die der höheren Welt entsprechen und dass man diese denkend und schließlich realisierend ergreift. Das Streben, die Aspiration nach den hohen Idealen des Geistes, reift langsam wie eine Frucht am Baum in der Frühjahrssonne. Das Denken, das Fühlen und zuletzt der Wille erheben sich in wachsendem Ausmaß zu den Bedürfnissen, die die geistige Welt an den Menschen stellt. Dieses Erheben der Seele zu den Idealen der übersinnlichen Wirklichkeit führt langsam zu einer leichten Entsagung und Freiheit gegenüber den irdischen Emotionen und Abhängigkeiten. Das Bewusstsein gewinnt durch die Unterscheidung und die zielorientierte Ausdauer zur Entwicklung von höheren Werten eine körperfreie Ausstrahlung. Freude in der Begegnung mit Konfrontationen und Herausforderungen sind erste Offenbarungen eines losgelösten und gestärkten Bewusstseins. Die indische Mentalität spricht von Gleichmut und sorgt sich viel weniger als die okzidentale um die irdischen Verhältnisse. Der Inder identifiziert sich mit der äußeren Vergänglichkeit wenig und fühlt mehr den Kosmos als seine Heimat. Unabhängig von diesen unterschiedlichen mentalen Voraussetzungen will die *Gītā* die Gesetze der seelisch-geistigen Entwicklung darlegen, die auf verborgene Weise in jeder menschlichen Seele verankert sind. Zur Erkenntnis der einzelnen Textstellen sollte der Leser deshalb wissen, dass er gewissermaßen in einem ›geistig-juristischen‹ Buche liest.

II Welche Gesetze liegen in den Versen?

Eine Poesie ist durchaus in den rhythmischen Worten dieser großen indischen Komposition erlebbar, jenes seelisch-geistige Gesetz mit seinem universalen Aussagewert bleibt jedoch für die äußeren Sinne verborgen. Die einzelnen Verse der *Bhagavad Gītā* überraschen den Leser mit ihrer schwingenden, leichten und lichtvollen Melodie. Als Beispiel dient im besonderen, rhythmischen und ätherischen Maße der 16. Vers des Kapitels II. Er lautet in der Transkription:

nā 'sato vidyate bhāvo
nā 'bhāvo vidyate sataḥ
ubhayor api dṛṣṭo 'ntas
tv anayos tattvadarśibhiḥ (II/16)

Śrī Aurobindo übersetzt diese Worte wie folgend: »Was wirklich ist, kann nicht das Sein verlieren, genauso wenig wie das, was nicht ist, ins Sein eintreten kann. Zweck und Ziel dieses Gegensatzes von ›es ist‹ und ›es ist nicht‹ haben die Seher der wesenhaften Wahrheiten erkannt.«

In der Sanskritsprache klingen und schwingen diese Verse wie eine kosmische Musik. Sie sind rhythmisch komponiert und mit den Worten harmonisch, logisch und sehr exakt aufeinander abgestimmt. Der Leser wird von diesen Kompositionen immer beeindruckt sein.

Wie verhält es sich aber mit der inhaltlichen Gesetzmäßigkeit, die in diesem Vers zur Verdeutlichung gelangen soll? Welche geistige Wahrheit wollen die vier Zeilen mit ihrer *gāyatrī*-Komposition ausdrücken? Eine *gāyatrī*-Komposition ist immer ein auf vier Zeilen gerichtetes Versmaß, wobei sich diese gegenseitig in ihrem Inhalt ergänzen. Ein großes Geheimnis liegt in jeder einzelnen Zeile. Es will der Text den Schüler der Geistschule darauf aufmerksam machen, dass das Verhalten und Handeln des Menschen kein Bestehen hat, wenn es nicht tiefgründig in einer Wahrheit verankert ist. Es hat eine gedankenlose, ohne Bewusstsein getätigte Aktivität des Menschen kein Sein, sie ist ein *asat*, ein Nicht-Sein und dieses besitzt nach dem Tode, wenn der Körper abgeschieden ist, kein sinngemäßes und glücklich fortbestehendes *bhāva*[1], es hat im nachtodlichen Dasein keinen Wert. Das Nicht-Sein hat keine ordentliche Berechtigung im nachtodlichen Dasein und gleichzeitig ist es so, dass all jenes, das im Nachtodlichen keine förderliche Bedeutung besitzt, kein Sein im Geistigen, in der reinen Welt des Gedankens annehmen kann. Die Bedeutung für die geistige Welt ist im Sein gegründet und wenn in einer Handlung diese Bedeutung fehlt, so spricht die Philosophie von einem Nicht-Sein.

In den ersten Zeilen wird dem Leser die Gesetzmäßigkeit des Verhältnisses, wie irdisches und nachtodliches Dasein zueinander stehen, mitgeteilt. Die dritte und vierte Zeile führt eine Beschreibung herbei, die auf jene Tatsache hinweist, dass die großen Seher diese Wahrheit vom Irdischen im Verhältnis zum Nachtodlichen wahrgenommen haben.

In den melodiösen Versen drücken sich ohne Ausnahme die geistigen Gesetzmäßigkeiten aus. Sie sind für das menschliche Bewusstsein vorerst nicht erlebbar, denn sie sind in den Kompositionen mit jedem Wort geheimnisvoll verwoben. Indem sich aber der Schüler der Geistesdisziplin mit den verschiedenen Versen intensiv auseinandersetzt und sich dabei bewusst bleibt, dass in ihnen die Gesetzmäßigkeiten der höheren Welten wiedergegeben werden, beginnt er, die hochkarätige Poesie in ihrem wahren Inhalt zu erobern.

Die Seele des Menschen lebt immer mit den Seelen, die bereits verstorben sind, in einer gefühlshaften stillen Determination.

1 *Bhāva* heißt innerer Wesenszustand. Dieses Wort erscheint sehr häufig in der *Bhagavad Gītā* und beschreibt einen bereits nicht mehr sinnlich erfassbaren Zustand. Es ist jenes Wesen, das im Willen oder im Gefühl des Menschen zur Manifestation gelangt und deshalb ein an die Person gebundener Seinszustand ist.

Die drei Welten

brahman

Brahman, das Sein, kennzeichnet die übergeordnete Wirklichkeit.

Es ist die Welt der urbildlichen Gedanken.

bhāva

Bhāva kennzeichnet die seelisch-nachtodliche Welt, des Existentseins des Seelenseins in seinen unterschiedlichen Qualitäten.

Die seelisch-nachtodliche Welt des Kosmos ist noch nicht die höchste Stufe der Weltenschöpfung. In diese Ebene fließt das qualitative Charakterdasein und moralische Verhalten des Menschen, seine werkbildende Tätigkeit in ihrer Wertekraft mit all ihrer wahren Empfindsamkeit hinein. Das sogenannte *bhāva* ist ein Kennzeichen der seelischen Werte. Es lebt wie das geistig verwirklichte oder gewordene Bewusstsein nach dem Tode des physischen Leibes weiter. Es ist die innere Psyche, jener Wesenszustand der Seele, den sie nach ihren persönlichen Verdiensten im körperfreien Zustand annimmt.

bhūmi

Bhūmi, die irdische Welt, kennzeichnet die Phänomene des sinnlich Erfassbaren. Es ist *bhūmi* die Erde. Das Sanskritwort stammt aus der Wurzel *bhū,* es ist das Wort für das Entstehende, das Werdende, das In-die-Existenz-Tretende.

III Eine erste Skizze zum Opfer

Für den heutigen Vortrag erscheint es wesentlich, das dritte und das vierte Kapitel inhaltlich näher herauszugreifen. Diese beiden Kapitel sprechen von der Opfergabe oder von *karma*-Yoga, dem Yoga des selbstlosen Handelns. In einigen wichtigen Aussagen geht es dabei um den Unterschied zwischen Entsagung und Yoga und um das Handeln im sogenannten Nicht-Handeln. Die Verse sprechen von den verschiedenen Dimensionen des Opfers und von der Notwendigkeit der Opferleistung.

Arjuna wird sogleich am Anfang durch seine Frage auf den Unterschied zwischen Entsagung und Yoga aufmerksam. Er fragt seinen Lehrer: »Du lehrst mich den Verzicht auf das Wirken (*saṁnyāsa*) o *Kṛiṣṇa*, und andererseits lehrst Du mich den Yoga (des Wirkens). Welches von beiden ist der bessere Weg? Sage es mir mit klarer Bestimmtheit.« (V/1)

Kṛiṣṇa gibt ihm eine konkrete Antwort: »Beide Wege führen zur Erlösung der Seele: die Entsagung wie auch der Yoga des Wirkens. Jedoch steht von beiden der Yoga des Wirkens auf einer höheren Stufe als der Verzicht auf das Wirken.« (V/2)

Der Yoga des Wirkens mit Taten und richtig gewählten Aktivitäten wird immer mehr Bedeutung gewinnen. Das Wort Askese bedeutet Entsagung, *saṁnyāsa*. Wer diese Askese ernst nimmt, muss eine außerordentliche Strenge bei sich selbst leisten, denn er darf sich keinerlei Sinnesgenuss und den daraus resultierenden Bindungen hingeben. Das Ziel zur Befreiung des Individuums aus den Erdenfesseln gewinnt eine Art Steigerung, wenn man rechtes Handeln dem rein asketischen Weg gegenüberstellt. Die vollständige Askese würde den Weg in die Zukunft verhindern, denn das menschliche Bewusstsein muss sich fortwährend von den weltlichen Phänomenen zurücknehmen und sich sogar gewissermaßen gegenüber allen menschlichen Verpflichtungen verschließen. Die Reinheit, die auf dieser Stufe erzielt werden würde, nimmt noch keine ausreichende Form für ein integratives Leben an. Die vollständige Askese zwingt den einzelnen Menschen zur Einsiedelei und zu vielem Fasten, Schweigen und Zurückgezogenheit. Wenn sich aber das menschliche Bewusstsein zu einem rechten, pflichtgemäßen Handeln aufrichtet, einem Handeln ohne Begehren nach Erfolg und Ruhm, kann eine größere Reinheit in die Geburt treten. Dadurch entsteht in der Qualität der Spiritualität eine Unterscheidung von einer älteren zu einer neueren Zeitperiode. Weiterhin entsteht eine sehr genaue Unterscheidung für das Handeln im Sinne der inneren Motivation. Der Lehrer sagt sehr präzise: »Jede im Leibe eingebundene Kreatur ist zum Handeln verpflichtet.« (III/5) Tatsächlich vergeht keine Minute im Leben, in der man nicht handeln müsste. Selbst wenn man untätig ist, so muss sich durch die naturgegebenen, notwendigen Wirkungsweisen des Leibes beständig eine Handlung vollziehen. Völlige Handlungslosigkeit gibt es in der Natur auf keiner Ebene. Die Leiber sind in einer unendlichen Bewegung und so ist der Körper mit all seinen Seinsbestimmungen in einer fortdauernden Zirkulation mit der Welt verbunden. Das menschliche Wesen, die Natur des Leibes, das individuelle Bewusstsein, das *svabhāva,* ist zum Handeln genötigt, solange es im Leben, im Lebendigen integriert ist.

Das Handeln im Sinne einer Willensregsamkeit gehört zur Natur des Menschen. Die Bewegungen sind ein Teil der Natur, und so sind die Aktivitäten wesentliche Offenbarungen, denen das Geschöpf in der Welt nur schwerlich oder gar nicht entsagen kann. Es sollte die Qualität des Yoga – und das beschreibt *Kṛiṣṇa* sehr eindringlich – nicht darin bestehen, dass der Mensch sich völlig fern von dieser Welt befindet und ganz in ein Schweigen übergeht, in ein Nichthandeln und Nichtstun. Es sollte das Leben eines strebenden Menschen von Handeln und Wirken erfüllt sein. Aber man handle in der weisen Einsicht und bedachtsamen Voraussicht, dass nicht die egoistischen Früchte des Handelns das Motiv darstellen. Man sollte handeln, aber weder den Erfolg, das Lob, noch die Früchte seines Tuns begehren. All das Handeln will nach geistiger Gesetzmäßigkeit als Opfer dargebracht werden. Handlung ist verborgener Opferdienst. Damit leitet die *Bhagavad Gītā* diese wunderbare Abhandlung über das Mysterium des Opfers ein, die ohne tiefere Interpretation sehr schwer zu verstehen ist.

Was beschreibt dieses zunächst so unangenehm klingende Wort Opfer? Wie zeigt sich ein Opfer im Leben? Warum existiert überhaupt die Begrifflichkeit des Opfers? Ist Opfer mit Leiden verbunden oder kann es vielleicht sogar, wie es im zweiten Kapitel erwähnt wird, als glückbringend und als eine Freude verstanden werden? Was ist die Bedeutung des Opfers?

Ein schöner Satz leitet auf das Verständnis des Opfers über:

sahayajñāḥ prajāḥ sṛṣṭvā puro 'vāca prajāpatiḥ
anena prasaviṣyadhvam eṣa vo 'stv iṣṭa kāma dhuk (III/10)

»Die Schöpfung ist zusammen mit dem Opfer aus mir (aus dem Geist oder dem Gedanken) erschaffen. Die Menschen sollen sich mehren. Sie mehren sich durch Opfer. Lasst dieses Opfer die Milchkuh eures Begehrens sein.«

Die Kuh wird in Indien als heiliges Tier verehrt.

Die Kuh ist nach den alten mystischen Überlieferungen das Tier, das die Gabe der Nahrung für die Menschheit ursprünglich leistet. Ihr wird deshalb aus Dank an die Schöpfung hohe Achtung in Indien entgegengebracht.

Die Milchkuh ist in einen Kreislauf mit der Natur eingebunden. Sie gehört als Weidetier zu den Wiesen, düngt die Felder und schenkt mit ihrer Milch jenes Nahrungsmittel, das dem Menschen wertvolle Proteine spendet und ihn dennoch nicht zu sehr an die Erde bindet. Leider ist die Tierhaltung in großen Zonen der Welt nach rein geschäftlichen Interessen ausgerichtet, wodurch die Milchkuh ihre würdevolle Bedeutung verliert und die Milchqualität diminuiert, sodass die Menschen im wachsenden Maße das ursprüngliche Nahrungsmittel nicht mehr vertragen.

Mit dem Vers III/10 wird ein schönes Bild beschrieben, das für das westliche Bewusstsein relativ schwer verständlich ist. Es wird die Milchkuh genannt. Die Kuh ist in Indien die große, ernährungsfreudige Muttergestalt aller Tiere. Niemand wagt in Indien, eine Kuh zu töten und wenn diese auf die Straße geht, stoppen alle Lastwagen- und Busfahrer. Die gehörnte Kuh ist in Indien heilig und sie steht für die ernährende Opfergabe. Sie wird in der *Bhagavad Gītā* im Zusammenhang mit der Schöpfung benannt. Das Opfer selbst ist Gott oder der reine Gedanke, es ist *brahman*, die ureigene Wirklichkeit des Gedankens. Das Leben selbst ist eine Opfergabe und in jedem Menschen drückt sich ein Gedanke aus. Indem in jedem Moment ein Gedanke überallhin, wohin sich die menschlichen Blicke im Leben richten, verströmt wird, existiert das feine Mysterium des Opfers. Das Opfer ist das Zeichen des Lebendigseins, des Wachsens und des Kreativen, des Werdens, Vergehens und Wandelns und dieses Leben in seinen vielseitigen Offenbarungen und Entfaltungsprozessen fordert Nahrung. Es opfert sich die Frucht am Feld, damit Leben genährt wird. Dieses Opfer dient der Erhaltung. Das Mysterium ist umfassend groß und in klaren Gesetzen mit allen Werde- und Verwandlungsprozessen verknüpft. Im Geheimen aber, gewissermaßen hinter der Kulisse aller Erscheinungen, führt das Opfer zum geistigen Erstarken. Gäbe es kein Opfer, so wäre den geistigen Entwicklungen kein Raum im Irdischen angeboten.

Man betrachte einmal die Pflanzenwelt: Ohne ein Sterben und Vergehen würde es ein materielles, überschießendes Wachstum geben und es könnte keine Verwandlung und Erhaltung im Sinne des menschlichen Geistseins eintreten. Die Schilderung über das Wesen des Opfers in der *Gītā* ist eine auf verschiedene Aspekte ausgerichtete und in zahlreiche Bereiche und Dimensionen differenzierte Erzählung.

Wenn die Augen mit Weisheit auf das Leben blicken und das Bewusstsein den Gedanken vom Opfer einmal näher in das Verständnis hebt, wird der Mensch auf einen ganz bedeutungsvollen Prozess aufmerksam. Er kann die Natur in ihren verschiedenen Variationen, mit ihren gehaltvollen Veränderungen, beobachten und die Gesetze der vegetativen Werdeformen vor seine Innensicht rücken. Die Augen würden im einfachsten Sinne sehen, dass das Samenkorn stirbt, damit ein neuer Keim gedeihen kann. Das Sterben ist aber bereits die Erhaltung des Geistes, es ist diejenige Dimension, die man als *Viṣṇu* in der Mythologie bezeichnet. So kommt im Herbst das Welken und auf dieses folgt das Ruhen und schließlich bald wieder das Sprießen und Gedeihen von neuen Vegetationsformen, aber diese neuen Formen sind bereits *Śiva*-Formen, die in Wirklichkeit, oben im Geiste, Sterbeformen darstellen. Im Vergehen gibt sich das Wachstum dem Boden hin und öffnet den Raum für den Kosmos.

Das Werden und Vergehen im Sinne von Tod und Lebendigkeit, von *Viṣṇu* und *Śiva* (siehe folgende Seite).

Die Blume kann nur zu einer bestimmten Größe wachsen, um dann mit ihrer hoch hinauf getragenen Blüte wieder ins Welken überzugehen. Im Menschsein ist ebenfalls ein universaler kosmischer Rhythmus gegeben. Der Leib kann materiell oder körperlich nicht zu einer unendlichen Größe wachsen, er kann nur seine Zeit nützen und innerhalb der Begrenztheit seine Möglichkeiten ausschöpfen. Er ist in letzter Konsequenz schließlich genötigt, das Opfer seiner eigenen Natur zu bringen. Er muss mit dem Tod sich selbst hergeben.

Die Lehre des Opfers ist die Lehre von *brahman* und der Schöpfung. Der vorher genannte Vers kann, wenn man ihn völlig frei übersetzt, wie folgt lauten: »Die Schöpfung ist zusammen mit dem Opfer entstanden. Lasst dieses Opfer die Milchkuh eures Begehrens sein, oder anders ausgedrückt, entwickelt ein Begehren, das die Schöpfung von *brahman* ebenbürtig nachahmt. So wie der Geist mit höchsten Gedanken sich opfert, damit die Erscheinungsformen der Schöpfung entstehen, im gleichen Maße soll der Mensch das Begehren entwickeln und seine beste Gedankenkraft zur Erschaffung und Erhaltung des Lebens und aller Werte nützen. So wie die Kuh ihre Milchgabe darbietet und ein Opfer für die Menschheit als Urbild der Nahrungsübergabe darstellt, so soll der Mensch in seinem weisheitsvollen Begehren höchste Ideale in die Welt geben und sich selbst aufopfern.«

Die erhaltende Kraft des avatāra

Śiva, der Zerstörer

Brahma, der Schöpfer

Viṣṇu, der Erhalter

athavā bahunai 'tena
kiṁ jñātena tavā 'rjuna
viṣṭabhyā 'ham idaṁ kṛtsnam
ekāṁśena sthito jagat (X/42)

»Doch wozu bedarf es noch einer Fülle von Einzelheiten, o *Arjuna,* damit du dies erkennst! Verstehe es also: Ich bin hier in dieser Welt und überall. Mit einem unendlich kleinen Teil Meines Selbstes oder mit dem tragenden Gedanken erhalte Ich dieses ganze Universum.«

Die hinduistische Trilogie unterscheidet die *Śiva*-Kraft von der *Viṣṇu*-Gottheit, die erstere bewirkt Zerstörung, während die zweite die Erhaltung darstellt.

In diesem oben zitierten Vers tritt die reine Gedankenkraft in das Zentrum der Betrachtung und diese erhält die Schöpfung. Die Zerstörung liegt, und das ist das Besondere, in Werdeprozessen der Natur, beispielsweise im Wachstum, denn dieses ist - in einer Geistvision - bereits die Offenbarung des Vergehens. Die mittlere Kraft in der Trilogie bildet *brahma,* der Schöpfer, der die Ideenwelt in die Wirklichkeit führt.

IV Die Gesetze der geistigen Welt leben von innen heraus in der Weltschöpfung

Ein Gesetz offenbart sich immer aus einer übergeordneten Wahrnehmung und ist deshalb geistig. Obwohl irdische Gesetzestexte, Paragraphen, Regeln, Vorschriften und sittliche Gebräuche den Menschen erziehen, so ist dennoch der Ursprung dieser aus einem geistigen Verständnis geboren. Die übergeordneten Regeln sollen das menschliche Gemeinschaftsleben sicher begleiten und in geordneten Bahnen halten. Für die Naturverhältnisse leben ebenfalls geistige und kosmische Gesetzmäßigkeiten, wie beispielsweise die Tag- und Nachtphasen mit ihren wechselseitigen Formen für die Wachstumsperioden. Die rhythmischen Bilder der Natur sind von einer kosmischen übergeordneten Wirklichkeit motiviert. Die erstaunlichste Erscheinungsform, die in der Weltschöpfung die größten Rätsel aufgibt, bildet die menschliche Kreatur, denn diese will sich für ihren Entwicklungsaufstieg von den natürlichen Bedingungen der Welt und des Kosmos emanzipieren und sie will Größeres vollbringen.

So wie die Rhythmen des Kosmos in einer Pflanze, wie es zum Beispiel die Schlüsselblume ist, verborgen enthalten sind, und somit diese im Frühjahr wächst, im gleichen Sinne leben die geistigen Gesetze der Reinkarnation, des Opfers und der daraus folgenden Entwicklung in den Genen des Menschen. Dennoch aber lassen sich auf den Menschen bezogen sehr leicht jene Gesetze, die von außen auferlegt werden und im Ursprung aber geistige sind, von all jenen unterscheiden, die im tiefsten Verborgenen der menschlichen Herzen sind. Im Gegensatz zu den vielen Regeln, die ein Staatssystem, eine Behörde oder eine Gruppe von lehrenden Personen aufstellt und die von Phase zu Phase in der Zeitgeschichte und in jeder Nation unterschiedlich sein können, gibt es unveränderliche Gesetzmäßigkeiten, die von innen oder durch ihre eigene Seinswirklichkeit in jedem Individuum vorhanden sind. Sie hauchen sich wie ein großer Atem, ein *maha prāṇa*[1] aus. Diese unabdingbaren Gesetzmäßigkeiten bestehen zum Teil auch naturbedingt, beispielsweise in zwei großen Säulen mit einem Geboren-Werden und einem Sterben. In weiteren, detaillierten Verläufen des Lebens wirken Gesundheit und Krankheit, Aufstieg und Abstieg, Erfolg und Misserfolg mit logischen Verläufen im menschlichen Dasein. Eine obere oder übersinnliche Wirklichkeit äußert sich in genauen, exakten und doch umgekehrten Bildern in einer sinnlichen Erscheinung. Wenn bei-

1 *Maha prāṇa* ist in der Sanskritsprache das H, das als großer Hauchlaut pronunziert wird.

spielsweise *Arjuna* im 31. Vers des Kapitel I schlechte Vorzeichen sieht, und er sich im emotionalen Zusammenbruch befindet, will die geistige Welt ihm gerade ein Gegenbild signalisieren und seine Seele aus dem unglücklichen Zustand zu einem größeren Aufstieg locken. Das Gesetz haucht und atmet von innen heraus. Ein irdischer Zusammenbruch mag aufgrund eines schwächlichen Bewusstseins entstehen. In der geistigen Welt warten häufig sehr große Möglichkeiten, die sich nicht sogleich offenbaren und sich durch den neuen Atemhauch verkünden.

Würde eine Person von sich behaupten, sie sei beispielsweise auf ungerechte Weise in das Leben gekommen und müsse deshalb missverständliche Leiden ertragen, so mag das aus der Sicht des in die Welt eingebundenen Gemütes richtig sein, aus einem geistigen Anschauen heraus offenbaren sich gerade aber in den sehr belasteten Gefühlen neue Willenskeime und Möglichkeiten zu einem Aufstieg aus bindenden Verhaftungen. Die Worte, gleich einem Atem, holen immer wieder zu neuen wohlgestimmten Ventilationen aus. Die geistigen Gesetze wirken von innen heraus, sie erschaffen gemäß einer höheren Wirklichkeit unendlich vielseitige Bilder des Lebens und sie sind dem Menschen freundlich gesonnen. Über diese Gesetze, die dem Leben inhärent sind, sagt die *Gītā*, soll sich der Mensch nicht sorgen – *na tvaṁ śocitum arhasi*.[2]

Wer deshalb eine geistige Disziplin wie Meditation oder Yoga betritt, lernt im wachsenden Maße eine Logik kennen, die zutiefst mit ihm selbst und all seinen Beziehungsverhältnissen in Zusammenhang steht. Vielleicht muss er anfangs gewisse Regeln und Disziplinen befolgen, im weiteren Verlauf gewinnt er aber zunehmend eine eigenständige Beurteilungskraft und Freiheit gegenüber den äußeren Regeln. Er muss sich bei ernsthaftem Streben keine Zwangsregeln auferlegen, denn wenn er ausreichend verpflichtend nach den höchsten Wahrheiten sucht, diese prüft, vergleicht und zu seiner Identität münzt, wird er im wachsenden Maße nach den Gesetzen der geistigen Welt handeln. Er wird von innen heraus die Moralität für ein größeres Gesamtes entwickeln und den Atem mit seinen aushauchenden Gesetzen in der Weltenschöpfung erleben.

---

2 *Na tvaṁ śocitum arhasi* (II/27) – Das Unvermeidbare, das sich den menschlichen Zugriffen entzieht, ist beispielsweise das Sterben. Es ist eine Gegebenheit, die das Leben mit sich führt. Über diese Tatsachen, die automatisch im Leben gegeben sind, muss sich der Einzelne nicht grämen. Dieser genannte kurze Satz wiederholt sich in vielen Versen und heißt übersetzt: »Darüber verdient es sich nicht zu sorgen.« Jene Unterscheidung von der gegebenen Wirklichkeit zu einer möglichen, zu erreichenden Wirklichkeit, gewinnt eine sehr deutliche Prägung. Die falsche Sorge ist es, die so charakteristisch das Menschsein gefangen nimmt.

Der eindrucksvolle Kreislauf des menschlichen Daseins

Das ewige Selbst als für sich stehendes Sein bleibt frei von Geburt und Tod.

Reinkarnation, mit Sterben und Inkarnieren, lebt als Gesetz von innen heraus in der menschlichen Seele. Die Seele geht durch den Kreislauf von Geburt und Tod, das Selbst aber wird in der *Bhagavad Gītā* von der Seele unterschieden. Das ewige Selbst als die übergeordnete Seinsexistenz betritt, wie die *Bhagavad Gītā* mitteilt, diesen Kreislauf nicht. Das höchste Geistprinzip mit Geborenwerden und Sterben bleibt ewiglich und bleibt deshalb frei – *na jāyate mriyate vā kadācin* (II/20).

V Die Sāṅkhya-Philosophie

Im zweiten und auch in weiteren, nachfolgenden Kapiteln werden Unterschiede in der Qualität und Bedeutung des Opfers dargelegt. Dem *Arjuna* wird die Lehre des *Sāṅkhya* vorgestellt, die viele Gedanken zum Wesen des Opfers im Sinne einer detaillierten Weisheitssicht enthält, gehalten in einer analogen Aufzählung, die jedoch nicht zur vollendeten Synthese von Geist und Welt führen kann. Es werden beispielsweise die unterschiedlichen Grade von Opferleistungen und ihre Ordnungen, die sie in der gesamten Welt einnehmen, aufgezählt. *Sāṅkhya* spricht die Prinzipien von *puruṣa* und *prakṛiti* in einer lebendigen, konkreten und zugleich praktischen Idee an. *Puruṣa* ist, wie bereits erwähnt, allgemein ein Wort für Geist und *prakṛiti* bezeichnet die phänomenale Natur. Es gibt die Bewegungen in der Natur mit den verschiedensten Wirkungen und diese stellen ein lebendiges Tableau der Phänomene dar, während die Dimension des *puruṣa*, des Geistigen, diese Welt wie eine übergeordnete und freie Instanz begleitet. Die Dimension *puruṣa* ist die des Zeugen von allen bewegten Vorgängen, der wie ein unberührter Zuschauer verweilt. Es ist das reine, geistige, immaterielle Potential, das nur die vielen phänomenalen Handlungen reflektiert, jedoch selbst nicht in das Handeln verwickelt ist. Der Geist mit all seinen unterschiedlichen Dimensionen ist nach der weisen Idee der *Gītā* nicht wirklich in die Natur involviert und er bleibt somit in seiner eigenen Reinheit souverän, unberührt und unsterblich. Die Natur dagegen besteht im fließenden Wechsel ohne Halt und Ende, gleichsam wie eine unendliche, immer wiederkehrende Bewegung. Die *prakṛiti* offenbart ein Auf und Nieder, ein beständiges Geborenwerden und Sterben und ist dennoch ein Ausdruck eines Ewigen. Sie beschreibt in diesem wechselnden Ausdrucke einen unendlichen Kreislauf. *Puruṣa* dagegen, die geistige Dimension, bezeichnet etwas Stilles, Unberührtes und offenbart Zeitlosigkeit. Der Geist kann nicht, wie die Natur, einmal sterben oder sich nach dem Wandel der Jahreszeiten verändern. Es bleibt diese Dimension ein unberührter, nicht leidender und nicht reagierender, erhabener Himmel im Leben.

Innerhalb dieser Lehre von *puruṣa* und *prakṛiti* entfaltet sich nun über die Textstellen eine genauere Unterteilung. *Prakṛiti*, die Natur, bringt die verschiedenen Seinsbestimmungen hervor. Diese Seinsbestimmungen teilt die *Sāṅkhya*-Philosophie in drei Prinzipien ein: in *tamas*, den Samen der Trägheit, *rajas*, den Samen der Aktivität und *sattva*, den Samen des Reinen und des Friedvollen. Die Seinsbestimmungen der Natur sind in diesem Sinne die drei *guṇa*-Formen. Das Opfer wird nun in dieses System der *Sāṅkhya*-Philosophie mit ihrer Theorie der drei *guṇa*-Glieder eingeordnet. *Kṛiṣṇa* sagt etwa die folgenden Worte: »Schaue einmal auf diese Welt. Du stehst auf dem Schlachtfeld und musst ein Opfer durch Handeln erbringen. Jede Handlung ist ein Opferdienst. Alles was die menschlichen Hände, die tätigen Sinne und allgemein die leiblichen Instrumente vollbringen, ist in Wirklichkeit ein Opfer. Es kommt aber nun in der Verschiedenheit der Handlungen ganz auf die Qualität an, welche Opferleistung dann wirklich erbracht wird. Es gibt eine Opferleistung, die in die Blindheit führt. Sie ist *tamas*, sie entspringt dem Samen der Trägheit. Diese Trägheit ist dann am stärksten, wenn du in der Handlung kein wirklich klares Bewusstsein besitzt. Trägheit herrscht weiterhin vor, wenn deine Handlung wider dem Gesetze ist. Wenn du von dem Kampffeld fliehen möchtest, ist deine Handlung ein Ausweichen vor der Wirklichkeit und sie repräsentiert *tamas*, das Wesen der Dunkelheit. Du sollst nicht dieser Trägheit, dieser Schwachherzigkeit unterliegen, sondern um die Sache wirklich kämpfen. Sehe die Reinheit des Kampfes. Verfalle nicht der Angst und allen überkommenden Emotionen, die dich in der eigenen Dunkelheit des Leibes fixieren. *Tamas* ist die Handlung oder der Opferdienst, der in Wirklichkeit niemandem hilft und keine Freude und erfolgreiche Perspektive bringen kann.«

Dann wird *Arjuna* die Unterweisung über eine nächste Qualität der Opferleistung zuteil. Diese weitere Opferleistung wird in die Kategorie von *rajas* eingeordnet. *Rajas* ist der Same der Aktivität, das unruhige Feuer der Handlung im brennenden Verlangen nach Erfolg. Je stärker eine Handlung um des Erfolges willen ausgeführt wird und die Handlung von einem eigennützigen Ziel abhängig ist, um so mehr ist das Prinzip des *rajas* tätig, jenes überreizten, überaktiven, willentlichen Treibens. Wenn man für sich, in rein persönlicher Gebundenheit den Erfolg einer Handlung wünscht, so ist die Handlung zwar ein Opferdienst, aber sie bindet dennoch an die Natur und an die Vergänglichkeit dieses Lebens.

Eine weitere Art des Opfers entspricht *sattva*, dem Samen des Reinen. *Sattva* wird in der Philosophie als das reine Prinzip von Handlungen, die ohne Verlangen geschehen, geschildert. Wenn die Tätigkeit aus der reinen Notwendigkeit, aus dem vornehmen Pflichtgefühl heraus entsteht, unabhängig von Erfolg oder Misserfolg, wenn die Handlung für ein höheres Ideal gedacht ist, so ist sie in sich rein und bewirkt das integrierfähige Opfer. Mit einer solchen Handlung wird der Schüler die Grenze der niederen Begierdeglut überwinden.

Die Natur reinigt sich in *sattva* und das Seinsprinzip, das Kräftige und Gesunde wird schließlich an einen Kulminationspunkt kommen. Der Geist wird sich in seiner Transzendenz öffnen. Durch *sattva*, dem Wesenhaften des Reinen, wird man langsam das Höchste erreichen.

Die drei guṇas am Beispiel der Hand

sattva

»Darum tue immer das Werk, das getan werden muss (zum Wohl der Welt, *lokasaṁgraham,* wie in III/20 ausgeführt wird) ohne Verhaftung! Denn durch Handeln ohne Verhaftung gelangt der Mensch zum Höchsten.« (III/19)

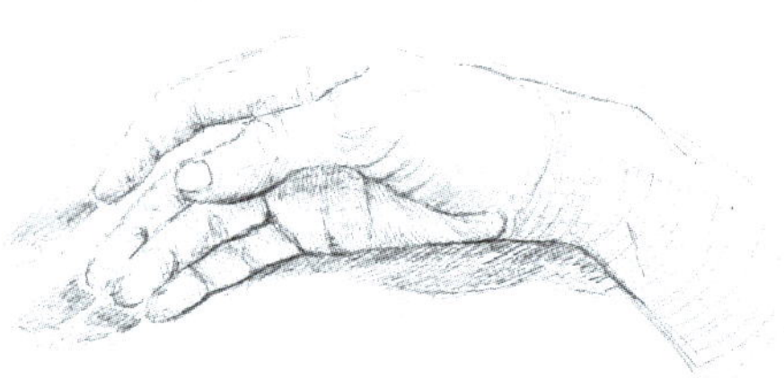

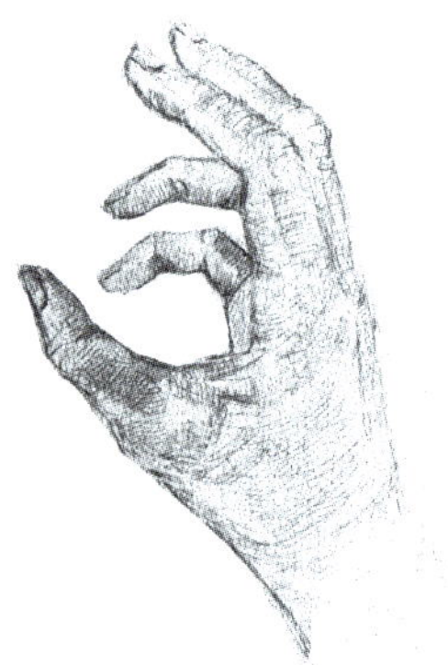

tamas

rajas

Die Hände offenbaren ebenfalls im Wechsel jene drei *guṇa*-Zustände: des reinen Beziehungsvollen, des Ergreifens in hastiger Motorik und schließlich des Trägen, im Sinne von ›eingeschlafenen‹ Händen.

VI Die Handlung ist grundsätzlich frei von Wertung

Das Opfer ist in der Natur aller Qualitäten und Dualitäten immer mit der Handlung verbunden. Jede Handlung ist ein unweigerlicher Opferdienst. Die Handlung gehört in apersonaler Hinsicht zur Natur, die in beständigen Veränderungen begriffen ist und sie gehört zum Menschen, der mit persönlicher Entscheidungskraft begabt, alle Aktivitäten steuern kann. Die Bewegungen in allen Erscheinungen sind zunächst einmal, wie sie die Natur mit ihrer Eigenart demonstriert, frei von Gut und Böse. Wenn aber Menschen handeln, so würden sie zunächst mit der Handlung noch keine Sünde begehen – zunächst einmal. Diese Neutralität und Freiheit von moralischer Bewertung einer aktiven Leistung will die *Bhagavad Gītā* ganz eindringlich erklären, indem sie die vorbereitenden mentalen Grundbedingungen des Yoga lehrt. Handlung und Wirken im Strome des Seins sind frei von Sünde. Aber woher kommt dann die Sünde? Diese Frage entsteht unweigerlich. Warum gibt es eine Sünde? Warum gibt es innerhalb des universalen Schöpfersinnes eine Erscheinung, die sich als Widersachermacht, als Begierde mit Identifikationen und mit Eigenansprüchen in eine Handlung hineinmischt und diese in eine schlechte, unheilvolle Richtung oder in einen dunklen Vollzug bringt? Warum gibt es diese beherrschende Macht, die scheinbar dem Menschen anlastet?

Es wird in Kapitel III die Begehrensform genannt, die die widersprüchliche Aussteuerung des einen Geistes, das persönlich werdende Selbst bedrängt. Sehr einfach und doch philosophisch genau und tiefgründig erfolgt die Unterscheidung zwischen reinem Aktivsein und einem begehrenden Willen. *Kṛiṣṇa* sagt: »Du hast ein Recht auf das Handeln, aber nur auf das Handeln an sich, niemals auf dessen Früchte. Lass nicht die Früchte zum Beweggrund deines Wirkens werden! Und sei nicht der Untätigkeit verhaftet!« (II/47) Die 1. Zeile des Verses heißt *karmaṇy evā 'dhikāras*. Das Recht, *adhikāra*, ist sogar in deutlicherer und konzentrierterer Form als die Pflicht zu betrachten, die Eignung zum bewegten Wandel mit der Weltenschöpfung, auch im Sinne einer notwendigen Aufsicht und ehrwürdigen Autorität. Die menschliche Seele ist zur Handlung und Tätigkeit aus Verantwortung und einem universalen Gemeinschaftssinn in jeder Weise mit gesunder Aktivität verpflichtet. Gleichzeitig wäre die Untätigkeit, *akarmaṇi*, in ihrer Anhaftung, *saṅgah*, zum menschlichen Gemüt, oder anders ausgedrückt in ihrer Versuchung verpflichtend zu unterlassen.

Wenn der Student der Geistschule diese Worte in ihrer tragenden Bedeutung und unterscheidenden Konsequenz genauer erwägt, dann gelangt er zu einer ganz entscheidenden und sehr bedeutsamen Erkenntnis, die ihn in seinem Wesen aus allen horizontalen Determinationen aufrichtet und ihn in einer vertikalen Linie seines Menschseins gründet. Die Handlung selbst ist frei, verpflichtend und dem menschlichen Dasein als ureigener Quellgrund des Willens gegeben, denn sie gehört zum Bewegtsein der Natur, sie wohnt mit den stoffwechselfreudigen, antriebskräftigen Impulsen in jedem menschlichen, lebendigen Körper, sie bildet im Spiel der tausendfältigen Manifestationen einen freien Lebensatem. Innerhalb der schöpferischen Ausstrahlungen gibt es eine versuchende und schwer zu fassende Begierde, die durch die Macht, die man auch allgemein als Versuchung oder als den Fall bestimmter Engelwesen bezeichnet, entsteht. Die christliche Terminologie der Versuchung, die etwas komplizierter anmutet, wird in der *Bhagavad Gītā* direkt auf den sichtbaren Menschen bezogen und mit der Begehrensform *kamā-rūpa*[1] gleichgesetzt. Es gibt eine begehrliche, weltergreifende Tendenz, die sich über die Jahrhunderte und Jahrtausende immer stärker in den Menschen hineingelebt hat. Dies ist die Macht des Teufels, die Verlockung der weltlichen Identifikation, jene Erscheinung, die Abhängigkeiten und leidvolle Konsequenzen bringt.

evaṁ buddheḥ paraṁ buddhvā saṁstabhyā 'tmānam ātmanā
jahi śatruṁ mahābāho kāmarūpaṁ durāsadam (III/43)

»Indem du zu dem Höchsten erwachst durch jenes Verstehen, das noch über dem urteilenden Verstand steht, und Macht ausübst auf das Ich durch das Selbst, um es fest und still zu machen, erschlage, o Starkarmiger, diesen Feind in Gestalt des Begehrens, den man so schwer zu fassen bekommt.«

---

1 Die Wortbedeutung von *kāma-rūpa* verdient Aufmerksamkeit. Übersetzen kann man die Worte mit ›Form des Begehrens‹. Im menschlichen Astralleib zeigen sich Formen und Formgestalten, beispielsweise in eckigen oder abgestumpften, wesenhaften Bildern. Die Begehrenskräfte können unterschiedliche Formen offenbaren. Eine übergriffige, manische Eigenschaft des Menschen kann sich beispielsweise in sehr spitzen, hellen, fast raketenartigen Wesen ausdrücken. Eine sehr manipulierende, gewinnsüchtige Neigung des Gemütes äußert sich in einsaugender, abgedunkelter und bewusstseinstrübender Wesenhaftigkeit. Sie ist meist weniger spitz, sondern mehr abschirmend und wie lichtertötend.

Die unbewussten, versuchenden Wesen im Astralleib

Wesen sind metaphysische astrale Erscheinungen. Sie werden allgemein als *bhūtāni* bezeichnet.

Das Bild zeigt die versuchenden, mehr unbewussten und niedrigen Wesensnaturen im Astralleib. Sie wirken im Organischen des Körpers und steigen aus dieser physischen Eingeschlossenheit in die Aura des Menschen hinein. Sie umhüllen gleichzeitig äußerlich den Menschen und durchdringen ihn bis in den Blutkreislauf.

VII Der Begriff des Opfers sollte positiv gedacht sein

Für den Studierenden der geistigen Gesetzmäßigkeiten erscheint es unabdingbar wichtig, dass er sich von der so sehr negativ belegten Assoziation des Terminus Opfer vollkommen frei macht. Die heutige Mentalität kreiert Ablehnung und blassen Schrecken, wenn jemand tatsächlich wagt, von einem Opfer zu sprechen. Die Lebenssehnsüchte nach Glück und Freude sehen in allen Opferleistungen eine negative Schattenseite des Daseins und wollen deshalb den Begriff nicht mehr gerne ins Vokabular aufnehmen. Das Opfer aber ist eine dem Leben inhärente Realität, es ist mit der Schaffenskraft und positiven Leistung zu kombinieren und seine Entdeckung kann größte Freude bereiten. In Sanskrit heißt das Opfer *yajña*.[1] Es ist ein sehr vielseitiges Wort, das von zeremoniellen Ritualen bis hin zu jeglicher Form der Meditation oder der Selbstrealisation, die ein Mensch leisten kann, Gebrauch findet.

In früheren Phasen der Menschheitsentwicklung gab es noch das sehr unangenehme, kaum verständliche Tieropfer. Dieses wäre in unserer Zeit sehr unsinnig, denn die Tiere opfern sich auf ganz natürliche Weise in den Strom der gesamten Entwicklung der Erde. Die Tiere sterben und degenerieren, wenn die Menschheit für ihren industriellen Fortschritt in mächtiger Einseitigkeit über alle natürlichen Grenzen hinausgeht. Die christliche Weihehandlung der Eucharistie bringt auf symbolische Weise, gleichsam wie eine Erinnerung, die Opfergaben von Brot und Wein zum Altar. Im Allgemeinen verlor diese Eucharistiefeier ihren ehemalig initiierenden Charakter und führt den Menschen heute mehr auf allegorische Weise die Bedeutung des Opfers näher.

Ein sehr gutes Opfer wäre es, wenn der Mensch seine schlechten Neigungen, seine aus Angst angehäuften Reichtümer und seine negativen Gewohnheiten opfern, beziehungsweise hergeben würde, denn er könnte sich um vieles

1 Im 12. Vers des Kapitels III wird der Begriff *yajñabhāvitāḥ* gebraucht, der so viel wie ›Wesenszustand des Opfers‹ bedeutet. Das Opfer sollte einen rechten Rang und eine ausreichende Qualität besitzen, denn so wie der Mensch seine Handlungen darbringt, antworten die geistigen Welten und gewähren ihm die Freuden. Jedes Opfer besitzt deshalb eine Art metaphysische Ordnung.

erleichtern und beschwerdefreier leben. Ein Opfer von materiellen Gegenständen und Äußerlichkeiten geht in die Weltschöpfung auf jene Weise ein, dass es Unglücksfälle und degenerative Verhältnisse verhindert. Diese Art des Opfers wird in der *Bhagavad Gītā* gewürdigt. Sie trägt zur Erhaltung der Gesellschaft und Menschheitsentwicklung bei.

Eine zweite, höhere Opferleistung entwickelt sich aus der Strebsamkeit des Menschen selbst. Indem hohe Ziele für die Menschheitsentwicklung und für die ästhetische Formung einer Kultur angestrebt werden, muss das menschliche Dasein große Opfer oder anders ausgedrückt eine kontinuierliche Leistung einbringen. Man opfere beispielsweise die Zeit für ein gutes Studium von geistigen Inhalten. Die Entwicklung eines ästhetischen Verständnisses für die Darlegung von geistigen Inhalten ist mühevoll und erfordert ein Ringen zur Überwindung niedrigerer Begehrensformen. Jeder Bildungsgewinn bewirkt eine größere Arbeitsfreude und stärkt die Möglichkeiten, mit anderen Menschen sozialfähig in Beziehung zu treten. Diese Opferleistungen erhalten die Kultur und stärken in jeder Weise die gesamte Gesundheit der Menschheit.

Eine dritte Opferleistung will in ganz besonderem Maße für spirituell Suchende zur Darstellung gelangen. Es handelt sich bei dieser souveränen Aktivität um eine Art Grenzüberschreiten vom Persönlichen zu einer überpersönlichen Aufgabe. Rudolf Steiner formte in einem Wahrheitsspruch den folgenden Satz: »Im Menschen sich schauen heißt Welten erbauen.« In erweiterter Form ließe sich dieser Ausspruch ergänzend beschreiben: »In höchsten Pflichten sich gründen, sich in Menschen, die hohe Taten leisten und geleistet haben, schauen, heißt Niedriges zu transformieren und ideale Welten zu erbauen.«

Alle Bemühungen um eine spirituell wahre und höhere Entwicklung fordern eine Opferleistung mit höchstem Mut und Zielstrebigkeit vom Menschen, damit diese ihn schließlich mit den Mitmenschen erhebt und darüber hinaus mit der geistigen Welt versöhnt. Das Opfer als grenzüberschreitende Leistung, positiv gedacht, ohne lange Leidensverstümmelungen und Klagetöne, sogar mit Freude für die aufsteigende und gesamte Entwicklung, ist deshalb für die Versöhnung von Geist und Erde und für jede Zukunftsperspektive notwendig.

Drei Arten von Opfer im Sinne einer Schaffensoffenbarung

Im Sinnes eines höheren Opfers steigt der Mensch über sich selbst hinaus und überschreitet seine ganze Persönlichkeit für ein universelles Ideal.

Weiterhin erscheinen die verschiedensten Opfer in den gut entwickelten Künsten. Die Fähigkeit zu komponieren und musizieren in hoher Qualität, beansprucht die menschlichen Seelenkräfte des Denkens, Fühlens und Wollens. Diese Opfer erhalten die Kultur.

Es gibt Personen, die sportliche Leistungen zur Erhaltung des Friedens als Opfer erbringen.

VIII Die wechselnden Verhältnisse der drei *guṇas*

Sehr interessant erscheint in der *Sāṅkhya*-Philosophie, dass die drei Seinsqualitäten eine Art dynamische Einheit darstellen. Die Dreiheit bildet im Weltenkosmos die harmonische Gliederung und zugleich die bestehende Einheit. Während die Zahl 2 eine Polarität darlegt, bewirkt die 3 das Verbindende.

Sattva bezeichnet das reine Prinzip. Es ist lichtvoll, unbefleckt und im Ausdruck schön. *Rajas* offenbart Unruhe mit vielen disharmonischen Folgen. Es ist das *guṇa* der Bewegung, das sich aus einem Mangel an Vollkommenheit entfaltet, das Kennzeichen, das sich in emotionalen Bewegungen ausdrückt, die jedoch nie zu einem zufriedenstellenden Dasein finden. *Tamas* bedeutet wörtlich übersetzt Dunkelheit oder auch Trägheit. Es ist das *guṇa*, das dem Menschen am schwersten anlastet und keinerlei Neigungen für Entwicklung anbietet.

In einfacheren Interpretationen werden heute diese drei Seinsqualitäten beispielsweise der Nahrung zugeordnet. Eine reife Frucht im biologisch-natürlichem Wachstum bereichert den Menschen mit Licht und Freude. Die sonnengereifte Frucht versinnbildlicht das *guṇa* von *sattva*. Eine unreif geerntete Frucht mit unnatürlichen Wachstumsbedingungen, wie beispielsweise unter Einsatz von chemischer Düngung, bewirkt für die Gesundheit des Menschen Unruhe und sie nimmt deshalb den Wesenszug des *rajas* an. Völlig verdorbene oder gar verfaulte Nahrungsmittel, die jegliche Lichtwirkung verloren haben und dennoch aber verwendet werden, unterliegen dem *tamas*. Sehr viel Fleischkonsum oder Alkohol führen ebenfalls zur Einschränkung des Bewusstseins und rauben dem Menschen jede Perspektive.

Die Seinsbestimmungen wandeln sich in der Natur, denn im besten Stadium der Reife bietet ein Pfirsich sich als lichtes Nahrungsmittel an, er ist *sattva*. Zu früh geerntet aber verfällt er der Unreife und bietet für die Verdauung ein *rajas*. Wenn er dann überreif ist und Fäulnis bildet, gleitet er in den Zustand des *tamas*. Die Seinsbestimmungen der verschiedenen Nahrungsmittel können und müssen sich immerfort verändern. Aus der Fäulnis entsteht wieder Dünger. Es entfaltet sich erneut Wachstum in der Natur und schließlich bringt der Baum neue lichtvolle Früchte hervor. Die drei *guṇas* bleiben niemals konstant.

Gliederung und Einheit der drei guṇas im menschlichen Körper

sattva

Das Gehirn, mit seinen sensiblen Nerven, das reflektierend und bewusstseinsspendend das Leben steuert, entspricht den lichten Prinzipien.

rajas

Der Magen mit seiner aktiven, hochkarätigen Salzsäureproduktion bewirkt forsche Aktivität.

tamas

Das Säftefließen und die Lymphe, die tief im Unbewussten ein autonomes Verdauen gewährleisten, wirken ganz in der Abschirmung und Dunkelheit.

IX Das Selbst und der Gedanke sind die stillen Mächte der Schöpfung

Jene Macht, die die christliche Theologie als Begierde, Teufel oder Sünde benennt, kann der Leser nun anhand der *Sāṅkhya*-Philosophie mit Weisheit etwas klarer analysieren. Die Handlung selbst ist frei. Aber das, was das begehrende Gemüt und ergreifende mentale Bewusstsein in die Handlung durch den sogenannten *ahaṁkāra*, die Ich-Identifikation, hineinmischt, bewirkt das Erscheinungsbild der klassischen Sünde, *pāpa*. Die individuell abgestiegene Natur des Geistes tröpfelt feinste Störungen in die Handlung hinein, was in Wirklichkeit die Reinheit der Natur irritiert. Wenn der menschliche Beobachter den Blick zur Natur richtet, zu den Wäldern, Wiesen, Pflanzen, Gärten oder der Stille der Seen und der Berge, dann bemerkt er eine ganz leise Bewegung. Es ist eine Bewegung, die im Abbau und Aufbau besteht, ein ständiges Fließen, ein Kommen und Gehen. In der Natur gibt es jene Kraft nicht, die einen Anspruch setzen würde an die Früchte dieser immanenten, unpersönlichen und selbsteigenen Bewegung. Die Bewegung in der Natur bleibt rein, an die Natur kommt die Sünde nicht heran. Die Sünde kann die Natur nicht ergreifen, den Menschen aber kann sie ergreifen. Warum kann die Sünde den Menschen ergreifen? An den Menschen kommt die Sünde aus dem Grunde heran, weil er ein Selbstbewusstsein besitzt und dieses in ständigem Maße generiert. Er besitzt mit der Fähigkeit, einen Gedanken zu erfassen und diesen in die Weltschöpfung herabzuführen, einen eigenen Willen, eine eigene Kraft zum Denken und eine eigene Motivation zum Empfinden, Wahrnehmen, Agieren und Reagieren. Er hat im Bewusstsein die hohe Wahl der Selbstbehauptung gewonnen und kann und muss sich deshalb mit dem Erscheinungsbild des Irrtums auseinandersetzen. Um diesen freien Willen und Gedanken in die Weltschöpfung zu bringen und sich selbst zu individualisieren, kann und muss der Mensch immer mehr seine Lebensaufgabe suchen. Mit dieser geistigen Voraussetzung aber ist für ihn gerade die Gefahr gegeben, dass jenes Selbstbewusstsein, das ihm die größte Freiheit schenkt, auch die Handlung entsprechend beeinflusst, verändert und verfärbt. Er mischt seinen eigenen Ich-Anspruch in die Sinne und Tätigkeiten. Ein tatsächlich fundamentaler Irrtum im Bewusstsein ergreift den Menschen in seinen psychischen Gliedern. Er schafft sich infolge dieses Irrtums einen Anspruch an die Handlung. In der *Bhagavad Gītā* heißt es: »Zwar werden alle Handlungen ausschließlich von den Seins-Bestimmungen der Natur (den drei *guṇas*) vollzogen. Dennoch meint der Mensch, dessen Selbst durch seine Ichhaftigkeit verwirrt ist, sein Ich bewirke sie. Kennt aber einer, o Starkarmiger, die wahren Prinzipien der Unterscheidung dieser Seinsbestimmungen und der Handlungen, versteht er, dass es die Seinsbestimmungen allein sind, die miteinander agieren und aufeinander reagieren und er ist nicht in ihnen durch Verhaftung verfangen.« (III/27-28)

Das Ich ist Geist, reiner Geist, es ist, wenn man es sehr genau ausdrückt, der erhabene und unsichtbare Gedanke. Dieser aber ist frei von allen Willenswerkzeugen und lebt unsichtbar hinter und inmitten jeglicher Aktivität. Handeln kann nur die Natur, jedoch nicht das Ich, das Selbst; genau genommen kann nicht der Gedanke als Repräsentant des Selbst handeln. Der Mensch stürzt in die Drangsal eines folgenschweren Irrtums. Jener Mensch, der im Leben steht, denkt: Ich bin der Handelnde, ich bin der Fühlende, ich bin selbst der, der all dies tut oder erleidet. Wenn eine Handlung ausgeführt wird, so ist es scheinbar das Ich, das handelt, und wenn ein Gedanke gedacht wird, so ist es scheinbar dieses Ich, das denkt; der Mensch denkt: »Ich denke«. In Wirklichkeit aber lebt ein ganz anderer Prozess und diesen erzählt die *Gītā* auf eine traditionell anspruchsvolle, künstlerisch schöne Weise.

Die Erzählung beschreibt nun diese Gedanken über das schweigende Selbst, über das Eine, Ewige und Unberührte, aus dem die Schöpfung kommt, *prabhava*, und in das sie wieder äußerlich in einer Auflösung zurückgeht, *pralaya*. Bei der Schilderung des Opfers hieß es, dass mit jeder Handlung ein Opfer gegeben ist. An den sehr sorgfältig gewählten Beschreibungen des Opfergedankens schließt sich eine schwer fassbare, zusätzliche philosophische Fragestellung an. *Kṛiṣṇa* sagt: »Der Mensch aber, dessen Glück im Selbst ruht und der volles Genüge findet in der Freude am Selbst und der im Selbst gegründet ist, der ist zufrieden. Für ihn besteht kein Zwang zum Handeln – *tasya kāryaṁ na vidyate*« (III/17).

Mit diesem Selbst ist jedoch das Sein im Gedanken gemeint und daran muss sich der Studierende der *Bhagavad Gītā* ausrichten, damit er sie versteht: Das Ruhen im Selbst heißt Ruhen in einem erhabenen und universal gültigen, reinen Gedanken. Der Gedanke selbst ist, entwicklungstechnisch gesehen, von oben nach unten wirksam, er ist gestaltbildend und formerschaffend. Wie kann der nun folgende Widerspruch von Ruhen und Schweigen auf der einen Seite und von Aktivität und Opfer auf der anderen, eine reale Lösung erhalten? Diese Fragestellung bearbeitet die *Gītā*. *Arjuna* befindet sich in der kritischen Situation, denn er soll handeln, entscheiden und dennoch vollkommen frei von seinen erwartenden Aktionen bleiben. Mit diesem Dialog zwischen dem Wagenlenker und dem Bogenschützen scheint eine der größten Fragen der menschlichen Existenz und Religion vorzuliegen. Wie kann der Mensch in der Welt sein, in ihr arbeiten und gleichzeitig vollkommen im Selbst, das heißt in einem reinen Gedanken ruhen?

X Ein Blick aus der weisheitsvollen, nachtodlichen Welt auf die Erde

Wenn der Leser gemäß der *Sāṅkhya*-Philosophie die einfache Unterscheidung von *puruṣa* und *prakṛiti* vornimmt, lässt sich dieses angesprochene Geheimnis lösen. *Puruṣa* ist allgemein die geistige Wirklichkeit, es ist jener reine kosmische höhere Anteil, der sich durch die Inkarnationen fortsetzt. *Prakṛiti* dagegen setzt sich nicht durch die Inkarnationen fort, denn *prakṛiti* gehört zur Natur. Es gehören die ganzen Seinsbestimmungen, die intelligenten Wirkungsweisen, die in der Natur oder in den Wachstumsphasen und Erscheinungsweisen der Welt ablaufen, zu einem unendlichen Spiel mit beständig sich wandelnden Folgen. Das aber, was durch die Inkarnationen geht, wird nach der *Sāṅkhya*-Philosophie mit dem *puruṣa* als dem Schweigenden, immer Gegenwärtigen und Ruhenden bezeichnet. Diese hohe Wahl und Gnade des *puruṣa* eröffnet sich im täglichen Leben unter den Einwirkungen des Bewusstseins aber nicht ohne Weiteres. Auch die üblichen Bemühungen in den Meditationen, die im Yoga gepflegt werden, führen in der Regel kaum zu einem rechten Erwachen in *puruṣa*, dem spirituellen, unmanifestierten Sein der Gnade. Wenn das menschliche Bewusstsein die Blickrichtung aber direkt verändern könnte und das Leben vom Tode aus betrachten würde, so wäre ein unmittelbares Ruhen im Geiste möglich, während das menschliche physische Sinnesdasein gleichzeitig auf der normalen Stufe weitergleiten würde. Denn wenn der menschliche Körper gestorben ist, verliert die Seele ihre Werkzeuge und ihr Handeln und kann nicht mehr selbsteigen denken und fühlen. Die Seele, die nach dem Tode bleibt, wird im Handeln, Denken und Fühlen von Geisteshierarchien durchwoben. Da aber das Leben normalerweise vom Eingebundensein im Körper aus betrachtet wird, richten sich die Sinne an die Objekte der Außenwelt und ergreifen diese nach den vorliegenden Bedürfnissen. Das Leben ist deshalb anders auf der Erde als im seligen Reich des Todes und so ist dieser Gedanke aus der *Bhagavad Gītā* für das heutige, sehr materiell irdisch-mentale Bewusstsein nicht mehr verständlich. Um diese geistige hohe Philosophie verständlich zu machen, ist es notwendig, das Prinzip des Geistes, das in der *Sāṅkhya*-Philosophie mit *puruṣa* benannt wird, sehr genau zu studieren und das Leben ausgehend vom Geiste zu betrachten. Vom Geiste ausgehend die Logik und die Wahrheit des Lebens zu finden, bedeutet so viel wie es vom Standpunkt des Seelenreiches, das heißt vom Blick des nachtodlichen Daseins aus zu betrachten. Der Wagenlenker betrachtet den Bogenschützen nicht nur vom materiellen Standpunkt, sondern bewertet ihn nach seiner Seele, das heißt nach seiner Einordnung im Weltenkosmos (vergleiche II/14-20).

Wie liest man die Gītā?

Alle Verse sollte man mit dem Bewusstsein lesen, dass sie eine geistige, übergeordnete Wahrheit beinhalten.

bījaṁ māṁ sarvabhūtānāṁ viddhi pārtha sanātanam (VII/10)

»Erkenne mich als Geist und höchsten Gedanken,
den ewigen Samen aller Wesen.«

Der Geist ist nicht nur ›der Gute‹ er schließt Sterben und Werden zu einer schöpferischen Einheit (*brahma*) zusammen.

Die Betrachtung des Samenkornes könnte einen Vergleich aufdrängen, der etwa aussagt, dass der Geist wie ein Samenkorn sei, das einmal aufspringt und zur Blüte gedeiht. Diese lineare Folge aus der Materie determiniert, gibt es in der *Gītā* nicht. Beim sorgfältigen Lesen der Verse gewinnt der geoffenbarte Gedanke eine viel genauere und dem Geiste treue Bedeutung: Der Geist ist nicht wie ein Samenkorn, sondern er ist die absolute, souveräne Instanz, die am Samenkorn arbeitet, es zum Sterben bringt und mit seiner übersinnlichen Selbstaktivität die Pflanze neu erschafft und auferstehen lässt. Nicht aus dem Samen entspringt die Pflanze, dies ist nur der materielle sichtbare Vorgang, sondern das Samenkorn erstirbt, es opfert sich und die neue Pflanze gedeiht aus dem Geiste.

XI Die Gliederung zwischen reinem Gedanken und Handlung erschafft Freiheit

Diese Betrachtungen über *prakṛiti* und *puruṣa* können mit einigen praktischen Hintergründen des Lebens ein besseres Verständnis erhalten. Es ist nichts moralisch Schlechtes dabei, wenn man sich ehrgeizig materielle Ziele setzt, indem man beispielsweise sagt: »Ich will die Form meines äußeren physischen Daseins perfekter ausprägen; ich will nun ästhetisch und anmutig meinen Lebensweg gestalten.« Die Schwierigkeit wird erst dann entstehen, wenn man einen eitlen oder habgierigen Ich-Anspruch in sein begonnenes Werk hineinbringt. Freude und Tatendrang sollte man in dieser Welt auf jeden Fall haben. Ein Ehrgefühl in der Zielsetzung ist ebenfalls sehr wichtig. Die Freude und der Tatendrang, der Einsatz des Willens und die mentale Ausformung von Ideen gehören zur menschlichen Freiheit im Leben und sind Werte, die Respekt verdienen. Praktisch und einfach betrachtet kann diese Freiheit im Handeln etwa folgendermaßen beschrieben werden: Die mentale Ausrichtung erfolgt denkend zu einem anderen Menschen und bleibt dennoch frei von selbstbezogenen Ansprüchen gegenüber diesem. Oder die Gefühle empfinden Sympathie einer Sache oder den Mitmenschen gegenüber, gewähren aber diesen eine Freiheit, so dass das Gemüt keinen Anspruch stellt und kein Besitzrecht geltend macht. In der Religion wäre diese altruistische und groß angesetzte Haltung etwas ganz Wesentliches. Das Bewusstsein wendet sich einer inspirativen Botschaft hin, stellt aber keinen Anspruch im Sinne eines Besitzergreifens an diese Weisheit. Der Mensch liebt die Botschaft des Geistes, verehrt sie, aber er bleibt in seiner Gesinnung und Seele frei von Zugriffen. Dies wäre im Sinne der Handlung, der direkten Tat so zu verstehen, dass das menschliche Bewusstsein sich zur Größe aufrichtet und sich durchaus ein hohes Ziel setzt und dementsprechend eine Aktion mit bestem Krafteinsatz durchführt, dabei aber frei von fixierten Emotionen und Vorstellungen bleibt, wie auch von Erwartungen nach Lob, Anerkennung oder Gewinn. Der ganze Mensch mit all seinen Werkzeugen handelt, aber der Gedanke im Geiste bleibt frei. Dann wird die Handlung – und das ist das Großartige – zum unmittelbaren Wirken selbst im Opfergedanken und im Sinne eines hohen Ideals.

Die Handlung führt zu Opfer. Das Opfer ergießt sich aus *brahman* zur Erde. Die Handlung kann niedriger Natur sein, sie kann edler und vollkommener, aus reineren Motiven sein. Das Ziel des Lebens ist es, die reine Handlung und darüber hinaus die spirituelle Freiheit im Handeln zu entwickeln. Dies ist *brahman* oder die Schöpferkraft selbst. Spiritualität bedeutet, vom Ich-Anspruch frei zu werden und dennoch die Handlungskraft voll zu entfalten.

Die vollkommene Handlungskraft wäre der höchste Sinn des Yoga, so dass der eigene Wille, die Kraft des vitalen Strebens, die der Mensch besitzt, mit den göttlichen Absichten geeint wird. Solange die Handlung an niedrige Aspekte gebunden ist und die Erkenntnis fehlt, die Sinnfrage für die Handlung unbeantwortet bleibt, solange haben niedrige Kräfte eine vermeintliche Macht. Die bisher erwähnten Begehrensformen regieren das Gemüt. Der Wille des Menschen ist dann nur eine begrenzte Aktion, die den göttlichen Willen ausschließt. Die gebundene Aktivität lässt noch nicht den höheren Funken einer wahren Idee in den Willen hineintreten. Tritt aber jene sorgfältige Aufgliederung zwischen verhaftetem Eigenanspruch an die Handlung und der reinen Notwendigkeit der Pflichterfüllung, mit deren Handlungsinitiative zur Umsetzung eines höheren Gedankens in den Vollzug, so ist eine hohe menschliche Qualität, die mit Yoga bezeichnet wird, erreicht. Ein Selbst erwacht im himmlischen und irdischen Gefüge und ist immanent und transzendent, da der Gedanke auf der einen Seite seine reine Freiheit bekundet und die *prakṛiti* die Handlung uneigennützig vollzieht. Das Selbst im Sinne des reinen Gedankens lebt in einer räumlich freien, inniglichsten Stufe in allem und ist unbegrenzt, von innen heraus anziehend und gleichzeitig expandierend, erlösend, erfahrend und bewegend, so dass es überall durch die Lichtquelle der Sinne spürbar wird. Dieses Selbst wird durch die Gedanken in ihrem höheren Sein erfahrbar.

Der Übende sollte sich, wie die *Gītā* beschreibt, nicht mit einem äußeren Recht und Anspruch durch die Handlungen erheben. Er sollte nicht immer größer und mächtiger werden in seiner körperlichen Dominanz. Vielmehr sollte er in seinem Erscheinungsbild, in seiner ganzen Art und Weise, wie er Handlungen vollzieht, wie eine Blume im Lichte zurückweichen. Er wird nicht in körperlicher Hinsicht kleiner, also nicht im Messbaren, sondern er weicht mehr vom Eindruck her zurück. Er geht beispielsweise durch einen Wald und erlebt das introvertierte Gefühl, dass er ein Teil der Natur ist. Er ist in der empfindenden Seele geeint. Oder er befindet sich im Gespräch mit Anderen und hat das Gefühl, er spricht ohne zu ergreifen und er fühlt sich doch mit den Worten kompetent und inhaltlich kraftvoll. Er spricht mit Vollmacht und es drückt sich eine freie Macht ohne Dominanz aus. Der Körper bleibt wie zurückgewichen. Die sogenannten oberen Äther sind von den unteren getrennt (siehe S. 20). Die ganze Strahlkraft erhebt sich nicht aus der vitalen Größe, sondern sie zeigt sich mehr in einer angenehmen Gelassenheit und Unaufdringlichkeit, bei gleichzeitig großer und klarer Autorität. Das sind äußere Zeichen der Spiritualität und die Ergebnisse mühevoller Arbeit, die das Opfer in *brahman* erkennen lassen. Je reiner die Spiritualität ist, um so mehr entsteht die anziehende, freie Frohnatur der Unaufdringlichkeit. Es ist die Schönheit und die Offenbarung von frei verfügbaren Lebens- oder Ätherkräften in der Welt des ewigen Geistes.

Die drei Seelenkräfte des Denkens, Fühlens und Wollens

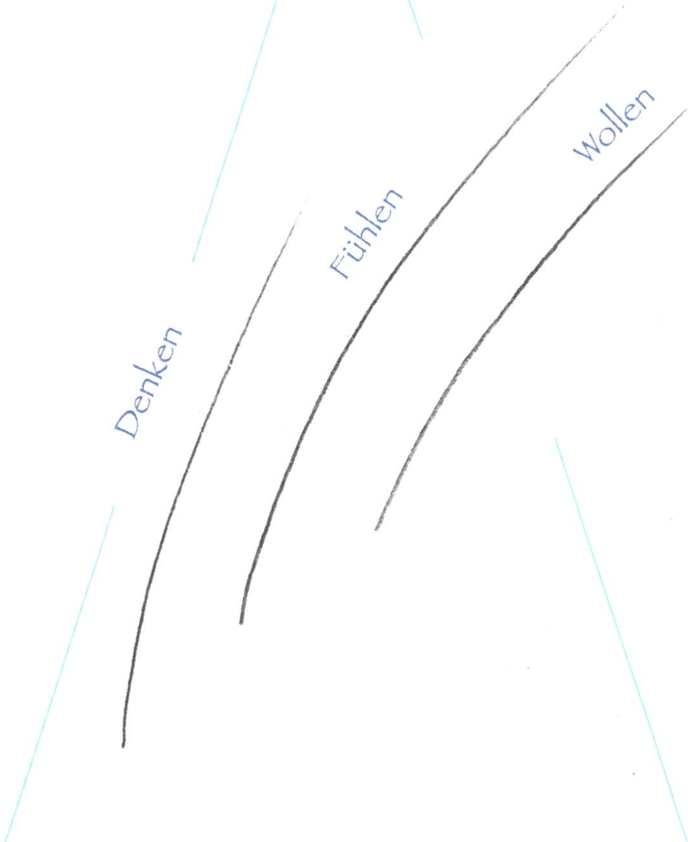

Damit diese gegliederte Kondition des freien Denkens im Gedanken, des Fühlens in einem Wahrheitserleben und des Handelns im Sinne von universaler Pflicht erfolgt, ist eine zielsichere Lebensorientierung mit den verschiedensten Konzentrationsübungen erforderlich. Ohne Schulung sind die drei Kräfte des Denkens, Fühlens und Handelns ineinander wie undurchsichtig vermischt. Durch sehr viele Übungen und Auseinandersetzung mit geistigen Inhalten gliedern sich die drei Seelenkräfte und der Gedanke trennt sich vom Gefühl, dieser wiederum vom Willen und sie bilden eine neue und dynamische Einheit.

XII Verschiedene Formen des Opfers

Nun gibt es aber noch weitere, sehr menschliche und leicht nachzuvollziehende Aspekte des Opfers im Sinne von *svādhyāya jñānayajñāh*.[1] Sie sind für die spirituelle unterscheidende und denkende Erziehung von besonderer Bedeutung, denn die gelungene entwickelte Vorstellungsbildung ist eine erste Art des Wissens, entwickelt durch Lesen, *svādhyāya*. Vorstellungsbildung ist eine schöpferische Tätigkeit. Eine gute und logische Vorstellung erfordert Zeit und Aktivität. Eine spirituelle Schulung erfordert Sorgfalt in jeder Weise und diese sollte sich der Leser im wachsenden Maße mit der Bewusstseinsentwicklung des Menschen zum Ziel erheben. Diese gut gewonnene Vorstellungskraft eröffnet eine Perspektive für die Erkenntnis von realen geistigen Werdeprozessen. Das Opfer veränderte sich in seiner Art und Bedeutung im Laufe der Jahrhunderte und Jahrtausende vielfältig und wesentlich. Mit der *Bhagavad Gītā* und ihrer ursprünglichsten Erzählung blickt der Leser über einen großen Zeitraum von etwa 5000 Jahren in der Entwicklung zurück. Die geschilderten Verse knüpfen, wie bereits erwähnt, an die alte vedische Zeit an. Die *Veda* sind vor der *Bhagavad Gītā* entstanden. Diese religiösen Urkunden, die ein heiliges Wissen beinhalten, reichen nahe an jene Zeit der altindischen Kultur heran, die Rudolf Steiner als Hochkultur der Spiritualität bezeichnet. In dieser Zeit waren die Menschen, wenn man einen Vergleich zur heutigen Wahrnehmung nimmt, noch nicht ausreichend mit einem Selbstbewusstsein und dem Gefühl, eine starke Individualität zu haben, im Leibe verankert. Sie kannten jenes Bewusstsein, das der moderne Mensch heute als Selbstbewusstsein erlebt, noch nicht. Sie hätten beispielsweise nicht einfach, wie das heute üblich ist, gesagt: »Ich liebe dich«, sondern sie hätten vielmehr in einer Art kosmischem Empfinden ausgedrückt: »Die Götter lieben dich« und hätten ihre Entzückung der Liebe, die sie für den anderen Menschen fühlen, auf diese Weise kundgetan. Ebenfalls hätten sie nicht einfach gesagt: »Ich habe Hunger.«, vielmehr hätten sie ausgesprochen, dass sich die astrale Sphäre mit ihrer begehrenden Bedürftigkeit im hellen Schimmer erweckt. »Eine Art unruhige Begehrenswolke am Firmament strahlt auf den Körper hernieder und lässt die Zunge nach Nahrung lechzen.« Empfindungen im kosmischen Zusammenhang lebten und ein sehr stark abgesondertes, ich-haftes Selbstbewusstsein war noch nicht ausreichend in die Leiblichkeit herabgekommen.

Das später hinzukommende Selbstbewusstsein brachte einen sehr eigenartigen, für den heutigen Menschen gewöhnlichen und doch für die damalige Zeit sehr fremd anmutenden, egoistischen Anspruch mit all seinen trennenden Gefühlen. Bevor dieses Ich aus dem Geiste in das individuelle Leben eintrat, existierte eine Art wesenhafte, himmlische Bewusstheit. So wandelten die Willensverhältnisse auf ganz anderen, freieren Wegen, im nahen Fühlen zu den Göttern. Man sah im Opfer nicht das Opfer des Persönlichen, sondern immer ein gegenständliches Opfer. Man musste den Göttern opfern, damit im Gegenzug von oben nach unten etwas Segensvolles auf die Erde kam. Die Gabe wurde deshalb dargebracht, weil man befürchtete, dass der Zorn der höheren Welten ein Unglück beschere. Diese Sicht war kein Aberglaube, sondern sie war real, mit der wahrnehmenden menschlichen Seele zum Kosmos verbunden. Man wusste, dass durch das Opfer der Regen entsteht. Der Regen ist in Indien beispielsweise recht kostbar und wichtig, denn durch den Regen entsteht die wertvolle Nahrung. Das Opfer war damals tatsächlich sehr häufig auf materielle Bereiche ausgerichtet; im Norden und im Himalaja gab es auch sehr häufig das Opfer des Weltenrückzuges von Menschen, die für lange Zeit in die Einsamkeit gingen. Heute wäre es nur zu einem gewissen Grad oder zu sehr sinnvoll gewählten Zeiten stimmig, wenn der Einzelne jene materielle Opferleistung des Sich-in-die-Einsamkeit-Begebens erbringt. Es ist aber eine Leistung, ein Grenzüberschreiten über das Begehren hinaus. Die so bekannte Leistung der Gaben von Geld und anderen Gegenständen sind sinnvoll, wenn ein persönliches Beteiligtsein und Interesse an Entwicklungsfragen gegeben sind. Es müsste der heutige Mensch den Göttern nicht mehr Früchte darbringen, um sie wohl zu stimmen, sondern er müsste eine höhere Idee erfassen, diese zur größtmöglichen Vorstellung erbauen und auf dem Weg des Umsetzens dieser Idee eine Leistung erbringen, die in die geistige Welt harmonisch und friedvoll eintreten kann. Das Opfer reicht von der einfachen Gabe in sinnvoller Werktätigkeit zur größten disziplinierten Anstrengung in grenzüberschreitender, persönlicher Entwicklungsbemühung.[2]

---

1 *svādhyāya*, beispielsweise genannt im Vers IV/28, bedeutet ›Studieren‹ oder ›Lesen‹ und ist eine wichtige Disziplin in einer Schulung des Yoga. Kombiniert mit *jñānayajñāh*, der Opferung des Wissens, will das dritte Kapitel einen Kreislauf beschreiben, wie diese Leistungen immer ein Teil einer gesamten Schöpfung sind.

2 Aussagekräftig ist in diesem Zusammenhang die letzte Zeile des 12. Verses im Kapitel III: *tair dattān apradāyaibhyo yo bhuṅkte stena eva saḥ* – »Jener, der nicht opfert, jedoch genießt, ist als Dieb anzusehen.« In der jenseitigen Welt existieren vielfach sogenannte Isolationen von Seelen, die als Resultat eines irdischen Lebens anzusehen sind. Wie abgesondert oder vereinsamt fühlen sich diese diebischen Seelen nach dem Abscheiden des physischen Leibes. Sie erreichen weder ihre Mitmenschen, noch die Lichtsphären des Kosmos. Während der Lebzeiten auf Erden genossen diese Menschen beispielsweise Spiritualität, aber mieden jegliche Anstrengung zur praktischen sozialen Umsetzung ihrer Erfahrungen. Die *Bhagavad Gītā* benennt diese Menschen als Diebe und meint, sie müssen im Nachtodlichen in eine Reinigungsszene treten, die sich gerade durch die Isolation zeigt. Allgemein gesagt, sind all jene Diebe, die Spiritualität für sich beansprucht hatten und hierfür keine Opfer erbrachten.

Das rechte Opfer, yajña, und die Freude, sukha

Das Opfer in *sattva*: Am Anfang erscheint keine rechte Freude und das Opfer lässt sich wie Gift, *viṣa,* erleben.

Am Ende ist die Freude groß und das Opfer ist wie Nektar - *amṛtopama* (XVIII/37).

Das Opfer in der Qualität des *rajas*: Die Freude, *sukha*, die durch die weltliche Attraktion entsteht, erscheint am Anfang glücklich.

Am Ende mündet *rajas* in Leid, *duḥkha* oder fühlt sich wie Gift an - *viṣa* (XVIII/38).

Das Opfer in *tamas* beginnt im Irrtum, *moha,* und seiner Versuchung. Es erweckt Scheinfreude.

Am Ende lebt der Verfall und der Verlust des Selbst (XVIII/39).

XIII Die Kreuzigung als Opfertod

Mit dem Kommen eines Selbstbewusstseins, eines sehr starken eigenständig erworbenen irdischen Bewusstseins für ›Mein‹ und ›Dein‹, für das Einzelindividuum und die Wirklichkeit des Anderen, veränderte sich auch die Notwendigkeit des Opfers. In der christlichen Geschichte erscheint das Kreuzesopfer des Christus Jesus als ein signifikantes und tragisch anmutendes Beispiel. Es ist das Opfer des ganzen Lebens. Früher, in der alten indischen Zeit, in der ersten indischen Kultur, hätte es das Opfer des Leibes gar nicht gegeben, weil es keinen Sinn erfüllt hätte, wenn man den Leib geopfert hätte. Der Leib war nur ein Zusammenspiel von Kräften aus dem Kosmos, jedoch identifizierte sich der Mensch noch nicht so sehr mit seinen eigenen Gliedmaßen und seinen persönlichen Sinneswahrnehmungen. Indem das Selbst im Sinne einer Identifizierung mit den körperlichen und irdischen Bedingungen immer weiter hinabstieg, kam auch ein Opfer, das eben gerade mit der Kreuzigung bezeichnenderweise vor den menschlichen Augen steht. Es ist ein höchstes Opfer.

Wenn altruistisch denkende Menschen viel von ihrem Hab und Gut hergeben, leisten sie ein erstes äußeres Opfer, das die geistige Welt ebenfalls, wie die *Bhagavad Gītā* beschreibt, respektiert. Sie übergeben ihr Haus, ihr Geld, ihr Fahrzeug und ihre Kleidung der Welthungerhilfe, leisten eine Gabe und erfüllen einen ersten Sinn, der der geistigen Welt eine natürliche Freude bereitet. Aber es ist noch nicht das entscheidende erlösende Wirken des Opfers erreicht. Das Opfer nun, das *Arjuna* erbringen musste, bestand in der Überwindung der Angst, der Schwäche und des eigenen begrenzten Denkens. Es ist ebenfalls höchste Selbstüberwindung und für ihn eine unfassbare Leistung. Das Opfer, das der Mensch heute in der geistigen Entwicklung darbringen muss, ist das Opfer seines begrenzten Denkens, fixierten Gefühls und falsch gesteuerten Willens. Jeder Mensch ist, wenn er Fortschritte machen möchte, zu einer großen Selbstkorrektur aufgefordert. Das ist eine wahre Aussage, die jedoch zu einem Erschrecken führen könnte. In Klöstern und verschiedenen Einrichtungen, in denen das Christentum noch etwas tiefgründiger gepflegt wird, weiß man, dass das Leben immer ein Kreuzweg ist. Jeder muss, wie es sogar in den Schriften heißt, sein Kreuz selbst tragen und somit muss jeder im Laufe seines Lebensweges Opfer bringen, er muss vieles hergeben und zurücklassen. Der Tod wird ihn so sicher wie keine andere Tatsache einmal ereilen. Die Realität atmet in jedem Moment des pulsierenden Herzens. Der Übende muss sich innerhalb individueller Bestimmungen immer wieder von Altem loslösen und Neues beginnen. Der horizontale Balken des Kreuzes bezieht sich auf das irdische Leben, während der senkrechte sich auf das geistige Leben und auf die Strebsamkeit nach dem Himmel richtet. Das Symbol des Kreuzes erscheint als eine irdische Realität. Das Opfer ist etwas ganz Wesentliches, das dem Menschen eigentlich schon von Natur aus auferlegt ist und in ihm immanent lebt. Das höchste Opfer, das Opfer seines an den Leib gebundenen Selbst, geschieht für jeden ohnehin mit dem Tod.

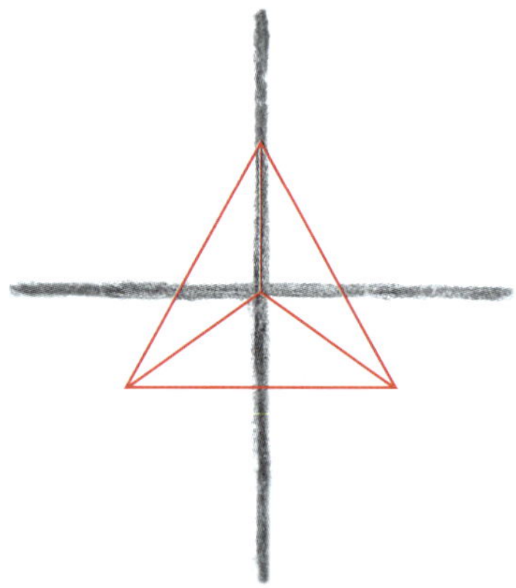

Das Christussymbol des Kreuzes: Die Vertikale und die Horizontale treffen sich. Aus dem Treffpunkt könnten sich ebenfalls, wie beim Kreis, allerlei weitere Formgestaltungen zur Entwicklung erheben, zum Beispiel ein Dreieck.

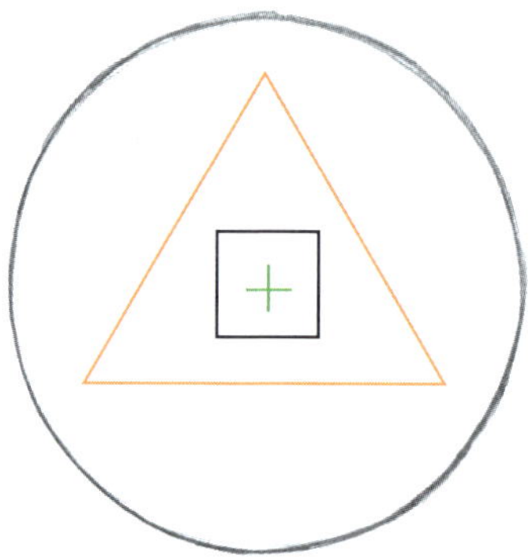

Der Kreis als Sinnbild für Ewigkeit und Einheit. Alle weiteren geometrischen Figuren würden sich in diesem Kreis proportional bilden lassen.

Beide Symbole sprechen auf verschiedene Weise die Einheit von Geist und Materie an.

XIV ahaṁkāra[1], der Ich-Macher

In der geistigen Schulung beginnt das Grenzüberschreitende vom Leben in das Jenseits gewissermaßen bereits früher, aber nur gewissermaßen. Langsam, mit der Ausrichtung auf inspirative geistige Inhalte, mit lebendiger Yoga- und Meditationspraxis und einer ernsthaften Hinwendung an die entscheidenden Fragen des Lebens, bemerkt der Schüler in sich, dass das, was er mit jedem Augenblick tut, all das, was er im Leben leistet, all das, was er denkt, beständig mit seinem eigenen Ich-Anspruch vermischt ist. Selbst der größte Altruist lebt noch in verborgenen und rezeptiven Egoismen. Er bemerkt mit einiger Genauigkeit und einer sorgfältigen Selbstanalyse, dass sich der Ich-Anspruch selbst mit der größten menschlichen Bemühung kaum aus der Handlung herauslöschen lässt. Das mentale Bewusstsein wird vielleicht früher oder später zugeben, dass es nur aus Versehen möglich ist, selbstlos zu handeln. Aber diese Erscheinung ist noch nicht die vollkommene Handlung, sie ist mehr eine unbewusste Geste. Wenn der Wille bewusst handeln möchte, lebt in ihm die leidgeprägte Versuchung des Ich-Anspruches mit seiner verborgenen rezeptiven Absicht. Das bewusste, mentale Gewissen kann sich meist nur sehr bedingt von den eigennützigen, selbstgefälligen Forderungen lösen. Der ichhafte Selbsterhaltungstrieb mit all seinem verborgenen Eigennutz ist im Leibe und in der Psyche fixiert, seine Blicke bewachen die Gegenwart wie der schärfste Wächter das Tor der Freiheit. Aus diesem Grunde haben die großen Heiligen und Mystiker, gerade auch hier im Westen, die gröbsten und unfassbarsten Anstrengungen mit dem Leibe unternommen, um den Ich-Anspruch mit seinem Wegbegleiter des Begehrens zu bändigen. Sie übten Verzicht und Kasteiung, damit sie über den Leib hinweg zu einem freieren, reineren Bewusstsein kamen.[2] Die Schwierigkeit mit dem Ich-Anspruch muss der Schüler auf dem Weg des Yoga durch eine sorgfältige Analyse kennenlernen, um diesen erst einmal zu erfassen und die Wege der Überwindung langsam betreten zu können. Der Mensch muss tatsächlich in der geistigen Schulung einen Prozess des vollkommenen Loslösens von seinem allbekannten und definierten Ich-Selbst erlangen. Dieser Prozess gleicht einem vorgezogenen Sterben oder, wenn man es anders ausdrückt, einem Schwellenübergang von der Grenze der gewöhnlichen physischen Wahrnehmung zu einem übersinnlichen Empfinden, Erleben und Erfahren der geistigen Gesetze.

Vor dem Betreten des Kampffeldes war sich der weise Schüler *Arjuna* seines verborgenen Innenlebens mit den ungesehenen Ansprüchen noch nicht ausreichend bewusst. Der Kampfwagen aber wurde von seinem Lehrer in die

Mitte geführt und der Blick auf eine Wirklichkeit eröffnet, die ihm das Bild des ganzen verhafteten Potentials seiner selbst und seiner Eingebundenheit in die Welt eröffnete. Der Kampfwagen ist Sinnbild für die Planetenkonstellationen (siehe auch S. 49) und das Fahren des Wagens an die rechte Position erlaubt einen geistigen Einblick in die astrale Welt. Der Anteil des egoistischen Daseins bleibt den Menschen weitestgehend verborgen, denn er wird mit dem Kampfwagen nicht chauffiert und somit kann das menschliche Gemüt die astrale Realität nicht erkennen. Durch übende Auseinandersetzung aber erlebt der strebsame Aspirant die vielen Mächte der Versuchung und erst wenn er sich diese ausreichend vergegenwärtigt, kann er sie effektiv überwinden. Die *Bhagavad Gītā* spricht deshalb mit dem Überschreiten des Hüters der Schwelle von einem fortgeschrittenen Ablauf der Geistschule.

Schwert der Unterscheidung,
jñānāsinā (siehe IV/42)

---

1 *Ahaṁ* ist das im Sanskrit gebräuchliche Wort für das menschliche Ich. Es kann im niedrigeren Sinne das Wünschen und Begehren des Menschen repräsentieren oder es kann bereits im freieren, erhöhten Ausdruck die Wirklichkeit des Geistes offenbaren. Im allgemeinen Sprachgebrauch spricht man von einem niedrigeren und einem höheren Ich. Grundsätzlich offenbart sich das niedrige Ich durch die Leidenschaftlichkeit des Körpers, während sich das höhere Ich durch die Reinheit des Gedankens zeigt. Im Kapitel IX sprechen sich viele Verse über dieses freie und unmittelbare, im Sein des Gedankens gegründete Ich aus, wie beispielsweise im 16. Vers.

2 Ein anschauliches Bild aus den Lebensbeschreibungen der Mystiker bietet der heilige Antonius. Er steht beispielhaft für die bleibende Versuchbarkeit des Menschen, weil das Böse direkt im Fleisch und Blut sitzt. Insbesondere auf dem Weg einer progressiv bemühten, nach Reinheit strebenden Heiligkeit, treten enorme Belastungen und Versuchungen auf. So kann man eigentlich bei allen Heiligen diese Erfahrungen mit den Mächten der Versuchung beobachten. Auch die teilweise unverständlich anmutenden Bußübungen und Praktiken äußerer Abtötung kann der Leser in diesem Zusammenhang leichter verstehen.

XV Opfern bedeutet Freude

Geistige Schulung ist immer neben dem Lebensprozess gleichzeitig eine Art Sterbeprozess und ein ganz natürliches Auferstehen, das durch Schulung und weisheitsvolles Streben entsteht. Wenn der Schüler diesen Loslöseprozess schafft oder teilweise vollzieht und freier in einem geistigen Ideal aufgeht, es zu einem neuen Bild und Sinn erschafft, entwickelt er erstmals selige Selbstlosigkeit in einem freien Bewusstsein. Heute betrifft der Opferdienst tatsächlich die eigenen Egogewohnheiten, Bindungen und Verhaftungen. Um kurz dazu einzufügen: Es ist in der heutigen Zeit jene Angst vor Selbstverlust gegeben, in der man gefangen im Leibe, das Wort ›Opfer‹ am liebsten nicht in den Mund nehmen möchte. Heute kennt eigentlich das menschliche Bewusstsein eine Hingabe im Sinne einer grenzüberschreitenden und idealen Ausrichtung kaum mehr. Deshalb ist die *Bhagavad Gītā* mit ihren Worten über die Begierdefreiheit einer Handlung nicht auf Anhieb zu erfassen. Hingabe an wirklich große Ideale mit geistiger Bedeutung ist heute eine der schwierigsten Disziplinen geworden, und es darf nicht verwunderlich anmuten, wenn man alles nur Erdenkliche unternimmt, um das Opfer in seiner Bedeutung zu leugnen. Ein Theologe hat erst kürzlich gesagt, das Opfer gehöre aus dem Evangelium herausgestrichen, weil Gott ein liebender Gott sei, der kein Opfer verlangen könne. Es besteht eine große, weitgehend unbewusste Angst vor Hingabe an geistige Ideale, die einen Loslöseprozess von irdischen Verhaftungen einfordern. Heute existiert vielfach jene säkularisierte Religion, die ein Leben erwünscht und die feinen Loslöse- oder Sterbeprozesse, die zur Entwicklung führen, leugnet. Wie *Kṛiṣṇa* sagt: »Der, der kein Opfer bringt, lebt wahrhaft vergeblich. Für einen solchen ist nicht einmal die irdische Welt gegeben. Wie soll dann eine andere, himmlische Welt für ihn gültig sein?« (IV/31) *Yajñaśiṣṭāmṛta* ist jener, der Nektar isst, oder anders ausgedrückt, der in der nachtodlichen Welt in der Freude seiner Taten das errungene Licht genießt, *bhujo yānti.*[1] Er lebt in seinem selbstgeschaffenen Licht. Das Opfer ist eine ganz wesentliche Realität, die von innen heraus das Leben begleitet und es gehört zur menschlichen Entwicklung. Der Theologe, der eigenwillig das Opfer aus den Evangelien herausstreichen wollte, müsste seinen persönlichen Irrtum, der darin besteht, dass er einem verkehrten Liebesbegriff nacheifert, opfern, damit er zum Sinngehalt der Aussagen durchdringt. Eine der größten Versuchungen liegt in dem Wort der Liebe und indem der Mensch diese erwartet, sowohl von den Mitmenschen als auch von Gott, bindet er sich an die Körperlichkeit zurück. Ein Opfer aber führt stufenweise auf dem Weg zu guten Taten und höheren Einsichten in eine Befreiung.

---

1 *yānti* beschreibt grundsätzlich eine Willensbewegung, die zu einem bestimmten Ziel strebt. Es ist die Antriebskraft des Menschen, die sowohl bewusst als auch unbewusst alle Lebensbewegungen lenkt.

ya, die Sanskritwortwurzel für die Willensbewegung des Gehens

brahman

yajñaśiṣṭāmṛta bhujo yānti brahma sanātanam (IV/31)

»Aus dem Genuss des Nektars geht die Seele
hinüber in die Welt des ewigen *brahman*.«

svaḥ

Ausdruck aus der seelischen, nachtodlichen Sphäre

māṁ hi pārtha vyapāśritya ye 'pi syuḥ pāpayonayaḥ
striyo vaiśyās tathā śūdrās te 'pi yānti parāṁ gatim (IX/32)

»Auch jene, die eine niedrige Geburt haben, wie beispielsweise Frauen und niedrige Kasten, sie gehen mit der rechten Haltung und durch ihre Hingabe an das Höchste ebenfalls zum geistigen Ziel.«

bhūmi

Aus der irdischen Welt geht die Seele, *yānti*,
hinüber in die planetarische Himmelswelt, *svaḥ*.

yānti devavratā devān pitṝn yānti pitṛvratāḥ (IX/25)

»Die den Göttern opfern, gehen hin zu den Göttern.
Zu den (vergöttlichten) Ahnen gehen die Ahnen-Verehrer.«

Irdische Sphäre, die Erde,
die Welt der Gegensätze

XVI Das Feuer als Symbol für Verwandlung und für das Ganze im Sinne eines Weltenfeuers

Es heißt in den Schilderungen der *Gītā*, dass es verschiedene Arten von Opfer gibt. Die einen opfern das Hören in das Feuer der Sinne, andere die Klänge in das Feuer der Selbstbeherrschung, wieder andere, die sehr streng in ihrem Lebensvollzug sind, sich klaren Ernährungsregeln oder Bußübungen unterwerfen, opfern diese Bußübungen in das Feuer des *tapasyā*, der Disziplin, oder das *prāṇa* in das *apāna* und das *apāna* in das *prāṇa*, das heißt, dass sie die verschiedenen Qualitäten des Atems in den gesamten Fluss des Lebens opfern. Andere opfern ihre eigene Erkenntnis. Die Opfergaben sind verschieden. Bemerkenswert erscheint bei einer äußeren Betrachtung die Wiederholung des Wortes Feuer, *agni*. Es handelt sich um einen Bericht aus der geistigen Welt und eine Darbringung von Erfahrungen, die aus der geistigen Welt die Menschen begleiten. *Kṛiṣṇa* sagt über das Opfer von Gegenständen, dass es niedriger sei als jenes der Erkenntnis. Diese Aussage soll noch einmal zur Darlegung kommen. Ein Opfer entwickelt sich aus der Betrachtung der separierten Einzelheit, die in einem Verhältnis zu einem größeren Ganzen steht. Will jemand Wahrheit definieren, so könnte er wie der Philosoph Hegel das Wahre als das Ganze bezeichnen.[1] Das Einzelindividuum würde sich von der Weltschöpfung abspalten, wenn es sich nicht in beständiger Kontinuität einem größeren Ganzen hinwendet und sich selbst im Ganzen erlebt. Das Wort Feuer bezieht sich auf die kosmische Dimension der Wärme oder des sonnenhaften Prinzips. Der Begriff *indriyāgni* (IV/26) in der *Gītā* bezeichnet die ätherische Kraft des Feuers als verbindendes Ganzes, das alle Sinne einschließt. Indem der Schüler des Yoga das Gehörte oder Wahrgenommene nicht in Gewinnsucht für sich beansprucht, sondern es in Hinwendung und Opferung für ein Ganzes erlebt, öffnet er seine Einzelnatur zu einem größeren Ganzen und tritt dem Wahren, wie es Hegel sagt, dem Ganzen als Wahrem näher. Der Atem kann ebenfalls dem Weltenatem bewusst hingegeben oder geopfert werden, damit sich der Werdeprozess des Bewusstseins nicht durch das In-Besitz-Nehmen des Luftraumes vom Ganzen abspaltet. Es wäre unsinnig, wenn jemand sagen würde, dass die Luft ihm gehöre und er deshalb einen Anspruch an diese stelle. Die Luft verbindet die Menschen und alle atmen in beständigem Fluss dieses leichte und bewegende Element ein und aus. Aber die Luft ist nicht nur ein

---

1 »Das Wahre ist das Ganze. Das Ganze aber ist nur das durch seine Entwicklung sich vollendende Wesen« (G.W.F. Hegel: Phänomenologie des Geistes).

Die vier Elemente in Steigerung

Die vier Elemente beschreiben eine Gliederung der phänomenalen irdischen Welt, *bhūmi*. Das Selbst aber gehört nicht zu den Elementen.

Feuer

Luft

»Dieses Selbst ist unzerreißbar (Erde), unbrennbar (Feuer), es kann weder durchnässt (Wasser) noch ausgedörrt (Luft) werden. Ewig beständig, alldurchdringend ist es für immer.« (II/24)

Wasser

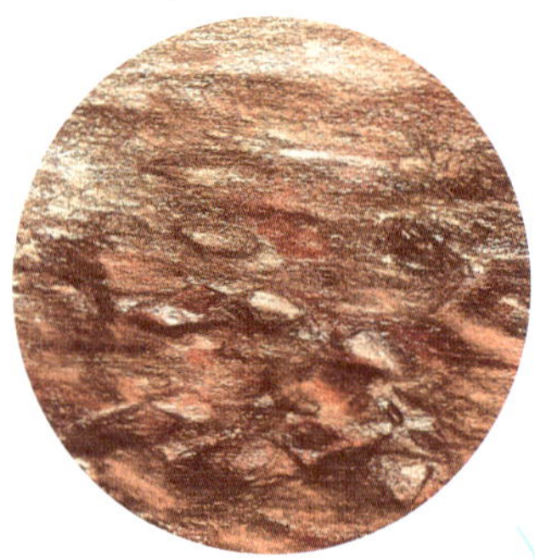

Erde

Ausdruck von einem lebenskräftigen, irdischen Atemelement, sie ist darüberhinaus nahe mit dem kosmischen Ganzen verwandt. Die alten Weisen des Orients sahen deshalb in den Lüften und ihren gleitenden Strömen die Spiele des Kosmos. Sie erlebten, beim Atmen eine freiere Sphäre, als jene der festen, irdischen Wirklichkeit.

Ein noch viel freieres Element als die Luft sah der indische Weise in dem Feuer, denn dieses besitzt nicht nur eine bewegende Fluktuation, sondern darüber hinaus eine vollkommene Immaterialität und alchimistische Verwandlungskraft. Von den kosmischen Elementen ist das Feuer deshalb eine Art geistig-göttliches Element, das mit dem Ganzen und dem Selbst in Verbindung steht. Das einzelne Gehörte, *srota ki agni*, oder der einzelne erworbene Gegenstand, sogar die erbrachte Disziplin, *tapasya ki agni*, gewinnen ihre vorzügliche Bedeutung, wenn der Schüler des Yoga sie auf den Opferweg führt und nicht nur sich selbst einen Gefallen erweist, sondern der Weltschöpfung einen Dienst darbringt.

Die Bußübung, *samaya-agni*, die der Einzelne leistet, könnte er im egoistischen Sinne für sich und seine persönliche Reinigung beanspruchen. Durch einen Blick auf das Wahre und somit auf das Ganze der Weltschöpfung dient jener, der eine Bußübung leistet, nicht nur seinen eigenen egoistischen Bedürfnissen, er führt das Erleben und Wahrnehmen hinüber zur ganzen Menschheit und weiterhin hinauf zum Kosmos. Aus diesem Grunde bewirkt jedes Opfer eine Öffnung für die Ganzheit der Schöpfung und nährt die geistigen Kräfte, die wiederum für alle Menschen Segen bringen. Das Opfer bringt eine beginnende, separierte Handlung in die Beziehung mit den Göttern, oder anders ausgedrückt mit den geistigen Wesen und Seinsprinzipien der Weltschöpfung. Das Wort *tapas* bedeutet Disziplin und dieses wird wieder in den Weltenäther hinein gedacht und empfunden, sodass es dem *tapasyā-agni* geopfert wird. Die Sicht des Opfers ist deshalb nicht ein zwanghafter Leidensweg, sondern ein freudiger Aufschwung von der Separation in eine geistige Einigung.

Wenn man nun eine Erkenntnis opfert, ist dies laut der Aussage der *Bhagavad Gītā* höher als die eines Gegenstandes. Obwohl eine große Erkenntnis immer in das Universale der Weltschöpfung hineinführt, so ist doch die Beziehung, die diese Erkenntnis einnimmt, von einer sehr wichtigen Bedeutung. Alles Erkennen dient der Menschheit und dem Wohlergehen eines Gesamten. Ohne den Opferweg der Erkenntnis könnte keine Kultur entstehen und ohne Wissen, das sich bis zur sozialen und universalen Gegenseitigkeit entwickelt, müsste die Menschheit in eine Schizophrenie verfallen. Die Erkenntnis *jñāna* ist deshalb ein hohes Opfer, das aus dem Zustrom der höheren Welten entsteht und das die Menschheit in ihren vorzüglichen Charakterzügen erhebt.[1]

Alles, was die irdische Geburt erhält, erhält sie in Wirklichkeit aus *brahman*. Ein Baum ist *brahman*, denn er ist aus der Weltschöpfung, aus der geistigen Ideenwelt oder aus dem Urbild des Gedankens entstanden. Der Mensch ist ebenfalls aus *brahman*, aus der geistigen Welt in die irdische eingetreten. Die Geburt in separierter Form, ohne das größere, übergeordnete Geistige, ist nicht möglich und aus diesem Grunde gibt es im Sinne der geistigen Erfahrung keine trennenden Schranken zwischen einer höheren unsichtbaren Welt und einer phänomenalen, sichtbaren Wirklichkeit. *Brahman* lebt im Menschen und in apersonaler Form in jedem einzelnen Grashalm. Dieser Grashalm fügt sich einem Gesamten und leistet in diesem Sinne ein Opfer. Der einzelne Mensch wäre deshalb, wenn er nicht opfern müsste, zur verlorenen Separation verurteilt.

Die Musik entspringt einer Idee. Sie opfert sich aufgrund ihres schöpferischen Daseins der Welt der Klänge und Töne.

---

1 *Jñāna-yajña*: Dieser eigenartige Begriff des Opfers der Erkenntnis oder des Wissens bedeutet, dass die Weisheit in den Kosmos durch bestimmte weise Menschen eingeschrieben ist. Aus diesem Grunde heißt es in IV/34: »Lerne diese Erkenntnis durch Ehrerbietung zu Füßen des Lehrers, durch Fragen und Dienen. Die Weisen, die die wahren Prinzipien der Dinge erkannt haben, werden dich in Erkenntnis unterweisen.« *Jñāna-yajña*, das Opfer oder das Wissen ist bereits in die geistige Welt eingeschrieben und wartet auf seine Entdeckung. Obwohl der Übende forschend, fragend und suchend nach den Weisheiten strebt, leben diese bereits fein verteilt in der Chronik der Weltschöpfung. Sie sind, wenn man es mit einem Sanskrit-Ausdruck bezeichnet, in die Ebene der *vijñānamaya-kośa* oder in die gnostische Wirklichkeit eingeschrieben.

XVII Die Erlösungsarbeit durch Opfer

Wenn ein rechtes Opfer erfolgt, wird durch dieses die Atmosphäre von Belastungen und Umhüllungen gereinigt. Durch das Opfer entsteht eine Befreiung oder Loslösung von den in der *Bhagavad Gītā* häufig genannten *bhūtāni*, den Wesen. Die Veränderungen der Atmosphäre durch sinnvolle Opferleistungen oder, wie es früher war, durch Feuerrituale fühlten damals die Priester der *Brāhmaṇen*-Kaste. Es ist der sogenannte Astralleib, der sich durch Wesen verschiedenster Art in der Erde offenbart. Durch Rituale konnte in früheren Zeiten eine Art befreiende Sphäre erreicht werden. Eines dieser Rituale war beispielsweise das vedische Feuerritual, das bis zur heutigen Zeit in etwas weniger vergeistigter Form, mit der Absicht, Räume oder bestimmte Verhältnisse zu reinigen, praktiziert wird. Die höchste Form der Reinigung findet aber statt, wenn das bewusste Erkennen durch Handlung und Hingabe mit aufrichtiger Liebe zu Idealen eine begrenzte Sphäre überschreitet. In praktischer Hinsicht heißt diese Grenzüberschreitung, dass die psychische Existenz in reifer Bewusstheit handelt und keine Ich-verhafteten Ansprüche an die Handlung stellt. Wenn die psychische Existenz aus reiflicher Überlegung, in Erkenntnis und in der Klarheit des erfahrenen Wissens handelt, wird sie dadurch zur Befreiung der Schöpfung beitragen. Das Aktivsein des menschlichen Bewusstseins in Verbindung mit Handlungen, wohl abgestimmt und doch mit Freiheit vollzogen, ist ein Weg des Yoga. Er führt mit Opferleistung in die Welt und lässt sie dennoch in freier Bewusstheit nach den Spielen der *prakṛiti* in natürlicher Ruhe. Eine Handlung in *sattva*, in Reinheit, und um der Arbeit oder der Sache willen, führt in jeder Hinsicht zu einer guten Kondition in der Psyche, die über die Zeit hinweg in der unaussprechlichen Spiritualität kulminiert. Die umhüllende Illusion, die in vielen Versen mit *móha* bezeichnet wird, gewinnt eine lichte Auflösung und eine deutliche, neue gedankliche Formstruktur. Die *Bhagavad Gītā* tadelt die Trägheit, *tamas*, die aus mangelndem Selbstvertrauen entsteht und in der Regel ein Kennzeichen des *avidyā*, des Nichtwissens ist. Das *dharma*, die Rechtschaffenheit überwindet das *adharma*, den Verfall. Das Opfer, im richtigen Maße gewählt, von Weisheit und Reife begleitet, schenkt neue Lebensräume und reinigt die Atmosphäre von den in *móha* gebundenen Wesensmächten. Wenn sich eine bedrückende Atmosphäre in einer Gemeinschaft von Menschen niedersenkt, so spricht man von negativen Wesenskräften oder anders ausgedrückt von astralen Einflüssen. Gewinnt aber der einzelne Mensch die Weisheit zum Handeln und wirkt er mit Bewusstheit in den Aufbau eines bestmöglichen Ideales, leistet er ein Opfer und dieses reinigt die Atmosphäre von bedrückenden, astralen Wesenseinflüssen.

Die drei Seinsbedingungen und ihre ausstrahlenden Wirkungen

sattva

In *sattva* drückt sich Reinheit, Frieden, Gleichmut und eine lichte Klarheit im Sinne eines Gedankens aus. Deshalb ist es das lichte *guṇa,* das durch seine eigene Klarheit eine Art seelische oder natürliche Qualität darstellt. Wenn ein Opfer mit dem Charakter von *sattva* gegeben ist, löst sich die verhüllende Macht des *móha* auf und gleichzeitig ordnen sich, wie folgend beschrieben, *rajas* und *tamas* sinnvoll in der menschlichen Physiologie.

rajas

Rajas bedeutet leidenschaftliche Aktivität, Verlangen und Ruhelosigkeit. Dieses Prinzip der Bewegung und Unruhe, der Leidenschaft, des anstrengenden Handelns, das ein Kämpfen und Ringen um den äußeren Erfolg repräsentiert, ordnet sich ebenfalls als segenvolle und gute Kraft in das Leben ein, wenn hohe Gedanken und Ideale die Motivation des Handelns dirigieren. Aus diesem Grunde sollen aus *sattva* und nicht aus *rajas* die Beweggründe des Handelns entspringen.

tamas

Dieses dunkle finstere und der Lethargie unterliegende *guṇa* mit all seiner Inkompetenz des Bewusstseins, vermag sich im Menschen zu einer positiven Kraft zu entfalten, wenn es vollkommen in Ruhe gelassen werden kann. Ein klares und freies Denken in Beziehung zu hohen Gedanken schwingt sich zu einer großen Körperfreiheit empor und jener, der zu dieser edlen Bewusstseinskraft fähig ist, lässt seinen Körper mit all seinen Stoffwechselprozessen vollständig in Ruhe. Er denkt, während sein Körper gewissermaßen schläft. Das *guṇa* in *tamas* kann dann seine naturgegebene unbewusste energetische Leistung entfalten.

XVIII Die Analyse der verschiedenen psychischen und physischen Bewegungen

In diesem Sinne müssen sich für die Erkenntnisbildung jene großen Dimensionen von *puruṣa* und *prakṛiti*, von Geist und Natur, voneinander scheiden. Sie scheiden sich nicht wirklich, denn sie sind Eines im Einen und bilden ein Ganzes. Der Schüler, der sich auf den Weg der Verwirklichung höchster Ideale begibt – und die *Bhagavad Gītā* spricht von höchsten Idealen –, muss sich der differenzierten Erkenntnisforschung ausreichend widmen. Er ist verpflichtet, dass er in der Einheit der Schöpfung durch eine sorgfältige differenzierte Bewusstheit die Phänomene aus den Gesetzen der Schöpfung erkennt und sich schließlich einer richtigen Leistung mit Opfer hingeben lernt. Es ist verständlich und bedarf wohl keiner großen Erklärung, dass ein Opfer, wenn es nicht ausreichend von Weisheit und differenzierter Wahrnehmung begleitet ist, beispielsweise harte Bußübungen in der Jugend, auch falsch in die Weltschöpfung eingehen kann und der seelisch-geistigen Entwicklung im größeren Ganzen einen Schaden verleiht. Das Bewusstsein des menschlichen Wesens ist in dem Irrtum, *avidyā*, befangen, der mit Versuchung und Ich-Identifikation seine Benennung findet. In dieser Welt des Eingebundenseins ist deshalb eine klare Sicht zu den Seinsprinzipien der Natur, *prakṛiti*, und den unberührten Dimensionen, die mit *puruṣa* benannt sind, unumgänglich. Sie setzt eine denkende Aktivität mit einer umfassenden Vorstellungskraft voraus, denn sie erobert eine Welt der geistigen Gesetze, die zunächst auf abstrakte Weise wahrnehmbar sind. Die sorgfältige Beobachtung, Analyse und Suche nach den inneliegenden Wahrheiten führt zu einem differenzierten Erkennen, *vidyā*, der beiden unterschiedlichen, großen Schöpfungsdimensionen und gewährt eine erste freie Sicht. Es erfordert viel Geduld und Ausdauer, um diese idealen Gedanken in ihrer umfassenden und unendlichen Tragweite zu verstehen. Für lange Zeit wird es nötig sein, über das ewige Ich-Selbst und über die Seinsbestimmungen der Natur nachzudenken und diese bis in die Tiefe ihrer geistigen Gesetzmäßigkeiten zu erforschen.

Der Weg der *Bhagavad Gītā* ist deshalb nicht nur eine singuläre Meditationsanleitung, sondern eine höchste und praktische Darlegung einer universalen Philosophie. Das Geheimnis ist es, dass diese Philosophie jedoch nicht von außen der Weltschöpfung beigemessen werden müsste, sondern diese sich von innen heraus ausspricht, sich wie ein großer Atem aushaucht. Die Philosophie der *Bhagavad Gītā* atmet von innen heraus und beschreibt in rhythmischen Versen das Bild der menschlichen Entwicklung.

XIX Die āsana-Praxis als Beispiel für das Opfer

Jener, der auf unkomplizierte, natürliche Weise die Körperübungen des Yoga praktiziert, betätigt sich in Handlungen, die für eine gewisse Zeit die aufmerksame Hinwendung und allgemein eine Aktivität einfordern. Er bringt ein erstes Opfer.

Nun kann sich der Übende die Frage stellen, ob diese Yogapraxis nur für die persönlichen Vorteile getätigt wird oder ob eine Zielorientierung über eine persönliche Grenze hinaus von Interesse wird. Eine *āsana* kann für die eigene Gesundheit manchmal sehr wertvolle Dienste leisten und das Motiv, die Lebenskräfte in persönlichem Umfang zu stärken, dürfte wohl keine zu eigenbezogene, selbstsüchtige Handlung sein. Welche Gedanken und Inhalte kann der Übende dennoch in die Praxis hineinführen, damit dieses persönliche Ziel der Gesundheits- und Lebenskräftestärkung eine Erweiterung findet?

Die Yogapraxis mit Körperübungen bietet eine ideale Möglichkeit zur Entwicklung steigender Opferleistungen, die versöhnlich auf die Weltensphäre und auf die zukünftige menschliche Entwicklung wirken. Der Übende sollte sich am besten mit der *āsana* und ihrer tieferen Bedeutung auseinandersetzen, er sollte sie im reiflichen Maße kennenlernen und in ästhetischen Formen zur Praxis führen, damit er nicht nur den gesundheitlichen Aspekt im Persönlichen erntet, sondern darüber hinaus Erkenntnisse über die Bewegungskunst entwickelt. In letzter Konsequenz wird die Opferleistung weitaus größer, wenn der Übende die *āsana* bis in die Bedeutungstiefe erlebt und sein Bewusstsein durch die Erfahrung der geistigen Gesetzmäßigkeiten erweitert.

Jene Gedanken, Gefühle und Erfahrungen, die der Praktizierende des Yoga in die Übungen hineinlegen lernt, erstrahlen im ganzen Kosmos und wirken, wenn sie weisheitsvoll und tiefgründig sind, befreiend. Es ist aber tatsächlich wahr, dass all jene Vorteile, die der Einzelne aus der Übung für sich selbst herausnimmt, noch keine große Ausstrahlung für eine Harmonie eines Gesamten in der Weltschöpfung darstellen. Eine *āsana* kann im besten Sinne eine Lebensenergie ausstrahlen, die nicht mehr beim persönlichen Vorteil stehen bleibt, sondern Schönheit, Weisheit und sogar Liebe für andere erweckt. Diese Art Opferleistung wäre eine Art *yajña-āsana*, eine Art Hingabe der *āsana* im Sinne eines größeren Ganzen. Sie mutet, wenn sie in diesem Sinne praktiziert wird, frei vom Körperlichen an und überwindet auf ganz natürliche Weise die begehrende Welt der motorischen und determinierten Sinne.

Die āsana als Opfergabe

kapotāsana, die Taube

Das Opfer in der *āsana*-Praxis kann sich im aufsteigenden Maße weiterentwickeln, sodass die Übung eine Liebestat für die gesamte Welt wird.

āsana heißt Stellung, Haltung oder Position

Die Bhagavad Gītā

Kapitel III – X

III Yoga des Handelns

A. Werke und Opfer

arjuna uvāca
jyāyasī cet karmaṇas te matā buddhir janārdana
tat kiṁ karmaṇi ghore māṁ niyojayasi keśava

1. *Arjuna* sprach:
Wenn Du die Einsicht für höher achtest als das Wirken, o *Janārdana*, warum beauftragst Du mich dann, o *Keśava*, mit einem schrecklichen Werk?

vyāmiśreṇe 'va vākyena buddhiṁ mohayasī 'va me
tad ekaṁ vada niścitya yena śreyo 'ham āpnuyām

2. Du verwirrst mir offenkundig meine Einsicht mit einer zweideutigen Rede. Nenne mir nun eindeutig das Eine, durch das ich meiner Seele Heil erlangen kann.

śrī bhagavān uvāca
loke 'smin dvividhā niṣṭhā purā proktā mayā 'nagha
jñānayogena sāṁkhyānāṁ karmayogena yoginām

3. Der Erhabene sprach:
Auf zweifachem Weg erstrebt in dieser Welt die Seele die Verwirklichung des Selbstes (wodurch sie in den Zustand *Brāhmans* eingeht), wie ich dir schon früher gesagt habe, o Sündloser: auf dem Weg der *Sāṅkhyas* durch den Yoga der Erkenntnis und auf dem Weg der Yogins durch den Yoga der Werke.

na karmaṇām anārambhān naiṣkarmyaṁ puruṣo 'śnute
na ca saṁnyasanād eva siddhiṁ samadhigacchati

4. Nicht dadurch, dass er die Werke unterlässt, erfreut sich der Mensch dessen, des Wirkens ledig zu sein. Noch erlangt er durch reines Dem-Wirken-

Entsagen seine Vollkommenheit (*siddhi*, das höchste Ziel seiner Selbstdisziplin durch Yoga).

na hi kaścit kṣaṇam api jātu tiṣṭhaty akarmakṛt
kāryate hy avaśaḥ karma sarvaḥ prakṛtijair guṇaiḥ

5. Denn niemand ist auch nur für einen Augenblick in Untätigkeit. Jeder ist so geschaffen, dass er Handlungen ausübt unter dem Zwang der Seins-Bestimmungen (*guṇas*), die aus *prakṛiti* geboren sind.

karmendriyāṇi saṁyamya ya āste manasā smaran
indriyārthān vimūḍhātmā mithyācāraḥ sa ucyate

6. Wer zwar die Werkzeuge des Handelns beherrscht, sich aber in seinem Bewusstsein weiter an die Gegenstände der Sinne erinnert und sich mit ihnen befasst, solch ein Mensch hat sich durch falsche Auffassungen von Selbstdisziplin selbst in Verwirrung gebracht.

yas tv indriyāṇi manasā niyamyā 'rabhate 'rjuna
karmendriyaiḥ karmayogam asaktaḥ sa viśiṣyate

7. Wer jedoch seine Sinne durch das Bewusstsein beherrscht, o *Arjuna*, und sich, ohne verhaftet zu sein, mit den Werkzeugen des Handelns im Yoga des Handelns betätigt, ragt hervor.

niyataṁ kuru karma tvaṁ karma jyāyo hy akarmaṇaḥ
śarīrayātrā 'pi ca te na prasiddhyed akarmaṇaḥ

8. Übe du dies beherrschte Handeln! Denn Handeln ist besser als Untätig-Sein. Selbst die Aufrechterhaltung des körperlichen Daseins kann nicht ohne Handeln bewerkstelligt werden.

yajñārthāt karmaṇo 'nyatra loko 'yaṁ karmabandhanaḥ
tad arthaṁ karma kaunteya mukta saṅgaḥ samācara

9. Wenn die Menschen dieser Welt ihre Werke anders vollziehen, denn als Opfer, bleiben sie in der Gebundenheit an die Werke. Als Opfer vollziehe dein Wirken, o Sohn der *Kuntī*! Und werde so frei von jeglicher Haftung!

sahayajñāḥ prajāḥ sṛṣṭvā puro 'vāca prajāpatiḥ
anena prasaviṣyadhvam eṣa vo 'stv iṣṭa kāma dhuk

10. Zusammen mit dem Opfer erschuf im Anfang der Herr der Geschöpfe die Kreaturen und sprach: Durch dieses (Opfer) sollt ihr selbst (Früchte oder Nachkommen) hervorbringen. Lasst das Opfer die Milchkuh euerer Begehren sein (die mythische Kuh *Indras, kāma dhuk,* die alle Wünsche erfüllt, der Übersetzer).

devān bhāvayatā 'nena te devā bhāvayantu vaḥ
parasparaṁ bhāvayantaḥ śreyaḥ param avāpsyatha

11. Erfreut durch dies Opfer die Götter, und lasst die Götter euch erfreuen! Indem ihr euch gegenseitig Gunst erweist, werdet ihr das höchste Heil erlangen.

iṣṭān bhogānhi vo devā dāsyante yajñabhāvitāḥ
tair dattān apradāyai 'bhyo yo bhuṅkte stena eva saḥ

12. Huldvoll gestimmt durch das Opfer, werden die Götter euch ersehnte Freuden gewähren. Wer die Freuden, die sie verleihen, genießt, ihnen jedoch nichts gegeben hat, ist ein Dieb.

yajñaśiṣṭāśinaḥ santo mucyante sarva kilbiṣaiḥ
bhuñjate te tv aghaṁ pāpā ye pacanty ātmakāraṇāt

13. Die Guten, die essen, was vom Opfer übrig bleibt, sind von aller Sünde befreit. Jene aber sind böse und sündigen mit Lust, welche (die Speise) um ihrer selbst willen zubereiten.

annād bhavanti bhūtāni parjanyād annasaṁbhavaḥ
yajñād bhavati parjanyo yajñaḥ karmasamudbhavaḥ

karma brahmodbhavaṁ viddhi brahmā 'kṣarasamudbhavam
tasmā tsarvagataṁ brahma nityaṁ yajñe pratiṣṭhitam

14. – 15. Aus der Speise beziehen die Geschöpfe ihr Sein. Aus dem Regen entsteht die Speise. Aus dem Opfer entsteht der Regen. Das Opfer ist aus dem Werk geboren. Wisse aber, dass alles Werk seinen Ursprung in *brahman* hat. *Brahman* wurde aus dem Unwandelbaren geboren. Darum ist das alles durchdringende *brahman* im Opfer gegründet.

evaṁ pravartitaṁ cakraṁ nā 'nuvartayatī 'ha yaḥ
aghāyur indriyārāmo moghaṁ pārtha sa jīvati

16. Wer hier nicht dem Rad folgt, das so in Bewegung gesetzt worden ist, dessen Wesen ist böse. Auf Sinnenlust bedacht, lebt er vergeblich, o *Pārtha.*

yas tv ātmaratir eva syād ātmatṛptaś ca mānavaḥ
ātmany eva ca saṁtuṣṭas tasya kāryaṁ na vidyate

17. Der Mensch aber, dessen Glück im Selbst ruht und der volles Genüge findet in der Freude am Selbst und in dem Selbst, der ist zufrieden. Für ihn besteht kein Zwang zum Handeln.

nai 'va tasya kṛtenā 'rtho nā 'kṛtene 'ha kaścana
na cā 'sya sarvabhūteṣu kaścid arthavyapāśrayaḥ

18. Er hat hier kein Ziel, das durch Handeln oder durch Unterlassen des Handelns erreicht werden muss. Unabhängig steht er allen Wesen gegenüber hinsichtlich aller Ziele, die erreicht werden sollen.

tasmād asaktaḥ satataṁ kāryaṁ karma samācara
asakto hy ācaran karma param āpnoti pūruṣaḥ

19. Darum tue immer das Werk, das getan werden muss (zum Wohl der Welt, *lokasaṁgraha,* wie nachher ausgeführt wird), ohne Verhaftung! Denn durch Handeln ohne Verhaftung gelangt der Mensch zum Höchsten.

karmaṇai 'va hi saṁsiddhim āsthitā janakādayaḥ
lokasaṁgraham evā 'pi saṁpaśyan kartum arhasi

20. Gerade durch ihr Wirken haben *Janaka* (ein weiser König in der *bṛihad āraṇyaka upaniṣad,* der Übersetzer) und die Übrigen Vollkommenheit erreicht. So sollst auch du deine Werke tun auch hinsichtlich des Zusammenhalts der Völker.

yad-yad ācarati śreṣṭhas tat-tad eve 'taro janaḥ
sa yat pramāṇaṁ kurute lokas tad anuvartate

21. Denn nach dem, was der Beste tut, richten die einfachen Menschen ihr Handeln. Der Norm, die er aufstellt, folgen die Völker.

na me pārthā 'sti kartavyaṁ triṣu lokeṣu kiṁcana
nā 'navāptam avāptavyaṁ varta eva ca karmaṇi

22. Für Mich, o *Pārtha*, gibt es kein Werk, das Ich in den drei Welten tun müsste. Es gibt nichts, das Ich nicht schon erreicht hätte oder das Ich erst noch gewinnen müsste. Und trotzdem bleibe wahrlich gerade Ich auf den Wegen des Wirkens (*varta eva cha karmaṇi*, – *eva* ›gerade ich‹ besagt hier: »Ich verharre im Wirken und verlasse es nicht wie der *saṁnyāsin*, der sich verpflichtet fühlt, das Wirken aufzugeben«).

yadi hy ahaṁ na varteyaṁ jātu karmaṇy atandritaḥ
mama vartmā 'nuvartante manuṣyāḥ pārtha sarvaśaḥ

utsīdeyur ime lokā na kuryāṁ karma ced aham
saṁkarasya ca kartā syām upahanyām imāḥ prajāḥ

23. – 24. Denn wenn Ich nicht, ohne an Schlaf zu denken, auf dem Weg des Wirkens bliebe, würden – da doch die Menschen Meinen Wegen folgen – diese Völker untergehen, wenn Ich nicht wirkte. Ich wäre die Ursache der Verwirrung und würde diese Geschöpfe vernichten.

saktāḥ karmaṇy avidvāṁso yathā kurvanti bhārata
kuryād vidvāṁs tathā 'saktaś cikīrṣur lokasaṁgraham

25. Wie jene Unwissenden den Werken verhaftet handeln, sollte der Wissende frei von Haftung handeln mit dem Beweggrund, die Völker zusammenzuhalten.

na buddhi bhedaṁ janayed ajñānāṁ karma saṅginām
joṣayet sarva karmāṇi vidvān yuktaḥ samācaran

26. Er sollte bei den Unwissenden, die noch ihrem Wirken verhaftet sind, keine Spaltung in ihrem Verständnis hervorrufen. Er sollte sie zu jeder Art von Handlungen heranziehen, indem er sie selbst vollzieht aus Erkenntnis und im Yoga.

B. Der Determinismus der Natur

prakṛteḥ kriyamāṇāni guṇaiḥ karmāṇi sarvaśaḥ
ahaṁkāra vimūḍhātmā kartā 'ham iti manyate

27. Zwar werden alle Handlungen ausschließlich von den Seins-Bestimmungen der Natur (den drei *guṇas*) vollzogen. Dennoch meint der Mensch, dessen Selbst durch seine Ichhaftigkeit verwirrt ist, sein Ich bewirke sie.

tattvavit tu mahābāho guṇakarma vibhāgayoḥ
guṇā guṇeṣu vartanta iti matvā na sajjate

28. Kennt aber einer, Starkarmiger, die wahren Prinzipien der Unterscheidung dieser Seins-Bestimmungen und der Handlungen, versteht er, dass es die Seins-Bestimmungen allein sind, die miteinander agieren und aufeinander reagieren und ist nicht in ihnen verfangen durch Verhaftung.

prakṛter guṇa saṁmūḍhāḥ sajjante guṇa karmasu
tān akṛtsnavido mandān kṛtsnavin na vicālayet

29. Doch soll, wer das Ganze erkennt, nicht die anderen, die durch die Seins-Bestimmungen verwirrt sind und das Ganze nicht erkennen, in ihrem mentalen Standpunkt verunsichern.

mayi sarvāṇi karmāṇi saṁnyasyā 'dhyātmacetasā
nirāśīr nirmamo bhūtvā yudhyasva vigatajvaraḥ

30. Gib dein Wirken an Mich hin, verankere dein Bewusstsein fest in deinem Selbst, frei von allem Verlangen und von Ichhaftigkeit, und kämpfe, befreit von Erregung deiner Seele!

ye me matam idaṁ nityam anutiṣṭhanti mānavāḥ
śraddhāvanto 'nasūyanto mucyante te 'pi karmabhiḥ

ye tv etad abhyasūyanto nā 'nutiṣṭhanti me matam
sarvajñāna vimūḍhāṁstān viddhi naṣṭān acetasaḥ

31. – 32. Die Menschen, die glauben und ihr Vertrauen nicht in den kritischen Verstand setzen, sondern beständig dieser Meiner Lehre folgen, werden von ihrem (Gebundensein an ihr) Wirken befreit. Jene aber, die Meiner Lehre widersprechen und nicht nach ihr handeln, erkenne als Menschen von unreifem Sinn und Verstand. Sie sind in ihrem Wissen verwirrt und dazu bestimmt, zugrunde zu gehen.

sadṛśaṁ ceṣṭate svasyāḥ prakṛter jñānavān api
prakṛtiṁ yānti bhūtāni nigrahaḥ kiṁ kariṣyati

33. Alle Wesen folgen dem Gesetz ihrer Natur. Welchen Nutzen sollte es haben, dass man Zwang auf sie ausübt? Auch der Mensch, der Erkenntnis besitzt, handelt im Einklang mit seiner Natur.

indriyasye 'ndriyasyā 'rthe rāgadveṣau vyavasthitau
tayor na vaśam āgacchet tau hy asya paripanthinau

34. Zuneigung und Abneigung liegen im Gegenstand dieses oder jenes Sinnes auf der Lauer. Gerate nicht in deren Gewalt, denn sie sind die heimtückischsten Feinde der Seele auf ihrem Weg!

śreyān svadharmo viguṇaḥ paradharmāt svanuṣṭhitāt
svadharme nidhanaṁ śreyaḥ paradharmo bhayāvahaḥ

35. Besser ist, das eigene Gesetz des Wirkens, *svadharma*, zu erfüllen, auch wenn es an sich noch fehlerhaft ist, als das Gesetz eines anderen, selbst wenn es vollkommener ist. Den Tod im Gehorsam gegen das eigene Wesensgesetz zu erleiden, ist vorzuziehen. Gefährlich ist es, einem fremden Wesensgesetz zu folgen.

arjuna uvāca
atha kena prayukto 'yaṁ pāpaṁ carati pūruṣaḥ
anicchannapi vārṣṇeya balād iva niyojitaḥ

36. *Arjuna* sprach:
Was ist aber (wenn es nicht falsch ist, dass wir unserer eigenen Natur folgen) diese Macht in uns, die einen Menschen gleichsam mit Gewalt in die Sünde treibt, auch wenn er mit seinem ganzen Willen dagegen ankämpft, o *Vārṣṇeya*?

śrī bhagavān uvāca
kāma eṣa krodha eṣa rajoguṇa samudbhavaḥ
mahāśano mahāpāpmā viddhy enam iha vairiṇam

37. Der Erhabene sprach:
Es ist das Begehren und dessen Gefährte, der Zorn. Sie sind die Kinder von *rajas* (*guṇas*), alles verschlingend und alles beschmutzend. Erkenne, dass das Begehren der große Feind der Seele ist (der erschlagen werden muss).

dhūmenā 'vriyate vahnir yathā 'darśo malena ca
yatho 'lbenā 'vṛto garbhas tathā tene 'dam āvṛtam

38. So wie das Feuer umhüllt ist von Rauch, wie der Spiegel bedeckt ist von Staub, wie das Embryo im Mutterleib umhüllt ist von der Eihaut, so ist die Erkenntnis eingehüllt durch das Begehren.

āvṛtaṁ jñānam etena jñānino nityavairiṇā
kāmarūpeṇa kaunteya duṣpūreṇā 'nalena ca

39. Umschlossen ist das Erkennen, o *Kaunteya*, von diesem ewigen Feind der Erkenntnis. In Gestalt des Begehrens ist er ein unersättliches Feuer.

indriyāṇi mano buddhir asyā 'dhiṣṭhānam ucyate
etair vimohayaty eṣa jñānam āvṛtya dehinam

40. Sinne, Gemüt und Verstand sind der Ort des Begehrens. Indem es durch sie die Erkenntnis einhüllt, verwirrt es die verkörperte Seele.

tasmāt tvam indriyāṇy ādau niyamya bharata ṛṣabha
pāpmānaṁ prajahi hy enaṁ jñānavijñāna nāśanam

41. Darum sollst du, o Bester der *Bharatas*, die Sinne zuerst dadurch beherrschen, dass du dies sündhafte Wesen, das die Erkenntnis zerstört, erschlägst (um in der stillen, klaren und leuchtenden Wahrheit des Geistes zu leben).

indriyāṇi parāṇy āhur indriyebhyaḥ paraṁ manaḥ
manasas tu parā buddhir yo buddheḥ paratas tu saḥ

42. Erhaben (über ihre Gegenstände), sagt man, sind die Sinne. Erhaben über die Sinne ist der Verstand. Erhaben über den Verstand ist der vernunftbegabte Wille. Was aber über den vernunftbegabten Willen erhaben ist, ist Er (*puruṣa*).

evaṁ buddheḥ paraṁ buddhvā saṁstabhyā 'tmānam ātmanā
jahi śatruṁ mahābāho kāmarūpaṁ durāsadam

43. Indem du zu dem Höchsten erwachst durch jenes Verstehen, das noch über dem urteilenden Verstand steht, und Macht ausübst auf das Ich durch das Selbst, um es fest und still zu machen, erschlage, o Starkarmiger, diesen Feind in Gestalt des Begehrens, den man so schwer zu fassen bekommt.

IV Yoga der göttlichen Erkenntnis

A. Der Avatar – Möglichkeit und Zweck

śrī bhagavān uvāca
imaṁ vivasvate yogaṁ proktavān aham avyayam
vivasvān manave prāha manur ikṣvākave 'bravīt

1. Der Erhabene sprach:
Diesen unvergänglichen Yoga teilte Ich dem *Vivasvan* (Sonnengott) mit. *Vivasvan* gab ihn an *Manu* (den Vater der Menschen) weiter, *Manu* an *Ikṣvāku* (das Haupt der Sonnen-Dynastie).

evaṁ paraṁ parāprāptam imaṁ rājarṣayo viduḥ
sa kālene 'ha mahatā yogo naṣṭaḥ paraṁtapa

2. Und so kam er von einem königlichen Weisen zum anderen hinab, bis er im Laufe der Zeit verloren ging, o *Paraṁtapa*.

sa evā yaṁ mayā te 'dya yogaḥ proktaḥ purātanaḥ
bhakto 'si me sakhā ce 'ti rahasyaṁ hy etad uttamam

3. Dieser selbe uralte und ursprüngliche Yoga wird dir heute von Mir kundgetan; denn du bist Mein ergebener Schüler und Freund. Dieser Yoga ist das höchste Geheimnis.

arjuna uvāca
aparaṁ bhavato janma paraṁ janma vivasvataḥ
katham etad vijānī yāṁ tvam ādau proktavān iti

4. *Arjuna* sprach:
Der Sonnengott war einer der zuerst Geborenen unter den Geschöpfen (er war der Ahne der Sonnendynastie), und Du bist erst jetzt in die Welt geboren worden. Wie soll ich es verstehen, dass Du ihm diesen Yoga im Anfang verkündet hast?

śrī bhagavān uvāca
bahūni me vyatītāni janmāni tava cā 'rjuna
tāny ahaṁ veda sarvāṇi na tvaṁ vettha paraṁtapa

5. Der Erhabene sprach:
Zahlreiche Leben habe Ich in der Vergangenheit gelebt, und auch du *Arjuna.* Ich kenne die Meinigen alle, aber du kennst sie nicht mehr, o Geißel der Feinde.

ajo 'pi sann avyayātmā bhūtānām īśvaro 'pi san
prakṛtiṁ svām adhiṣṭhāya saṁbhavāmy ātmamāyayā

6. Denn obwohl Ich der Ungeborene bin, obwohl Ich in meinem Selbstesein unvergänglich bin, obwohl Ich der Herr alles Seienden bin, stelle Ich Mich doch auf Meine eigene Natur und trete durch Meine Selbst-*māya* in die Geburt ein.

yadā-yadā hi dharmasya glānir bhavati bhārata
abhyutthānam adharmasya tadā 'tmānaṁ sṛjāmy aham

7. Wenn immer auf Erden das *dharma* zerfällt und die Rechtlosigkeit überhand nimmt, trete Ich durch eine Geburt aus Meinem Sein hervor.

paritrāṇāya sādhūnāṁ vināśāya ca duṣkṛtām
dharma saṁsthāpanārthāya saṁbhavāmi yuge-yuge

8. Um die Guten zu erlösen, die Übeltäter zu vernichten und das Recht auf seinen Thron zu erheben, werde Ich geboren von Zeit zu Zeit.

janma karma ca me divyam evaṁ yo vetti tattvataḥ
tyaktvā dehaṁ punarjanma nai 'ti mām eti so 'rjuna

9. Wer so Meine göttliche Geburt und Mein göttliches Werk in ihren wahren Grundlagen erkennt, wird nicht wiedergeboren, wenn er seinen Körper aufgibt. Er gelangt zu Mir, o *Arjuna.*

vīta rāga bhaya krodhā manmayā mām upāśritāḥ
bahavo jñāna tapsasā pūtā mad bhāvam āgatāḥ

10. Befreit von Neigung, Furcht und Zorn, erfüllt von Mir, haben viele, die ihre Zuflucht in Mir gefunden und sich durch die Askese der Erkenntnis geläutert haben, Meine Seins-Natur erlangt (*mad bhāva*, das göttliche Wesen des *puruṣottama*).

ye yathā māṁ prapadyante tāṁs tathai 'va bhajāmy aham
mama vartmā 'nuvartante manuṣyāḥ pārtha sarvaśaḥ

11. So wie sich Mir die Menschen nahen, nehme Ich sie in Meine Liebe auf *bhajāmi*. Auf jeglichem Weg folgen die Menschen Meinem Pfad, o *Pārtha*.

kāṅkṣantaḥ karmaṇāṁ siddhiṁ yajanta iha devatāḥ
kṣipraṁ hi mānuṣe loke siddhir bhavati karmajā

12. Diejenigen, die Belohnung für ihre Werke auf Erden begehren, opfern den Göttern (den verschiedenen Gestalten und Personifikationen der einen Gottheit). Denn rasch und leicht erzielt man in der Menschen-Welt Erfolg, der aus den Werken (den Werken ohne Erkenntnis) entsteht.

cāturvarṇyaṁ mayā sṛṣṭaṁ guṇakarma vibhāgaśaḥ
tasya kartāram api māṁ viddhy akartāram avyayam

13. Die vielfältige Ordnung wurde von Mir erschaffen gemäß der Einteilung der Seins-Bestimmungen (*guṇas*) und der Betätigung. Erkenne Mich als den, der dies bewirkt (das vierfache Gesetz der menschlichen Betätigungen), der Ich dennoch der ewig Nicht-Handelnde bin.

na māṁ karmāṇi limpanti na me karmaphale spṛhā
iti māṁ yo 'bhijānāti karmabhir na sa badhyate

14. Das Wirken bleibt an Mir nicht haften, noch begehre Ich die Früchte des Handelns. Wer Mich so erkennt, ist nicht durch sein Wirken gebunden.

evaṁ jñātvā kṛtaṁ karma pūrvair api mumukṣubhiḥ
kuru karmai 'va tasmāt tvaṁ pūrvaiḥ pūrvataraṁ kṛtam

15. In solcher Erkenntnis wurde einst von den Ahnen, die Erlösung suchten, das Werk verrichtet. Handele deshalb auch du nach jener älteren Art der Ahnen.

B. Der göttliche Wirkende

kiṁ karma kim akarme 'ti kavayo 'py atra mohitāḥ
tat te karma pravakṣyāmi yaj jñātvā mokṣyase 'śubhāt

16. Was Handeln und was Nicht-Handeln ist, darüber befinden sich selbst die Weisen in Verwirrung und Selbsttäuschung. Ich will dir das Handeln erklären. Wenn du dieses verstehst, wirst du von allen Übeln des Daseins befreit sein.

karmaṇo hy api boddhavyaṁ boddhavyaṁ ca vikarmaṇaḥ
akarmaṇaś ca boddhavyaṁ gahanā karmaṇo gatiḥ

17. Man muss das rechte Verständnis haben vom Handeln, vom falschen Handeln und vom Nicht-Handeln. In Dickicht und Gewirr verläuft der Weg des Wirkens.

karmaṇy akarma yaḥ paśyedakarmaṇi ca karma yaḥ
sa buddhimān manuṣyeṣu sa yuktaḥ kṛtsnakarmakṛt

18. Wer im Handeln das Nicht-Handeln wahrnehmen kann und erkennt, wie das Wirken sich fortsetzt, wenn er vom Wirken zurücktritt, ist unter den Menschen derjenige von wahrer Vernunft und Unterscheidungskraft. Er befindet sich im Yoga und wirkt in vielseitiger und allumfassender Art (für das Gute der Welt und für Gott in der Welt).

yasya sarve samārambhāḥ kāmasaṅkalpavarjitāḥ
jñānāgnidagdhakarmāṇaṁ tam āhuḥ paṇḍitaṁ budhāḥ

19. Denjenigen, dessen Unterfangen und Unternehmungen sämtlichst frei sind vom Willen und Verlangen und dessen Werke durch das Feuer der Erkenntnis verbrannt worden sind, haben die Erleuchteten einen Weisen genannt.

tyaktvā karmaphalāsaṅgaṁ nityatṛpto nirāśrayaḥ
karmaṇy abhipravṛtto 'pi nai 'va kiṁcit karoti saḥ

20. Wer alles Verhaftetsein an die Früchte seines Wirkens aufgegeben hat, immer zufrieden und unabhängig ist, tut nichts, obwohl er (durch sein Wesen) sich in Tätigkeit verstrickt.

nirāśīr yatacittātmā tyakta sarva parigrahaḥ
śārīraṁ kevalaṁ karma kurvan nā 'pnoti kilbiṣam

21. Er hegt keine persönlichen Erwartungen, reißt nicht die Dinge an sich als persönlichen Besitz, beherrscht vollkommen Herz und Ich. Indem er sein Handeln allein mit dem Körper vollzieht, begeht er keine Sünde.

yadṛcchā lābha saṁtuṣṭo dvandvātīto vimatsaraḥ
samaḥ siddhāv asiddhau ca kṛtvā 'pi na nibadhyate

22. Wer zufrieden ist mit allem, was ihm als Gewinn zufällt, wer über die Gegensätze hinausgewachsen ist, wer niemand beneidet, wer gleichmütig bleibt in Misserfolg und Erfolg, – der ist nicht gebunden, selbst wenn er handelt.

gatasaṅgasya muktasya jñānāvasthitacetasaḥ
yajñāyā 'carataḥ karma samagraṁ pravilīyate

23. Wenn ein Mensch, der befreit ist, frei von Verhaftung, mit Gemüt, Herz und Geist fest gegründet in der Erkenntnis des Selbstes, seine Werke als Opfer vollbringt, löst sich all sein Wirken auf (hinterlässt er kein *karma*, der Übersetzer).

C. Die Bedeutung des Opfers

brahmā 'rpaṇaṁ brahma havir brahmāgnau brahmaṇā hutam
brahmai 'va tena gantavyaṁ brahmakarma samādhinā

24. *Brahman* ist die Darbringung; *brahman* ist das Opfer der Speise; durch *brahman* wird es an das *brahman*-Feuer hingegeben; *brahman* ist Jenes, das durch *samādhi* im *brahman*-Handeln erlangt werden soll.

daivam evā 'pare yajñaṁ yoginaḥ paryupāsate
brahmāgnāv apare yajñaṁ yajñenai 'vo 'pajuhvati

25. Manche Yogins befolgen das Opfer, das für die Götter bestimmt ist. Andere bringen das Opfer dar durch das Opfer selbst ins *brahman*-Feuer.

śrotrādīnī 'ndriyāṇy anye saṁyamāgniṣu juhvati
śabdādīn viṣayān anya indriyāgniṣu juhvati

26. Einige opfern das Gehör und die anderen Sinne in den Feuern der Beherrschung. Andere verzichten auf den Laut und die anderen Gegenstände der Sinne und nähren damit die Opferflammen der Sinne.

sarvāṇī 'ndriyakarmāṇi prāṇakarmāṇi cā 'pare
ātmasaṁyama yogāgnau juhvati jñānadīpite

27. Und wieder andere opfern alle Betätigungen der Sinne und alles Handeln der Vitalkraft im Feuer des Yoga der Selbstbeherrschung, das durch Erkenntnis entzündet wird.

dravyayajñās tapoyajñā yogayajñās tathā 'pare
svādhyāya jñānayajñāś ca yatayaḥ saṁśita vratāḥ

28. Von mancherlei Art ist das Opfer dessen, der nach Vollkommenheit trachtet: Es mag materiell und körperlich sein (*dravyayajña*, wie jenes, das im Gottesdienst von dem Frommen seiner Gottheit dargebracht wird). Es mag die strenge Askese seiner Selbstbemeisterung und die Seelenkraft sein, womit er ein erhabenes Ziel zu erreichen strebt, *tapo-yajña*. Es mag eine Yoga-Methode sein (wie das *prāṇāyma* der *Raja*-Yogins und der *Hatha*-Yogins oder irgendein anderes Yoga-*yajña*). Oder es ist die Darbringung des Lesens und Erkennens.

apāne juhvati prāṇaṁ prāṇe 'pānaṁ tathā 'pare
prāṇāpānagatī ruddhvā prāṇāyāmaparāyaṇāḥ

29. Andere wiederum, die sich der Atemkontrolle widmen, gießen, nachdem sie *prāṇa* (den einströmenden Atem) und *apāna* (den ausströmenden Atem) innegehalten haben, *prāṇa* als Opfer in *apāna* und *apāna* in *prāṇa*.

apare niyatāhārāḥ prāṇān prāṇeṣu juhvati
sarve 'py ete yajñavido yajñakṣapita kalmaṣāḥ

30. Andere schränken die Nahrungsaufnahme ein und gießen als Opfer die Vitalkraft ihres Lebens-Atems in den (allumfassenden) Lebensatem. Sie alle sind Wissende des Opfers und haben durch das Opfer ihre Sünde zunichte gemacht.

yajñaśiṣṭāmṛta bhujo yānti brahma sanātanam
nā 'yaṁ loko 'sty ayajñasya kuto 'nyaḥ kurusattama

31. Wer den Nektar der Unsterblichkeit genießt, den Nachgeschmack des Opfers, gelangt zum ewigen *brahman*. Wer kein Opfer darbringt, hat kein Anrecht auf diese Welt. Wie sollte er andere Welten gewinnen?

evaṁ bahuvidhā yajñā vitatā brahmaṇo mukhe
karmajān viddhi tān sarvān evaṁ jñātvā vimokṣyase

32. Darum werden alle diese und noch viele andere Arten von Opfern im Mund des *brahman* dargebracht (im Schlund jenes Feuers, das alle Opfergaben empfängt). Nun musst du aber verstehen, dass all diese aus dem Wirken entstehen. Indem du dies verstehst, wirst du (von der Fessel durch dein *karma*, der Übersetzer) frei.

śreyān dravyamayād yajñāj jñānayajñaḥ paraṁtapa
sarvaṁ karmā 'khilaṁ pārtha jñāne parisamāpyate

33. Das Opfer der Erkenntnis, o *Paraṁtapa*, ist von höherem Wert als jegliches materielle Opfer. Denn es ist die Erkenntnis, worin alles Handeln seinen Höhepunkt erreicht (nicht irgendein niederes Wissen, sondern das höchste Wissen vom Selbst und das Wissen von Gott), o *Pārtha*.

tad viddhi praṇipātena paripraśnena sevayā
upadekṣyanti te jñānaṁ jñāninas tattva darśinaḥ

34. Lerne diese Erkenntnis durch Ehrerbietung zu Füßen des Lehrers, durch Fragen und Dienen. Die Weisen, die die wahren Prinzipien der Dinge erkannt haben, werden dich in Erkenntnis unterweisen (nicht jene, die nur durch den Verstand erkennen).

yaj jñātvā na punar moham evaṁ yāsyasi pāṇḍava
yena bhūtāny aśeṣāṇi drakṣyasy ātmany atho mayi

35. Wenn du jenes Wissen erworben hast, o *Pāṇḍava*, sollst du nicht wieder in die Unwissenheit des Verstandes zurückfallen. Denn dank dieser Erkenntnis wirst du alle Wesen, ohne Ausnahme, im Selbst erkennen und dann in Mir.

api ced asi pāpebhyaḥ sarvebhyaḥ pāpakṛttamaḥ
sarvaṁ jñānaplavenai 'va vṛjinaṁ saṁtariṣyasi

36. Sollst du doch im Boot der Erkenntnis über alle Verworfenheit des Übels hinweggetragen werden.

yathai 'dhāṁsi samiddho 'gnir bhasmasāt kurute 'rjuna
jñānāgniḥ sarva karmāṇi bhasmasāt kurute tathā

37. So wie ein loderndes Feuer seinen Brennstoff in Asche verwandelt, o *Arjuna*, verwandelt auch das Feuer der Erkenntnis alle Werke in Asche.

na hi jñānena sadṛśaṁ pavitram iha vidyate
tat svayaṁ yogasaṁsiddhaḥ kālenā 'tmani vindati

38. Nichts in der Welt ist an Reinheit der Erkenntnis gleich. Der Mensch, der im Yoga zur Vollkommenheit gelangt ist, findet sie im Verlauf der Zeit von selbst im Selbst.

śraddhāvāṁl labhate jñānaṁ tatparaḥ saṁyatendriyaḥ
jñānaṁ labdhvā parāṁ śāntim acireṇā 'dhigacchati

39. Wer Glauben hat, wer Verstand und Sinne bezwungen und unter Kontrolle gebracht hat, wer sein ganzes bewusstes Wesen fest in der erhabenen Wirklichkeit gegründet hat, der erlangt Erkenntnis. Und hat er Erkenntnis erlangt, geht er rasch in den erhabenen Frieden ein.

ajñaś cā 'śraddadhānaś ca saṁśayātmā vinaśyati
nā 'yaṁ loko 'sti na paro na sukhaṁ saṁśayātmanaḥ

40. Der Unwissende, der keinen Glauben hat, die von Zweifeln zerrissene Seele, geht zugrunde. Weder diese Welt hier, noch jene höchste Welt, noch irgendein Glück ist der Seele bereitet, die erfüllt ist von Zweifeln.

yogasaṁnyastakarmāṇaṁ jñānasaṁchinnasaṁśayam
ātmavantaṁ na karmāṇi nibadhnanti dhanaṁjaya

41. Wer aber alles Zweifeln durch Erkenntnis zerstört und durch Yoga alle Werke aufgegeben hat und im Besitz des Selbstes ist, der, o *Dhanaṁjaya*, ist nicht durch seine Werke gebunden.

tasmād ajñānasaṁbhūtaṁ hṛtsthaṁ jñānāsinā 'tmanaḥ
chittvai 'naṁ saṁśayaṁ yogam ātiṣṭho 'ttiṣṭha bhārata

42. Darum zerschlage mit dem Schwerte der Erkenntnis diesen Zweifel, der sich aus Unwissenheit erhoben und in deinem Herzen festgesetzt hat, und nimm Zuflucht zum Yoga! Erhebe dich, o *Bhārata*!

V Yoga der Werkentsagung

Entsagung und Yoga der Werke

arjuna uvāca
saṁnyāsaṁ karmaṇāṁ kṛṣṇa punaryogaṁ ca śaṁsasi
yac chreya etayor ekaṁ tan me brūhi suniścitam

1. *Arjuna* sprach:
Du lehrst mich den Verzicht auf das Wirken (*saṁnyāsa*), o *Kṛiṣṇa*, und andererseits lehrst Du mich den Yoga (des Wirkens). Welches von beiden ist der bessere Weg? Sage es mir mit klarer Bestimmtheit.

śrī bhagavān uvāca
saṁnyāsaḥ karmayogaś ca niḥśreyasakarāv ubhau
tayos tu karmasaṁnyāsāt karmayogo viśiṣyate

2. Der Erhabene sprach:
Beide Wege führen zur Erlösung der Seele: die Entsagung wie auch der Yoga des Wirkens. Jedoch steht von beiden der Yoga des Wirkens auf einer höheren Stufe als der Verzicht auf das Wirken.

jñeyaḥ sa nityasaṁnyāsī yo na dveṣṭi na kāṅkṣati
nirdvandvo hi mahābāho sukhaṁ bandhāt pramucyate

3. Als ein *Saṁnyāsin* sollte stets gelten, wer (selbst wenn er Handlungen vollzieht) weder von Abneigung noch von Verlangen bestimmt wird. Über den Gegensätzen stehend, wird er auch leicht und glücklich aus der Gebundenheit befreit.

sāṁkhyayogau pṛthag bālāḥ pravadanti na paṇḍitāḥ
ekam apy āsthitaḥ samyag ubhayor vindate phalam

4. Unwissende sprechen von *Sāṅkhya* und Yoga als voneinander getrennten Wegen, nicht aber die Weisen. Wenn sich ein Mensch dem einen Weg vollständig widmet, empfängt er auch die Früchte beider.

yat sāṅkhyaiḥ prāpyate sthānaṁ tad yogairapi gamyate
ekaṁ sāṅkhyaṁ ca yogaṁ ca yaḥ paśyati sa paśyati

5. Den Zustand, der durch *Sāṅkhya* erreicht wird, erlangen auch jene, die den Yoga praktizieren. Wer *Sāṅkhya* und Yoga als eines betrachtet, erkennt wirklich.

saṁnyāsas tu mahābāho duḥkham āptum ayogataḥ
yogayukto munir brahma nacireṇā 'dhigacchati

6. Aber Entsagung, o Starkarmiger, ist ohne Yoga schwer zu erlangen. Der Weise aber, der im Yoga gegründet ist, gelangt bald zum *brahman*.

yogayukto viśuddhātmā vijitātmā jitendriyaḥ
sarvabhūtātma bhūtātmā kurvann api na lipyate

7. Wer im Yoga gegründet ist, die reine Seele, Meister seines Selbstes, wer die Sinne bezwungen hat, wessen Selbst zum Selbst aller Wesen wird (aller Dinge, die geworden sind), – der ist nicht in sein Wirken verstrickt, auch wenn er handelt.

nai 'va kiṁcit karomī 'ti yukto manyeta tattvavit
paśyañ śṛṇvan spṛśañ jighrann aśnan gacchan svapan śvasan

pralapan visṛjan gṛhṇann unmiṣan nimiṣann api
indriyāṇī 'ndriyārtheṣu vartanta iti dhārayan

8. – 9. Der Mensch, der um die Prinzipien der Dinge weiß und der mit seinem mentalen Wesen (durch das nicht-handelnde überpersönliche Selbst) im Yoga verankert ist, denkt: »Ich tue nichts.« Wenn er sieht, hört, schmeckt, riecht, isst, sich bewegt, schläft, atmet, redet, Nahrung einnimmt und ausscheidet, seine Augen öffnet oder schließt, hält er daran fest: »Es sind allein die Sinne, die auf die Gegenstände der Sinne einwirken.«

brahmaṇy ādhāya karmāṇi saṅgaṁ tyaktvā karoti yaḥ
lipyate na sa pāpena padma patram ivā 'mbhasā

10. Wer Verhaftung an die Gegenstände der Sinne aufgegeben hat und handelt, indem er sein Wirken in *brahman* ruhen (oder gegründet) sein lässt, an den heftet sich die Sünde so wenig, wie das Wasser am Lotosblatt haften bleibt.

kāyena manasā buddhyā kevalair indriyair api
yoginaḥ karma kurvanti saṅgaṁ tyaktvā 'tmaśuddhaye

11. Darum vollziehen die Yogins ihre Handlungen mit dem Körper, mit den mentalen Kräften, mit dem Verstand oder eben bloß mit den Werkzeugen des Handelns zur Läuterung ihres Selbstes und geben alle Verhaftung auf.

yuktaḥ karmaphalaṁ tyaktvā śāntim āpnoti naiṣṭhikīm
ayuktaḥ kāmakāreṇa phale sakto nibadhyate

12. Wenn die Seele ihre Bindung an die Früchte ihres Wirkens aufgibt, erlangt sie in ihrem Einssein mit *brahman* den Frieden, entzückt in *brahman* gegründet. Die Seele ohne dies Einssein ist dem Lohn verhaftet und wird gefesselt durch ihr Handeln aus Verlangen.

sarvakarmāṇi manasā saṁnyasyā 'ste sukhaṁ vaśī
navadvāre pure dehī nai 'va kurvan na kārayan

13. Die verkörperte Seele, die vollkommene Herrschaft über ihre Natur erlangt hat und von all ihren Betätigungen mental (innerlich, nicht äußerlich) zurückgetreten ist, sitzt heiter gelassen in ihrer neuntorigen Stadt. Sie handelt nicht und verursacht kein Handeln.

na kartṛtvaṁ na karmāṇi lokasya sṛjati prabhuḥ
na karmaphala saṁyogaṁ svabhāvas tu pravartate

14. Der Herr erschafft nicht die Werke in der Welt und nicht den Zustand des Wirkenden und auch nicht das Verknüpft-Sein der Werke mit ihrer Frucht. Die Natur arbeitet diese Dinge aus.

nā 'datte kasyacit pāpaṁ na cai 'va sukṛtaṁ vibhuḥ
ajñānenā 'vṛtaṁ jñānaṁ tena muhyanti jantavaḥ

15. Der Überpersönliche, der das All durchwaltet, nimmt von niemandem Sünde oder Tugend an. Unser Wissen ist verhüllt durch Unwissenheit. Dadurch werden die Geschöpfe in die Irre geführt.

jñānena tu tadajñānaṁ yeṣāṁ nāśitam ātmanaḥ
teṣām ādityavaj jñānaṁ prakāśayati tat param

16. Wahrlich, wenn sie die Unwissenheit zerstört haben durch Selbst-Erkenntnis, lässt diese Erkenntnis (in ihrem Innern) das erhabene Selbst gleich einer Sonne erstrahlen.

tadbuddhayas tadātmānas tanniṣṭhās tatparāyaṇāḥ
gacchanty apunarāvṛttiṁ jñānanir dhūtakalmaṣāḥ

17. Wenn sie ihren unterscheidenden Verstand Jenem zuwenden, wenn sie ihr ganzes bewusstes Sein auf Jenen einstellen, wenn sie Jenen zum Ziel und einzigen Gegenstand ihrer Verehrung machen, gelangen sie dorthin, von wo es keine Rückkehr mehr gibt. Und ihre Sünden sind bereinigt durch die Wasser der Erkenntnis.

vidyāvinayasaṁpanne brāhmaṇe gavi hastini
śuni cai 'va śvapāke ca paṇḍitāḥ samadarśinaḥ

18. Die Weisen betrachten mit gleichem Auge den gelehrten und kultivierten *Brāhmaṇen*, die Kuh, den Elefanten, den Hund und den Kastenlosen.

ihai 'va tair jitaḥ sargo yeṣāṁ sāmye sthitaṁ manaḥ
nirdoṣaṁ hi samaṁ brahma tasmād brahmaṇi te sthitāḥ

19. Die Schöpfung haben schon hier auf Erden jene überwunden, deren Verstand in Gleichmut gegründet ist. Der gleichmütige *brahman* ist ohne Fehl, deshalb leben sie in *brahman*.

na prahṛṣyet priyaṁ prāpya no 'dvijet prāpya cā 'priyam
sthirabuddhir asaṁmūḍho brahmavid brahmaṇi sthitaḥ

20. Mit beständiger, ungetrübter Einsicht äußert derjenige, der *brahman* erkennt und darin lebt, keinen Jubel, wenn ihn Erfreuliches, und keinen Kummer, wenn ihn Unerfreuliches trifft.

bāhyasparśeṣv asaktātmā vindaty ātmani yat sukham
sa brahmayoga yuktātmā sukham akṣayam aśnute

21. Wenn die Seele nicht mehr an die Einwirkungen der äußeren Dinge gebunden ist, dann findet einer das Glück, das im Selbst wohnt. Ein solcher erfreut sich eines unvergänglichen Glücks, denn sein Selbst ist im Yoga, *yukta*, durch Yoga mit *brahman* geeint.

ye hi saṁsparśajā bhogā duḥkhayonaya eva te
ady anta vantaḥ kaunteya na teṣu ramate budhaḥ

22. Die Daseinsfreuden, die aus Berührung mit den Dingen kommen, sind Ursachen des Leids. Sie haben einen Anfang und ein Ende. Darum sucht der Weise, der Mensch von erwachtem Verstand, *budhaḥ*, seine Freude nicht in ihnen.

śaknotī 'hai va yaḥ soḍhuṁ prāk śarīravimokṣaṇāt
kāmakrodhodbhavaṁ vegaṁ sa yuktaḥ sa sukhī naraḥ

23. Wer hier, in seinem Körper, den heftigen Ansturm von Zorn und Verlangen ertragen kann, ist der Yogin, der glückliche Mensch.

yo 'ntaḥsukho 'ntarārāmas tathā 'ntarjyotir eva yaḥ
sa yogī brahmanirvāṇaṁ brahmabhūto 'dhigacchati

24. Der Yogin, der die innere Glückseligkeit besitzt, die innere Gelassenheit und Ruhe und das innere Licht, der wird zum *brahman*. Er erlangt das völlige Erlöschen seiner selbst in *brahman, brahmanirvāṇaṁ*.

labhante brahmanirvāṇam ṛṣayaḥ kṣīṇakalmaṣāḥ
chinnadvaidhā yatātmānaḥ sarvabhūtahite ratāḥ

25. Das *nirvāṇa* in *brahman* gewinnen die Weisen, in denen der Makel der Sünde ausgelöscht und der Knoten des Zweifels zerschnitten ist. Sie sind die Meister ihres Selbstes und erstreben mit ihrem Wirken das Wohl aller Geschöpfe.

kāma krodha viyuktānāṁ yatīnāṁ yatacetasām
abhito brahmanirvāṇaṁ vartate viditātmanām

26. Für *yatis* (die durch Yoga und Enthaltsamkeit Selbstbemeisterung üben), die befreit sind von Verlangen und Zorn und Selbst-Beherrschung erlangt haben, für sie existiert das *nirvāṇa* in *brahman* überall um sie herum: es umgibt sie von allen Seiten. Sie leben bereits in ihm, denn sie besitzen die Erkenntnis des Selbstes.

sparśān kṛtvā bahir bāhyāṁś cakṣuś cai 'vā 'ntare bhruvoḥ
prāṇāpānau samau kṛtvā nāsābhyantaracāriṇau

yatendriya manobuddhir munir mokṣa parāyaṇaḥ
vigatecchā bhaya krodho yaḥ sadā mukta eva saḥ

27. – 28. Der Weise, der alles einsetzt für seine Befreiung, der alle Einwirkungen der Außenwelt von sich weist, der seine Schau auf den Punkt zwischen den Augenbrauen konzentriert und *prāṇa* (Einatmung) und *apāna* (Ausatmung) gleichmäßig durch die Nase gehen lässt, der seine Sinne, seinen Verstand und seine Vernunft unter Kontrolle hat, aus dem Begehren, Zorn und Furcht gewichen sind, – der ist für immer frei.

bhoktāraṁ yajñatapasāṁ sarvaloka maheśvaram
suhṛdaṁ sarvabhūtānāṁ jñātvā māṁ śāntim ṛcchati

29. Wenn ein Mensch Mich erkannt hat als den, der Opfer und *tapasya* (alle Askese und Schaffenskraft) mit Freude annimmt, als den mächtigen Gebieter aller Welten und als den Freund aller Wesen, erlangt er den Frieden.

VI Yoga der Besinnung

Nirvāṇa und Handeln in der Welt

śrī bhagavān uvāca
anāśritaḥ karma phalaṁ kāryaṁ karma karoti yaḥ
sa saṁnyāsī ca yogī ca na niragnir na cā 'kriyaḥ

.1 Der Erhabene sprach:
Wer das Werk tut, das vollbracht werden muss, ohne Hinsicht auf dessen Frucht, ist der *Saṁnyāsin* und der Yogin; nicht jener, der keine Opferfeuer entzündet und keine Werke verrichtet.

yaṁ saṁnyāsam iti prāhur yogaṁ taṁ viddhi pāṇḍava
na hy asaṁnyastasaṅkalpo yogī bhavati kaścana

2. Was man Entsagung (*saṁnyāsa*) nennt, wisse, o *Pāṇḍava*, ist in Wahrheit Yoga. Denn niemand wird ein Yogin, der nicht in seinem Mental dem Willen seines Verlangens entsagt hat.

ārurukṣor muner yogaṁ karma kāraṇam ucyate
yogārūḍhasya tasyai 'va śamaḥ kāraṇam ucyate

3. Für den Weisen, der den Berg des Yoga emporsteigt, liegt die Ursache im Handeln. Für denselben Weisen, der den Gipfel des Yoga erreicht hat, liegt die Ursache in der Selbstbemeisterung.

yadā hi ne 'ndriyārtheṣu na karmasv anuṣajjate
sarvasaṅkalpasaṁnyāsī yogārūḍhas tado 'cyate

4. Wenn ein Mensch den Gegenständen der Sinne oder dem Wirken nicht mehr verhaftet ist und in seinem Mental jeglichem Verlangen entsagt hat, dann sagt man von ihm, er sei bis zum Gipfel des Yogas emporgestiegen.

uddhared ātmanā 'tmānaṁ nā 'tmānam avasādayet
ātmai 'va hy ātmano bandhur ātmai 'va ripur ātmanaḥ

5. Durch das Selbst sollst du das Selbst befreien. Du solltest das (niedere) Selbst nicht entmutigen und nicht erniedrigen (weder indem du ihm nachgibst, noch indem du es unterdrückst). Denn das (höhere) Selbst ist der Freund des (niederen) Selbstes, und das (niedere) Selbst ist auch der Feind.

bandhur ātmā 'tmanas tasya yenā 'tmai 'vā 'tmanā jitaḥ
anātmanas tu śatrutve vartetā 'tmai 'va śatruvat

6. Sein Selbst ist für den Menschen sein Freund, indem das Selbst durch das Selbst bezwungen worden ist. Wenn aber jemand nicht im Besitz seines (höheren) Selbstes ist, dann ist das (niedere) Selbst gleichsam ein Feind und handelt wie dieser.

jitātmanaḥ praśāntasya paramātmā samāhitaḥ
śītoṣṇasukhaduḥkheṣu tathā mānāpamānayoḥ

7. Hat einer sein (niederes) Selbst bezwungen und ist zu der Stille gelangt, in der sein (höheres) Selbst vollkommene Bemeisterung und völligen Besitz seines Wesens erlangt hat, dann ist das höchste Selbst in ihm zum Fundament geworden und ausgeglichen (auch in seinem äußerlich bewussten Wesen) in Kälte und Hitze, Freude und Schmerz, wie auch in Ehre und Unehre.

jñāna vijñāna tṛptātmā kūṭastho vijitendriyaḥ
yukta ity ucyate yogī sama loṣṭāśma kāñcanaḥ

8. Hat ein Yogin Genüge darin gefunden, das Selbst zu erkennen, ist er ruhig und ausgeglichen in seinem Selbst, Meister seiner Sinne und schätzt den Erdklumpen gleich dem Stein und dem Gold, dann sagt man von ihm, er sei im Yoga (gegründet).

suhṛn mitrāryudāsīna madhyastha dveṣya bandhuṣu
sādhuṣv api ca pāpeṣu samabuddhir viśiṣyate

9. Wer in seiner Seele von gleicher Gesinnung zu Freund und Feind, zum Neutralen und Gleichgültigen und ebenso zum Sünder und zum Heiligen ist, ragt hervor.

yogī yuñjīta satatam ātmānaṁ rahasi sthitaḥ
ekākī yatacittātmā nirāśīr aparigrahaḥ

10. Der Yogin soll ständig das Einswerden mit dem Selbst üben (so dass dies zu seinem normalen Bewusstsein wird), indem er abgesondert und allein sitzt, alles Verlangen und jeden Gedanken an Besitz aus seinem Mental verbannt und in seinem ganzen Wesen und Bewusstsein selbstbeherrscht ist.

śucau deśe pratiṣṭhāpya sthiram āsanam ātmanaḥ
nā 'tyucchritaṁ nā 'tinīcaṁ cailājinakuśottaram

tatrai 'kāgraṁ manaḥ kṛtvā yatacittendriyakriyāḥ
upaviśyā 'sane yuñjyād yogam ātmaviśuddhaye

11. – 12. An einem sauberen Ort soll er seinen festen Sitz errichten, der weder zu hoch, noch zu niedrig ist, mit einem Tuch bedeckt, einem Rehfell und mit heiligem Gras; dort soll er sitzen in Konzentration seines Mentals und in voller Beherrschung der Wirkweisen des mentalen Bewusstseins und der Sinne. So soll er zur Läuterung seiner selbst den Yoga üben.

samaṁ kāyaśirogrīvaṁ dhārayann acalaṁ sthiraḥ
saṁprekṣya nāsikāgraṁ svaṁ diśaś cā 'navalokayan

praśāntātmā vigatabhīr brahmacārivrate sthitaḥ
manaḥ saṁyamya maccitto yukta āsīta matparaḥ

13. – 14. Seinen Körper, sein Haupt und seinen Nacken soll er dabei aufrecht und bewegungslos halten (in der Stellung, die zur Ausübung des *rāja*-Yoga üblich ist), die Schau soll nach innen gerichtet und zwischen den Augenbrauen fixiert sein, er soll nicht in der Gegend herumschauen, der Verstand soll still gehalten werden und frei von Furcht, das Gelübde des *brahmacarya* soll eingehalten und das ganze beherrschte innere Wesen Mir (dem Göttlichen) zugewandt sein: So muss er fest im Yoga sitzen und Mir gänzlich hingegeben sein (so dass die niedere Betätigung des Bewusstseins eingetaucht ist in den höheren Frieden).

yuñjann evaṁ sadā 'tmānaṁ yogī niyatamānasaḥ
śāntiṁ nirvāṇaparamāṁ matsaṁsthām adhigacchati

15. Versetzt sich der Yogin so beständig durch Beherrschung seiner mentalen Kräfte in Yoga, erlangt er den erhabenen Frieden des *nirvāṇa*, der in Mir gegründet ist.

nā 'tyaśnatas tu yogo 'sti na cai 'kāntam anaśnataḥ
na cā 'tisvapnaśīlasya jāgrato nai 'va cā 'rjuna

16. Dieser Yoga ist wahrlich nichts für einen, der zu viel isst oder zu viel schläft; und ebenso, *Arjuna*, ist er auch nichts für einen, der auf Schlafen und Essen verzichtet.

yuktāhāra vihārasya yukta ceṣṭasya karmasu
yukta svapnāvabodhasya yogo bhavati duḥkhahā

17. Yoga hebt alle Sorge auf für den, dem all sein Schlafen und Wachen, Essen und Spielen, sein mühevoller Einsatz im Wirken *yukta* (= im Yoga, der Übersetzer) sind.

yadā viniyataṁ cittam ātmany evā 'vatiṣṭhate
niḥspṛhaḥ sarvakāmebhyo yukta ity ucyate tadā

18. Wenn das ganze mentale Bewusstsein vollkommen beherrscht wird und befreit ist vom Verlangen und still im Selbst verharrt, dann sagt man von einem solchen Menschen, »er ist im Yoga gegründet«.

yathā dīpo nivātastho ne 'ṅgate so 'pamā smṛtā
yogino yatacittasya yuñjato yogam ātmanaḥ

19. Regungslos wie das Licht einer Lampe an einem windstillen Ort ist das unter Kontrolle gehaltene Bewusstsein des Yogins, der das Einswerden mit dem Selbst übt (es ist frei von seiner ruhelosen Betätigung, abgeschlossen von seiner äußeren Bewegung).

yatro 'paramate cittaṁ niruddhaṁ yogasevayā
yatra cai 'vā 'tmanā 'tmānaṁ paśyann ātmani tuṣyati

20. (Yoga ist) das, worin die mentalen Kräfte durch Üben des Yogas still werden; das, worin das (absolute) Selbst in dem (höheren) Selbst von dem (niederen) Selbst geschaut wird und worin die Seele zu ihrer Erfüllung kommt (erkannt, d.h. selbst-begriffen durch das Selbst, *svaprakāśa* , und nicht so, wie es uns fehlerhaft oder unvollständig vom Verstand durch das Ich dargestellt wird).

sukham ātyantikaṁ yat tad buddhigrāhyam atīndriyam
vetti yatra na cai 'vā 'yaṁ sthitaś calati tattvataḥ

21. (Yoga ist) das, worin die Seele ihre eigene wahre und höchste Seligkeit erkennt; was von der Vernunft wahrgenommen wird und jenseits der Sinneserfahrung liegt; worin die Seele gegründet ist und darum nicht mehr aus der spirituellen Wahrheit ihres Seins herausfallen kann.

yaṁ labdhvā cā 'paraṁ lābhaṁ manyate nā 'dhikaṁ tataḥ
yasmin sthito na duḥkhena guruṇā 'pi vicālyate

22. (Yoga ist) das Größte, das ein Mensch gewinnen kann, und der Schatz, neben dem alles andere seinen Wert verliert. Ist einer sicher darin gegründet, wird er auch durch den heftigsten Ansturm mentalen Leidens nicht überwältigt.

taṁ vidyād duḥkhasaṁyogaviyogaṁ yogasaṁjñitam
sa niścayena yoktavyo yogo 'nirviṇṇa cetasā

23. (Yoga ist) das, was die Berührung mit dem Leid beseitigt, Trennung jener innigen Verbindung des Mentals mit dem Schmerz. Das feste Erlangen dieser unveräußerlichen spirituellen Seligkeit ist Yoga. Es ist die göttliche Vereinigung. Diesen Yoga muss man mit aller Entschlossenheit üben, ohne sich durch Schwierigkeiten oder Fehlschläge entmutigen zu lassen (bis die Befreiung, bis die Seligkeit des *nirvāṇa* als sicherer Besitz für immer gewonnen ist).

saṁkalpa prabhavān kāmāṁs tyaktvā sarvān aśeṣataḥ
manasai 've 'ndriya grāmaṁ viniyamya samantataḥ

śanaiḥ-śanair uparamed buddhyā dhṛtigṛhītayā
ātmasaṁsthaṁ manaḥ kṛtvā na kiṁcid api cintayet

24. – 25. Man soll ohne Ausnahme und Vorbehalt alle Begehren aufgeben, die im Wunsch-Willen ihren Ursprung haben, und die Sinne durch den Verstand so binden, dass sie nicht nach allen Seiten ausschweifen (wie es ihre übliche, Ärgernis erregende und ruhelose Gewohnheit ist). So wird man allmählich jede mentale Betätigung mittels *buddhi* zu Ende bringen, das fest im Griff gehalten wird. Und wenn das Mental im höheren Selbst fest verankert ist, soll man an gar nichts mehr denken.

yato-yato niścarati manaś cañcalam asthiram
tatas-tato niyamyai 'tad ātmany eva vaśaṁ nayet

26. Wenn immer das rastlose, unruhige Denken nach außen schweift, sollte es kontrolliert und im Selbst zum dienenden Untertanen gemacht werden.

praśāntamanasaṁ hy enaṁ yoginaṁ sukham uttamam
upaiti śānta rajasaṁ brahma bhūtam akalmaṣam

27. Wenn das Denken vollkommen zur Ruhe gebracht worden ist, dann kommt über den Yogin makellos und leidenschaftslos die höchste Wonne der Seele, die zum *brahman* geworden ist.

yuñjann evaṁ sadā 'tmānaṁ yogī vigata kalmaṣaḥ
sukhena brahma saṁsparśam atyantaṁ sukham aśnute

28. Dergestalt vom Makel der Leidenschaft befreit, versetzt sich der Yogin beständig in den Yoga und erfreut sich leicht und froh der Berührung mit dem *brahman*, was eine außerordentliche Wonne bedeutet.

sarvabhūtastham ātmānaṁ sarvabhūtāni cā 'tmani
īkṣate yogayuktātmā sarvatra samadarśanaḥ

29. Der Mensch, dessen Selbst im Yoga gegründet ist, erkennt das Selbst in allen Wesen und alle Wesen im Selbst. Er erkennt überall mit gleichgeartetem Blick.

yo māṁ paśyati sarvatra sarvaṁ ca mayi paśyati
tasyā 'haṁ na praṇaśyāmi sa ca me na praṇaśyati

30. Wer Mich überall erkennt und alles in Mir, ihm gehe Ich nicht verloren, und er geht Mir nicht verloren.

sarvabhūta sthitaṁ yo māṁ bhajaty ekatvam āsthitaḥ
sarvathā vartamāno 'pi sa yogī mayi vartate

31. Der Yogin, der seinen Stand im Einssein eingenommen hat und Mich in allen Wesen liebt, lebt und handelt in Mir, auf welche Weise er auch immer leben und handeln mag.

ātmaupamyena sarvatra samaṁ paśyati yo 'rjuna
sukhaṁ vā yadi vā duḥkhaṁ sa yogī paramo mataḥ

32. Wer mit Gleichmut jedes Ding in seiner Ebenbildlichkeit mit dem Selbst erkennt, sei es Schmerz, sei es Glück, ist in Meinen Augen, *Arjuna*, der höchste Yogin.

arjuna uvāca
yo 'yaṁ yogas tvayā proktaḥ sāmyena madhusūdana
etasyā 'haṁ na paśyāmi cañcalatvāt sthitiṁ sthirām

33. *Arjuna* sprach:
Für einen solchen Yoga von der Art des Gleichmuts, wie Du ihn mir beschrieben hast, o *Madhusūdana*, erkenne ich keine stabile Grundlage (im Menschen) wegen (dessen) Ruhelosigkeit.

cañcalaṁ hi manaḥ kṛṣṇa pramāthi balavad dṛḍham
tasyā 'haṁ nigrahaṁ manye vāyor iva suduṣkaram

34. Wie rastlos ist doch das Denken, o *Kṛṣṇa*! Heftig ist es, stark und unbesiegbar. Ich glaube, es ist ebenso schwer zu beherrschen wie der Wind.

śrī bhagavān uvāca
asaṁśayaṁ mahābāho mano durnigrahaṁ calam
abhyāsena tu kaunteya vairāgyeṇa ca gṛhyate

35. Der Erhabene sprach:
Ohne Zweifel, o Starkarmiger, sind die mentalen Kräfte ruhelos und sehr schwer zu zügeln. Und doch, o *Kaunteya*, können sie durch ständiges Üben und Nicht-Verhaftetsein beherrscht werden.

asaṁyatātmanā yogo duṣprāpa iti me matiḥ
vaśyātmanā tu yatatā śakyo 'vāptum upāyataḥ

36. Wer nicht selbstbeherrscht ist, kann diesen Yoga schwerlich erlangen. Durch Selbstbeherrschung ist er aber zu gewinnen, wenn die Bemühungen richtig gelenkt werden.

arjuna uvāca
ayatiḥ śraddhayo 'peto yogāc calitamānasaḥ
aprāpya yogasaṁsiddhiṁ kāṁ gatiṁ kṛṣṇa gacchati

37. *Arjuna* sprach:
Wenn nun jemand gläubig den Yoga beginnt, aber die Selbstbeherrschung nicht durchhalten kann, weil die mentalen Kräfte imYoga abschweifen, was ihn hindert, zur Vollkommenheit im Yoga zu gelangen, – was ist sein Ende, o *Kṛṣṇa*?

kaccin no 'bhayavibhraṣṭaś chinnābhram iva naśyati
apratiṣṭho mahābāho vimūḍho brahmaṇaḥ pathi

38. Verliert er, Starkarmiger, nicht beides: dieses Leben (des menschlichen Handelns, Denkens und Empfindens, die er hinter sich gelassen hat) und ebenso das Bewusstsein *brahmans,* nach dem er trachtet? Muss er nicht, wenn er aus beidem herausfällt, zunichte werden wie eine sich auflösende Wolke?

etan me saṁśayaṁ kṛṣṇa chettum arhasy aśeṣataḥ
tvadanyaḥ saṁśayasyā 'sya chettā na hy upapadyate

39. Ich bitte Dich, o *Kṛiṣṇa,* zerstreue diesen meinen Zweifel völlig und lasse keinen Rest davon übrig. Denn es gibt niemanden als Dich, der diesen Zweifel zerstören kann.

śrī bhagavān uvāca
pārtha nai 've 'ha nā 'mutra vināśas tasya vidyate
na hi kalyāṇakṛt kaścid durgatiṁ tāta gacchati

40. Der Erhabene sprach:
O *Pārtha,* weder in diesem Leben noch danach gibt es für ihn ein Zunichte-Werden. Niemals, Geliebter, gerät ein Mensch, der Gutes vollbringt, ins Elend.

prāpya puṇyakṛtāṁ lokān uṣitvā śāśvatīḥ samāḥ
śucīnāṁ śrīmatāṁ gehe yogabhraṣṭo 'bhijāyate

41. Ist er in der Welt der Gerechten angelangt und hat dort undenkliche Jahre gelebt, wird er, der vom Yoga abwich, wiedergeboren im Hause der Reinen und Ruhmreichen.

athavā yoginām eva kule bhavati dhīmatām
etadd hi durlabhataraṁ loke janma yad īdṛśam

42. Oder er kann im Hause des weisen Yogins wieder zur Welt kommen. Gewiss ist solche Geburt selten in dieser Welt zu erlangen.

tatra taṁ buddhi saṁyogaṁ labhate paurva dehikam
yatate ca tato bhūyaḥ saṁsiddhau kuru nandana

43. Dort gewinnt er den mentalen Zustand des Einsseins (mit dem Göttlichen) wieder, den er in seinem früheren Leben gestaltet hat. Und damit ringt er erneut um die Vollkommenheit, o Freude der *Kurus.*

pūrvābhyāsena tenai 'va hriyate hy avaśo 'pi saḥ
jijñāsur api yogasya śabdabrahmā 'tivartate

44. Durch jene frühere Übung des Yogas wird er unaufhaltsam vorwärtsgetrieben. Gerade der nach der Erkenntnis des Yogas Suchende gelangt über die Bereiche der *Veden* und der *Upaniṣaden* hinaus.

prayatnād yatamānas tu yogī saṁśuddhakilbiṣaḥ
aneka janma saṁsiddhas tato yāti parāṁ gatim

45. Der Yogin jedoch, der sich unablässig weiterbemüht, der geläutert ist von der Sünde, der sich durch viele Leben hindurch vervollkommnet, der erreicht das höchste Ziel.

tapasvibhyo 'dhiko yogī jñānibhyo 'pi mato 'dhikaḥ
karmibhyaś cā 'dhiko yogī tasmād yogī bhavā 'rjuna

46. Der Yogin ist größer als die Asketen, größer als die Erkennenden, größer als die Handelnden. Darum werde du, o *Arjuna*, ein Yogin!

yoginām api sarveṣāṁ madgatenā 'ntarātmanā
śraddhāvān bhajate yo māṁ sa me yuktatamo mataḥ

47. In Meinen Augen gilt von allen Yogins der als zutiefst geeint mit Mir im Yoga, der sein inneres Selbst völlig an Mich hingegeben hat und seinen Glauben und seine Liebe auf Mich richtet.

VII Yoga der Erkenntnis und Weisheit

A. Die zwei Naturen

śrī bhagavān uvāca
mayy āsaktamanāḥ pārtha yogaṁ yuñjan madāśrayaḥ
asaṁśayaṁ samagraṁ māṁ yathā jñāsyasi tac chṛṇu

1. Der Erhabene sprach:
Höre, o *Pārtha*, wie du Mich vollständig und ohne eine Spur von Zweifel erkennen wirst, falls du den Yoga übst, das Mental fest an Mich gebunden und mit Mir als *āśraya* (der alleinigen Grundlage, Stütze und Zuflucht für dein bewusstes Wesen und Wirken).

jñānaṁ te 'haṁ savijñānam idaṁ vakṣyāmy aśeṣataḥ
yaj jñātvā ne 'ha bhūyo 'nyaj jñātavyam avaśiṣyate

2. Nennen will ich dir – und nichts dabei auslassen oder offen lassen – das wesenhafte Wissen, das gestützt ist auf allumfassende Erkenntnis. Wenn du es weißt, bleibt nichts Wissenswertes mehr übrig.

manuṣyāṇāṁ sahasreṣu kaścid yatati siddhaye
yatatām api siddhānāṁ kaścin māṁ vetti tattvataḥ

3. Unter Tausenden von Menschen ringt nur hier und da einer nach Vollkommenheit. Und von denen, die ringen und zur Vollkommenheit gelangen, erkennt nur hier und da einer Mich in all den Prinzipien Meines Seins.

bhūmir āpo 'nalo vāyuḥ khaṁ mano buddhir eva ca
ahaṁkāra itī 'yaṁ me bhinnā prakṛtir aṣṭadhā

4. Die fünf Elemente (Voraussetzungen materiellen Daseins), das Mental (mit seinen verschiedenen Sinnen und Werkzeugen), die Vernunft und das Ich: dies ist meine achtfach geteilte Natur.

apare 'yam itas tv anyāṁ prakṛtiṁ viddhi me parām
jīvabhūtāṁ mahābāho yaye 'daṁ dhāryate jagat

5. Doch ist dies nur die niedere Natur. Erkenne nun, o Starkarmiger, auch Meine andere Natur, die von dieser verschieden ist, Mein erhabenes Wesen. Dieses wird zum *jīva*, durch den diese Welt getragen und erhalten wird.

etad yonīni bhūtāni sarvāṇī 'ty upadhāraya
ahaṁ kṛtsnasya jagataḥ prabhavaḥ pralayas tathā

6. Erkenne diese höhere Natur als den Schoß aller Wesen. Ich bin die Geburt der gesamten Welt und ebenso ihre Auflösung.

mattaḥ parataraṁ nā 'nyat kiṁcid asti dhanaṁjaya
mayi sarvam idaṁ protaṁ sūtre maṇigaṇā iva

7. Es gibt nichts Erhabenes jenseits von Mir, o *Dhanaṁjaya*. Auf Mir ist alles, was es gibt, aufgereiht wie Perlen auf einer Schnur.

raso 'ham apsu kaunteya prabhā 'smi śaśisūryayoḥ
praṇavaḥ sarvavedeṣu śabdaḥ khe pauruṣaṁ nṛṣu

8. Ich bin der Geschmack in den Wassern, o Sohn der *Kuntī*, Ich bin das Licht von Sonne und Mond, Ich bin *praṇava* (die Silbe OM) in allen Veden, der Klang im Äther und die Mannhaftigkeit in den Männern.

puṇyo gandhaḥ pṛthivyāṁ ca tejaś cā 'smi vibhāvasau
jīvanaṁ sarva bhūteṣu tapaś cā 'smi tapasviṣu

9. Ich bin der reine Wohlgeruch der Erde, die Leuchtkraft im Feuer. Ich bin das Leben in allen Wesen. Ich bin die asketische Kraft in denen, die Askese üben.

bījaṁ māṁ sarvabhūtānāṁ viddhi pārtha sanātanam
buddhir buddhimatāṁ asmi tejas tejasvinām aham

10. Erkenne Mich als den ewigen Samen aller Wesen, o *Pārtha*. Ich bin die Vernunft des Vernünftigen, die Kraft des Kraftvollen.

balaṁ balavatāṁ asmi kāma rāga vivarjitam
dharmāviruddho bhūteṣu kāmo 'smi bharata rṣabha

11. Ich bin die Stärke des Starken, der frei ist von Begehren und Neigung. Ich bin, o Herr der *Bharatas*, in den Wesen jenes Begehren, das nicht im Gegensatz zum *dharma* steht.

ye cai 'va sāttvikā bhāvā rājasās tāmasāś ca ye
matta eve 'ti tān viddhi na tv ahaṁ teṣu te mayi

12. Und auch die subjektiven Werdeformen der Natur, *bhāva*, die *sattva-*, *rajas-* und *tamas-*artig sind, rühren in Wahrheit von Mir her, (die mentalen Zustandsformen, die Gefühle des Verlangens, die Regungen der Leidenschaft, die Reaktionen der Sinne, das begrenzte, in Gegensätzen verlaufende Spiel der Vernunft und die Wandlungen der Gefühle und des moralischen Sinnes). Aber Ich bin nicht in ihnen; sie sind es, die in Mir sind.

tribhir guṇamayair bhāvair ebhiḥ sarvam idaṁ jagat
mohitaṁ nā 'bhijānāti mām ebhyaḥ param avyayam

13. Durch diese drei Formen des Werdens, die von der Art der *guṇas* sind, wird diese ganze Welt verwirrt. Sie erkennt Mich nicht (wieder), der Ich erhaben jenseits von ihnen bin und unvergänglich.

daivī hy eṣā guṇamayī mama māyā duratyayā
mām eva ye prapadyante māyām etāṁ taranti te

14. Dies ist Meine göttliche *māyā* der *guṇas*, und sie ist kaum zu überwinden. Über sie hinaus gelangen nur jene, die Meine Nähe suchen.

B. Die Synthese von Hingabe und Erkenntnis

na māṁ duṣkṛtino mūḍhāḥ prapadyante narādhamāḥ
māyayā 'pahṛtajñānā āsuraṁ bhāvam āśritāḥ

15. Die Übeltäter gelangen nicht zu Mir, jene verwirrten Seelen auf niederer menschlicher Stufe. Denn ihre Erkenntnis wird ihnen weggerissen von *māyā*, und sie nehmen ihre Zuflucht in der Wesensart des *asura*.

caturvidhā bhajante māṁ janāḥ sukṛtino 'rjuna
ārto jijñāsur arthārthī jñānī ca bharata ṛṣabha

16. Unter den Tugendhaften, die sich Mir (dem Göttlichen) in Verehrung zuwenden, o *Arjuna*, gibt es vier Arten von *bhakta*: solche, die leiden, solche,

die nach dem Guten in der Welt streben, solche, die Erkenntnis suchen, und solche, o Herrscher der *Bharata*, die Mich mit Erkenntnis verehren.

teṣāṁ jñānī nityayukta ekabhaktir viśiṣyate
priyo hi jñānino 'tyartham ahaṁ sa ca mama priyaḥ

17. Der Beste von ihnen ist der Erkennende, der in stetem Einssein mit dem Göttlichen und dessen *bhakti* ganz auf Ihn konzentriert ist. Denn er liebt Mich in vollkommener Weise und wird von Mir geliebt.

udārāḥ sarva evai 'te jñānī tv ātmai 'va me matam
āsthitaḥ sa hi yuktātmā mām evā 'nuttamāṁ gatim

18. Edel sind alle diese *bhaktas*, ohne Ausnahme. Aber der Erkennende ist wahrlich Mein Selbst. Denn als sein höchstes Ziel hat er Mich erkannt, den *puruṣottama*, mit dem er eins ist.

bahūnāṁ janmanām ante jñānavān māṁ prapadyate
vāsudevaḥ sarvam iti sa mahātmā sudurlabhaḥ

19. Am Ende von vielen Geburten gelangt der Erkennende zu Mir. Wie wirklich selten ist doch die große Seele, die weiß, dass *Vāsudeva*, das allgegenwärtige Wesen, all das ist, was ist!

kāmais tais-tair hṛtajñānāḥ prapadyante 'nyadevatāḥ
taṁ-taṁ niyamam āsthāya prakṛtyā niyatāḥ svayā

20. Irregeleitet werden die Menschen durch verschiedene Begehren, die sie der Wirkung der inneren Erkenntnis berauben. Sie halten sich dann an andere Gottheiten und richten diese oder jene Ordnung auf, die das Bedürfnis ihrer Natur befriedigt.

yo yo yāṁ-yāṁ tanuṁ bhaktaḥ śraddhayā 'rcitumi cchati
tasya-tasyā calāṁ śraddhāṁ tām eva vidadhāmy aham

21. Welche Gestalt von Mir sich ein frommer Verehrer auch immer erwählt, um Mich in diesem Glauben anzubeten, – Ich mache diesen seinen Glauben stark und unentwegt.

sa tayā śraddhayā yuktas tasyā 'rādhanam īhate
labhate ca tataḥ kāmān mayai 'va vihitān hi tān

22. Mit solchem Glauben begabt, betet er diese Gestalt an. Und durch die Kraft eines solchen Glaubens in Kult und Anbetung erlangt er die Erfüllung seiner Begehren. Denn Ich selbst bin es, der (in jener Gestalt) ihm diese Früchte zuteil werden lässt.

antavat tu phalaṁ teṣāṁ tad bhavaty alpamedhasām
devān devayajo yānti madbhaktā yānti mām api

23. Aber die Früchte sind vorübergehender Natur, nach ihnen streben jene von geringer Intelligenz und ungebildeter Vernunft. Zu den Göttern kommen die, die die Götter verehren. Doch zu Mir gelangen jene, die Mir hingegeben sind.

avyaktaṁ vyaktim āpannaṁ manyante mām abuddhayaḥ
paraṁ bhāvam ajānanto mamā 'vyayam anuttamam

24. Die mit schwacher Vernunft Begabten denken von Mir, dem Ungeoffenbarten, Ich sei durch Meine Offenbarung beschränkt; denn sie kennen nicht Meine erhabene Wesensart, die unvergängliche, höchst vollkommene.

nā 'haṁ prakāśaḥ sarvasya yogamāyāsamāvṛtaḥ
mūḍho 'yaṁ nā bhijānāti loko mām ajam avyayam

25. Auch bin Ich nicht allen offenbar, da Ich in Meine *yoga-māyā* eingehüllt bin. Die verwirrte Welt kennt Mich, den Ungeborenen, den Unvergänglichen, nicht.

vedā 'haṁ samatītāni vartamānāni cā 'rjuna
bhaviṣyāṇi ca bhūtāni māṁ tu veda na kaścana

26. Ich weiß um alle vergangenen, alle gegenwärtigen und alle zukünftigen Wesen, o *Arjuna*, aber Mich kennt noch keiner.

icchā dveṣa samutthena dvandva mohena bhārata
sarva bhūtāni saṁmohaṁ sarge yānti paraṁtapa

27. Durch den Trug der Gegensätze, die ihren Ursprung in Wunsch und Abneigung haben, o *Bhārata*, werden alle Wesen der Schöpfung in die Verwirrung geführt.

yeṣāṁ tv antagataṁ pāpaṁ janānāṁ puṇyakarmaṇām
te dvandvamohanirmuktā bhajante māṁ dṛḍhavratāḥ

28. Doch standhaft in ihrem Gelübde, sich Mir zu weihen, verehren Mich die Menschen edlen Handelns, in denen die Sünde zu Ende gekommen ist und die frei geworden sind vom Trug der Gegensätze.

jarā maraṇa mokṣāya mām āśritya yatanti ye
te brahma tad viduḥ kṛtsnam adhyātmaṁ karma cā 'khilam

29. Jene, die ihre Zuflucht ganz zu Mir nehmen, jene, die sich Mir zuwenden in ihrem spirituellen Bemühen um Befreiung von Alter und Tod (zur Überwindung ihres sterblichen Wesens und dessen Beschränkungen), gelangen dahin, jenen *brahman* zu erkennen und die Vollständigkeit der spirituellen Natur und die Ganzheit des *karma*.

sādhibhūtādhidaivaṁ māṁ sādhiyajñaṁ ca ye viduḥ
prayāṇakāle 'pi ca māṁ te vidur yuktacetasaḥ

30. Weil sie Mich erkennen, gleichzeitig um die materielle und die göttliche Natur des Seins wissen und die Wahrheit über den Herrn des Opfers kennen, darum behalten sie das Wissen über Mich auch im kritischen Augenblick ihres Abscheidens aus dem körperlichen Sein und in jenem Augenblick ihr ganzes Bewusstsein fest mit Mir (dem *puruṣottama*) geeint.

VIII Yoga des Unzerstörbar-Ewigen

Das Höchste Göttliche

arjuna uvāca
kiṁ tad brahma kim adhyātmaṁ kiṁ karma puruṣottama
adhibhūtaṁ ca kiṁ proktam adhidaivaṁ kim ucyate

1 *Arjuna* sprach:
Was bedeutet *tad brahman* (das Absolute), was ist *adhyātma* (das Selbst), und was ist *karma* (das Handeln), o *Puruṣottama*? Und was wird als *adhibhūta* bezeichnet und was als *adhidaiva* (als erschaffener und als göttlicher Bereich)?

adhiyajñaḥ kathaṁ ko 'tra dehe 'smin madhusūdana
prayāṇakāle ca kathaṁ jñeyo 'si niyatātmabhiḥ

2. Was bedeutet *adhiyajña* in diesem Körper, o *Madhusūdana*? Und wie kannst Du im entscheidenden Augenblick des Hinscheidens vom körperlichen Sein von dem erkannt werden, der selbstbeherrscht ist?

śrī bhagavān uvāca
akṣaraṁ brahma paramaṁ svabhāvo 'dhyātmam ucyate
bhūtabhāvodbhavakaro visargaḥ karmasaṁjñitaḥ

3. Der Erhabene sprach:
Akṣara ist der Erhabene *brahman. Svabhāva* (Wesensart) wird *adhyātma* genannt. *Karma* ist der Name, der dem Schöpfungsablauf, *visarga*, gegeben wird, der alle Wesen und ihre subjektiven und objektiven Zuständlichkeiten ins Dasein ruft.

adhibhūtaṁ kṣaro bhāvaḥ puruṣaś cā 'dhidaivatam
adhiyajño 'ham evā 'tra dehe dehabhṛtāṁ vara

4. *Adhibhūta* ist *kṣaro bhāva* (die veränderliche Natur), *adhidaiva* ist der *puruṣa*. Ich selbst bin der Herr des Opfers, *adhiyajña*, hier in diesem Körper, o bestes der verkörperten Wesen.

antakāle ca mām eva smaran muktvā kalevaram
yaḥ prayāti sa madbhāvaṁ yāti nā 'sty atra saṁśayaḥ

5. Wer nun seinen Körper verlässt und beim Weggehen Meiner gedenkt zur Zeit des Endes, gelangt in Mein *bhāva* (das des *puruṣottamas*, Meinen Wesenszustand). Daran gibt es keinen Zweifel.

yaṁ-yaṁ vā'pi smaran bhāvaṁ tyajaty ante kalevaram
Taṁ-tam evai 'ti kaunteya sadā tad bhāva bhāvitaḥ

6. Wer jedoch am Ende den Körper aufgibt und dabei an irgendeine Gestaltung des Seins denkt, der erlangt jene Gestalt, *Kaunteya*, zu dem die Seele während ihres körperlichen Lebens innerlich herangewachsen war.

tasmāt sarveṣu kāleṣu mām anusmara yudhya ca
mayy arpitamanobuddhir mām evai 'ṣyasy asaṁśayaḥ

7. Darum gedenke Meiner zu allen Zeiten und kämpfe! Denn wenn Dein Gemüt und Dein Verstand immer fest auf Mich gerichtet und an Mich hingegeben sind, wirst Du sicher zu Mir gelangen.

abhyāsayogayuktena cetasā nā 'nyagāminā
paramaṁ puruṣaṁ divyaṁ yāti pārthā 'nucintayan

8. Denn wenn man immer Seiner gedenkt mit einem Bewusstsein, das, ohne abzuschweifen, im Yoga ständigen Übens mit Ihm vereint ist, dann, o *Pārtha* gelangt man zum göttlichen und erhabenen *puruṣa*.

kaviṁ purāṇam anuśāsitāraṁ aṇor aṇī yaṁsam anusmared yaḥ
sarvasya dhātāram acintya rūpaṁ ādityavarṇaṁ tamasaḥ parastāt

prayāṇakāle manasā 'calena bhaktyā yukto yogabalena cai 'va
bhruvor madhye prāṇam āveśya samyak sa taṁ paraṁ puruṣam upaiti divyam

9. – 10. Dies erhabene Selbst ist der Seher, der Uralte der Tage, feiner als das Feinst-Stoffliche und (in der Schau und Weisheit Seines ewigen Selbstes) der Meister und Gebieter allen Seins. Alle Dinge, die sind, setzt er in seinem Wesen an ihren rechten Ort. Unvorstellbar ist seine Gestalt. Er ist strahlend wie die Sonne jenseits von Dunkelheit. Wer zur Zeit seines Abscheidens an diesen *puruṣa* mit unbewegtem Mental denkt, in seiner Seele gewappnet mit der Kraft des Yogas, in *bhakti* eins geworden ist mit Gott und die Lebenskraft völlig emporgezogen hat und zwischen den Augenbrauen, dem Ort der mystischen Schau, konzentriert, er gelangt zu diesem höchsten, göttlichen *puruṣa*.

yad akṣaraṁ vedavido vadanti viśanti yad yatayo vītarāgāḥ
yad icchanto brahmacaryaṁ caranti tat te padaṁ saṁgraheṇa pravakṣye

11. Diese erhabene Seele ist der unwandelbare, selbstseiende *brahman*, von dem die *Veda*-Kenner sprechen. Und er ist es, zu dem die Asketen eingehen, wenn sie die Neigungen ihres sterblichen Mentals hinter sich gelassen haben. Aus Verlangen nach ihm üben sie die Beherrschung der körperlichen Leidenschaften. Diesen Zustand will Ich dir jetzt in Kürze beschreiben.

sarvadvārāṇi saṁyamya mano hṛdi nirudhya ca
mūrdhny ādhāyā 'tmanaḥ prāṇam āsthito yogadhā raṇām

aum ity ekākṣaraṁ brahma vyāharan mām anusmaran
yaḥ prayāti tyajan dehaṁ sa yāti paramāṁ gatim

12. – 13. Wer alle Tore der Sinne verschlossen, das mentale Bewusstsein ganz in das Herz zurückgezogen, die Lebenskraft aus ihren diffusen Abläufen emporgenommen hat in das Haupt, die Vernunft im Aussprechen der heiligen Silbe OM konzentriert und sein begreifendes Denken in der Erinnerung an die erhabene Gottheit, wer so seinen Körper aufgibt und weitergeht, gelangt zum höchsten Zustand.

ananyacetāḥ satataṁ yo māṁ smarati nityaśaḥ
tasyā 'haṁ sulabhaḥ pārtha nityayuktasya yoginaḥ

14. Der Yogin, o *Pārtha*, der Meiner ständig gedenkt, der an niemand anderen denkt, der mit Mir im andauernden Einssein ist, findet es leichter, zu Mir zu gelangen.

māṁ upetya punarjanma duḥkhālayam aśāśvatam
nāpnuvanti mahātmānaḥ saṁsiddhiṁ paramāṁ gatāḥ

15. Wenn diese großen Seelen zu Mir gekommen sind, kehren sie nicht wieder in die Geburt zurück, in den vergänglichen, leidvollen Zustand unseres sterblichen Wesens. Sie erreichen die höchste Vollkommenheit.

ā brahmabhuvanāl lokāḥ punarāvartino 'rjuna
māṁ upetya tu kaunteya punarjanma na vidyate

16. Die höchsten Himmel des kosmischen Plans sind noch der Rückkehr zur Wiedergeburt unterworfen. Jedoch wird keine Wiedergeburt jener Seele auferlegt, o *Kaunteya*, die zu Mir (dem *puruṣottama*) kommt.

sahasrayugaparyantam ahar yad brahmaṇo viduḥ
rātriṁ yugasahasrāntāṁ te 'horātravido janāḥ

17. Jene, die einen Tag des *brahman*, der eine Dauer von tausend Zeitaltern (*yuga*) hat, und die Nacht, die tausend Zeitalter umschließt, kennen, sind die Kenner von Tag und Nacht.

avyaktād vyaktayaḥ sarvāḥ prabhavanty aharāgame
rātry āgame pralīyante tatrai 'vā 'vyaktasaṁjñake

18. Beim Anbruch des Tages werden alle Manifestationen aus dem Nicht-Manifestierten heraus ins Dasein geboren. Beim Anbruch der Nacht vergehen sie alle oder werden in sie aufgelöst.

bhūtagrāmaḥ sa evā 'yaṁ bhūtvā-bhūtvā pralīyate
rātry āgame 'vaśaḥ pārtha prabhavaty aharāgame

19. Diese Unzahl von Wesen tritt wieder und wieder hilflos in das Werden ein, wird zunichte gemacht mit dem Anbruch der Nacht, o *Pārtha*, und wird wieder ins Dasein geboren mit dem Beginn des Tages.

paras tasmāt tu bhāvo 'nyo 'vyakto 'vyaktāt sanātanaḥ
yaḥ sa sarveṣu bhūteṣu naśyatsu na vinaśyati

20. Aber dies Nicht-Manifestierte ist nicht die ursprüngliche Göttlichkeit des Seins. Es gibt noch einen anderen Zustand seines Wesens, einen suprakosmisch Unentfalteten, jenseits dieser kosmischen Nicht-Manifestation (der ewig in sich selbst ruht, kein Gegensatz zu diesem kosmischen Zustand der Offenbarung ist, aber weit darüber steht und, ihm ungleich, unveränderlich ist und ewig), der nicht gezwungen ist, zugrunde zu gehen mit dem Untergang all dieser Wesen.

avyakto 'kṣara ity uktas tam āhuḥ paramāṁ gatim
yaṁ prāpya na nivartante tad dhāma paramaṁ mama

21. Dieser Zustand wird der Ungeoffenbarte, Unwandelbare genannt. Von ihm sprechen sie als von der erhabenen Seele und vom höchsten Zustand. Wer diesen erlangt, kehrt nicht zurück. Er ist Mein erhabener Ort im Sein.

puruṣaḥ sa paraḥ pārtha bhaktyā labhyas tv ananyayā
yasyā 'ntaḥsthāni bhūtāni yena sarvam idaṁ tatam

22. Aber jener erhabene *puruṣa* kann nur durch ein *bhakti* gewonnen werden, das sich allein Ihm zuwendet, in dem alle Wesen sind und durch den diese ganze Welt im Raum ausgebreitet wurde.

yatra kāle tv anāvṛttim āvṛttiṁ cai 'va yoginaḥ
prayātā yānti taṁ kālaṁ vakṣyāmi bharata ṛṣabha

23. Jene Zeit will Ich dir noch erklären, o Bester der *Bharatas*, in der abscheidende Yogins nicht mehr zurückkehren, und auch jene, in der Yogins, die darinscheiden, wieder zurückkommen.

agnir jyotir ahaḥ śuklaḥ ṣaṇmāsā uttarāyaṇam
tatra prayātā gacchanti brahma brahmavido janāḥ

dhūmo rātris tathā kṛṣṇaḥ ṣaṇmāsā dakṣiṇāyanam
tatra cāndramasaṁ jyotir yogī prāpya nivartate

24. – 25. Diese Zeiten entsprechen den Gegensätzen von Feuer und Licht, Rauch und Nebel, Tag und Nacht, der hellen Hälfte des Mond-Monats und der dunklen, dem nördlichen und dem südlichen Wendekreis. Während des ersteren von den Gegensatzpaaren gehen die Kenner *brahman*s ein zum *brahman*. Aber während des zweiten gelangt der Yogin in das ›Mond-Licht‹ und kehrt darum wieder in die menschliche Geburt zurück.

śuklakṛṣṇe gatī hy ete jagataḥ śāśvate mate
ekayā yāty anāvṛttim anyayā 'vartate punaḥ

26. Es sind die hellen und die dunklen Pfade (in den *Upaniṣaden* werden sie der ›Pfad der Götter‹ und der ›Pfad der Väter‹ genannt). Den einen nimmt jener, der nicht mehr zurückkehrt; den anderen der, der wiederkehrt.

nai 'te sṛtī pārtha jānan yogī muhyati kaścana
tasmāt sarveṣu kāleṣu yogayukto bhavā 'rjuna

27. Der Yogin, der sie kennt, wird nicht zum Irrtum verleitet. Darum, o *Arjuna*, bleibe zu allen Zeiten im Yoga (gegründet).

vedeṣu yajñeṣu tapaḥsu cai 'va dāneṣu yat puṇyaphalaṁ pradiṣṭam
atyeti tat sarvam idaṁ viditvā yogī paraṁ sthānam upaiti cā 'dyam

28. Wenn der Yogin dies weiß, lässt er die Frucht aller verdienstlichen Werke, die in den Veden genannt werden, der Opfer, der Verzichtleistungen und wohltätigen Spenden, weit hinter sich und gelangt zum Höchsten und ewigen Zustand.

IX Yoga des Königswissens und Königsgeheimnisses

Werke, Hingabe und Erkenntnis

śrī bhagavān uvāca
idaṁ tu te guhyatamaṁ pravakṣyāmy anasūyave
jñānaṁ vijñānasahitaṁ yajjñātvā mokṣyase 'śubhāt

1. Der Erhabene sprach:
Was Ich dir nun mitteilen will, da du kein Nörgler bist, ist das Allergeheimste, das wesentliche Wissen, das mit allumfassender Erkenntnis verbunden ist. Wenn du dies weißt, wirst du vom Übel befreit werden.

rājavidyā rājaguhyaṁ pavitram idam uttamam
pratyakṣāvagamaṁ dharmyaṁ susukhaṁ kartum avyayam

2. Dies ist das Königswissen, das Königsgeheimnis (die Weisheit aller Weisheiten, das Geheimnis aller Geheimnisse). Es ist ein reines und erhabenes Licht, das man durch unmittelbare spirituelle Erfahrung nachprüfen kann. Es ist das rechte und wahrhaftige Wissen, das wirkliche Gesetz des Seins. Es ist leicht zu verwirklichen und unvergänglich.

aśraddadhānāḥ puruṣā dharmasyā 'sya paraṁtapa
aprāpya māṁ nivartante mṛtyu saṁsāra vartmani

3. (Aber Glaube ist nötig.) Die Seele, die es nicht fertig bringt, Glauben an die höhere Wahrheit und an das höhere Gesetz aufzubringen, *Paraṁtapa*, und nicht zu Mir gelangt, diese Seele muss wieder auf den Pfad des gewöhnlichen sterblichen Lebens zurückkehren (dem Tod, dem Irrtum und dem Übel unterworfen).

mayā tatam idaṁ sarvaṁ jagad avyakta mūrtinā
matsthāni sarva bhūtāni na cā 'haṁ teṣv avasthitaḥ

4. Durch Mich ist dieses ganze Universum in dem unbeschreiblichen Mysterium Meines Wesens ausgebreitet worden. Alle Seienden haben ihren Stand in Mir, nicht Ich in ihnen.

na ca matsthāni bhūtāni paśya me yogam aiśvaram
bhūtabhṛn na ca bhūtastho mamā 'tmā bhūtabhāvanaḥ

5. Und doch haben alle Wesen ihren Stand auch wieder nicht in Mir – verstehe Meinen göttlichen Yoga richtig! Es ist Mein Selbst, das alle Wesen trägt und deren Sein begründet, aber es wohnt nicht in ihnen.

yathā 'kāśasthito nityaṁ vāyuḥ sarvatrago mahān
tathā sarvāṇi bhūtāni matsthānī 'ty upadhāraya

6. Ebenso wie das weite, überall eindringende Prinzip der Luft im Prinzip des Äthers wohnt, so wohnen alle Wesen in Mir. So musst du dies verstehen!

sarva bhūtāni kaunteya prakṛtiṁ yānti māmikām
kalpakṣaye punas tāni kalpādau visṛjāmy aham

7. Alle Seienden, o *Kaunteya*, kehren beim Ablauf des Zyklus in Meine göttliche Natur zurück (aus den Aktivitäten der Natur in deren Unbeweglichkeit und Schweigen). Mit Beginn eines neuen Zyklus lasse Ich sie wieder aus Mir hervorgehen.

prakṛtiṁ svām avaṣṭabhya visṛjāmi punaḥ-punaḥ
bhūta grāmam imaṁ kṛtsnam avaśaṁ prakṛter vaśāt

8. Indem Ich Mich mit allem Nachdruck auf Meine eigene Natur (*prakṛiti*) stütze, erschaffe Ich diese Vielheit von Wesen (lasse Ich sie in ein unterschiedliches Dasein hervorgehen), die hilflos der Herrschaft der Natur unterworfen sind.

na ca māṁ tāni karmāṇi nibadhnanti dhanaṁjaya
udāsīnavad āsīnam asaktaṁ teṣu karmasu

9. Aber dies Schöpfungswirken bindet Mich nicht, o *Dhanaṁjaya*; denn Ich sitze wie unbeteiligt darüber, ohne dass Ich diesem Wirken verhaftet wäre.

mayā 'dhyakṣeṇa prakṛtiḥ sūyate sacarācaram
hetunā 'nena kaunteya jagad viparivartate

10. Ich bin der führende Herrscher über das eigene Wirken Meiner Natur (nicht ein Geist, der in ihr geboren wurde, sondern) der Schöpfungsgeist, der sie veranlasst, all das hervorzubringen, was in der Manifestation erscheint. Aus diesem Grund, o *Kaunteya*, schreitet die Welt in Zyklen fort.

avajānanti māṁ mūḍhā mānuṣīṁ tanum āśritam
paraṁ bhāvam ajānanto mama bhūta maheśvaram

11. Verblendete Gemüter missachten Mich, der Ich im menschlichen Körper Meinen Sitz habe; denn sie erkennen Meine erhabene Seins-Natur nicht: den Gebieter aller Wesen.

moghāśā moghakarmāṇo moghajñānā vicetasaḥ
rākṣasīṁ āsurīṁ cai 'va prakṛtiṁ mohinīṁ śritāḥ

12. All ihr Hoffen, Handeln und Erkennen sind (im Urteil Gottes und nach ewigem Maßstab) eitle Dinge. Sie sind in der Natur der *rākṣasa* und *asura* daheim, die den Willen und die Vernunft irreleiten.

mahātmānas tu māṁ pārtha daivīṁ prakṛtim āśritāḥ
bhajanty ananya manaso jñātvā bhūtādim avyayam

13. Aber die großen Seelen, o *Pārtha*, die im göttlichen Wesen daheim sind, erkennen Mich (die Gottheit, die im menschlichen Körper ihren Sitz hat) als den Unvergänglichen, in dem alle Wesen ihren Ursprung haben. So wissend, wenden sie sich zu Mir mit ganzer und vollkommener Liebe.

satataṁ kīrtayanto māṁ yatantaś ca dṛḍha vratāḥ
namasyantaś ca māṁ bhaktyā nityayuktā upāsate

14. Sie verehren Mich ewig im Yoga, indem sie Mich stets anbeten, in ihrem geistigen Bemühen standfest verharren und sich vor Mir mit Hingabe verneigen.

jñānayajñena cā 'py anye yajanto mām upāsate
ekatvena pṛthaktvena bahudhā viśvatomukham

15. Auch andere Menschen spüren Mich auf durch das Opfer der Erkenntnis. Sie verehren Mich in Meinem Einssein, in jedem besonderen Wesen und in all Meinen Millionen Gesichtern (mit denen Ich ihnen in der Welt und in deren Geschöpfen gegenübertrete).

ahaṁ kratur ahaṁ yajñaḥ svadhā 'ham aham auṣadham
mantro 'ham aham evā 'jyam aham agnir ahaṁ hutam

16. Ich bin die Opferhandlung und das Opfer. Ich bin die Opferspeise. Ich bin das Feuer spendende Kraut. Ich bin das *mantra* und die Butter. Ich bin die Flamme und die Opfergabe.

pitā 'ham asya jagato mātā dhātā pitāmahaḥ
vedyaṁ pavitram auṁkāra ṛk sāma yajur eva ca

17. Ich bin der Vater dieser Welt und auch die Mutter. Ich bin ihr Ordner und ihr erster Schöpfer. Ich bin der Gegenstand des Wissens, die heilige Silbe OM und ebenso die drei Veden *ṛig*, *sāma* und *yajur*.

gatir bhartā prabhuḥ sākṣī nivāsaḥ śaraṇaṁ suhṛt
prabhavaḥ pralayaḥ sthānaṁ nidhānaṁ bījam avyayam

18. Ich bin der Weg und das Ziel, der Erhalter, der Meister und der Zeuge, Haus und Land, Zuflucht und gütiger Freund. Ich bin Geburt, Bestand und Vernichtung des sichtbar gewordenen Seins. Ich bin der unzerstörbare Samen aller und ihr ewiger Ruheort.

tapāmy aham ahaṁ varṣaṁ nigṛṇhāmy utsṛjāmi ca
amṛtaṁ cai 'va mṛtyuś ca sad asac cā 'ham arjuna

19. Ich spende die Wärme. Ich halte den Regen zurück und schicke ihn wieder. Ich bin die Unsterblichkeit und auch der Tod, seiend und nicht-seiend, o *Arjuna*.

traividyā māṁ somapāḥ pūtapāpā yajñair iṣṭvā svargatiṁ prārthayante
te puṇyam āsādya surendralokaṁ aśnanti divyān divi devabhogān

20. Von mir erbeten jene den Weg zum Himmel, die den dreifachen *Veda* kennen, den *soma*-Wein trinken, sich von der Sünde reinigen und Mich durch Opfer verehren. Wenn sie durch ihre Rechtschaffenheit zu den himmlischen Welten emporgestiegen sind, erfreuen sie sich im Paradies der heiligen Feste der Götter.

te taṁ bhuktvā svargalokaṁ viśālaṁ kṣīṇe puṇye martyalokaṁ viśanti
evaṁ trayīdharmam anuprapannā gatāgataṁ kāmakāmā labhante

21. Nachdem sie die himmlischen Welten der Glückseligkeit genossen haben und der Lohn für ihre guten Werke aufgezehrt ist, kehren sie wieder in das sterbliche Dasein zurück. Da sie sich an die Tugenden halten, die durch die drei Veden eingeschärft werden, und die Befriedigung ihres Begehrens suchen, folgen sie dem Zyklus von Geburt und Tod.

ananyāś cintayanto māṁ ye janāḥ paryupāsate
teṣāṁ nityābhiyuktānāṁ yogakṣemaṁ vahāmy aham

22. Zu jenen Menschen, die Mich anbeten und dabei zum einzigen Gegenstand ihrer Gedanken machen, zu ihnen, die beständig im Yoga mit Mir geeint sind, bringe Ich von selbst jegliches Gute.

ye 'py anyadevatā bhaktā yajante śraddhayā 'nvitāḥ
te 'pi mām eva kaunteya yajanty avidhipūrvakam

23. Selbst jene, die anderen Gottheiten fromm und gläubig opfern, auch sie opfern Mir, o Sohn der *Kuntī*, wenn auch nicht im Einklang mit dem wahren Gesetz.

ahaṁ hi sarvayajñānāṁ bhoktā ca prabhur eva ca
na tu mām abhijānanti tattvenā 'taś cyavanti te

24. Ich selbst bin es, der sich aller Opfer erfreut, und bin der Herr aller Opfer. Aber sie erkennen Mich nicht wahrheitsgemäß und fallen darum (zurück in den Zyklus von Geburt und Tod, der Übersetzer).

yānti devavratā devān pitṝn yānti pitṛvratāḥ
bhūtāni yānti bhūtejyā yānti madyājino 'pi mām

25. Die den Göttern opfern, gehen hin zu den Göttern. Zu den (vergöttlichten) Ahnen gehen die Ahnen-Verehrer. Zu den Elementargeistern gehen jene, die den Elementargeistern opfern. Aber die Mich verehren, kommen zu Mir.

patraṁ puṣpaṁ phalaṁ toyaṁ yo me bhaktyā prayacchati
tad ahaṁ bhakty upahṛtam aśnāmi prayatātmanaḥ

26. Wer Mir mit Hingabe ein Blatt darbringt, eine Blume, eine Frucht oder einen Becher des Wassers, – willkommen ist Mir das mit Liebe gegebene Opfer der strebenden Seele.

yat karoṣi yad aśnāsi yaj juhoṣi dadāsi yat
yat tapasyasi kaunteya tat kuruṣva mad arpaṇam

27. Was du auch immer tust, woran du auch immer Freude hast, was du auch immer opferst, was du auch immer spendest, welche Kraft des *tapasya* (Konzentration spiritueller Kräfte, der Übersetzer,) welches Wollen und Bemühen der Seele du auch aufbringst, – mach es zu einer Darbringung an Mich.

śubhāśubhaphalair evaṁ mokṣyase karmabandhanaiḥ
saṁnyāsa yoga yuktātmā vimukto mām upaiṣyasi

28. Auf diese Weise sollst du befreit werden von guten und bösen Ergebnissen, die die Fesseln unseres Handels begründen. Wenn deine Seele durch solche Entsagung im Einssein mit dem Göttlichen ist, wirst du frei werden und zu Mir gelangen.

samo 'haṁ sarvabhūteṣu na me dveṣyo 'sti na priyaḥ
ye bhajanti tu māṁ bhaktyā mayi te teṣu cā 'py aham

29. Ich (der Ewige, der ihnen innewohnt) bin der Gleiche in allen Wesen. Keines ist Mir lieb und keines verhasst. Jene aber, die sich mit Liebe und Hingabe Mir zuwenden, die sind in Mir, und Ich bin auch in ihnen.

api cet sudurācāro bhajate māṁ ananyabhāk
sādhur eva sa mantavyaḥ samyag vyavasito hi saḥ

30. Und selbst ein Mensch mit schlechter Lebensführung, der sich mit einziger und ganzer Liebe Mir zuwendet, muss nun als rechtschaffen gelten. Denn sein entschlossener Wille zur Bemühung ist der rechte und vollkommene Wille.

kṣipraṁ bhavati dharmātmā śaśvacchāntiṁ nigacchati
kaunteya pratijānīhi na me bhaktaḥ praṇaśyati

31. Rasch wird er zu einer Seele der Rechtschaffenheit und erlangt den ewigen Frieden. Dies ist Mein Wort der Verheißung, o *Arjuna*: Wer Mich liebt, wird nicht zugrunde gehen.

māṁ hi pārtha vyapāśritya ye 'pi syuḥ pāpayonayaḥ
striyo vaiśyās tathā śūdrās te 'pi yānti parāṁ gatim

32. Die ihre Zuflucht zu Mir nehmen, o *Pārtha*, auch wenn sie Kastenlose sind, aus sündigem Schoß geboren, Frauen, *vaiśya*, selbst *śūdra*, – auch sie gelangen zum höchsten Ziel.

kiṁ punar brāhmaṇāḥ puṇyā bhaktā rājarṣayas tathā
anityam asukhaṁ lokam imaṁ prāpya bhajasva mām

33. Um wieviel eher dann die heiligen *Brāhmanen* und die frommen Königs-Weisen! Du nun, der du in diese vergängliche und unglückliche Welt hinabgekommen bist, liebe Mich und wende dich Mir zu!

manmanā bhava madbhakto madyājī māṁ namaskuru
mām evai 'ṣyasi yuktvai 'vam ātmānaṁ matparāyaṇaḥ

34. Werde Mir geneigt, Mein Liebender und Verehrender, ein Mir Opfernder, beuge dich vor Mir. So im Selbst mit Mir geeint, wirst du zu Mir gelangen, da du Mich als dein höchstes Ziel hast.

X Yoga der Offenbarung

A. Das höchste Wort der *Gītā*

śrī bhagavān uvāca
bhūya eva mahābāho śṛṇu me paramaṁ vacaḥ
yat te 'haṁ prīyamāṇāya vakṣyāmi hitakāmyayā

1. Der Erhabene sprach:
Noch einmal, o Starkarmiger, höre auf mein höchstes Wort, das Ich zu dir sprechen will, da Mir das Wohl deiner Seele am Herzen liegt, wie nun dein Herz seine Seligkeit in Mir findet.

na me viduḥ suragaṇāḥ prabhavaṁ na maharṣayaḥ
aham ādir hi devānāṁ maharṣīṇāṁ ca sarvaśaḥ

2. Keiner der Götter und keiner der großen *Ṛiṣi* kennt eine Geburt von Mir. Denn Ich bin in jeder Beziehung und auf jede Weise der Ursprung der Götter und der großen *ṛiṣis*.

yo mām ajam anādiṁ ca vetti lokamaheśvaram
asaṁmūḍhaḥ sa martyeṣu sarvapāpaiḥ pramucyate

3. Wer Mich jedoch erkennt und von Mir weiß als dem Ungeborenen, dem Ursprungslosen, dem mächtigen Gebieter der Welten und der Völker, lebt unverwirrt unter den Sterblichen und wird befreit von aller Sünde und allem Übel.

buddhir jñānam asaṁmohaḥ kṣamā satyaṁ damaḥ śamaḥ
sukhaṁ duḥkhaṁ bhavo 'bhāvo bhayaṁ cā 'bhayameva ca

ahiṁsā samatā tuṣṭis tapo dānaṁ yaśo 'yaśaḥ
bhavanti bhāvā bhūtānāṁ matta eva pṛthagvidhāḥ

4. –5. Alle gehen sie aus Mir hervor: Verstehen und Wissen, Freiheit von Verwirrung durch Unwissenheit, Vergebung und Wahrheit, Selbstbeherrschung und die Ruhe innerer Kontrolle, Kummer und Freude, das Eintreten ins Dasein und dessen Vernichtung, Furcht und Furchtlosigkeit, Ehre und Unehre, Nichtverletzen und Gleichmut, Zufriedenheit, Genügsamkeit, Spenden, sie alle hier in ihrer getrennten Mannigfaltigkeit sind subjektive Werdeformen des Seienden.

maharṣayaḥ sapta pūrve catvāro manavas tathā
madbhāvā mānasā jātā yeṣāṁ loka imāḥ prajāḥ

6. Die großen *ṛiṣis*, die sieben Ahnen der Welt und auch die vier Manus sind Meine mentalen Werdeformen. Von ihnen stammen alle lebendigen Geschöpfe in der Welt.

etāṁ vibhūtiṁ yogaṁ ca mama yo vetti tattvataḥ
so 'vikampena yogena yujyate nā 'tra saṁśayaḥ

7. Wer diese Meine das All durchwaltende Herrschaft und diesen Meinen Yoga erkennt, der eint sich ohne Zweifel selbst mit Mir durch den einen unerschütterlichen Yoga.

ahaṁ sarvasya prabhavo mattaḥ sarvaṁ pravartate
iti matvā bhajante māṁ budhā bhāvasamanvitāḥ

8. Ich bin die Geburt aller Dinge, und aus Mir geht alles weiter in die Entfaltung von Handeln und Bewegung. Die Weisen, die so verstehen, verehren Mich mit dem Gefühl des Entzückens.

maccittā madgataprāṇā bodhayantaḥ parasparam
kathayantaś ca māṁ nityaṁ tuṣyanti ca ramanti ca

9. Ihr Bewusstsein ist von Mir erfüllt. Ihr Leben ist völlig an Mich hingegeben. Sie erleuchten einander, wenn sie von Mir miteinander reden. Immer sind sie zufrieden und freudvoll.

teṣāṁ satatayuktānāṁ bhajatāṁ prītipūrvakam
dadāmi buddhiyogaṁ taṁ yena mām upayānti te

10. Denen, die so in ständigem Einssein mit Mir sind und Mich mit dem innigen Entzücken der Liebe anbeten, verleihe Ich den Yoga des wahren Verstehens, durch den sie zu Mir gelangen.

teṣām evā 'nukampārtham aham ajñānajaṁ tamaḥ
nāśayāmy ātmabhāvastho jñānadīpena bhāsvatā

11. Ich wohne in ihrem Selbst und vertreibe aus Mitleid mit ihnen die Finsternis, die in Unwissenheit ihren Ursprung hat, durch das strahlende Licht der Erkenntnis.

B. Gott in der Macht des Werdens

arjuna uvāca
paraṁ brahma paraṁ dhāma pavitraṁ paramaṁ bhavān
puruṣaṁ śāśvataṁ divyam ādidevam ajaṁ vibhum

12. *Arjuna* sprach:
Du bist der erhabene *brahman*, die höchste Zuflucht, die lauterste Reinheit, das Bleibende, der göttliche *puruṣa*, die ursprüngliche Gottheit, der Ungeborene, der alles durchwaltende Gebieter.

āhus tvām ṛṣayaḥ sarve devarṣir nāradas tathā
asito devalo vyāsaḥ svayaṁ cai 'va bravīṣi me

13. Alle *ṛiṣis* sagen dies von Dir und die göttlichen Seher *Nārada, Asita, Devala* und *Vyāsa*. Und Du selbst tust es mir kund.

sarvam etad ṛtaṁ manye yan māṁ vadasi keśava
na hi te bhagavan vyaktiṁ vidur devā na dānavāḥ

14. Dies alles, was Du mir kundtust, o *Keṣava*, hält mein Bewusstsein für die Wahrheit. Weder die Götter noch die Titanen kennen Deine Offenbarung, erhabener Gebieter.

svayam evā 'tmanā 'tmānaṁ vettha tvaṁ puruṣottama
bhūtabhāvana bhūteśa devadeva jagatpate

15. Du allein erkennst Dich selbst durch Dein Selbst, o *Puruṣottama*, Du Ursprung aller Wesen, Herr aller Geschöpfe, Gott aller Götter, Meister der Welt.

vaktum arhasy aśeṣeṇa divyā hy ātmavibhūtayaḥ
yābhir vibhūtibhir lokān imāṁs tvaṁ vyāpya tiṣṭhasi

16. Alle Deine göttlichen Selbst-Offenbarungen solltest Du mir ohne Ausnahme mitteilen, Deine *vibhūtis*, in denen Du dastehst und die Welten durchwaltest.

kathaṁ vidyām ahaṁ yogiṁs tvāṁ sadā paricintayan
keṣu-keṣu ca bhāveṣu cintyo 'si bhagavan mayā

17. Wie werde ich Dich erkennen, o Yogin, wenn ich überall und immer an Dich denke, und in welchen hervorragenden Gestalten Deines Werdens soll ich Dich mir vergegenwärtigen, o erhabener Gebieter?

vistareṇā 'tmano yogaṁ vibhūtiṁ ca janārdana
bhūyaḥ kathaya tṛptir hi śṛṇvato nā 'sti me 'mṛtam

18. Sprich zu mir in Einzelheiten über Deinen Yoga und von Deinen *vibhūtis*, *Janārdana*, und teile mir mehr davon mit! Nektar der Unsterblichkeit ist dies für mich. Und wenn ich auch noch so viel davon zu hören bekomme, so werde ich doch nicht übersättigt werden.

śrī bhagavān uvāca
hanta te kathayiṣyāmi divyā hy ātmavibhūtayaḥ
prādhānyataḥ kuruśreṣṭha nā 'sty anto vistarasya me

19. Der Erhabene sprach:
Ja, Ich will dir Meine heiligen *vibhūtis* kundtun, o Bester der *Kurus*, jedoch nur in Gestalt einiger Meiner wichtigsten und hervorragendsten. Denn es gibt kein Ende der Einzelheiten Meiner Selbst-Entfaltung im Universum.

aham ātmā guḍākeśa sarva bhūtāśayasthitaḥ
aham ādiś ca madhyaṁ ca bhūtānām anta eva ca

20. Ich, o *Guḍākeśa*, bin das Selbst, das allen Wesen innewohnt. Ich bin Anfang, Mitte und Ende aller Wesen.

ādityānām ahaṁ viṣṇur jyotiṣāṁ ravir aṁśumān
marīcir marutām asmi nakṣatrāṇām ahaṁ śaśī

21. Unter den *Adityas* (den vedischen Göttern, der Übersetzer) bin Ich *Viṣṇu*. Unter den Lichtern und allem Strahlenden bin Ich die leuchtende Sonne. Ich bin *marīci* (der Regenwind, d.U.) unter den Maruts (Winden, der Übersetzer). Unter den Gestirnen bin ich der Mond.

vedānāṁ sāmavedo 'smi devānām asmi vāsavaḥ
indriyāṇāṁ manaś cā 'smi bhūtānām asmi cetanā

22. Unter den Veden bin Ich der *sāma-veda*. Unter den Göttern bin Ich *Vāsava*. Das Mental bin Ich unter den Sinnen. In den lebenden Wesen bin Ich das Bewusstsein.

rudrāṇāṁ śaṅkaraś cā 'smi vitteśo yakṣarakṣasām
vasūnāṁ pāvakaś cā 'smi meruḥ śikhariṇām aham

23. Ich bin *Śiva* unter den *Rudras* (Sturmgötter, der Übersetzer). Der Herr des Reichtums bin Ich unter den *yakṣas* und den *rakṣasas* (den Unholden, der Übersetzer). *Agni* bin Ich unter den *Vasus* (Feuergöttern, der Übersetzer). Und *Meru* bin Ich unter den Berggipfeln der Welt.

purodhasāṁca mukhyaṁ māṁ viddhi pārthabṛhaspatim
senānīnām ahaṁ skandaḥ sarasām asmi sāgaraḥ

24. Und erkenne, o *Pārtha*, Mich auch als *Bṛihaspati*, das Haupt der Hohenpriester der Welt. Ich bin *Skanda*, der Kriegsgott, Führer aller Befehlshaber in der Schlacht. Unter den bewegten Gewässern bin Ich der Ozean.

maharṣīṇāṁ bhṛgur ahaṁ girām asmy ekam akṣaram
yajñānāṁ japayajño 'smi sthāvarāṇāṁ himālayaḥ

25. Ich bin *Bhṛigu* unter den großen *ṛiṣis*. Ich bin die heilige Silbe OM unter den Worten. Unter den Handlungen des Gottesdienstes bin Ich die Verehrung, die *japa* genannt wird (die schweigende Wiederholung der heiligen Namen usw.). Unter den Gebirgszügen bin Ich der *himālaya*.

aśvatthaḥ sarvavṛkṣāṇāṁ devarṣīṇāṁ ca nāradaḥ
gandharvāṇāṁ citrarathaḥ siddhānāṁ kapilo muniḥ

26. Ich bin der *aśvattha* (-Baum) unter allen Pflanzen und Bäumen. Und Ich bin *Nārada* unter den göttlichen Weisen, *Citraratha* unter den *Gandharvas* (den Göttern des Tanzes, der Übersetzer), *Muni Kapila* unter den *Siddhas* (Vollkommenen).

uccaiḥśravasam aśvānāṁ viddhi mām amṛtodbhavam
airāvataṁ gajendrāṇāṁ narāṇāṁ ca narādhipam

27. Erkenne Mich, Nektar-Geboren, als *uccaiḥśravas* unter den Pferden, als *airāvata* unter den vornehmen Elefanten und als den König der Menschen unter den Menschen.

āyudhānām ahaṁ vajraṁ dhenūnām asmi kāmadhuk
prajanaś cā 'smi kandarpaḥ sarpāṇām asmi vāsukiḥ

28. Ich bin der göttliche Donnerkeil unter den Waffen. Ich bin *kāmadhuk*, die Wunschkuh des Wohlstands, unter den Kühen. *Kandarpa*, der Liebesgott, bin ich unter den Erzeugern. Unter den Erdschlangen bin ich *Vāsuki*.

anantaś cā 'smi nāgānāṁ varuṇo yādasām aham
pitṝṇām aryamā cā 'smi yamaḥ saṁyamatām aham

29. Und ich bin *Ananta* unter den *Nagas* (Himmelsschlangen, der Übersetzer), *Varuṇa* unter den Bewohnern des Meeres, *Aryaman* unter den Ahnen, *Yama* (Herr des Gesetzes) unter denen, die über Recht und Gesetz wachen.

prahlādaś cā 'smi daityānāṁ kālaḥ kalayatām aham
mṛgāṇāṁ ca mṛgendro 'haṁ vainateyaś ca pakṣiṇām

30. Und ich bin *Prahlada* unter den Titanen. Ich bin die Zeit, der Inbegriff aller Berechnung, für die, welche rechnen und messen. Unter den Tieren des Waldes bin Ich der König der Tiere, und *Vainateya* unter den Vögeln.

pavanaḥ pavatām asmi rāmaḥ śastrabhṛtām aham
jhaṣāṇāṁ makaraś cā 'smi srotasām asmi jāhnavī

31. Ich bin der Wind unter den Reinigern. Ich bin *Rāma* unter den Kriegern. Ich bin der Alligator unter den Flusstieren. Unter den Strömen bin Ich der Ganges.

sargāṇām ādir antaś ca madhyaṁ cai 'vā 'ham arjuna
adhyātmavidyā vidyānāṁ vādaḥ pravadatām aham

32. Von der Schöpfung bin Ich der Anfang und das Ende sowie die Mitte, *Arjuna*. Ich bin das spirituelle Wissen unter den Philosophien, Künsten und Wissenschaften. Ich bin der Logiker unter den Diskutierenden.

akṣarāṇām akāro 'smi dvandvaḥ sāmāsikasywa ca
aham evā 'kṣayaḥ kālo dhātā 'haṁ viśvatomukhaḥ

33. Ich bin der Buchstabe A unter den Buchstaben, die Zweiheit unter den Verbindungen. Ich bin die unvergängliche Zeit. Ich bin der Meister und Herrscher (aller Wesen), dessen Antlitz überall sichtbar wird.

mṛtyuḥ sarvaharaś cā 'ham udbhavaś ca bhaviṣyatām
kīrtiḥ śrīr vāk ca nārīṇāṁ smṛtir medhā dhṛtiḥ kṣamā

34. Und Ich bin der alles dahinraffende Tod. Ebenso bin Ich die Geburt von allem, das ins Dasein tritt. Unter den weiblichen Eigenschaften bin ich Ruhm und Schönheit, Redekunst, Gedächtnis, Einsicht, Standhaftigkeit und Vergebung.

bṛhatsāma tathā sāmnāṁ gāyatrī chandasām aham
māsānāṁ mārgaśīrṣo 'ham ṛtūnāṁ kusumākaraḥ

35. Ich bin auch das große *soma* unter den *santras*, die *sāyatrī* unter den Versmaßen. Unter den Monaten bin Ich *mārgaśīrṣa*, der erste der Monate. Ich bin der Frühling, die lieblichste Jahreszeit.

dyūtaṁ chalayatām asmi tejas tejasvinām aham
jayo 'smi vyavasāyo 'smi sattvaṁ sattvavatām aham

36. Ich bin das Glücksspiel der Geschicklichen und die Stärke der Mächtigen. Ich bin Entschlossenheit, Beharrlichkeit und Sieg. Ich bin die *sattva*-Eigenschaft der Guten.

vṛṣṇīnāṁ vāsudevo 'smi pāṇḍavānāṁ dhanaṁjayaḥ
munīnām apy ahaṁ vyāsaḥ kavīnām uśanā kaviḥ

37. Ich bin *Kṛṣṇa* unter den *Vrishnis*, *Arjuna* unter den *Pāṇḍavas*. Ich bin *Vyāsa* unter den Weisen. Ich bin *Uśanas* unter den Dichter-Sehern.

daṇḍo damayatām asmi nītir asmi jigīṣatām
maunaṁ cai 'vā 'smi guhyānāṁ jñānaṁ jñānavatām aham

38. Ich bin Herrschaft und Macht all derer, die regieren, bändigen und überwinden, und die Politik aller, die Erfolg haben und erobern. Ich bin das Schweigen der geheimen Dinge und das Wissen der Wissenden.

yac cā 'pi sarvabhūtānāṁ bījaṁ tad aham arjuna
na tad asti vinā yat syān mayā bhūtaṁ carācaram

39. Und was auch immer der Keim von allen Wesen ist, *Arjuna*: Ich bin der Keim. Nichts in der Welt, was sich regt oder regungslos ist, Belebtes oder Unbelebtes, kann ohne Mich existieren.

nā 'nto 'sti mama divyānāṁ vibhūtīnāṁ paraṁtapa
eṣa tū 'ddeśataḥ prokto vibhūter vistaro mayā

40. Es gibt für Meine göttlichen Entfaltungen (*vibhūti*) kein Aufzählen und keine Grenze, o *Paraṁtapa*. Was Ich hier nannte, ist nicht mehr als eine knappe Darlegung, und Ich habe nur das Licht von ein paar grundlegenden Andeutungen gegeben.

yad-yad vibhūtimat sattvaṁ śrīmad ūrjitam eva vā
tat-tad evā 'vagaccha tvaṁ mama tejoṁśasaṁbhavam

41. Wenn immer du ein schönes und herrliches Geschöpf in der Welt erblickst, ein Wesen voll Macht und Stärke (bei den Menschen und in den Bereichen oberhalb des Menschen oder unter ihm), dann wisse: Gerade dies ist Größe, Kraft und Licht aus Mir, aus einem machtvollen Wesensteil und einer intensiven Kraft Meines Seins geboren.

athavā bahunai 'tena kiṁ jñātena tavā 'rjuna
viṣṭabhyā 'ham idaṁ kṛtsnam ekāṁśena sthito jagat

42. Doch wozu bedarf es noch einer Fülle von Einzelheiten, o *Arjuna*, damit du dies erkennst! Verstehe es also: Ich bin hier in dieser Welt und überall. Mit einem unendlich kleinen Teil Meines Selbstes trage und erhalte Ich dieses ganze Universum.

IV Die Lehre der Wiedergeburt

Vortrag vom 31.10.1995

1 Von der Methodik bis zum Mysterium des Yoga

Es stellt das Verständnis dieser Vorträge zweifellos eine hohe Anforderung an das heutige Bewusstsein, da es mit einer Schrift konfrontiert wird, die in einem fremden Kulturkreis entstanden ist und zudem nicht bereit ist, sich wirklich auf die irdische Welt mit all ihren Polaritäten und Bedürfnissen einzulassen. Der Atem bleibt frei im Geistigen und die Verse schwingen im Äther, leicht, erhaben und teilen die Gesetze der Weltenschöpfung mit. Sie berühren die Erde mit einem Hauch des Unberührbaren und jener, der sie liest, wird sich im wachsenden Maße bewusst, dass er sich mit allen Begriffen, Vorstellungen, unterscheidenden Vergleichen, philosophischen Ausarbeitungen und ganz besonders mit dem Yoga in einer sonnenhaften, geistigen Welt befindet. Kosmische Gefühle waren früher weitaus mehr ausgeprägt als intellektuelles Wissen und aus diesem Grund findet die *Gītā* Begriffe, die in letzter Konsequenz nur in ihrer geistigen Sinngebung verständlich sind. Beispielsweise ist es für den unbefangenen Leser ganz natürlich, dass er mit dem Yoga eine äußerlich sichtbare Übungsweise verbindet. Der Begriff des Yoga, die Meisterschaft über das Leben oder die Beziehung zum Göttlichen in bewusst erworbener Disziplin, die über die gewöhnlichen körperlichen Grenzen und mentalen Gewohnheiten hinauswächst, bildet aber, wie das vierte Kapitel darstellt, einen Sonnenraum, der eine Art Selbstzeugnis mit erhabener Klarheit ausdrückt und weit über jegliche Körperwelt hinausgeht.

Yoga ist seinem inneren Bedeutungssinn nach ein sehr klar zu definierender Begriff, der zu seiner Konkretisierung einige Zeit der Auseinandersetzung mit geistigen Gesetzmäßigkeiten und solider Übungshinwendung erfordert. Jene Bewusstseinsausrichtungen, die über die bekannt gewordenen Körperübungen hinausgehen, sind in der westlichen Kultur nicht direkt etabliert und anerkannt und so ist der wahre und bedeutungstiefe Begriff des Yoga fremd. Erfahrungsgemäß ist für die Schüler, die mit der Körperübungsweise beginnen und in der psychisch-physischen Gestaltung einen ersten Einstieg suchen, die große Selbstrealisierung eines kosmischen Lebens noch unbekannt. In der Regel spricht heute der Praktizierende von *haṭha*-Yoga oder einer Methodik, die den Körper energetisiert und eine gesunde Vitalität erzeugt. Der Yoga im Sinne des *trimarga* beschäftigt sich mit *jñāna*, *bhakti* und *karma*. Die geistigen

Pfade der Erkenntnis, der Hingabe und des gezielt tätigen Handelns sind große integrale Mysterien der Seele. Sie sind nicht einfach als äußere Übungsmethoden zu werten, denn ihr innerer Gehalt und ihre tiefgründige Bedeutung sind wie der Atem des Seelenlebens selbst.

Im Sinne einer seelisch-geistigen Entwicklung, die in jeder menschlichen Seele vor sich geht und ihren mysteriösen Vollzug findet, lässt sich die *Bhagavad Gītā* verstehen. Die Betrachtung des Werkes schenkt dem interessierten Leser eine klarere, weisheitsvolle Begrifflichkeit, die sich wie intuitiv aus der Weltenschöpfung selbst heraushaucht. Der Yoga lebt als eine Gesetzmäßigkeit, die auf ihre Entdeckung wartet. Die *Bhagavad Gītā* beginnt auf dem irdischen Schlachtfeld und erzählt die Geschichte, wie sich zwei Heere begegnen und *Kṛiṣṇa* in der Mitte den Wagen von *Arjuna* lenkt, oder anders ausgedrückt sein Haupt lenkt. *Arjuna* ist der Bogenschütze, der Tätige und er ist der Held der Geschichte. Die Kämpfe toben, aber das Interesse an ihnen verstummt und die Lehre der Askese, der Entsagung, die Lehre des Yoga, die Lehre der Erkenntnis und Weisheit des *Sāṅkhya*-Systems, werden in wachsend schönen Begrifflichkeiten erklärt.[1] Auf diese Erklärungen folgen dann die Schilderungen über das Wesenhafte des Lebens und die sensible und sorgfältig entfaltete Unterscheidung von den Prinzipien der Handlung im Vergleich zur Erkenntnis und zum unendlichen, immer wiederkehrenden Leben des Selbst. Diese vielen, klar definierten Unterscheidungen ziehen sich schließlich bis zum Ende der Erzählung, bis zum achtzehnten Kapitel über insgesamt siebenhundert Verse hindurch. Dabei bewegt sich der Interessierte bereits von allem Anfang an, vom ersten Kapitel, mit seinem Schlachtfeld das in der Astralsphäre stattfindet bis hin zum achtzehnten Kapitel, das eine Art Zusammenfassung mit den Konsequenzen des Yoga darstellt, beständig in einer höheren Welt, höher als es die sichtbare Wirklichkeit ist. Vom Standpunkt der äußeren analytischen Wissenschaft und einer rein phänomenologischen Methode lässt sich kein einziger Vers der *Bhagavad Gītā* richtig verstehen. Die himmlische, sich ständig weiter öffnende Sphäre wird im Empfinden für den, der ein Mysterium der Seele sucht, langsam und konkret spürbar. Mit jedem Kapitel, angefangen vom dritten bis hin zum elften, in dem eine gewaltige Vision der Hellsichtigkeit beschrieben wird, gewinnt der Aspirant der Geistschule den Eindruck, dass er fast die Augen schließen muss und vor Ehrfurcht gegenüber dieser erhabenen Wahrheit, formuliert in jener wunderbaren Komposition, zurückweichen muss.

---

1 Die *Sāṅkhya*-Philosophie erscheint im zweiten Kapitel der *Bhagavad Gītā* gewissermaßen als Vorbereitung für den Yoga. Sie beruht auf einer detaillierten Analyse der Natur und des menschlichen Bewusstseins. Jede Seele erscheint in dieser Philosophie als eigene Existenz, obgleich sie in pluraler Form, von dem sogenannten *puruṣa* ausgehend, eine Universalität darstellt.

Der trimārga der Bhagavad Gītā – der dreigliedrige Pfad des Yoga

bhakti-Yoga

Bhakti-Yoga bedeutet Hingabe, Hinwendung in höchster Mühe um edelste Ideale. Er wurzelt in der Tiefe und Liebe zum Geiste, überschreitet durch sanfte und doch unermüdliche Willensaktivität die Grenze aller Verhaftung und geht in die transzendente Wirklichkeit ein.

jñāna-Yoga

Es ist das Wissen als Resultat aus der Hingabe und dem Studium oder die Verwandlung des Herzens mit seinen äußeren Gefühlen zu tiefen universalen Empfindungen.

karma-Yoga

Karma-Yoga bildet im besten Sinne die Ausarbeitung einer Idee zu einem praktischen Ideal. Es ist nicht nur die Arbeit im tätigen Sinne, sondern die Mühe um die Erhaltung, Bewahrung und Veredelung aller wertvollen Ziele des Menschseins.

II Vorbereitungszeiten für den Yoga

Das, was in der *Bhagavad Gītā* geschildert wird, ist nicht nur eine abstrakte Definition des Yoga, es ist das Werden zum Yoga, der Weg zur Selbstmeisterung. *Kṛiṣṇa* ist jener Lehrer, der *Arjuna* diesen Weg mit verschiedenen Gliedern lehrt. *Arjuna* verbrachte dreizehn Jahre als Vorbereitungszeit für diesen Yoga in einem Exil. Er lernte die Disziplin der Askese kennen und ertrug über viele Jahre hinweg Ungerechtigkeit. Der als *kṣatriya* Ausgebildete kam dann zurück als ein weiser und sehr reif gewordener Mann. Er kam aus einer Welt der Zurückgezogenheit und wollte sein rechtmäßiges Erbe antreten, konnte es aber von der Welt oder von jenen, die als die *Kauravas*, die hundert Söhne von *Dhṛitarāṣṭra*, die weltlichen Herrscher waren, nicht erhalten. *Arjuna* begibt sich in die erste Betrachtung des Schlachtfeldes, das bildhaft gesehen sein eigenes persönliches Innenleben darstellt. In diesen Verwirrungen des eigenen Gemütes weiß er anfänglich nicht, was er tun soll. Er ist ein edler Mann mit einer charakterlichen Stärke, besitzt empfindsame Eigenschaften und eine hohe Opferbereitschaft. Er ist, besonders durch das lange Exil, vollkommen von Reinheit geprägt. *Kṛiṣṇa*, der spirituelle Lehrer, der zugleich als die reine, göttliche Person oder, wie es in unserer Kultur dargestellt werden kann, als der reine Gedanke in seiner Geistigkeit auftritt, weist ihn philosophisch an. *Arjuna* selbst bittet um die Lehranweisung, er fragt und erhält die Antworten. Es lässt sich nun das Bild leichter vorstellen, dass jenes wunderbare Gespräch auf einer himmlischen Höhe stattfindet und gleichzeitig eine tiefe Einheit zwischen Lehrer und Schüler demonstriert. Der Schüler könnte ohne den Lehrer nicht auf diese Höhe klettern. Er könnte ohne Lehranweisungen weiterhin auch gar nicht zu den Erkenntnissen und Einsichten, wie es die vollkommene Unterscheidung ist, gelangen. Beide überstrahlt der Geist des *Kṛiṣṇa*, des göttlichen Wagenlenkers, und *Arjuna* nimmt durch diesen die Wahrheit, Weisheit und höchste Dimension der Einsicht in sich auf. Gleichmut, *samabhāva*[1], und bewusste Umgangsformen, die zu dem Yoga führen, bilden die Kernstücke der Lehre für das zweite und dritte Kapitel.

Es heißt sinngemäß in den Versen: »Der, der das Handeln im Nichthandeln erkennt, tritt von seinem Verhaftetsein zurück und bleibt durch die Unterscheidungskraft frei von seinen eigenen Handlungen. Obwohl er handelt, bleibt er dennoch frei (IV/18). Der, der in allen Werken, in allen Bereichen des Lebens das Gleiche sieht, der gleichmütig gegenüber Erfolg und Misserfolg bleibt, der wird keine Bindungen eingehen (IV/22).« Die irdische Welt sieht die Freude in erfolgreichen Ereignissen, während die Seele im Nachtodlichen die lichte Seligkeit in allen gelungenen Entwicklungsperspektiven wahrnimmt und diese unabhängig von irdischer Sympathie oder Antipathie erlebt.

Es gibt eine Vielzahl von Versen, die auf wunderbare Weise diesen Gleichmut, *sama*, der auf einer Unterscheidung von weltlicher und geistiger Ebene beruht, beschreiben. In der nachtodlichen Welt existiert das Wesen und Wirken von *sama*, dem Gleichen, denn derjenige, der in diese Welt der Körperfreiheit eintritt, erlebt sich in genau und gleich bemessener Weise wie er in seiner Seele wirklich authentisch und wahr ist. Infolge des Fühlens zu dieser reinen Seelenwelt mit ihrem *sama* erscheint die Art des Unberührtseins gegenüber den weltlichen Geschehnissen, den Mächten und Versuchungen, die in der irdischen Polarisierung von Sympathie und Antipathie gegeben sind. Die Verse zum Gleichmut in der *Bhagavad Gītā* beschreiben eine Art Ideal, das durch sehr viele Lebenserfahrungen in wachsendem Maße angestrebt wird. Meditationen, Übungen, Beobachtungen und genaue, sorgfältige Analysen des psychischen Daseins führen mit der Zeit zu den feinsinnigen Empfindungen des beschriebenen Ideals. Es wird im Werke von Śrī Aurobindo vorsichtig eine Zeit von acht Jahren für die Realisation des Yoga genannt. Eine *āsana*, eine Körperübung, kann ein Schüler beispielsweise sehr schnell lernen, die wirkliche Selbstrealisation, die mit Yoga beschrieben wird, bedarf einer langen Erfahrungszeit. Acht Jahre als realistische Einschätzung dauert es in der Regel, bis die Erfahrungen heranreifen und bis der Ruf zur vollkommenen Lebensmeisterschaft eintritt. Selbst für den besten Schüler sind erst einmal einige Jahre nötig, bis er aus einer tiefsten inneren Gewissheit die Stimme empfängt, die ihn schließlich zum Yoga führt oder ihn direkt an die Schwelle leitet, die eine umfassende Selbstkontrolle und Selbstmeisterschaft erfordert.

1 *Samabhāva* ist das meistgebräuchliche Wort für Gleichmut. Die Gefahr, Gleichmut mit Gleichgültigkeit, Interessenlosigkeit und einer niedrigen Form von Indifferenz zu verwechseln, dürfte relativ groß sein. Jene moralische Größe des Gleichmutes, von der die *Bhagavad Gītā* ausgeht, beansprucht eine sorgfältige Unterscheidung zwischen vergänglichen Einflüssen, die den Körper oder die Psyche im Moment tangieren und jenen Werten, die dauerhaft in der Entwicklung zur Erkraftung kommen wollen. Gleichmut lässt sich nicht gemütshaft herstellen, es bedarf vielmehr des Aufstieges aller Erkenntniskräfte zu einer hohen Kulmination. *Samaṁ brahma* heißt es beispielsweise in V/19 und die Worte bedeuten, dass die Identifizierung des Menschen mit *brahman* gegeben ist oder allgemein mit höchsten Idealen und Gedanken. Von dieser bewussten Identität lässt sich schließlich derjenige Anteil, der vorübergehend das irdische Leben begleitet, sehr leicht mit Gleichmut wahrnehmen, da dieser relativ ist und im Sinne des Vorübergehens empfunden werden kann.

karmaṇy akarma

Diese Begriffe bedeuten, dass Untätigkeit in der Handlung vorherrscht oder anders ausgedrückt, ein Handeln ohne zu handeln.

karmaṇy akarma yaḥ paśyedakarmaṇi ca karma yaḥ
sa buddhimān manuṣyeṣu sa yuktaḥ kṛtsnakarmakṛt
(IV/18)

Der Holzhacker als Beispiel eines aktiven Arbeiters zerspaltet die Bäume und interveniert auf diese Weise im Naturgeschehen. Man könnte nun behaupten, er zerstöre die schöne Natur. Bliebe er aber untätig und gäbe er das Holz der Fäulnis preis, könnte er nicht in den Konflikt des selbstbezogenen Handelns und eines Zerstörens geraten, er wäre dann ein Nichthandelnder, der infolge seiner Untätigkeit dem *tamas*, der Trägheit, unterliegen müsste.

Indem der Holzhacker am Beispiel des Spaltens des Holzes in die Natur eingreift und willentlich Hand anlegt, übt er Gewalt aus und bereitet sogar einen weiteren Verbrennungsprozess vor. Er ist tätig und muss sich mit den Folgen seiner Handlung konfrontieren. Bliebe er aber untätig, müsste er sich mit seiner eigenen Untätigkeit ebenfalls auseinandersetzen.

III Eine allgemeine Betrachtung zur Lehre der Wiedergeburt

In der heutigen Betrachtung soll ein wesentlicher geschichtlicher Inhalt zum Tragen kommen, der für jeden und besonders für den Geistschüler von großem Interesse ist. Das ist die Auseinandersetzung mit der Lehre der Wiedergeburt. Diese Lehre der Reinkarnation[1] kommt auf sehr charakteristische und tiefe, aber doch allgemein gehaltene Weise in den Versen der *Bhagavad Gītā* zum Ausdruck. *Kṛiṣṇa* spricht zu seinem Schüler davon, wann der Yogin oder der Suchende wiedergeboren wird und wann er diese Welt verlässt und heimkehrt in das höchste Reich. Die betreffenden Verse sind sehr elegant, leicht, ohne in irgendeiner Weise jemanden zu verurteilen. Selbst der Sünder wird nicht nur als der Böse hingestellt, sondern als ein Mensch, der jederzeit in einen Aufstieg der Entwicklung übertreten kann. Die Verse bleiben mit diesem Thema der Befreiung und Erlösung in einem großen und weiten Atemzug. Dieser Atemzug holt in jene Dimensionen aus, die auf den ersten Blick noch gar nicht erfassbar erscheinen. Die Lehre der Wiedergeburt ist für den, der nach Yoga strebt, äußerst interessant, denn er will aufsteigen, sich befreien, sich dem Genuss der Welt entziehen und edlere Formen des Daseins erringen. Zum einen bildet sich in der Seele des Suchenden das Bedürfnis nach dem Wissen zu den Wahrheiten der übersinnlichen Welten aus und weiterhin stellt sich für ihn die geistige Frage nach dem Tod und dem Wiederhereintreten in die Erde. Es ist jenes große Geheimnis, das den gewöhnlichen Sinnen und dem Intellekt verborgen bleibt. Wie ist in der *Bhagavad Gītā* die Lehre der Wiedergeburt, der Reinkarnation zu verstehen?

Um über diese sehr große und umfassende Lehre einen kurzen Überblick zu gewinnen, lässt sich der geschichtliche Hintergrund im Westen etwas näher betrachten. Die Lehre des Kommens und Gehens der Seele war in den älteren Mysterienschulen immer schon ein Bestandteil des Forschens. Sie galt unter den weisen Lehrern als ein natürliches Gesetz, das ganz selbstverständlich

---

1 Im 27. Vers des Kapitels II wird auf kompakte Weise die Gesetzmäßigkeit des Geborenwerdens, Sterbens und des Kreislaufes der Wiederkehr der Seele beschrieben. »Denn allen Geborenen, *jātasya*, ist der Tod, *mṛtyu*, gewiss und sicher ist die Geburt, *janma*, für die Toten *mṛtasya*.« Die *Bhagavad Gītā* definiert die verschiedenen Ebenen, die die Seele betritt, niemals in absoluter Weise, sondern im ständigen Werdegang von einer oberen zu einer unteren Welt. Tod und Wiederkehr sind nur Wechselverhältnisse, die innerhalb einer großen Entwicklung stattfinden.

gepflegt wurde. Die Gegebenheit, dass eine Seele immer wieder auf die Erde tritt, lag zur Zeit des Evangeliums durchaus noch bewusst in den einzelnen Herzen. Die Präexistenz der Seele war früher selbstverständlich. Bald aber wurden die Erfahrungen über das Verhältnis von einem nachtodlichen zu einem diesseitigen Dasein immer mysteriöser und undurchsichtiger. Das ganze Wesen der Seele, wie sie kommt und wie sie geht, wie sie sich in der übersinnlichen Wanderung durch die vielseitigen Erdenleben bewegt, wurde ein undefinierbares Geheimnis. Etwa vierhundert Jahre nach Christus, zur Zeit des Augustinus, wusste man schon gar nicht mehr, ob es eine Wiedergeburt gibt. Mit der Erlösungstat von Jesus Christus kam nun für den fragenden Intellekt ein großes Rätsel: Der Christus ist der Erlöser – aber wie kann Erlösung einerseits und Wiedergeburt auf der anderen Seite geschehen? Wenn der Erlöser, der Heiland, gekommen ist und die leidende Erde und alle Menschen, einschließlich der Sünder erlöst hat, wie muss man dann mit der Lehre der Wiedergeburt umgehen? Da man zur Zeit des Augustinus und vor allem danach nicht mehr intuitiv in die geistigen Welten blicken konnte, kamen Zweifel über Zweifel über dieses wiederholte Hereintreten der Seele in die Erdeninkarnation. Es folgte unglücklicherweise noch eine andere Tatsache, die den wesentlichen Ausschlag zur Verneinung der Reinkarnationslehre gab. Es kam die Frage nach der Weltkirche und einer verbindlichen Religion auf. Die Weltkirche sollte alle Menschen einschließen, sowohl in Europa als auch auf der ganzen übrigen Erde. Es liegt ein nicht sichtbares Bedürfnis, das wohl mit einigen natürlichen Wünschen versehen ist, im Sendungsauftrag der Kirche, und zwar jenes, dass sie nicht nur eine Gemeinschaft für eine begrenzte Gruppe bleiben will, sondern Weltengemeinschaft werden möchte. Das Leben Christi bringt, wie die Ekklesiologie ausspricht, die Erlösung und das Heil für alle Menschen, die in der Kirche, in der Gemeinschaft der Gläubigen, zusammenfinden sollen. Die Weltkirche, die Erlösung durch Christus und die Wiedergeburt konnte man deshalb nicht miteinander vereinbaren. Das Verständnis des Lebens und Wirkens im Sinne einer Erlösung und Befreiung bekam durch die wachsende kirchliche Politik einen äußerlichen, materialistischen Bezug. Mit der wachsenden Kirchenpolitik konnte man diese großen Ideen mit ihren Gesetzmäßigkeiten, die aus dem Geiste selbst entspringen, niemals miteinander vereinen, man musste auf die Wiedergeburt verzichten. Man musste die bis dahin gültige Lehre des wiederholten Eintretens der Seele in die Erdensphäre verneinen, denn sonst hätte die Erlösungstat Jesu Christi in ihrer Vollendung für die Weltschöpfung und als Gnadengabe nicht ausreichende Anziehungskraft gehabt und das komplexe Gebäude der Kirche hätte nicht errichtet werden können. Die Strukturierungen zum Institutionellen waren im Osten gemäß der unterschiedlichen mentalen Voraussetzungen anders. Im Osten scheint nahezu ein unmittelbarer Gegensatz zu den festen Formprinzipien

Die menschliche Seele im Verhältnis zu den Naturreichen

Mensch

Die menschliche Natur kehrt im Kreislauf des Geborenwerdens und Sterbens immer wieder in eine Verkörperung.

Die Wiedergeburt gilt nur für den Menschen.

Tierreich und Instinkte

Pflanzenreich und vegetatives Leben

Mineralreich und Erde

Die anderen Naturreiche bilden die Basis für das Leben, sie enthalten sich aber des wiederholten Wiederkehrens.

des Westens zu bestehen. Es gibt im Osten keine zwingenden Credoformen, keine Kongregationen, keine abgrenzenden Konfessionen, keine Glaubensgemeinschaften im einseitig kirchlich organisierten Sinn. Der Yoga beispielsweise versucht sich nicht zu einer Weltkirche zusammenzuschließen. Auch das mentale hinduistische Bewusstsein hat niemals jene Bemühungen aufgenommen, etwas so Gediegenes und Festes wie ein Kirchensystem zu schaffen. Ein gemeinschaftliches Bemühen gibt es überall und Zusammenschlüsse von Gläubigen entsprechen den natürlichen Bedürfnissen, jedoch eine zwingende und feste Organisation mit gültigen Dogmen für alle zu erschaffen, ist typisch für das institutionelle Denken in Europa. Der Osten blieb seiner individuellen Gottsuche treu und wies mehr oder weniger das Zeitgeschehen mit seinen Tendenzen zur Institutionierung von sich. Er lebte mehr in einer Zeitlosigkeit und in einer nahen Verbindung zu den alten vedischen Wahrheiten.

Durch die mündliche Überlieferung, *śruti,* ist die Wiedergeburtslehre im Osten erhalten geblieben. Es gab keine Konzile und somit keine Gründe, auf sie zu verzichten. Es werden in den östlichen Lehren die verschiedensten Bausteine zur Reinkarnation genannt und diese erscheinen vielleicht im Chaos der Nichtinstitutionierung recht vielseitig und auch widersprüchlich. Der Buddhismus zum Beispiel spricht teilweise von einer anderen Wiedergeburtslehre als die *Bhagavad Gītā*. In der *Gītā* wird deutlich, dass der Mensch als Tier nicht wiedergeboren werden kann. Im Buddhismus wird unter anderem auch beschrieben, dass jemand, der nur niedrige Triebe lebt und sehr viel Hass ausschüttet, der schlechte Gewohnheiten pflegt, zu stark auf die tierische Stufe zurückfällt, einmal als Tier in die Geburt der Erde gelangen muss. Bei genauerem Forschen bemerkt man, dass durchaus sogar ein Funke Wahrheit in dieser Anschauung lebt, aber eben nur ein Funke. Der Mensch steht mit dem Tierreich in Verbindung, er kann aber nicht als Tier wiedergeboren werden; er kann mit dem Tierreich nur eine solche Verbindung aufnehmen, dass sie ihm eine gewisse Strukturprägung gibt. So erschienen tatsächlich in einem Menschen und seiner aurischen Ausstrahlung jene sogenannten *bhūtāni,* mit tierähnlichen Ausdrucksformen, gleichsam wie dunkle Raben oder die listigen, spitzen und grellen Augen einer Ratte. Die Ähnlichkeit der Ausdrucksform ist allgemein zu bestätigen; es wird jedoch nicht ein Tier zum Menschen oder ein Mensch zum Tier. Der Mensch wird immer als Mensch wiederkommen. Für die Weltenreiche der Pflanzen, der festen Materie und des schon mit Instinkt begabten Tierreiches trifft eine reale Geistgeburt nicht zu.

Zentralisierung im Westen und Offenheit im Osten

Die Kirche im Dorf zeigt eine Orientierung mit gemeinsamer Ausrichtung zu einer geistigen Wirklichkeit in Christus. Allgemein aber liegt den Kirchensystemen der Zentralisierungswunsch von allen Glaubensformen zugrunde. Eine große Vielseitigkeit in der Religion wurde in Europa unterdrückt.

Das indische Geistleben war früher nach intuitiven Grundzügen geordnet. Bis zum heutigen Tag meidet man den offiziellen, institutionierten und fest fixierten Organisationsrahmen.

IV Das Wort avatāra

Die Lehre von der Wiedergeburt ist für alle Menschen ein großes Forschungsprojekt und wird immer zu einem gewissen Grade ein Geheimnis bleiben. Es stellt sich zunächst die Frage: Welches Wesen oder welches Sein ist es, das sich durch die Verkörperungen immer wieder und in neuen Expressionen auf die Erde begibt? Was atmet in jenem Sein, das Jahrhundert für Jahrhundert oder wenigstens mit jeder Zeitenwende wiederkommt? Was ist der Gegenstand dieser Verkörperung, wie lässt er sich erfassen, wie kann er beschrieben werden? Diese Fragen sollen nun etwas näher in eine elementare und möglichst gültige, geisteswissenschaftliche Betrachtung rücken. Vorweg jedoch, bevor die erste Skizzierung der Inkarnation erfolgt, sollen die Sätze orginalgetreu vor der Seele erklingen, die die weise Lehrerfigur in der *Bhagavad Gītā* über sich selbst sagt. *Kṛiṣṇa* spricht in einer ganz klaren, unvoreingenommenen und rückhaltlosen Tonart und eröffnet eine Art kosmisches Schauspiel: »Ich komme in meine eigene Geburt zur Belohnung der Guten, zur Vernichtung der Bösen und zur Erhaltung der Rechtschaffenheit. Ich komme immer wieder in jedes Zeitalter; dann, wenn sich Ungerechtigkeit erhebt, manifestiere ich mich.« (IV/7-8) Diese Worte sind aus dem erhabenen Munde des *Kṛiṣṇa* gesprochen und sie beschreiben das Mysterium, das bekannterweise in Indien mit dem Wort *avatāra* benannt ist. Es ist ein Wort, das man im Westen infolge des offiziellen Christentums nicht unbedingt schätzt. *Avatāra* heißt wörtlich Herabkunft. Es kommt ein Geistig-Göttliches von oben nach unten in die Erdensphäre. Eine göttliche Kraft, eine aus den höchsten Weisheitssphären herabsteigende Dimension kommt in die Gegenwart der sichtbaren Welt und zeigt sich in einer irdischen Form. *Avatāra* bedeutet im praktisch gegebenen Sinne der Wiedergeburtslehre: Es kommt eine gnadenhafte Kraft, die nicht für sich selbst und für die eigene Befreiung des Menschen lebt. Nicht mit der Absicht, sich selbst durch den Weg der Sünde oder durch den Weg der Befreiung hindurchzuarbeiten kommt jene Seele herab, sondern um in das irdische Geschehen hineinzutreten und für andere Menschen eine neue Zukunft zu bereiten. Die Geschichte mit *Kṛiṣṇa* ist von seinem großartigen, erhabenen Wesen her etwas Weltweites und Bedeutungsvolles. Es wurde die Bedeutung in den letzten Vorträgen bereits beschrieben, es handelt sich um das erste Herabkommen des Selbst oder anders ausgedrückt des konkret fassbaren und klaren Gedankens. *Kṛiṣṇa* bringt für die Menschen das Selbstbewusstsein, sich im Gedanken und seinem Sein zu entdecken. In den Zeiten der vorausgegangenen altindischen Kultur hatte der Mensch noch kein rechtes Empfinden für das Selbstbewusstsein in einem klar gefassten Gedanken. *Kṛiṣṇa* leitet mit seinem Leben und Wirken die Zeit des Selbstbewusstseins und des Identifizierens mit einem geistigen Inhalt, der ein Gedanke ist, ein. Dieses Bewusstsein, dass der Mensch nicht ein vom Kosmos determiniertes Geschöpf ist, sondern sich selbst durch einen klaren Gedanken im Selbst aufrichtet, sein Leben meistert, führt und ihm eine kulturelle Bedeutung beimisst, reifte in der gesamten Zeitentwicklung bis heute heran. Mit der Zeitperiode der *Bhagavad Gītā* ist eine neue Entwicklung gekommen. Jede Zeitenwende ist eigentlich immer mit einer großen Auf- und Umbruchstimmung gekennzeichnet. Viele unangenehme Offenbarungen des Verfalls, der Ungerechtigkeit oder des Kampfes waren auch in diesen Tagen gegeben. Aber gerade in der Spannung kam damals dieses Selbst oder dieses erhabene Wesen des konkreten Gedankens in die Geburt. Es ist tatsächlich eine tiefe Wahrheit, dass es solch große oder rein göttliche Seelen gibt, zu denen auch Jesus Christus gehört, die die Weltenentwicklung vom Geiste her tragen. Diese großen Seelen sind nicht ganz zu verwechseln mit Heiligen oder weisen Menschen, sie umfassen eine noch größere Dimension. Sie sind direkte Überbringer neuer Zeitepochen, die in die Welt kommen, um einen progressiven Entwicklungsabschnitt einzuleiten und eine ganze Erdenkultur über die spannungsgeladenen Prozesse zu begleiten und zu führen. In der Tat ist es so, dass die *Bhagavad Gītā* die traditionelle indische Kultur in vielen Bereichen geprägt hat. Mit Christus kommt dann eine nächste Epoche des Selbst. Nun sieht es die Kirche nicht gerne, wenn Christus ebenfalls als *avatāra* bezeichnet wird, denn sie sieht in ihm den einzigen Sohn Gottes und möchte diesen niemals in einer vergleichenden Zeitentwicklung eingeordnet erleben.

Zu den eigenartigen Inkarnationen des *Viṣṇu*, des erhaltenden Gottes der hinduistischen Trinität, gehört *matsya*, der Fisch. Er ist ein Sinnbild für *Viṣṇu*.

Die Avatarreihe aus der hinduistischen Mythologie beginnt mit den Inkarnationen des *Viṣṇu*, dem Gott der Erhaltung, seltsamerweise mit dem Fisch, *matsya*, schließlich folgt die Schildkröte, der Eber, der Mann-Löwe, der *vāmana*, der Zwerg, sodann *Rāma*, *Kṛiṣṇa* und zuletzt *Kalki* oder eine Art christusähnliche Erscheinung, als der letzte von zehn *avatāra* des Gottes, der die Schöpfung erhält. Verständlich wird diese Mythologie erst dann, wenn man den Fisch als ein durch Kiemen atmendes und ein durch ein erstes Bewusstsein mit einer Gehirnanlage versehenes Geschöpf betrachtet. Der Geist erhält nicht durch seine äußere Schaffenskraft, sondern durch das werdende Bewusstsein und durch Atemprozesse, die eine verbrauchende, abbauende und somit sterbende Wirkung in die Weltschöpfung transportieren. Der durch die Kiemen atmende Fisch ist deshalb der erste *avatāra*, der den Geist nach oben hin erhält.

V Die Inspirationen durch *Kṛiṣṇa* und Christus

Das Kommen einer Inkarnation Gottes, einer höchsten Seele, die ganz im geistigen und tiefsten Verständnis gegründet ist und zu einer bestimmten, begrenzten Zeit mit einem Körper in die irdische Sphäre hineingeht, bedeutet immer eine große Inspiration zu der gegenwärtigen und kommenden Zeitkultur. Wenn diese Inkarnationen, die als *avatāra* bezeichnet werden, auftreten, wie diese offensichtlich in *Kṛiṣṇa* und Christus erscheinen, wird zugleich auch eine gewisse Zahl von ausgewählten Personen geboren. Eine höchste Inkarnation steht niemals alleine und diese Tatsache ist für die Entwicklung und die Reinkarnationslehre wesentlich zu beachten. Mit *Kṛiṣṇa* wurden beispielsweise auch *Arjuna* und *Yudhiṣṭhira* geboren. Eine Vielzahl von Freunden und nahen Verehrern standen mit dem *gopāla*, dem Kuhhirten, in Verbindung. Mit Christus kamen die zwölf Apostel: Jakobus, Johannes, Petrus, Philippus und die anderen. Sie lebten zur gleichen Zeit wie ihr großes Vorbild und sie empfingen von dieser Person die geistigen Ausströmungen, die man wohl am besten Christuskraft nennen kann. Sie nahmen die souveräne unmittelbare Geistesgegenwart, die in der Person lebt und die man als Christus bezeichnet, auf. *Kṛiṣṇa* lehrte seinem Schüler die Gesetze der Geistwelt und indem er ihm, dem *Pārtha*, dem willensbegabten Bogenschützen, die Erkenntnisse der oberen Welten beibrachte, wurde dieser mit der einmaligen Kraft der Erkenntnis und dem göttlichen Verständnis über die Weltenzusammenhänge vertraut. Nicht mit Theorie, sondern mit lebendiger Lehre werden Menschen unmittelbar durch die göttliche Inkarnation inspiriert und belebt, sie werden in das sensible metaphysische Licht emporgehoben, sie werden aus ihrem irdischen Verständnis herausgehoben und mit Gnade oder Geist durchdrungen. Sie erleben ein sehr hohes Wissen, mit einer flammenden Entzückung, die nicht von der Erde kommt.

Die Menschen und auch die *avatāra* müssen sterben, denn die Leiber in der irdischen Welt sind nicht ewig und dieses Gesetz ist selbst für Christus und für *Kṛiṣṇa* notwendig gewesen. Nach den Aussagen von Sathya Sai Baba wurde *Kṛiṣṇa* ermordet, Christus wurde gekreuzigt und somit ermordet, und Buddha wurde ebenfalls ermordet.

Die Leiber müssen sterben und so mussten auch die Apostel ihren Leib hingeben, ebenso wie alle Menschen und auch *Arjuna* die Erde wieder verlassen mussten und all jene, die im Umfeld dieser Gottheit und des göttlichen Strahlens gewesen sind. Die Lehre der Wiedergeburt arbeitet aber – und das ist das

Besondere – von innen heraus nach den Gesetzen einer weisen Intelligenz. Es heißt, dass immer wieder Menschen mit besonderen Kräften geboren werden. Diese Erscheinung lässt sich in jeder Kultur als etwas sehr Charakteristisches beobachten. In jedem Zeitabschnitt wird entweder ein großer *avatāra* oder zumindest eine besondere hohe Persönlichkeit geboren, die eine neue Dimension der religiösen, wissenschaftlichen oder kulturellen Entwicklung einleitet. Jedes Jahrhundert bringt besondere Menschen hervor oder anders ausgedrückt lässt diese in ihre Inkarnation eintreten. Gäbe es keine Inkarnationen von besonders hohen und intelligenten Seelen, so würde sich die gesamte Kulturentwicklung außerordentlich schwer zu einem Fortschritt bewegen. Das Neue der heutigen Zeit ist es, dass jede einzelne Religion für sich ihr einzigartiges Geschehen oder Geheimnis öffnen lernen muss, anstatt es mit Gewalt zu behaupten und dass die Religionen von einem ganz neuen, gemeinsamen, fundierten und wahrheitsmäßigen Standpunkt aus gesehen werden. Die göttliche Liebe in ihrer Grundsubstanz der geistig-leiblichen Ausstrahlung muss durch ein Mysterium und durch eine menschliche Inkarnation begründet und somit immer wieder durch neue Inkarnationen verlebendigt werden. Goethe kam in Deutschland, der große Poet Hafis im Iran, Rudolf Steiner in Mitteldeutschland, Raffael mit seinen künstlerischen Offenbarungen in Italien, Sathya Sai Baba in Indien, um nur einige zu nennen. Es müssen jene besonderen geistigen Kräfte in die Erde durch Wiedergeburten eintreten.

Diese Darstellung würde etwa dem *Kṛṣṇa* entsprechen, wie er aus dem blauen Hintergrund mit einer sehr geformten Physiognomie hervortritt.

Vergleichende Betrachtung zur poetischen Weisheit des Westen

»Und umzuschaffen das Geschaffene,
damit es sich nicht zum Starren waffne,
wirkt ewiges lebendiges Tun.
Und was nicht war, nun will es werden
zu reinen Sonnen, farbigen Erden,
In keinem Falle darf es ruhn.«

Eins und Alles, Strophe 3,
Johann Wolfgang von Goethe

Die tiefe Weisheit, die im Menschen lebt und im Sinne seines transformierenden Potenzials für die Erdenschöpfung zum Ausdruck kommen möchte, lässt sich in dem inspirierenden Gedicht von Goethe wiederentdecken.

VI Verschiedene Kulturbewegungen durch die Kräftewirkungen von besonderen Persönlichkeiten

Jene außergewöhnlichen Persönlichkeiten, die in die Erde eintreten und die man als Heilige und Eingeweihte betrachtet, sind nicht selten Menschen, die ehemals mit Christus, *Kṛiṣṇa* oder auch mit anderen bedeutenden geistigen Persönlichkeiten in Verbindung standen. Sie kommen ebenfalls in verschiedenen Zeitabschnitten wieder, aber sie haben nicht die Bedeutung einer so großen Gottseele, einer Avatarschaft wie *Kṛiṣṇa* oder Christus. Sie haben meist eine Aufgabe für ein bestimmtes Volk. Wenn also beispielsweise die Seele von Petrus wiederkommen würde oder die Seele einer der Brüder der *Pāṇḍavas*, dann wäre sie durchtränkt mit dem Geist des *avatāra*, mit dem Geist von *Kṛiṣṇa* oder entsprechend mit Christus. Das Wesentliche ist, dass so eine Seele, die wiederkommt, innerhalb der Inkarnationsreihe aus einer bedeutenden Vergangenheit kommt und schon durchtränkt worden ist mit der Kraft des Christus oder mit der Kraft des *Kṛiṣṇa*, je nachdem, wo sie früher lebte. Man sieht tatsächlich, wenn man die bedeutungsvollsten Persönlichkeiten, die Lehrer und hervorragendsten Erfinder in der Geschichte betrachtet, dass sie mit dem christlichen Geheimnis in irgendeinem Zusammenhang gestanden haben. Bei Hildegard von Bingen oder bei Jakob Böhme beispielsweise findet sich eine Verbindung zu einem früheren christlichen Impuls. Die äußeren mitgebrachten Fähigkeiten verschmelzen aber im Tumult der kosmischen Bewegtheit und ihren Gesetzen der Metamorphose, gleichsam wie eine vollkommene Veränderung in der äußeren Kompetenz, so dass im Christentum ein Lehrer auftreten kann, der zur Zeit von *Kṛiṣṇa* lebte, und umgekehrt, dass jener, der einstmals bei Buddha war, nun in das Christentum kommt oder in eine ganz andere religiöse Kultur. Die Mysterien sind in jeder Weise durch die wiederholten Erdeninkarnationen gekennzeichnet, sie bilden wahrhaftige Geheimnisse und sie zeigen, wenn man ganz genau forscht, dass sie immer in einem lebendigen Austausch stehen. Das Christentum bleibt nicht bloß Christentum, sondern verschmilzt durch die Inkarnationen mit dem Buddhismus oder auch mit dem Hinduismus, und umgekehrt verschmilzt der Hinduismus mit dem Christentum. Śrī Aurobindo beispielsweise ist eine christliche Inkarnation. Der Heilige von Rishikesh, der große Śivānanda, ist ebenfalls eine christliche Inkarnation. Es ist nahezu eine Regel, dass jene herausragenden Persönlichkeiten einer Religion mit der nächstfolgenden Inkarnation in einem anderen Lande wiedergeboren werden und in einer anderen religiösen

In den großen Künstlern erscheinen häufig Seelen mit einer bedeutungsvollen Vergangenheit

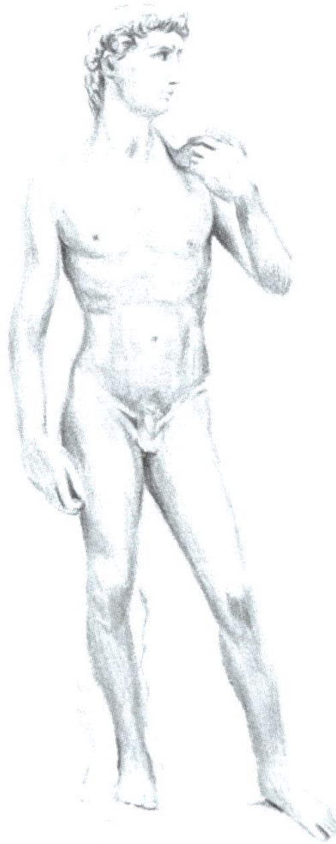

Kunstwerke offenbaren hohe Gedanken. Sie sind ebenfalls eine Äußerung eines verwirklichten, geistigen Potentials, das der Künstler in die Welt bringt.

Tradition zu lehren beginnen. Viele Christen wurden in Indien wiedergeboren und trugen im Stillen ihrer Seele ein Wissen aus den Evangelien in die hinduistische Tradition hinein. Vielleicht mag es für den Leser undurchsichtig und verwunderlich sein, wenn jene großen Lehrer wie Śrī Aurobindo und Śivānanda die christliche Lehre nicht oder nur am Rande erwähnen, sondern ganz im Herzen der indischen Tradition aufgehen und dennoch aber im Inneren von der Gnadenwahl des Christus geleitet sind.

In ganz besonderer Weise kehren Menschen im künstlerischen Umfeld wieder oder sie erscheinen mit hervorragenden Leistungen in der Gesellschaft, in der Wissenschaft oder ästhetischen Darlegung bestimmter Wahrheiten. Wer das christliche Geheimnis erlebt, aufgenommen und es als geistige Wahrheit erkannt hat, wird in der geistigen Welt nach dem Tode ein außerordentliches Wachstum seines Willens erleben und wenn er nun in das Erdendasein wieder zurückkehrt, fühlt er sich beispielsweise im Tatendrang seines Willens gut gegründet, er kann außerordentliche Errungenschaften und Leistungen erbringen und des Weiteren der Menschheit ein Beispiel, gleichsam wie ein Vorbild oder Leitbild geben. »Was auch immer ein hochgestellter Mensch tut, das tun auch die anderen. Was er als Maßstab setzt, dem folgt die Welt.« (III/21) Dieser Vers deutet auf das Wissen der Reinkarnationslehre hin und offenbart eine Wirkung aus der geistigen Welt. Die bedeutungsvollen Inkarnationen, die mit den großen Religionen berührt wurden, müssen nicht wieder in religiösen Verhältnissen wiederkehren, sondern gemäß einer geheimnisvollen Formverwandlung können sie auf ganz anderen Gebieten auferstehen. Große Wissenschaftler sind meistens in ihrer tiefsten Seele Christen und große Künstler besitzen nicht selten ein Wertempfinden, das auf früheren Wahrheitserkenntnissen beruht. Wer nämlich die geistigen Wahrheiten in einem früheren Leben sehr gut absolvieren konnte, sie erkenntnismäßig errang, kehrt in einem nächsten Dasein mit einem großen und nahezu selbstverständlich angelegten Wahrheitsgefühl wieder. Diese Menschen bemerken mit schneller und klarer Unterscheidung den großen Wert von entwicklungsfreudigen Aussagen und den Unwert von Banalitäten. In den Inkarnationen erwachen deshalb wie selbstverständlich in Gefühlen oder auch im Willen große Kräfte und Fähigkeiten, die in Wirklichkeit durch die früheren religiösen Inspirationen entstanden sind.[1]

1 Durch die verschiedenen großen Persönlichkeiten, die in die Weltschöpfung hereintreten, erwachen neue Gedanken und diese tragen zu essentiellen Entwicklungsprozessen bei. Sie erhalten, wie die *Bhagavad Gītā* beschreibt, das *dharma*, die Rechtschaffenheit, *saṁsthāpanārthāya* (IV/8). Die Verse 8 bis 12 in Kapitel IV beschreiben dieses Hereintreten der Gedanken in die Weltschöpfung. Gleichzeitig wird auch die Hinwendung, *prapadyante*, im 11. Vers als Gesetz, das sich logisch und eindeutig vollzieht, beschrieben (siehe folgende Seite).

Das sonnenhafte Gesetz des Gedankens

bhajāmi

Bhajāmi stammt von der Sanskritwurzel *bhaj* ab. Es bezeichnet das Wort für Zuteilen oder Antworten.

In den Versen 1 bis 12 des Kapitels IV schildert die *Gītā* das Sonnengesetz des Gedankens in personifizierter Darlegung durch *Kṛiṣṇa*. Dieses Gesetz gewinnt seinen Höhepunkt in Vers 11:

»So wie die Menschen dem höchsten Gedanken entgegengehen, *prapadyante,* so geht der Gedanke als Seinsexistenz ihnen entgegen oder nimmt sie auf – *bhajāmi.*«

prapadyante

Prapadyante bedeutet Entgegengehen, es setzt sich zusammen aus *prapad*, der Weg und *yanti*, das Hingehen.

VII Die Kosmologie der Reinkarnation

Es stellt sich nun im Kontext der Lehre der wiederholten Erdenleben die Aufgabe, zu eruieren, in welcher Art und in welcher genau bemessenen Dimension die Seele wiederkommt. Welcher unerklärbare Teil ist es, der wiederkommt und sich innerhalb einer spezifischen Körperlichkeit ausdrückt? Welches geheimnisvolle Sein setzt sich von Leben zu Leben fort? Um ein erstes Verständnis greifbar zu machen, muss man den Menschen in seinem Wesen zergliedern und etwas tiefer in den Leib und in die Psyche hineinschauen. Wenn man den gesamten Menschen nicht nur anatomisch, sondern wirklich in seiner Ganzheit unterteilt, dann lässt er sich als eine Naturerscheinung betrachten, die einerseits eine Pflanze verkörpert und gleichzeitig auch noch die Lichtdimension, die auf die Pflanze einstrahlt, in sich trägt. Jene erhaltende Kraft, die die Pflanze an Substanz und an Leben besitzt, und das, was auf die Pflanze mit dem Licht herniederscheint, ist im Menschen wie gesammelt. So trägt der Mensch Wärme in sich. Die Pflanze selbst hat keine Wärme, aber das Licht gibt von außen der Pflanze die Wärme. Der Mensch hat etwas in sich, das zum Formprinzip und zur Strahlkraft neigt, das zur Gedankenbildung und Gedankenausformung eine Grundlage schenkt und das nicht getrennt zu sehen ist von dem Licht des Universums. So trägt der Mensch Wärme, Licht und Leben in sich. Darüber hinaus hat er wie die Pflanze eine gewisse Stoffwechselkraft oder Chemie, ein gewisses Fließen und Bewegtsein der Elemente in sich. Das ist in kurzen Begriffen die innere Lebens- und Äthernatur des Menschen. Gleichzeitig hat er aber noch ein anderes Wesen oder Leben. Dieses andere Leben ist jenes feine Weben von Wesen, die sein Bewusstsein umfassen. All das nun, was durch die Bewusstseinskräfte des Denkens, des Fühlens und des Willens kommt, ist einerseits eine eigene Dimension, wie sie Rudolf Steiner im Sinne des Astralleibes benennt, und andererseits sind diese Kräfte inniglichst mit den Lebenskräften verbunden. Nun stellt sich die Frage, welches der geistigen Glieder immer wiederkommt. Um noch einmal dieses Lebensgebilde zu betrachten, lassen sich jene Glieder, die bei der Pflanze außerhalb sind, das sind Licht und Wärme, mehr innerhalb im Sinne eines Inkarniertseins erkennen. Im Menschen lebt ein Selbstbewusstsein und allgemein ein Denken, Fühlen und Wollen. Das Licht und die Wärme gewinnen eine Individualisierung mit genau spezifischer Art, die dem Menschen eigen ist. Licht und Wärme sind die Wesenszeichen, die zur individuellen Seele werden. Es sind Licht und Wärme, jene übergeordneten Entitäten, die in einen Leib auf ihre ganz besondere Art hineingehen oder, anders ausgedrückt, die maßgeblich sogar den Leib in seiner charakteristischen Art formen. Licht und Wärme werden auf genau gewählte Weise im Menschen wiedergeboren.

Tapāmy aham (IX/19) – »ich bin Wärme«, und dies bedeutet in der Assoziation ein Hereintreten des kosmischen Lebens in die Erdennatur. Es setzt sich also eine geistig-kosmische Dimension in wiederholten Ausdrucksformen fort. Dieser feinste Licht- und Wärmeorganismus kommt entsprechend dem Gesetze einer selbsteigenen Intelligenz immer wieder, in einer genau bemessenen Zeitfolge. Das kann durchaus hundertfünfzig oder sogar tausend Jahre dauern, es kann unter Umständen etwas kürzer oder nach der geistigen Vorsehung auch länger sein. Fast nie sieht man aber die Inkarnationen in unmittelbarer Folge hintereinander, sondern fast immer tritt eine Seele dann in die irdische Geburt wieder hinein, wenn sich die Zeiten oder die Kulturperiode geändert haben. Sie kann innerhalb einer Kulturperiode von etwa fünfhundert Jahren mit Anteilen durchaus zweimal oder mehrfach kommen, je nachdem wie stark die Veränderungen in der Entwicklung der gesamten Menschheit sind und wie notwendig die Geburt für ihren Fortgang und den Fortschritt selbst ist.

An der Pflanze arbeiten die Licht- und Wärmeverhältnisse von außen.

Durch das aktive Seelenleben entstehen Licht- und Wärmekräfte, die sich im Menschen selbst und in seinen Aktivitäten ausdrücken.

VIII Das Ertragen von Ungerechtigkeit führt zur geistigen Erhöhung

Ein gewisses Maß an Stärke und innerer Aufrichtekraft, Unabhängigkeit von weltlichen Vorzügen und eine Tapferkeit zu gewagten Bewusstseinsschritten sind für die Spiritualität eine elementare Voraussetzung. Wie entstehen diese seelischen Qualitäten, Kräfte und Tugenden? *Arjuna* ist jener, der Ungerechtigkeit ertragen musste. Er wurde ins Exil geschickt, und nachdem er heimgekommen war, wird ihm das bestehende Recht in seinem Lande, endlich sein Erbe anzutreten, verwehrt. Es wird ihm entgegen Versprechungen und den natürlichen menschlichen Verhältnissen jegliches Recht auf eine angemessene Position verwehrt und er soll zu allem Überdruss wieder verbannt werden. Seine Seele erlebt in ausführlicher Realität die prekäre Welt, ihr einseitiges Machtspiel und ihre Ungerechtigkeit. Von allem Anfang an unterlag er den Falschspielen der *Kauravas* und musste in eine Verbannung gehen. *Arjuna* musste jene Ungerechtigkeit auf seinen Schultern tragen, die mit seinem persönlichen Charakter nichts zu tun hat und die andere mit ihren Falschspielen und Lügen tragen müssten. Das Tragen von Ungerechtigkeit ist eine ganz wesentliche Erscheinung, die bis zum heutigen Tag immer wieder bei bedeutungsvollen Persönlichkeiten wahrnehmbar ist. Eine Weisheit lebt in dem Verhältnis von weltlicher Erniedrigung und dem Gegensatz, der geistigen Erhöhung. So sprach Franziskus die beispielhaften Worte: »Wer nicht von den Menschen verachtet wird, der kann im Geiste nicht erhöht werden.« Ältere Weisheitslehren wussten noch von diesem scheinbar paradoxen Zusammenhang. Ein altes Sprichwort lautet beispielsweise: »Wer im Leben nicht vom Teufel versucht wird, der wird vom Teufel schon auf die Hölle vorbereitet.« Wer sich nicht durch diese trügerische Welt der Ungerechtigkeit und Versuchung hindurch kämpfen muss, wer nicht Ungerechtigkeit auf seine Schultern laden muss, wer nicht die Spannungsverhältnisse in der Prüfung des Lebens auf das Äußerste erfährt, wer nicht von den Menschen verachtet und von der Welt verworfen wird, kann nicht in die geistige Einheit kommen, er kann von Gott nicht erhöht werden. Es ist wahr: Die Seele, jene geistige Seinswirklichkeit wird in ein besonderes Licht erhöht, während sie vom Menschen und von weltlichen Autoritäten verworfen wird. Die Seele lebt in Licht- und Wärmeverhältnissen und arbeitet sich auf ganz geheimnisvolle Weise aus dem universellen Leben heraus. Nach einer geistigen Gesetzmäßigkeit kann man also sagen: Wer viel Ungerechtigkeit im Leben ertragen muss, wer durch die Spannungen im Leben, durch die Schicksalsschläge ein leidgeprüftes Herz erfährt, wird insgeheim in der

Seele weisheitsvoll und stark. Bei jenen opferbereiten Gemütern steigen die Entitäten von Licht und Wärme auf geheimnisvolle Weise. Bei diesen außergewöhnlichen Persönlichkeiten entwickeln sich Qualitäten, die nicht im Irdischen wurzeln, sondern die aus dem geistigen Reich herabkommen. Sie fließen dem Menschen gerade dann im besonderen Maße zu, wenn die weltliche Unabhängigkeit durch Verwerfung und Ausschluss gezüchtigt wird. Sicherlich gedeiht diese Unabhängigkeit auch durch Übung, Askese und Meditation. Aber in der größten Spannweite ist es doch das gesamte Leben mit all den Krankheiten, Schicksalsschlägen, Opferungen und Bemühungen um Erkenntnis, das zum geheimen Wachstum der Seele führt. Wie das Schicksal in der Weisheit in einem Individuum zusammenwirkt, so wird in einer Inkarnation jenes geistige, seelische Leben geboren.

Jakob Böhme war ein deutscher Philosoph und innerlich durch eine tiefe Christlichkeit gezeichnet. Er wurde zu seinen Lebzeiten als Häretiker angeschuldigt und wegen seiner Denkweisen und Schriften verfolgt. Die Zeichnung zeigt, wie Jakob Böhme von der Kanzel herunter als der größte Sünder getadelt wird und gleichzeitig im Werden zum Geiste in der Aurora auf eine höhere Stufe klettert.

IX Das Wirken des karma

Das Wirken des *karma* zeigt sich darin, dass in dem sogenannten Ätherleib, das ist jene feine Entität, die alle Lebensbewegungen aufnimmt, etwas Geheimnisvolles webt. Die Menschen spüren die Bewegungen der Lebenskräfte in sich und es ist damit ein ganz feiner Leib verbunden, ein feinster Äther, der eine immer wechselnde Farbe besitzt. Diese feinsten Ätherqualitäten tragen Erinnerungen eingeschrieben; die Erinnerungen stammen aus der Vergangenheit und sind bezeichnend für das *karma*. Es sind vergangene Eindrücke in den Äther des menschlichen Leibes eingeschrieben und diese werden dem individuellen Lebensweg zum Schicksal. Dadurch sucht sich das einzelne Individuum automatisch bestimmte Spannungsverhältnisse, Krankheiten und Schicksalsschläge. Aber es nähert sich gleichzeitig mit diesem *karma* – und das ist das Bedeutungsvolle – der sich anbahnende Lebensauftrag mit einer feinsten Lichtentität. So erhebt sich mit dem Schicksal der Lebensauftrag. Das, was dem Menschen zum Schicksal wird, wird ihm von einer anderen Ebene, in einem nächsten Atemzug zum höheren Auftrag im Leben. Weisheitsvoll, mysteriös und ungesehen arbeitet die Ungerechtigkeit um der Geistigkeit willen und es zeigt sich jene Wahrheit, die eben ausgesprochen wurde: Wer im Leben viel an Ungerechtigkeit auf seinen Schultern tragen muss, wer von den Menschen verachtet wird, der wird vom Geiste zu höheren Taten belebt oder allgemein sehr frei von seinen Bindungen werden. Es kommt ihm von einer unbekannten, geheimnisvollen, gnostischen Ebene eine neue Möglichkeit entgegen, die größer ist als sein bisheriges Umfassungsvermögen. Der vom Menschen Verworfene und vom Geist Erhöhte wird dadurch zu einem bedeutungsvollen Menschen, der im Leben eine wundersame und unerklärliche Anziehungskraft besitzt. Die Ungerechtigkeiten gewinnen für das Individuum, wenn dieses imstande ist, lebendige weitere Möglichkeiten und höhere Erkenntnisse zu finden, eine wichtige Antriebskraft, denn sie entheben den Menschen aus den irdischen Zwängen und lassen weitere Perspektiven mit ungeahnten Potenzialen zu. Die Wahrheit des Erhöhens durch Ungerechtigkeiten sollte deshalb von einem tiefen Geiststandpunkt aus und nicht allein von der irdischen Sphäre beurteilt werden.[1]

---

1 *Sukhinaḥ kṣatriyāḥ pārtha labhante yuddham īdṛśam* (II/32), heißt so viel wie: »Du glücklicher Krieger, der du in die Auseinandersetzung der Ungerechtigkeit geraten bist und nun mit Freude am Kampfe um die Wahrheit erneut die Ehre erwirbst.« Die Verzweiflung, *viṣīdantah*, ist in Wirklichkeit eine glückliche Neigung.

Das Wort karma und sein Ursprung

karma

Kṛ ist die Wurzel mit der Bedeutung von Tätigsein, Arbeit und besonders für Ausarbeitung.

Das Wort *karma* bedeutet Ausarbeiten.

Aus dem Zusammenwirken der Planeten mit der Erde und der Menschheit arbeitet sich die menschliche Kultur mit all ihren Werken aus. Dieser Prozess ist allgemein *karma* und er ist zunächst unabhängig von Gut und Böse.

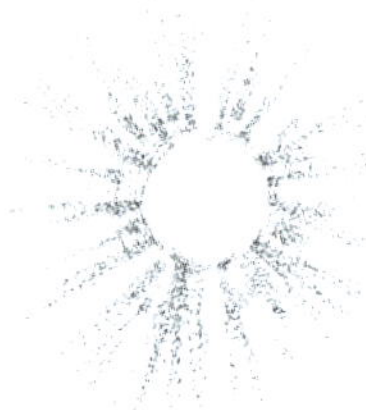

»*Karma* ist der Name, der dem Schöpfungsablauf gegeben wird«
visargaḥ karmasaṁjñitaḥ (VIII/3)

X Existiert eine Verdammnis der Seele?

Die Lehre der Wiedergeburt erscheint in der *Bhagavad Gītā* prägnant und kurz. Es interessiert beispielsweise *Arjuna*: »Was geschieht mit jenen, die den Yoga nicht erlangen, die diese Selbstmeisterschaft und Beherrschung der Gedanken nicht zuwege bringen? Wohin werden sie kommen?« (VI/37) *Kṛiṣṇa* beruhigt *Arjuna*, denn der Arme und so Verzweifelte besitzt äußerste Bedenken, da er, wie das fast immer der Fall ist, glaubt, dass er den Yoga niemals erlangen wird. *Kṛiṣṇa* antwortet ihm: »Niemand, der Gutes tut, wird in irgendeiner Form in dieser Welt dem Übel verfallen. Er wird nicht in der Hölle schmoren, sondern er wird dann, wenn die Zeit reif ist, vielleicht nach vielen Jahren, im Hause wohlhabender Menschen geboren werden.« (VI/40-41) *Arjuna* aber hat noch weiterhin eine ganze Palette von Fragen. Diese Fragen beantwortet *Kṛiṣṇa* in kurzen und melodiösen Sätzen. Eine der wesentlichsten Aussagen ist jene zur Wiedergeburt und der Befreiung. Wann kehrt der Yogin zurück und wann geht er ein in die ewigen Welten? *Kṛiṣṇa* sagt ihm: Wer so befreit ist, wer mich, den einen Schöpfergedanken, erkennt, wer den Schöpfer in allen Wesen liebt, der wird zu mir eingehen, er wird nicht wiederkommen.[1] Ist es tatsächlich eine Wahrheit, dass jemand nicht mehr wiederkommt, der die höchste Wahrheit vom ewigen Selbst und von der sogenannten reinen Geistigkeit des Gedankens einmal in sich erfahren hat? Jener verwirklichte Gedanke, der tatsächlich auf der Ebene des Geistes erfahren wird, bleibt in seinem Reiche und belebt von diesem, ohne direkte menschliche Verkörperung, die irdische Welt.

Hochinteressant erscheint, dass *Arjuna* in seinen subjektiven Gefühlen sich auf dem Schlachtfeld wie in einem ausweglosen Konflikt mit wartender Verdammnis der Seele fühlt. Der Unterschied zu einer objektiven geistigen Erkenntnis erscheint schließlich im zweiten Kapitel, wo *Kṛiṣṇa* genau das Gegenteil dem Helden auf dem Kampffeld darlegt. Das irdische Fühlen und das geistige Fühlen sind in diesem Sinne wie so oft im Leben konträr. Auf eine edle und doch konkrete Weise entwickeln die Verse die Möglichkeiten zur Befreiung und stellen fest, dass der Mensch, wenn er zu guten Taten strebt und sich um die höheren Wirklichkeiten bemüht, in einen Wachstumsprozess gelangt. Die Verdammnis, die gerne in biblischen Texten herausgelesen wird, gilt für alle jene Mächte, die ohnehin keine Stufe der wirklichen Entwicklung erreichen können. Der Mensch aber kann sich über alle wesenhaften und vergänglichen Strukturen erheben.

1 *Yo māṁ paśyati sarvatra* (VI/30) – Dieser Ausspruch heißt: Wer Mich in allem sieht, den Gedanken, das höchste Selbst, wer Mich, die ursprüngliche Schöpferkraft des Geistes in allem erkennt, wer nicht nur die Materie, sondern tatsächlich den Geist in der Materie wahrnimmt, findet sich selbst. Er geht niemals zugrunde, *na praṇaśyati*.

Widersprüche zwischen Schuldgefühl und ehrhafter Wirklichkeit

Im ersten Kapitel spricht *Arjuna* von Schuldgefühlen geplagt, dass sein Handeln mit Kampf und Gewalt eine ewige Verdammnis für ihn und eine Verderbnis für ein ganzes Volk bringen müsse:

saṁkaro narakāyai 'va kulaghnānāṁ kulasya ca
patanti pitaro hy eṣāṁ lupta piṇḍodaka kriyāḥ (I/42)

Arjuna spricht in diesem Vers seinen Glauben aus, dass die Kampfeshandlung seine Sippe zerstöre und jede Ordnung vernichte und er deshalb dem Gesetz zuwider handeln würde.

Diese Sicht aus den subjektiven Gefühlen erscheint wie so oft im Leben vollkommen konträr zur geistigen Wirklichkeit.

Im Vers 34 von Kapitel II erobern schließlich die gesamten Ausführungen die niedrigen Seelenanteile des *Arjuna* mit all seinen selbst geschaffenen Schuldgefühlen und es wird nun aufgezeigt, wie das wahre Gesetz des *karma* und der sogenannten Sünde in Wirksamkeit treten wird. Die geistige Wirklichkeit ist eine andere als es die irdischen Gefühle signalisieren. Die *Gītā* weist in diesen Vergleichen auf ein großes menschliches Phänomen des Irrtums hin. Die Wesen im nachtodlichen Dasein werden jenen plagen und sehr lange in der Schande halten, der die wesentlichen Pflichten versäumt hat.

akīrtiṁ cā 'pi bhūtāni kathayiṣyanti te vyayām

»Wenn du das Kampffeld verlässt, werden dich die Wesen im Nachtodlichen plagen, du häufst Schande an und ewiglich wird sie die Zeiten überdauern.« (II/34)

Es handelt sich um eine ewige Schande, also eine sehr lange Zeit der nachtodlichen Desolation.

Die Unterschiede zwischen einem Erleben im Sinne der eigenen Schuldgefühle und Schuldprojektionen und einer geistigen Wirklichkeit werden äußerst präzise, mit einer schonungslosen, realitätsbezogenen klaren Sicht aufgezeigt.

Die drei Glieder der Handlung

karma

Die Arbeit im Sinne der Produktbereitung und Tätigkeit

kartā

Der Handelnde

karaṇam

Die Instrumente des Handelns

»Die Erkenntnis, der Gegenstand der Erkenntnis und der Erkennende sind drei Dinge, die den mentalen Impuls zum Handeln bilden. Ferner gibt es drei Dinge, die die Handlungen zusammenhalten und möglich machen: der Handelnde, das Werkzeug des Handelns und das vollzogene Werk.« (XVIII/18)

XI Die vollendete Befreiung

Für die Frage der vollständigen Befreiung benötigt es eine klare philosophische Betrachtung, welche man in der Regel nicht ohne in die ›Tiefen der Wasser‹ zu blicken, spekulativ oder nach billigem Gefühl, leisten kann. Die Worte der *Bhagavad Gītā* sind hochgradige Meditationen, die, wie schon angeführt, die Gesetze der geistigen Welt repräsentieren. Die konkrete Meditation schenkt dem Bewusstsein ein Licht der Einsicht und ein beschauliches Gefühl. Sie bringt den Menschen langsam den gesetzmäßigen Hintergrund und die Zusammenhänge der weltgeistigen Schöpfung näher. Die östliche Philosophie verbindet mit dem Wiedergeborenwerden ein Schicksal aus dem früheren Leben. Die Geburt mit dem Körper in die sinnliche Welt ist für ihn eine karmische Aufgabe, in der sogenannten *māyā*, in einem Leben, das der frühere Mensch als unwirklich und leidvoll empfand. Deshalb trachtete er nach jener ewigen Freiheit im Geiste, die jenseits aller Erscheinungsformen und physischen Geburten liegt. Es ist für den Orientalen häufig die Wiederkehr mit einem scheinbaren Verhängnis verbunden. Wiederkehr bedeutet, dass man wieder in seine Kaste zurückkommt und mehr noch die widerständigen, sperrigen Umstände des Lebens berühren und erleiden muss. Die Kasten sind aus einem hohen ursprünglichen Wissen und einer intuitiven Empfindung im Zusammenhang mit der Wiedergeburten-Lehre eingeteilt. Wer aber beispielsweise jene Erkenntnisse erlangt, im Sinne des Verses 29 in Kapitel VI, *sarvatra samadarśanaḥ*, und das Gleiche in allem sieht, bemerkt, dass diese höhere übersinnliche Welt nicht, wie man es fälschlicherweise annehmen könnte, eine Art gleichmäßige Einheit, wie eine Farbe ohne Abstimmung ist, er bemerkt vielmehr mit *samadarśanaḥ* die schöne und hohe Gesetzmäßigkeit einer Logik, die ihn durch die Wahrheit selbst erhebt und ihm spiegelt, dass der Mensch so ist, wie er in seinem Werdeprozess im schöpferischen Ausdruck ist. Das Gleiche ist deshalb nicht und sogar keinesfalls eine Art Gleichmacherei, vielmehr ist es wie eine Gleichung selbst, die sich nun von einer Seite zur anderen logisch auflöst und keine Unstimmigkeiten, Krümmungen oder Irrtümer zulässt. Die Wiedergeburt bezieht sich darauf, dass all jene Anteile in eine Kaste oder in eine Lebenssituation zurückkommen und der Mensch sich noch nicht auf der tatsächlichen Ebene der Gleichheit mit ihrer tiefgründigen Logik bewegen kann. Er muss in die Ungleichheit und Widersprüchlichkeit hineingehen, in jenes Rad der Wiedergeburt, die noch nicht sein ganzes Wahrnehmen und Sehen beinhaltet und diese Situation führt zu leidensvollen Prüfungen und allerlei eigentümlichen Entwicklungskurven. Das Wiederkehren ist für den Inder traditionell gesehen wie ein Verlassen einer logischen Welt und ein Eintreten in eine unlogische und es beinhaltet im einfachsten Sinn eine Art Reinigung. Wiedergeburt heißt deshalb im einfachen, volkstümlichen Sinne nichts anderes als dass man aus einem vergangenen Leben Schuld begleichen und deshalb viel arbeiten muss. Vor diesem Geborenwerden in niedrigeren Kasten hat der Inder große Angst. Aus diesem Grunde stellt *Arjuna* innerhalb des Dialoges die besorgten Fragen nach dem Fortgang des Lebens und nach der Art und Weise einer Wiederkunft in die irdische Erscheinungswelt.

Grundsätzlich gewinnt die Wiedergeburtslehre heute in einer esoterisch banalen Zeit in den meisten Darstellungen einen sehr materiellen und veräußerlichten Charakter. Indem die Wege in der geistigen Welt nicht mehr ausreichend erschaubar sind, können fantastische Angaben über das Wiederkommen einer Person entstehen. Vielleicht ist es gut, wenn die Menschen nicht zu viele Phantastereien und Spekulationen über ihre eigene Vergangenheit und über ihre bevorstehende Zukunft leisten und vor allem andere Menschen nicht allzu leicht mit trivialem Gerede hierzu erschrecken. Jener Mensch jedenfalls, der einen hohen Gedanken zu seinem ganzen Bewusstsein entwickeln konnte, einen inhaltlichen Gedanken, der frei von Polaritäten wie Gut und Böse ist, befreit sich durch die Schaffenskraft dieser gehobenen und doch existenten Wirklichkeit von irdischen Lasten.[1] Der entwickelte Gedanke gewinnt sonnenhaften Charakter und kann universal allen Menschen verfügbar werden. Schließlich kann dieser Gedanke viele weitere Formen im Erdenleben annehmen und auf diese Weise wie auf einer höheren Stufe in einer Metamorphose wiederkehren. Ein Yogin, der beispielsweise eine sehr gute Willenskraft entfaltete und sehr schöne *āsana* formte, der in der Nähe von Pondicherry lebte und Svāmī Satchidananda hieß, besaß gewisse Weisheiten, die auf einer neuen Ebene in der Wissenschaft mit sehr klaren Denkvorgängen wiederkommen werden. Alle Weisheiten und großen Tugenden, die Menschen entwickelt haben, kehren auf modifizierte Weise wieder in die Welt zurück aber, und das ist das Besondere, sie treten nicht in den Zyklus der Verhaftung und der Abhängigkeit ein.[2]

---

1 Die Verse beschreiben häufig duale Gegensätze, wie beispielsweise II/38: *sukha duḥkhe* – Freude und Schmerz oder *lābhālābhau* – Gewinn und Verlust und *jayājayau* – Sieg und Niederlage. Diese Äußerungen der Weltenphänomene bleiben immer bestehen, während das Aufrichtevermögen zu höheren Zielen und Pflichten keine Sünde verursacht, *nai 'vaṁ pāpam avāpsyasi* und zu einem höheren Wert führt, der für die Zukunft und in den nächstfolgenden Geburten frei von Gegensätzen sein wird.

2 Die *Bhagavad Gītā* spricht sich sehr deutlich im Sinne einer Sonnenkraft aus und meidet mystische, einseitige Versenkungen. Sie offenbart den Wert des vernunftbegabten Denkens, denn dieses offenbart sich in der *sattva*-Eigenschaft; so benützt sie gerade auch die allegorischen, bildhaften Vergleiche etwa in XIII/34 die Sonne, die die ganze Erde erleuchtet, *prakāśayati.* Dies wird verglichen mit dem Menschen, der zum Herrn über alle körperlichen Bedingungen wird und somit das ganze Feld, das *kṣetra*, mit seinen Strahlen erleuchtet.

Die Wiedergeburt findet in einer Art Metamorphose statt.

brāhmaṇa

kṣatriya

vaiśya

śūdra

Der Aufstieg in den Kasten durch wiederholte Geburten war volkstümlich in den älteren Überlieferungen ein gewöhnliches Bestreben, das der Mensch durch gute Taten zu erreichen suchte.

Genauer aber spricht sich die *Bhagavad Gītā* im Sinne der Veredelung des Geborenwerdens im sechsten Kapitel aus.

prāpya puṇyakṛtāṁ lokān uṣitvā śāśvatīḥ samāḥ
śucīnāṁ śrīmatāṁ gehe yogabhraṣṭo 'bhijāyate

Spezifisch heißt es zum Beispiel in VI/41, dass nach einem langen Aufenthalt in einer geistigen Sphäre, *puṇyakṛtāṁ lokān*, der Mensch wiederkommt und in dem Hause der Reinen und Ruhmreichen wiedergeboren wird. Die weiteren Verse bis zum Ende des Kapitels zeigen auf, wie die Entwicklung durch die Inkarnationen mit allen Mühen des Yoga zu einem Aufstieg der Individualität führt. Der Yogin wird immer weiter in höhere Geburten gebracht.

XII Die Stunden des Todes und ihre Bedeutung

In der weiteren Betrachtung der Wiedergeburtslehre, wie sie dem indischen Denken eigen ist, lässt sich ein wichtiger Zusammenhang, der für die praktische Betrachtung des Lebens große Bedeutung einnimmt, aus dem achten Kapitel heraus skizzieren. Die einzelnen Worte erscheinen geheimnisvoll, wie symbolisch gebraucht und dennoch sind sie wie große praktische Bilder zu sehen. Die Verse sind mit polar anmutenden Bildern versehen, die für das gegenwärtige mentale Verständnis eine nähere Ausarbeitung benötigen. Es heißt im Text:

yatra kāle tv anāvṛttim āvṛttiṁ cai 'va yoginaḥ
prayātā yānti taṁ kālaṁ vakṣyāmi bharata ṛṣabha (VIII/23)

»Jene Zeit will Ich dir noch erklären, o Bester der *Bharātas*, in der abscheidende Yogins nicht mehr zurückkehren, und auch jene, in der Yogins, die darin scheiden, wieder zurückkommen.« Und es folgt:

agnir jyotir ahaḥ śuklaḥ ṣaṇmāsā uttarāyaṇam
tatra prayātā gacchanti brahma brahmavido janāḥ (VIII/24)

»Wer das Höchste *brahman* kennt, scheidet von der Welt während der Feuergott seinen Einfluss ausübt, im Licht, in einem glückverheißenden Augenblick, während der vierzehn Tage des Mondes und der sechs Monate, in denen die Sonne im Norden steht.«

dhūmo rātris tathā kṛṣṇaḥ ṣaṇmāsā dakṣiṇāyanam
tatra cāndramasaṁ jyotir yogī prāpya nivartate (VIII/25)

»Der Mystiker, der die Welt während des Rauches verlässt, nachts, während der mondlosen vierzehn Tage und in den sechs Monaten, in denen die Sonne im Süden steht, oder der den Mondplaneten erreicht, muss wieder zurückkehren.«

Was bedeuten diese Verse, die in kosmischen und natürlichen Bildern erscheinen? Vorweg erzählt die *Bhagavad Gītā* im zweiten Kapitel über den Tag und über die Nacht: »Für den Yogin ist der Tag die Nacht und die Nacht der Tag.« (II/69) Es werden die Dinge in einem sehr tiefgreifendem und ganz dem geistigen Sinnzusammenhang entsprechenden Maß gebraucht und regelrecht umgekehrt. Nun aber gewinnt die Darlegung eine auf den Menschen bezogen wörtliche und anders gewählte Darlegung. Der Tag und die Nacht beispielsweise, die südliche Sonnenwende und die nördliche Sonnenwende, der Rauch und das Licht sind Bilder, die sich in ihrer Wertigkeit und in ihrer Form konträr gegenüberstehen.

śuklakṛṣṇe gatī hy ete jagataḥ śāśvate mate
ekayā yāty anāvṛttim anyayā 'vartate punaḥ (VIII/26)

»Es sind die hellen und die dunklen Pfade, (in den *Upaniṣaden* werden sie der Pfad der Götter und der Pfad der Väter genannt); den einen nimmt jener, der nicht mehr zurückkehrt, den anderen der, der wiederkehrt.«

Nach der Aussage der Veden gibt es zwei Wege, auf denen man die materielle Welt verlassen kann – einen im Licht und einen in der Dunkelheit. Wenn jemand im Licht scheidet, kehrt er nicht wieder zurück; wer jedoch in der Dunkelheit geht, muss zurückkommen. Diese poetische Weisheit in der wörtlichen Übersetzung des Verses ist sehr eindrucksvoll, denn sie zeigt, wie tief aus dem Unbewussten der Mensch die Wege des *karma* von innen heraus sucht. Das Reinkarnieren erfolgt durch den tiefsten Willen der Seele selbst.[1]

Diese Verse erklären sich erst, wenn sich der Übende die Mühe macht und eine genauere und detaillierte Ausarbeitung über die Gesetze der geistigen Welten nach dem Tode leistet. Nachdem der Mensch gelebt hat und er sich für eine etwas längere Zeitdauer in der geistigen, himmlischen Welt aufhält, graviert sich aus den Erinnerungen der Vergangenheit ein inneres Bewusstsein und Gewissen in den Lebensleib ein. Auf diese Weise wird das Schicksal oder *karma* für das künftige Dasein vorbereitet. Im Lebensleib speichern sich auf verborgenen Stufen die Erinnerungen der Vergangenheit auf. Aus geistigen Höhen, aus jener Region, wo der Mensch im Geistigen lebt und auf seine irdische Geburt wartet, erhält er seinen Schicksalsauftrag, sein Schicksalsgewebe. Dann kommt er in die Geburt und es arbeitet sich langsam das in den Äthern Eingeschriebene aus: Krankheiten und verschiedene Spannungen, Erfolge und Misserfolge, schöne und traurige Ereignisse beginnen sich wie unweigerlich zu offenbaren, Begegnungen und die unterschiedlichsten Erfahrungen tragen sich in der weiteren Folge des Lebens fort. Was sind nun die Krankheiten, die traurigen und schönen Ereignisse, was sind all diese Geschehnisse, die auf den Menschen zukommen? Was ist es, was das Unterbewusstsein

---

1 Im Vers VIII/6 befindet sich zusammenfassend noch einmal das geistige Gesetz der Identität des Menschen: *sadā tad bhāva bhāvitaḥ*. Diese Worte bedeuten sinngemäß: zu jenem Objekt, an das der Mensch hauptsächlich und stets denkt und das er in der letzten Stunde seines Lebens im Gedächtnis hält, geht er nach dem Tode ein.

heranzieht? Aus dem eigenen inneren Lebensfeuer, aus dem innersten Geheimnisvollen arbeitet sich der verborgenste Äther aus. Die Ätherkraft, die verborgene Psyche, zieht die Krankheit, das Leidvolle und das Schöne heran; sie will in einer gewissen Weise alle Ereignisse und Begebenheiten von positiver und negativer Qualität. Sie zieht also die unterschiedlichsten Wesen heran. Diese Attraktion muss sie aus sich selbst heraus leisten, weil sie zum existentiellen Lebensvollzug notwendig dazugehören. Am praktischen Beispiel und unmittelbar anschaulichen Bezug bedeutet dieser Zusammenhang, dass alle Ereignisse von einem inneren Wollen, das im Lebensleib begründet ist, herangezogen werden. Aus diesem unbewussten inneren Wollen oder aus diesem Äther heraus sucht sich die verborgene Psyche bereits in der Kindheit die Verhältnisse aus. Sie sucht sich die Lehrer, die entsprechenden Geschehnisse, die angemessene, wenn auch nicht immer freundliche Erziehung mit ihren vorteilhaften oder belastenden Ausrichtungen.

Der kleine Erdenbürger, der ein inneres Leben und eine unsichtbare Bildekraft in sich trägt, lebt sich selbst in die genau richtigen und für seine Entwicklung wichtigen Verhältnisse hinein. In der Unschuld des webenden Schicksals zieht die werdende Individualität zum Beispiel eine Krankheit heran und dann wieder eine besondere Vorsehung und Begünstigung, die sie schnell und unkompliziert reifen lässt. Später, wenn sie dann in der Jugend und in den weiteren Altersstufen heranreift, zieht sie ebenfalls die verschiedensten schicksalsweisenden Kräfte heran. Mit dem fünfundzwanzigsten Lebensjahr entsteht vielleicht eine schwere Krankheit; diese Krankheit war aber schon eingraviert im innersten Äther. Oder es wird eine besondere Begegnung mit einem Menschen aufgesucht, die im weiteren Lebensgang zu großem Glück führt. Das, was der Mensch heranzieht, kommt aus dieser unendlichen Welt des bewegten Wesenhaften. Aus diesem zieht die innere Ätheranlage ganz bestimmte Aspekte heran und andere wieder nicht. Somit zeichnet sich das Individuelle des Schicksalsgewebes.

Wenn man die vermittelnde und anziehende Natur des Lebensleibes in seiner prädestinierenden und weisenden Richtung genauer betrachtet, lässt sich einerseits ein Inneres erkennen, das auf geheimnisvolle Weise im Seelensein und im Sein ruht, das aber selbst nicht wirklich beteiligt ist, und andererseits ein Äußeres, das herangezogen wird und das die bewegte erfahrbare und spürbare Welt ist. Diese werden in der *Bhagavad Gītā* deutlich unterschieden. Die Seele ruht mit einer Selbstkraft, sie gibt bloß die Zustimmung, sie ist eigentlich die Ursache für alles. Der Ätherleib hingegen ist der Anziehungsleib. Aber alles Weitere im Geschehen sind Wesen; Wesen, die mit dem Tag kommen und mit der Nacht wieder vergehen. Der Mensch ist mit seinem Bewusstsein während des Tages mitten unter ihnen und diesen somit nahezu

Die äußere Sphäre im Verhältnis zur inneren Sphäre

In den Witterungsverhältnissen der Erdatmosphäre wirken unterschiedliche, sogenannte Wesen. Sie können tendenziell ein klares Licht der Sonne zulassen oder eine Art mondhafte Verschleierung durch Nebel und Wolkenbildung darlegen. Es handelt sich jedoch bei diesen meteorologischen Bedingungen nur um sehr äußerliche Verhältnisse oder Bilder, die gewisse Andeutungen zur allgemein vorherrschenden Atmosphäre zeigen. Die Aussagen über das Abscheiden des Menschen und über die sogenannten Zeiten, in denen seine Seele den Körper verlässt, beziehen sich nicht auf die äußere Witterungslage, sondern mehr auf die innere, in den Tiefen des Bewusstseins lebende und wirkende Sphäre.

ausgeliefert, es sei denn, er ergreift den Yoga. Mit der Kunst des Yoga gewinnt er den Zugang zu den größten Geheimnissen. Entwickelt er tatsächlich die Meisterschaft von innen heraus, dann wird er von diesen Wesen nicht mehr geleitet, sondern er leitet sie. *Yogaḥ karmasu kauśalam* (II/50) – diese Worte benennen die Fähigkeit oder Geschicklichkeit im Handeln.[2]

Er zieht nun nicht mehr die schicksalshaften Kräfte heran, die wahrlich von einer astralen Außenwelt kommen und ihn leiten wollen. Diesen Zusammenhang der Möglichkeit der Selbstdisziplin und ihrer befreienden Wirkung wollen diese Verse beschreiben. Der Mensch kann die unterschiedlichsten Kräfte heranziehen, Kräfte, die entweder dem Wesenhaften des Mondes entsprechen oder dem reinen Urquell der Sonne, die allgemein hier als das Licht bezeichnet wird. Das Licht des Mondes steht dem Licht der Sonne konträr gegenüber. Derjenige, der das Licht der Sonne heranzieht, kehrt nicht mehr in die menschliche Geburt zurück. Der aber, der das Licht des Mondes begehrt, kehrt wieder. Ebenso sind die Bilder von Nebel und Rauch zu sehen, die wie astrale Trübungen erlebt werden.

Bedeutungsvoll sind die sogenannten Zeiten, die *Kṛiṣṇa* dem *Arjuna* erklärt. Gemeint ist die Lebenszeit und die Sphäre, in denen der Mensch lebt und abscheidet. Umgeben den Menschen während des Abscheidens die nebulösen, niedrigen Triebe und Ängste das Bewusstsein, muss er naturgemäß in die Läuterungen gehen und ebenfalls im Zyklus von nächsten Verhaftungen wiederkehren. Leuchtet aber das Feurige und Lichte der Selbstdisziplin und somit der höheren Wahrnehmungen im Sinne der astralen Sphäre, gewinnt der Mensch ein Stück des Himmels, er erlebt sich frei und dieses Erleben trägt kein *karma*. Vielleicht wird der Mensch dennoch wiederkehren, aber er kann nun mit Eigenschaften in die Erde eintreten, die ein Segen für Andere sind und nicht ein Schicksalsgefüge mit unendlichen Konflikten. Die Zeiten, die *Kṛiṣṇa* nennt, sind die Perioden der Anziehung von jenen Wesen, die entweder belastend wirken oder eine befreiende Bedeutung haben, da sie von dem Menschen durch den Yoga oder eine gute Selbstdisziplin geführt werden. In ganz besonderer Hinsicht meint die *Bhagavad Gītā* mit den Zeiten jene Atmosphäre des astralischen Geschehens, die beim Abscheiden des Körpers vorherrscht.

---

2 Das achte Kapitel endet mit einem Vers, der zentral das Wort *vid*, das Wissen, enthält. *Atyeti tat sarvam idaṁ viditvā yogī paraṁ sthānam upaiti cā 'dyam* (VIII/28) Dies heißt: »Wenn der Yogin dies weiß, lässt er die Früchte allen verdienstlichen Handelns zurück und gelangt zum Höchsten, zu *brahman*.« Dieses Wissen aber erscheint nicht intellektuell oder theoretisch, es ist vielmehr eine lebendig errungene Erfahrung, die den ganzen Menschen erfüllt. *Brahmavid brahmaiva bhavatī* – »Wer *brahman* wirklich erkennt, wird zu *brahman* werden.«

XIII Die Erlösungstat für die Weltenschöpfung

Mit dieser Betrachtung der Befreiung oder Erlösung aus den irdischen Erscheinungswelten ist aber nicht allein der Yogin in seinem physischen und psychischen Dasein gemeint. Jene Wesen, die mit dem Licht des Mondes oder mit dem Lebensquell der Sonne verbunden sind, warten ebenfalls auf ihre Befreiung aus der irdisch gebundenen Welt. Der Astralleib möchte ständig geweitet, erlöst und befreit werden. Die Elementargeister der Natur suchen den sonnenhaften Menschen, der nicht um seinetwillen, sondern für ein größeres Gesamtes die Erde belebt und verwandelt. Es wäre im Gesamten eine einseitige, selbstbezogene Auffassung, wenn der Yogin nur nach seiner eigenen Befreiung streben würde und die Welt der Anziehung und Abstoßung von allen Wesen, Mächten und Kreationen meiden oder verneinen würde. Diese vielfältige Welt der Erscheinungsweisen wartet sehnsüchtig auf den befreiten, erlösten Menschen, der gewillt ist, den Pfad der geistigen Erkenntnis und der aufsteigenden Entwicklung zu betreten. Die Schöpfung möchte mit der reinen Tat des Menschen die befreiende, erlösende Weite erhalten. Befreiung und Erlösung darf deshalb nicht als ein ausschließlich selbstbezogener Eifer verstanden werden. Die Erkenntnis des *brahman* (oder wie es wörtlich heißt: *brahma brahmavido janāḥ* (VIII/24), wer *brahman* erkannt hat) führt im richtigen, intuitiv ausstrahlenden Vollzug mit natürlicher Weite eine Befreiung der leidenden Wesen in der astralen und irdischen Schöpfung herbei.

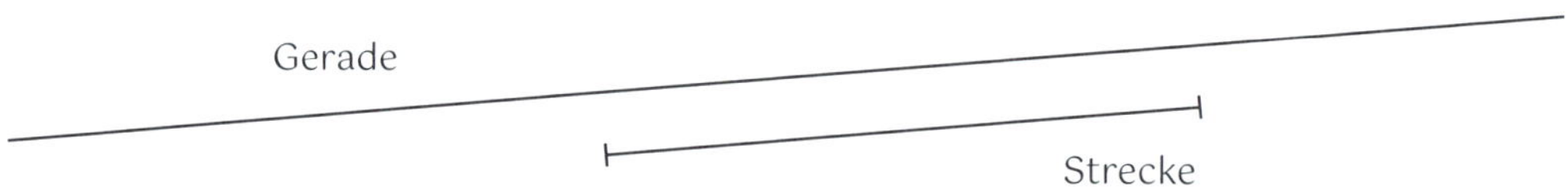

Der Vergleich von einer Geraden zu einer Strecke kann auf abstrakt-bildhafte Weise jenen Zusammenhang verdeutlichen, der dem hohen Gedanken der Selbstverwirklichung in den Versen der *Gītā* beigemessen wird. Wer den Yoga entwickelt, wie er mit der vornehmen Würde und seiner universalen Bedeutung beschrieben wird, begibt sich nicht auf eine rein beschränkte persönliche Sphäre, gleichsam auf eine Strecke, die einen Anfang und ein Ende besitzt, vielmehr widmet er sich einer Bewegung, die weder bei ihm selbst noch in der Befreiung und Erlösungsarbeit bei Anderen eine Limitation hat. Die Gerade mit ihrer unendlichen Bewegung bietet ein abstraktes Symbol für die Befreiungsarbeit, die der Yogin erzeugen kann. Es ist die Befreiung von sich und von allen Wesen, *sarva bhūtāni*. Deshalb werde Du ein Yogin wie es heißt: *Tasmād yogī bhavā 'rjuna* (VI/46).

XIV Die Initiation[1] zur geistigen Welt und ihre Folge

Im achten Kapitel werden in einer bildhaft authentischen Sprache jene Phänomene beschrieben, die die irdische Existenz im Sinne von zwei Kräftewirkungen – auf der einen Seite die Erlösung und auf der anderen Seite die Abhängigkeit – heranzieht. Es wird die Unterscheidung zwischen Nacht und Tag getroffen, zwischen nördlicher und südlicher Sonnenwende. Gerade jenen tieferen Unterschied zwischen Nacht und Tag will ich abschließend noch einmal beschreiben, weil er grundlegend wertvolle Anhaltspunkte für die Art der Wahrnehmung zeigt und für das Verständnis der spirituellen Entwicklung wichtig ist. Diesen Unterschied der Qualitäten im Sinne der Wahrnehmung sollte der Schüler etwas ausführlicher im Auge behalten. Mit der Nacht ist ein naturgemäßes, geistiges Wirken verbunden, das sich scheinbar allem Sonnendasein entzieht, und mit dem Tag ist ein sinnlich sichtbares Wahrnehmen zu den Phänomenen der Welt gegeben. Die Sonne scheint am Tage und in der Nacht reflektiert der Mond das Licht der Sonne. Die Menschen kennen den Tag und sie kennen die Nacht im Sinne ihres äußeren Charakters. In der *Bhagavad Gītā* werden diese zentralen Erscheinungsformen beschrieben, weil sie früher eine sehr wesentliche Bedeutung gehabt haben. Zu jener Zeit der altindischen Kultur, in der die Entsagung von der Welt eine große Rolle einnahm, zu jener Zeit, in der man den ersten Yoga oder erste einweihungsähnliche Praktiken erlebte, wusste man sehr deutlich, dass in der Nacht und am Tag ganz unterschiedliche Wesen arbeiten. Mit einer Art atavistischem Hellsehen konnte man direkt und lebendig die verschiedenen Wesen beobachten.

Es war tatsächlich zu jener Zeit sehr charakteristisch, dass der Mensch in der Nacht nicht in dem Sinne schlief, wie die modernen Menschen heute schlafen, und gleichzeitig war er am Tage nicht auf dieselbe Weise wach, wie es das heutige Bewusstsein ist. In der Nacht erlebte er beispielsweise eine Art Träumerei. Der Mensch war in einer undifferenzierten Welt, die ans Träumen erinnert, die aber gleichzeitig sehr friedvoll und sehr einheitlich mit der Natur verbunden war. Es gab noch kein privatisierendes, ausschließendes, weltergreifendes Selbstbewusstsein, sodass der Mensch nie gesagt hätte, es sei sein Stück Land, sein privater Teich, und er hätte auch nicht ganz definitiv gesagt, es sei sein eigener Körper. Das trennende Gefühl zwischen Subjekt und Objekt mit besitzergreifenden Tendenzen war in dieser Zeit sehr schwach angelegt und die Körper waren nicht so materiell, hart und verspannt, sondern weicher und mit dem Kosmos verbunden. Da es diese Indurationen nicht gab, erschöpfte der Körper damals nicht. Er brauchte deshalb die Nacht in diesem Sinne zur Entspannung nicht so dringlich wie der Mensch heute. Die moderne Zeit lebt jedoch in dem Bewusstsein der Trennung. Es besteht heute die Aufspaltung zwischen einem eigenen abgeschlossenen Selbst und den Anderen und dieser Umstand trägt die Folge in sich, dass heute auch eine Trennung zwischen Kosmos und Welt erlebt wird. Es ist eine Art Gespaltenheit, die im Menschen heute stark verankert ist und dieses Getrenntsein von der Natur, vom Kosmos, sogar von sich selbst und von allen Gegenständen kannte der Mensch in jener alten Zeit nicht. Wenn sich nun der in der damaligen indischen Kultur lebende Mensch zur Nachtruhe begab, musste er sich in eine Sammlung begeben, um seine naturgegebenen Intuitionen zu pflegen. Er träumte in einem Bewusstseinszustand, der mehr im Sinne eines gewissen geistigen Erlebens und Schauens vonstatten ging. Es erlebte der Mensch den Kosmos und sein fühlendes Zusammensein mit ihm. Er schlief nicht wie betäubt, sondern eben wie träumend, er schaute in jene kosmischen Welten hinein, er erlebte seine Verbindung zu den geistigen Ahnen. Er fühlte ebenfalls das astrale wesenhafte Leben in diesen großen, ausgedehnten Welten. Mit diesem sogenannten atavistischen Bewusstsein, atavistisch im Sinne von Althergebrachtem oder ›vom Großvater kommend‹, war er in einem gewissen Sinne ein Seher von Wesen. Der damalige Mensch wusste allerdings noch nicht so viel mit dem Gesehenen anzufangen, da ihm die Klarheit, Wachheit

Der Mensch, der in der Meditation die Augen schloss und ruhig wurde, spürte die Wesensnaturen weniger von seinem eigenen Körper kommend, sondern mehr von der Umgebung. Er bemerkte beispielsweise unterschiedliche feine Ströme von Wirkungen, je nachdem ob er höher oder tiefer saß. Aus diesem Grunde findet man im Vers VI/11 in der *Gītā* die Angabe zur Wahl des Sitzes für die Meditation: *nāty ucchritaṁ nātinīcaṁ* - weder zu hoch noch zu tief.

Wenn heute hingegen der Mensch in der Meditation die Augen schließt, besteht die Gefahr, dass er weniger die umliegenden Sphären bemerkt, sondern mehr in seine eigene subjektive Innenwelt versinkt.

und Intellektualität des Bewusstseins fehlten. Das Schauen war ihm intuitiv und naturgegeben. Mit der kommenden Zeit aber rückte dieser Zustand der nächtlichen Schau in die Ferne und der Mensch begab sich immer tiefer in das Schlafen. Er verschlief zunehmend das übersinnlich angehauchte Träumen und versank mit Schwere in die Zeit der Nacht. Die Menschen wussten zu dieser Zeit aber noch aus der Erinnerung, dass in der Nacht der Kosmos lebendig waltet. So mancher hatte sich die Erfahrung des hellsichtigen, nächtlichen Umherwanderns in den geistigen Welten bewahren können. Heute können gelegentlich noch manche Personen von Wahrheitsträumen berichten.

Nun war es so, dass die erste Einweihung darin bestand, den Menschen, der langsam immer mehr ein Selbstbewusstsein in der Welt erfuhr und den physischen Körper in der Trennung erlebte, in besonderer Weise zu präparieren und ihm die Nacht wieder im alten Sinne zu eröffnen. Dazu musste er zuerst einmal die Welt verlassen und die Einsamkeit aufsuchen. Wenn jemand zurückgeführt wurde in das geistige Reich, dann wurde er vollkommen von der Familie und von seiner Sippschaft entfernt. In der Einsamkeit bereitete man den Schüler durch besondere Techniken, hohe Disziplin und langes Meditieren für das nächtliche Schauen und Wahrnehmen vor. Die Leitung dieser Initiation geschah durch die besonderen Meister oder direkt durch die heiligen *Ṛṣi*, die Seher der altindischen Kultur. Mit hohen Ansprüchen an die Disziplin, *tapasyā*, wurde der Schüler sehend; er wurde wieder zurückgeführt in diese göttlichen, geistigen Wesenswelten. Er sah die Möglichkeiten, die sich ihm im Verborgenen der Nacht eröffneten. Die Einweihung damals benötigte aber tatsächlich stärkste Askese und Disziplin zur Wachheit.

Nach meist langen Jahren der Initiation kehrte der Schüler in die Welt zurück und hatte nun ein ganz anderes, erweitertes Bewusstsein mit dem wiedergewonnenen seelisch-geistigen Wissen. Er wurde dann zu einem Guru oder anders ausgedrückt zu einem religiösen Jupiter, zu einer Mitte, die andere Menschen mit Weisheiten zu inspirieren vermochte. Die Kräfte, die der so präparierte und initiierte Guru in die Welt brachte, waren wie eine Art gereinigter Mond, der in Indien zu einem Kulturaufbau und Wachstum der Gesellschaft führen sollte. Häufig besaßen diese Menschen Charismen, wie beispielsweise sich vom Erdboden mit der Schwerkraft loslösen zu können oder auf das Wetter bestimmend einzuwirken. Der Guru war aber für die dort lebenden Menschen und sogar für ganze Sippschaften die Mitte und bildete das Zentrum der Moralität und des Selbst. Er war immer die personifizierte göttliche Inkarnation oder die *jīvan-mukti*-Persönlichkeit, die im Leben befreite Erscheinung des Geistes im Körper.

Im Westen trat mit der Erscheinung des Christus schon bald die Kirche als Institution hervor und bildete ebenfalls eine Art Mitte in der Gesellschaft, im Staat und in der Politik. Wie müsste es heute sein? Weder die extreme Guruposition noch die institutionalisierte Religion können eine Perspektive für die Zukunft eröffnen. Die Menschen müssten vielmehr in freier geistiger Bestimmtheit und vielseitiger Gegenseitigkeit zu den höchsten Werten aufsteigen. Anhängerschaften zu einem Guru können große Hindernisse zu dieser werdenden, geistigen Mitte im Menschen darlegen. Im Yoga gibt es beispielsweise Einweihungszeremonien, bei denen der Lehrer oder der Guru dem Schüler mit dem Daumen auf die Stirn drückt und ihm ein Mantra zum Meditieren gibt. Die Frage, ob der Lehrer das Mantra selbst in einer vollständigen, geistigen Vision erschauen kann und er selbst im lebendigen Strom der geistigen Wahrnehmung ist, bleibt offen. Der wahre Guru fehlt im Allgemeinen heute in allen religiösen und spirituellen Bewegungen. Dennoch sollte der Guru nicht verworfen werden, denn jeder, der Fähigkeiten geistiger, irdischer und charakterlicher Art besitzt, ist wie ein Vorbild und bildet für den Mitmenschen einen faszinierenden Anziehungspunkt. Man studiere Persönlichkeiten, die faszinierende Fähigkeiten darlegen und übe sich in natürlicher verehrender respektvoller Hinwendung. Die Welt könnte friedvoller sein, wenn extreme religiöse Fanatismen und institutionierte, degenerierte Credos durch Weisheit überwunden werden würden.[2]

---

1 Die *Bhagavad Gītā* ist eine Schrift mit initiatorischem Charakter. Die Einweihung selbst bedeutet nach spirituellen Auslegungen, dass besonders begabte Menschen an eine gezielte Schwelle herangeführt werden, an der sie eine Art todähnlichen Zustand erleben und eine Wahrnehmung zur übersinnlichen geistigen Welt gewinnen. Die Taufe des Johannes war ein klassisches Einweihungsritual, bei dem Johannes der Täufer seine Jünger vorbereitete und sie dann im Jordan an einer bestimmten Stelle, »weil dort viel Wasser war« (Johannes, 3,23), wie das Evangelium beschreibt, unter Wasser tauchte, bis sie das Bewusstsein verloren und ein Nahtoderlebnis entstand. Nach einer gewissen Zeit aber wurden diese Personen wiederbelebt und so wurden sie mit dem Wissen, dass die Seele nach dem Tode weiterlebt, lebendig vertraut. Sie wurden eingeweiht. Die Methoden der Einweihung sind jedoch sehr vielseitig. In jedem Fall soll eine Wahrnehmung zu einer übersinnlichen Welt erfolgen, die sodann den Menschen begleitet und ihn zu einem Boten für eine geistige Wahrheit macht. *Arjuna* erlebt in seinem Schwellengang durch die gelehrten Weisheiten eine große Einweihung zur übersinnlichen Wirklichkeit.

2 Das Kapitel IX beginnt mit zwei Versen, die das sogenannte heiligste und größte Wissen *guhyatama* oder, anders ausgedrückt, das Einweihungswissen zu den höheren Welten beinhalten. Obwohl die gesamte *Bhagavad Gītā* eine Schrift mit initiatorischem Charakter ist, so nimmt dennoch dieses neunte Kapitel das *rājaguhya*, das königliche Geheimnis, oder das Wissen der Einweihung in die unmittelbare Wortformulierung. In diesem Sinne findet die Einweihung der *Bhagavad Gītā* im dialogischen Gespräch statt und entbehrt jeglicher zeremoniellen Prozedur. *Jñānam vijñānasahitaṁ* ist das Wissen, das mit der unmittelbar wirkenden Erfahrung sogleich im ersten Vers dieses Kapitels Erwähnung findet.

XV Die Zeiten des Abscheidens

Jene bereits genannten Verse im achten Kapitel beziehen sich auf die Zeiten, in denen der Yogin[1] und ebenfalls die Wesen, die der Yogin heranzieht, wiederkehren oder nicht. Die Zeiten differenzieren sich nach der alten Einweihung in die vier Elemente und die Elementarebenen, die mit der Nacht und dem Rauch, der Zeit des abnehmenden Mondes und der südlichen Sonnenwende beschrieben sind und die ihre Gegenüberstellung mit den Symbolen Licht, Tag und der hellen Zeit des zunehmenden Mondes in der nördlichen Sonnenwende finden. Diese Zeiten existieren im wechselseitigen Gang der Evolution und sie sind für den Menschen und seine werdende zukünftige Stellung im nachtodlichen Leben und dem Wiedergeboren-Werden wichtig. Die Evolution geht in die Perspektive der Zukunft und jede Inkarnation will in die Entwicklung zur Zukunft eintreten. Würde sie zurückgehen, so könnten das Selbstbewusstsein und der individuelle Wille im Yoga nicht gelebt werden. Die Verse berichten über das Wirken der Zeiten und über das Selbst in den Zeiten. Wer dies am Tage erlebt und *brahman* erkennt, wird nicht mehr wiederkommen. Er wird darüberhinaus nicht nur sich selbst, sondern andere Wesen erlösen. Diese Verse beziehen sich auf die Erlösung des Wesenhaften durch das schon reifer werdende Bewusstsein. Jener aber, der dies in der Nacht, im Halb- oder Unbewussten durch eine andere Einweihung in einer sehr mondhaften Sphäre vollzieht, wird keine Wesen erlösen können. Dennoch aber kann dieser Mensch oftmals sogar Charismen entwickeln und manch eigenartige Hellsichtigkeit hervorbringen. Wie viele Menschen gibt es heute, die durch ein dämmerhaftes Bewusstsein hellsichtig werden und den Sonnenstatus der Entwicklung ausklammern. Derjenige aber, der die geistige Welt unmittelbar am Tage erlebt und durch das Lichthafte, durch das Feuer das Selbst ausgestaltet, wirkt befreiend. Deshalb wird dieser Yogin die Wesen in der Schöpfung befreien, sodass auch diese nicht mehr in ihren bisherigen Zustand wiederkehren müssen.

---

1 Sowohl das Wort Yoga als auch der sehr ähnlich klingende Terminus *yuktaḥ* erscheinen sehr häufig in den einzelnen Versen. Die Ähnlichkeit dieser Begriffe ist tatsächlich gegeben, da sie aus der gleichen Wortwurzel stammen, aus *yuj*, das so viel bedeutet wie vereinen oder verbinden und dennoch lassen sie sich konkret voneinander unterscheiden. Wenn der Übende sich, wie es im 27. Vers des Kapitels VIII heißt, ausreichend in seiner Disziplin der Selbstmeisterung gegründet hat, ist er mit dem Yoga vereint und sein Wesenszustand ist *yogayukto bhavā*. Zu verwechseln ist diese Einheit nicht mit einem dämmerhaften Traumzustand, er repräsentiert vielmehr die vollständige Gegenwärtigkeit des wachen Bewusstseins.

Das Wissen als inhärenter, bewusster Teil der Weltschöpfung

vid

Vid ist die Wortwurzel für das seiende Wissen, die existente Erwartung, für die wirkende ausstrahlende und verfügbare Erkenntnis in der Weltschöpfung, für das immanente Wahrnehmen und die im Selbst gegründete Erfahrung.

Es ist mit diesem Wort der Gedanke als bewusstes Sein benannt. Die höhere Natur des Astralleibes bildet auf gesunde Weise Wahrnehmungsprozesse mit gedeihlicher Progressivität. *Vidyate* bedeutet ganz einfach gesagt das Ist, das Seiende im Wahrnehmen des Bewusstseins, die höhere Energie als Bindeglied zu der rein geistigen Realität.

Vidyā ist vergleichbar mit einem Bogen, der durch sein eigenes Sein zwei Pole miteinander elegant und nahtlos verbindet. Das Gegenteil ist *avidyā*, ein Nicht-Wissen, ein intellektuell totes Produkt, das durch seine Einseitigkeit trennende Schranken errichtet. Es ist die Erscheinung der niedrigeren Anteile des Astralleibes.

Vidyā ist das Wissen, das durch hohe und weise Menschen in der Weltschöpfung manifestiert wurde, beispielsweise durch Pythagoras. Es ist als erhebende Vision dem Bewusstsein zugänglich.

V Die Vision

Vortrag vom 1.11.1995

1 Der Weg zu den übersinnlichen Welten

Die Vision, die in der *Bhagavad Gītā* beschrieben ist, schwingt sich in ihren mittleren Teilen weit hinauf zu einer Schau der übersinnlichen Welten. Diese ist in Bildern geschildert, die äußerlich gesehen unnahbar, bedrohlich, angstberauschend und wie ein übermächtiges, der Grausamkeit unterliegendes Schauspiel klingen. Es kommt aber im Wesentlichen bei dieser anspruchsvollen Schau nicht auf dasjenige an, was sich im einzelnen Worte ausdrückt, sondern vielmehr darauf, welches geistige Gesetz im Hintergrund lebt und geschildert wird. Die *Bhagavad Gītā* befasst sich mit den logischen, rhythmisch abgestimmten Wellenschlägen der menschlichen aufsteigenden Entwicklung und so beschreibt sie schonungslos die geistige Welt und dies in einer anmutigen Geschichte. Der rhythmisch wiederkehrende Geist gibt dem Worte die sanfte Geschmeidigkeit und Weite, sodass das Wie und somit mehr die innere Erhabenheit der Schilderung im Ganzen an Signifikanz gewinnt. Gesetze mit genau bemessenen Proportionen sind es, die dem Leben und Geist zugrunde liegen. Auf diese inneren Aussagen mit ihren fast millimetergenauen Maßeinheiten achtet man meist recht wenig. Man nimmt heute gemäß der intellektuellen Gemütslage das Wort und versucht direkt vom Wort das Gute oder Böse, das, was dem Verständnis entsprechend und gerade brauchbar erscheint, abzuleiten. Was aber an tiefsten Gesetzen in den Intervallen der Worte lebt, kann man gar nicht vom äußeren, moralisierenden Gehalt ableiten, es zeigt sich mehr in der tieferen Stimmung und Qualität, welche sich geheimnisvoll nur für den Meditierenden, der forschend tätig ist, verkündet.

In den letzten Ausführungen wurden die Worte ›Tag‹ und ›Nacht‹ genauer beleuchtet. Der Tag und die Nacht sind in sich konträr entgegengesetzt, obwohl sie sich zu einer Einheit ergänzen. Was bedeutet für den Menschen der Tag und was bedeutet für ihn die Nacht? Ausgehend von einem heutigen Bewusstsein können die Begriffe eine sehr konkrete Bedeutung gewinnen. Während des Tages lebt das Bewusstsein und strömt gleichzeitig mit den Sinnen ständig hinaus zu den Objekten der Welt. Unaufhörlich ist das Bewusstsein durch die Sinnes- und Nerventätigkeit auf die Außenwelt bezogen und in mannigfaltiger Weise an sie gebunden. Diese Bindung oder dieses starke Durchwoben- und Durchströmtsein der Bewusstseinskraft während des Tages macht es gänzlich unmöglich, vollkommen zur Ruhe zu gelangen. Wenn man sich also unmittelbar in eine Stille und Ruhe versetzen möchte, bemerkt man jene Schwierigkeit des beständig treibenden Gedankenstromes oder auch der treibenden Emotionen und Gefühle. *Arjuna* sagt dazu sehr treffend im sechsten Kapitel: »Wie ist es möglich, die Gedanken zu beruhigen? Es ist doch leichter, den Wind einzufangen, als jene Gedanken in die Stille zu führen.« (VI/34) Während des Tages ist der Mensch ein Gefangener von all den intellektuellen Strömungen, Wahrnehmungen zur Welt, den Gefühlen, den bewegten Emotionen oder Eindrücken, die auf ihn in vielfältiger Weise eintröpfeln. Das ist anders in der Nacht. In der Nacht ruht der Mensch und das Bewusstsein ist außerhalb des Leibes. Während des Tages kann der Einzelne kaum eine längere Phase der vollkommenen Stille aufrechterhalten. Meist endet der Versuch, in eine vollkommenen Stille zu gelangen, in einem mehr oder weniger bedrückenden Zwang. Eine Meditationsschulung ist deshalb für den Menschen, der Ruhe und hohe Präsenz erlangen möchte, notwendig.

Es ist selbst für den geübten Meditierenden nicht immer leicht, jenen Zustand der Selbstbeobachtung, des mentalen und emotionalen Balancierens, jenen souveränen Zustand des Gleichmutes und der Unberührtheit von attackierenden Bedrängnissen mitten im Leben bei voller Wachheit zu entwickeln.[1] Die Herausforderung der freien, gedanklichen, nicht nur mystischen, sondern wirklich gedanklich voll aktiven Beobachtung, ist aber eine schöne und interessante, denn sie führt zu einer größeren Integrität und beziehungsvolleren Ausrichtung zum Kosmos und zugleich zur Welt. Die Meditation war früher in ihren Kernansätzen und in ihrer Richtung der Disziplin anders als heute. Im modernen Zeitgeschehen spürt der gegenwärtige Mensch die gewaltige Schwierigkeit, sich von sich selbst abzulösen und bemerkt, dass er sich nicht einfach zur Ruhe setzen kann und sogleich in die Sehnsucht der reinen Beobachtung findet. In der Nacht dagegen wäre der Mensch in der Stille, denn in der Nacht bestünde genau jenes Verhältnis, das für die Meditation recht günstig ist: Das Bewusstsein ist außerhalb des Leibes. Der Körper ruht. Der Körper ist regungslos. Er ist nahezu wie in einer Einheit und dies gerade in besonderem Maße im Tiefschlaf. Der Körper empfängt keine Ströme von der Außenwelt. Er bleibt unaufdringlich in seiner unberührten Dimension und die Lebenskraft kann ganz natürlich an ihm regenerierend arbeiten.

Das Bewusstsein, das an das Nervensystem gebunden ist, hat keine direkte, unmittelbare Wirkungsmacht und durchdringende, somatische Einflusskraft auf ihn. Rudolf Steiner spricht in vielen Ausführungen von dem freien Bewusstsein, das während der Nacht in kosmische Weiten wandert. Am Abend schläft der Mensch ein und das Bewusstsein verlässt den Körper. Er hat daher in der Nacht nicht mit der Konzentration zu kämpfen und deshalb können sich die Nerven regenerieren. Nach Rudolf Steiner waltet ein Zustand der Geistigkeit, aber diese Geistigkeit ist natürlich nicht jene, die in irgendeiner Weise als vollkommen bezeichnet werden könnte, denn es fehlt das Allerwesentlichste. Es mangelt an Wachheit und Gegenwart, an unmittelbarer Bewusstheit zur Materie, zu sich selbst und zum Kosmos. Der Mensch ist also gerade im Tiefschlaf in einem geistigen Zustand, den er aber durch seinen Schlaf, seine Unbewusstheit vollkommen versäumt. Während des Tages befindet er sich in der genau entgegengesetzten Dimension. Sein Nervensystem ist durch die verschiedenen Einflusskräfte des Bewusstseins gefangen. Durch die leiblich internen und externen Einflüsse, durch die Gedanken und Gefühle, durch sein Getriebensein, durch das Aufflammen oder Wirken von Impulsen ist das menschliche Bewusstsein wie weltlich von einer *māyā*, einer Illusion besetzt.

Die geistige Entwicklung früher – und man wusste in den älteren Perioden der Menschheit noch die Zusammenhänge, die bereits mit dem Vergleich von Tag und Nacht geschildert wurden – war wie eine Art Rückbesinnung. Man bearbeitete den Menschen fern vom Sinneserleben, gleichsam wie in der Nacht, wenn das Bewusstsein sehr frei vom Körper war. Man zog ihn von der Welt zurück und löste ihn ganz vom körperlichen Eingebundensein. Von der Integration in der Welt zog man ihn zurück und lehrte ihn unter Bedingungen, die einer sehr reinen Sphäre entsprachen, damit er mehr in eine Seherrolle oder in eine weite Sicht des Geistigen kam und für die Götterwelten offen wurde. Die Vorbereitungen der Läuterung in Einsamkeit kann man heute wohl nicht mehr extrem praktizieren, weil der Mensch ein gewisses Eingebundensein in die Welt für seine Gesundheit braucht, und zudem die leiblichen wie auch psychischen Verhältnisse zur aktiven Integration mit der Welt führen muss. Man muss deshalb heute mit der geistigen Entwicklung auf eine bestimmte asketische Weise, jedoch nicht mit einem äußeren vollkommenen gesellschaftlichen Rückzug arbeiten. Würde der Einzelne als Ideal in eine Askese ganz entfernt von der Welt gehen, könnte er daran erkranken. Die Askese betrifft deshalb in der heutigen Zeit mehr das innere emotionale und einseitig triebgesteuerte Bewusstsein des Menschen. Eine umfassende Gliederung von konstruktiven Entwicklungsschritten und bewusster Überwindung von körperabhängigen Mustern kann die erste Phase der Läuterung als Vorbedingung zur befreienden Geistschulung leisten.

---

1 *yukta āsīta matparaḥ* (VI/14) – diese drei Worte beschreiben jenen Zustand der Verbindung des Geistes in sitzender Meditation mit einem höchsten Ziel. Die Unruhen des Gemütes weichen zurück.

Die zentrale Aussage der Selbstmeisterschaft des Yoga

ne 'hā 'bhikramanāśo 'sti pratyavāyo na vidyate
svalpam apy asya dharmasya trāyate mahato bhayāt (II/40)

»Auf diesem Pfad der Selbstmeisterschaft ist keine Mühe verloren, kein Hindernis kann sich durchsetzen. Selbst ein wenig von diesem *dharma* befreit dich von der großen Gefahr.«

Dieser Vers enthält hochgradige und tiefgründige Aussagen über die Meisterschaft des Yoga und er liegt inmitten des zweiten Kapitels. Nachdem bis zum 39. Vers die *Sāṅkhya*-Philosophie erklärt wurde, erhebt sich unmittelbar die glänzende befreiende und alles übersteigende Disziplin des Yoga. Wer diese Disziplin mit seinem *dharma*, mit seiner Gesetzmäßigkeit nur ein bisschen übt, ist vor der großen Gefahr geschützt, beispielsweise wie es in einer spirituellen Schrift verstanden wird, vor dem Hinabfallen in eine Sünde oder in eine Welt mit Konflikten und Bindungen. Yoga hält das Bewusstsein auf einer Ebene der freien und produktiven Wirksamkeit.

Die weise Entschiedenheit

vyavasāyātmikā buddhir eke 'ha kuru nandana (II/41)

»Dieser Weg ist eindeutig, entschieden, mit einer Vernunft durch das Selbst getragen, gleichartig und ohne Beirrung.«

Der wesentliche Begriff *vyavasāyātmikā* erscheint für die Geistschulung, Yogatätigkeit und für jegliche zielstrebige Konzentrationsbildung von außerordentlicher Bedeutung. Wörtlich heißt es: durch das Selbst entschieden gegründet und im Ziel selbstkräftig, eindeutig und einpünktig orientiert. Es ist die entschiedene, klare Geisthaltung zu einer konkreten Zielorientierung.

bahuśākhā hy anantāś ca buddhayo 'vyavasāyinām (II/41)

»Vielverzweigt ist der Weg des Untentschlossenen, *avyavasāyinām,* in dem Bewusstsein ohne Weisheit.«

Im 40. Vers spricht die *Gītā* den Yoga und seine große Möglichkeit an. Der darauffolgende 41. Vers bringt diese meditativen Begriffe *vyavasāyātmikā buddhir* hervor. Sie sind ein Resultat eines bereits entwickelten großen Potentials des Menschen, der seinen Willen mit Weisheit zielgerichtet und bewusst geformt hat.

11 Die Lenkung des Bewusstseins während des Tages

Heute ist es notwendig, dass das Leben während des Tages auf eine rechte Weise ausgerichtet wird. Denn das, was das mentale Bewusstsein untertags erarbeitet, wie der Mensch seine Sinne ausrichtet und pflegt, das wirkt in der Nacht wieder auf eine andere intime Weise weiter. Das Bewusstsein besitzt den Freiraum, dass es sich verschiedenen Objekten der Wahl hinwendet. Es hat den Freiraum und sogar die notwendige Pflicht, sich mit einer spirituellen Lebensdimension auseinanderzusetzen und eine gute Lebensqualität mit einer urteilsfreien, toleranten Ausrichtung im Sinne des *sattva* zu fördern. Das Bewusstsein muss urteilsbehaftete, belastende und gewisse schwere, hässliche Dinge aus dem Gewissen ausschalten und beste und verantwortungsvolle Inhalte aufnehmen. Es muss also dem Leben eine Richtung geben und diesem Leben vor allem jene Qualität weisen, die in eine wahrhaftige Spiritualität sowie auch in eine idealere Form tendiert. Diese Bewusstseinslenkung geschieht durch das ganz natürliche Sinnesleben, vorwiegend durch die Augen und die angelegten sinnlichen Werkzeuge des Menschen. Die Augen und die Sinne sollen auf ganz bestimmte Inhalte hingewendet werden. Man soll das Leben mit der Zeit nach besonderen, gewählten Kriterien beobachten lernen und die Aufmerksamkeit und das Denken auf möglichst kraftvolle geistige Inhalte, auf kraftvolle geistige Bilder oder Werke lenken. Wenn man nun seine Sinne auf gewählte, reine, geistige Werke zentriert und eine Ausdauer mit einiger Intensität, Klarheit und Direktheit übt, dann werden diese Bilder in der Nacht, im heiligen Gemach des Tiefschlafes weiterarbeiten.

In der Nacht kommt jener geheimnisvolle Vorgang der Integration zum Tragen. In der Nacht, so kann dies der schauende Mensch sagen, richtet sich das Leben selbst nach der kosmischen Gesetzmäßigkeit. Während des Tages kann es sich vor den selbstgeschaffenen Richtersprüchen des Lebens entschuldigen und mit Illusionen betören, denn das menschliche Bewusstsein besitzt jene schlaue Neigung, jene *māyā* mit subjektiven Gedanken, Gefühlen und allerlei Wunschträumereien. In der Nacht ist aber der Mensch von seinem wirklichen Bewusstsein her ungeschützt. Im schlafenden Zustand arbeiten jene weisen Schöpferkräfte des Geistes am Leibe. Der Leib bleibt in seiner Ruheform ausgerichtet, die Lebenskräfte regenerieren sich und das Bewusstsein ist außerhalb des Körpers; somit ist das Selbstbewusstsein und all sein Bedrängen nach Erfolg und Begehren relativ untätig. In dieser Phase nun, wenn das Bewusstsein außerhalb des Leibes ist, gelangen die Bilder, die untertags mit Aufmerksamkeit und Intensität in die Betrachtung genommen wurden, zu einem erhöhten Wirkungsbereich. Es beginnt damit eine gewisse Transformation, die sich langsam in ihrer intelligenten Intensität bis in die Physiognomie durchgestaltet. Man könnte sagen, dass das mentale Gedankenleben, das spontane Willensleben und auch das verbindende Empfindungsleben des Menschen besonders in der Nacht mit geistigen Kräften aufgeladen werden. Was man am Tage tut wirkt während der Nacht in seiner Aufladung weiter. Wenn der Mensch dann am Morgen erwacht, kommt das Bewusstsein wieder in den Leib hinein und er wird nicht mehr der Gleiche sein. Was er untertags gepflegt hat, hat sich in der Nacht neu gebildet, zum stillen, feineren Wissen weiterentwickelt und arbeitet sich nun durch die verschiedenen Glieder des Bewusstseins wie auch des Unterbewusstseins hindurch. Es prägt sich dadurch in den sogenannten Lebensleib oder Ätherleib des Menschen hinein. Es arbeitet sich immer weiter und weiter durch die Schichten und Widerstände des leiblich-seelischen Trägers, bis es dann schließlich im Bewusstsein, an der Oberfläche, durch sich selbst offenbar wird. Wer viel Geduld und viel Bereitschaft mitbringt, der wird nun wiederholt seine Aufmerksamkeit auf geistige Werke, geistige Bilder, überhaupt auf die geistige Dimension und ihre Ausstrahlung richten, er wird sich intensiv und unmittelbar mit den Wahrheiten beschäftigen und durch die wiederholte Hinwendung wirkt das Erlebte weiter und erschafft damit in der Nacht ein erstes Erkenntnislicht für den Tag. Mit der Auseinandersetzung und dem Studium von geistigen Inhalten erschafft sich der Mensch ein feineres, seelisches Wahrnehmen und entwickelt ein seelisches Strömen, das zu der gegebenen Zeit im Menschen wie eine selbstverständliche Strahlungsquelle und geistige Kapazität auferstehen wird.

Dieses Lernen ist ganz besonders mit dem Drei-Tages-Rhythmus verbunden. Wenn man sich drei Tage intensiv mit einer geistigen Wahrheitsquelle auseinandersetzt oder bewusst in der unmittelbaren Begegnung mit einem spirituellen Lehrer zusammen ist, so wird man langsam durch die innerleiblichen Schichten mit seelischem Wissen genährt. Die Augen werden zwar das Geistige nicht direkt aufnehmen, weil die physischen Augen und auch das physische Gehör nicht imstande sind, direkt geistig zu empfangen. Die Empfängnis geschieht zwar über die Trägersubstanzen der mehr physisch veranlagten Sinneszellen, aber sie kommt durch die gebildeten Gedanken und daraus entwickelten Gefühle zur Entfaltung. Die Hingabe an geistige Wahrheitsschriften schenkt eine verborgene seelische Kraft, eine mysteriöse, aufsteigende Empfindungsdynamik, die zuerst einmal in eine steigende Lebensqualität führt. In der Nacht verarbeiten sich die Prozesse weiter und am dritten Tag arbeiten sie sich zu einem ersten Wahrheitsempfinden aus. Es ist eine Art wachsende Gedächtnisbildung, die durch eine spirituelle Quelle durch die Hinwendung erfolgt. Man nimmt also den Geist durch seine Aufmerksamkeit, durch seine sinnliche Ausrichtung, durch seine Hinwendung an Wahrheitsquellen auf. Man sieht die Quelle in der Empfängnis der Sinne nicht, und dennoch sind die Sinne die Träger für den Geist. Die Seele kann man nicht sehen, aber man nimmt dennoch die Seele über die Gedanken, die in einer Schrift vorhanden sind, auf. Je mehr man sich hinwendet, desto mehr wird die Seele geheimnisvoll im eigenen Inneren ausgestaltet und in der Regel lebt jenes Seelensein oder jener Funke dieses Seelenseins im eigenen Inneren nach drei Nächten weiter. Aus diesem Grunde kann sich das Bewusstsein innerhalb von drei Tagen sehr stark verwandeln. Es kann in dieser Zeit ein seelisches Licht gewinnen und sich von Untugenden ablösen. Jenes Wissen, *vidyā*, der höhere Anteil des Astralleibes mit seinen vorzüglichen schönen und ästhetisch lichtvollen Wahrnehmungen kann in seine Auferstehung gelangen. Es ist dies ein Sterben und ein gleichzeitiges Erwachen der Seele. Hinwendung ist ein Grundbaustein für die Erlangung von übersinnlichem Wissen.

In der Nacht arbeiten Engelskräfte aus dem Kosmos und lassen den Leib regenerieren, des Weiteren fördern sie das Empfindungsleben und regen neue Ätherkräfte an.

III Der Gedanke in brahman

Für die Erkenntnisgrundlagen zur Entschlüsselung der *Bhagavad Gītā* bedarf es einer Klärung des Sanskritwortes *brahman*. Am einfachsten lässt sich diese Welt des Geistes oder Urgeistes, die mit *brahman* ausgedrückt wird, mit der reinen Ideenwelt oder reinen Geistwelt des Gedankens vergleichen. Die folgenden Verse bezeichnen die Bedeutung des Gedankens, der höher steht als alle Erscheinungsform und Wesenhaftigkeit in der Welt.

sahasrayugaparyantam ahar yad brahmaṇo viduḥ
rātriṁ yugasahasrāntāṁ te 'horātravido janāḥ (VIII/17)

avyaktād vyaktayaḥ sarvāḥ prabhavanty aharāgame
rātry āgame pralīyante tatrai 'vā 'vyaktasaṁjñake (VIII/18)

»Jene, die einen Tag des *brahman*, der eine Dauer von tausend Zeitaltern (*Yugas*) hat, und die Nacht, die tausend Zeitalter umschließt, kennen, sind die Kenner von Tag und Nacht.« Weiter heißt es dann im nächsten Vers: »Beim Anbruch des Tages werden alle Manifestationen aus dem Nicht-Manifestierten heraus ins Dasein geboren. Beim Anbruch der Nacht vergehen sie alle oder werden in sie aufgelöst.«

In den anschließenden Versen heißt es etwa sinngemäß: »Diese Wesen sind hilflos ausgeliefert. Sie kommen mit dem Tag in ihre Offenbarung und sie verschwinden wieder mit der Nacht. Sie verschwinden mit der Nacht und sind hilflos ohne Eigenwillen im Geschehen gefangen. Sie entrücken im Ungeoffenbarten. Höher aber als dieses Geoffenbarte ist der *puruṣa*, das Einzige, das Ich-Selbst, der *puruṣottama*. Dieser lebt jenseits von allen Wesen. Er lebt jenseits von Tag und jenseits von Nacht.« (VIII/19-21)

Mit dieser grundlegenden Unterscheidung schildert die *Bhagavad Gītā* eine große Bedeutung von Tag und Nacht. Die Verse lehnen sich an die ältere Sicht an, die aber für jene Zeit ebenfalls eine höhere, geschaute Wahrheit beschreiben möchte. Diese große Weltsicht möchte mit den unterschiedlichen Wirkungsbereichen von Tag und Nacht das Gleiche beschreiben, wie es gerade herangeführt wurde. Der Tag ist jene Offenbarung, die das Bewusstsein gibt. Dieses Bewusstsein ist durch die Wesen gekennzeichnet. *Kṛṣṇa* spricht häufig in seinen Erklärungen von den sogenannten Wesen. Er spricht von übersinnlichen Erscheinungen und er unterscheidet von diesen das Selbst. Für die Erkenntnisgrundlage der *Bhagavad Gītā* ist diese Unterscheidung ein Grund-

Wie ist brahman, das Urbildeland der Gedanken, zu verstehen?

brahman

Die Welt der urbildlichen Ideen

Der Grundgedanke der Erde ist das Runde, Plastische und Kugelförmige. Die Kontinente sind durch das Runde miteinander verbunden.

Aus der plastischen Rundheit leitet sich die originale Idee der Brücke ab.

Eine wirklich echte, nach tiefer Idee geprägte Brücke muss die Erde in ihrer eigentlichen runden Verbundenheit nachahmen. Durch die Rundung wird sie der Uridee des Verbindens und somit der Bedeutung im Sinne von *brahman* gerecht.

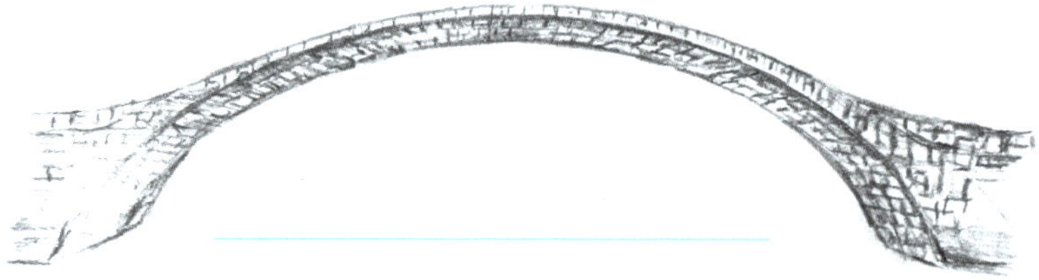

pfeiler. Alle Bewusstseinsformen, die in der *Bhagavad Gītā* angesprochen werden, sind durch verschiedene Hierarchien oder Wesen gegeben. So heißt es in einem Vers, der direkt vor der Beschreibung von Tag und Nacht steht:

ā brahmabhuvanāl lokāḥ punarāvartino 'rjuna
mām upetya tu kaunteya punarjanma na vidyate (VIII/16)

»Die höchsten Himmel des kosmischen Plans sind noch der Rückkehr zur Wiedergeburt unterworfen. Jedoch wird keine Wiedergeburt jener Seele auferlegt, o *Kaunteya*, die zu Mir (dem *puruṣottama*) kommt.«

In dieser scheinbar einfachen Darstellung zeigt sich jene so wunderschöne Weltenunterscheidung: »Nichts in dieser Welt gibt es, was dir wirklich die Befreiung geben kann, nicht einmal die höchsten Wesen in dieser Welt. Aber etwas gibt es in dieser Welt, das bin Ich selbst«, sagt *Kṛiṣṇa*, »das ist Mein einzigartiger Lebensatem, das ist Meine einzigartige Existenz, das ist das Ich-Selbst, der reine Gedanke und durch diesen wird dir Befreiung zuteil.«[1]

Die Sprache ist poetisch, achtsam, urteilsfrei und wie eine schöne Musik. *Kṛiṣṇa* spricht immer von den Bestimmungen und den Bestimmtheiten in dieser Welt. Er gebraucht sehr häufig das Wort Wesen im Zusammenhang mit den unterschiedlichen Erscheinungsformen, um die Welt zu beschreiben. Das Wesen heißt *bhūtāni* und wenn alle Wesen zusammengenommen werden, so spricht man von *sarva-bhūtāni*. Die Wesenssicht kommt daher, weil früher die gesamten Wahrnehmungen der Welt nicht so exakt physisch getroffen wurden. Diese eigenartige Terminologie, die dem Irdischen recht fremd ist, soll einmal ganz kurz erklärt werden, da es für das Allgemeinwissen recht interessant und auch für das Verstehen und eine erste Deutung der älteren Schriften sehr hilfreich ist. Der Leser kann sich dazu die folgende Frage stellen: Wie sah der Inder etwa zur Zeit des *Arjuna* und auch danach noch die Erde, die Schöpfung, die Umstände des Lebens? Wie sah der frühe Kulturbürger damals mit seinen Augen die Schöpfung? Es ist sowohl in der Stellung des Menschen als auch in seiner Wahrnehmungfähigkeit ein ganz großer Unterschied zu der heutigen Sicht der Dinge zu bemerken. Der Einzelne sah die

1 *Mokṣa* ist das Wort für Befreiung. Der *jīvan-mukti* ist der bereits lebende Befreite. Im Allgemeinen führen alle Bindungen nicht nur zu einer Selbstverhaftung der eigenen Persönlichkeit, sondern strahlen mit ihren vereinnahmenden Gefühlen auf die Natur hinaus, benetzen auf sensitive Weise diese und erschaffen einen Schleier, *moha*. Das befreite Bewusstsein, *mokṣa*, wirkt lösend auf die Natur, während das verblendete Bewusstsein in *moha* ebenfalls auf die Natur wirkt, aber belastend und verhüllend (Siehe dazu beispielsweise die Verse II/52 und II/62-63).

Schöpfung nicht nur physisch. Er sah beispielsweise eine Pflanze und nahm mit dieser Pflanze sowohl Form als auch Farbe wahr, aber er erfasste sie nicht in dem Sinne, wie das heutige Botaniker tun würden. Er sah vor allem viele Widerspiegelungen für die Form und Farbe und fühlte an ihr ein Lichtumwobensein. Der bereits schon etwas geschulte Kulturbürger der Zeit sah beispielsweise mit dieser Pflanze eine gewisse Bitte verbunden, eine Bitte, die sich mehr hoffnungsvoll an den Betrachter selbst oder allgemein nach außen zum Leben hin richtete. Diese Bitte sprach etwa so: »Ich bin ein Wesen und ich bin in diese Erde gekommen. Ich grüße dich aus dem Stillen und möchte Befreiung erhalten.« Etwa auf diese bildhaft angesprochene Weise nahm der gebildete Inder die vegetativen Erscheinungen wahr. Er sah nicht nur physische Botanik, sondern darüberhinaus wesenhafte Erscheinungen, die sich tatsächlich wie eine Stimme oder eine stille Sprache mit einer inneren Bitte an ihn richteten. Er sah märchenhafte Erscheinungen, metaphysische Phänomene. Er sah nicht einfach eine fertige, abgeschlossene Pflanzenform, eine für sich allein bestehende Materie, die durch Zufall ohne kosmischen Zusammenhang dort wächst. Worte wie ›Gegenstand‹ oder ›Physis‹ nahm er gar nicht als solche in den Mund, denn die ›Dinge‹ waren für ihn nicht etwas rein Äußeres oder Unverrückbares, sondern vielmehr etwas im Lebensstrom Bewegtes, etwas, das kommt und geht und eine Art vergängliche Welt ist. Er sah mehr ein märchenumwobenes Wesen, das sich mit einer stillen und unausgesprochenen, sensiblen und fühlbaren Bitte an ihn und an die Götterwelten richtete. Er sah die wesenhafte Erscheinung und nannte sie tatsächlich auch die Erscheinungsweise oder *prakṛiti-māyā*. Sie sei einerseits Natur und andererseits eine vergängliche Form und deshalb Illusion. Die Pflanze repräsentiert nicht die Welt der Ewigkeit, sie ist, aber gleichzeitig ist sie wieder nicht. Eine Welt erscheint vor den Augen und vor dem hereinstrahlenden Sonnenlicht. Diese Welt kam mit einer stillen Wesenhaftigkeit, mit einer gewissen Bitte und mit einer inneren Sehnsucht in diese Schöpfung. Deshalb spricht die *Gītā* immer wieder von den Wesen, den *bhūtāni*: »Alle Wesen gehen von Mir aus. Alle Wesen sind in Mir. Aber Ich selbst bin nicht in ihnen, denn das, was Ich bin, dieses Ich, das ist nicht wirklich gebunden, das ist nicht wirklich verwickelt, das erscheint frei und bleibt immer in der Freiheit.« (IX/4-9) Das, was diese Individualität ist und im Sinne der Lehre das Höchste darstellt, der *puruṣottama*, der höchste *puruṣa*, ist nicht ein Wesen. »Das bin ich«, sagt *Kṛiṣṇa*, »das ist eine Dimension, die nicht einfach kommt und wieder geht.« Es ist dies das Einzigartige. Der höchste *puruṣa* ist das Einzigartige der Erde, er ist das Bleibende, er ist das Allgegenwärtige; er ist das Eine, er ist Gott selbst, er ist das eigene Selbst und somit ist es der reine Gedanke in seiner Existenz und Unsichtbarkeit.

Pflanzen wurden früher mit ihren Wesen erschaut

Eine Erscheinung lebt und offenbart sich in der Welt. Ist es nur eine Pflanze, die sich passiv den Werdeprozessen der Schöpfung fügt? Nach der Sicht der älteren Visionen arbeiten an der Pflanze verschiedene Wesen, wie hier beispielsweise wärmende Wesen, die ein Wachstum erzeugen und die Pflanze als Einzelerscheinung plastisch in ein gesamtes Universum eingliedern. In jedem Fall will sowohl die Pflanze als auch ihre spezifische Wesensnatur von dem Menschen gesehen werden und durch seine Gedanken Befreiung erhalten.

IV Das Schauen des *puruṣottama*

Diese Vision, die in der Mitte der *Gītā* mit mächtigen Bildern beschrieben wird, hat einen ganz besonderen Charakter. Sie besitzt weniger den Vorzug einer detaillierten, hellsichtigen Schau, wie sie im nachtodlichen Leben stattfindet, sondern den einer komplexen Schilderung einer geistigen Realität. Eine detaillierte Analyse der Bilder ist hier sehr schwer nachvollziehbar, deshalb soll die Interpretation mehr auf die innere Bedeutung beschränkt bleiben. Es wird *Arjuna* ganz langsam – und das ist das Wunderbare an dieser Schilderung – über die verschiedenen Erkenntnisstufen auf eine beginnende und wachsende Vision über das Wirken des ewigen Selbst hingeführt. Es ist die Vision von etwas, von dem es heißt, dass es bisher niemand geschaut hat (siehe Vers XI/45, 47). Es hat einen besonderen Grund, dass dieser Satz am Ende der Vision steht: Es hat die Erkenntnis bisher niemals eine so konkrete Schau erhalten. *Arjuna* beginnt das Zwiegespräch mit *Kṛiṣṇa* im elften Kapitel:

evam etad yathā 'ttha tvam ātmānaṁ parameśvara
draṣṭum icchāmi te rūpam aiśvaraṁ puruṣottama (XI/3)

»Ich begehre nun, Deine göttliche Gestalt und Deinen göttlichen Leib zu erblicken, o *puruṣottama*.« Und er bittet in wiederholtem Maße:

manyase yadi tac chakyaṁ mayā draṣṭum iti prabho
yogeśvara tato me tvaṁ darśayā 'tmānam avyayam (XI/4)

»Wenn Du meinst, dass es von mir erkannt werden kann, o Gebieter, o Meister des Yoga, dann zeige mir Dein unvergängliches Selbst.«

Darauf entgegnet ihm *Kṛiṣṇa*:

na tu māṁ śakyase draṣṭum anenai 'va svacakṣuṣā
divyaṁ dadāmi te cakṣuḥ paśya me yogamaiśvaram (XI/8)

»Was du sehen sollst, das kann dein menschliches Auge nicht fassen. Es gibt aber ein göttliches Auge (ein innerstes Schauen), und dieses Auge verleihe Ich dir jetzt. Erblicke Mich in Meinem göttlichen Yoga!« Daraufhin beginnt die Schilderung der Vision.

»Nicht durch deine Augen kannst du die höchste Gestalt sehen, sondern du wirst das Auge von Mir erhalten.« Was bedeutet diese Aussage des *Kṛiṣṇa*? Die Gegenstände in der Welt lassen sich durch die Sinneswerkzeuge erkennen, während der Gedanke sich jedem Sinnesschein entzieht. Ebenso wie mit den Augen verhält es sich mit den Ohren oder mit den anderen Sinnesorganen. Mit diesen kann das menschliche Bewusstsein keinesfalls das Ewige oder das geistige Mysterium, den substantiellen, inneren Geist oder den Gedanken hinter allem Geschehen erschauen. Hellsichtigkeit beschäftigt sich deshalb nicht mit den physischen Sinnen oder zumindest nur sehr wenig mit diesen. Es handelt sich aber auch nicht um eine sinnliche, sublimiert verfeinerte Schau, sondern tatsächlich um eine neugeborene und erhobene, über alles ragende erwachende, aus dem Geheimnis selbst aufsteigende Sicht. Die große Vision bildet eine rein im Geistigen getragene Wahrnehmung, die der Leser in einer übersinnlichen Dimension verstehen sollte. Als Autor soll einmal etwas Scherzhaftes eingefügt werden: Wenn man beispielsweise die Hellseher von heute betrachtet, die sich besondere Farbbrillen aufsetzen, könnte man denken, dass sie dadurch das Licht sublimieren; der Sinnesprozess bleibt aber ein Sinnesprozess und im Gegensatz hierzu ist es der Gedankenaufbau, der in richtiger Weise angehoben, konzentriert und wohlgehalten, eine Vision eröffnet. Das Schauen des Weltengeistes aus den physischen, sublimierten Organen ist schlichtweg eine Unmöglichkeit. Mit dem Wort: »Hier, ich gebe dir mein göttliches Auge«, wird *Arjuna* ein Sinnesorgan im Geiste oder in einem gehobenen Gedanken eröffnet, es wird ihm die körperfreie Sicht aus der Existenz des Geistes gegeben. Aus den bisherigen bekannten Wahrnehmungen oder Erfahrungen und aus den im Leib angelegten Organen, aus den Sinnen, ist die Sicht des Weltengeistes nicht möglich.[1]

Arjuna und *Kṛiṣṇa* verschmelzen langsam miteinander in einem erhöhten Gespräch. Die *Kṛiṣṇa*-Wesenheit überstrahlt gleichzeitig *Arjuna*, hebt ihn immer weiter empor und schenkt eine Art geistiges Licht, in dem eigentlich nicht mehr *Arjuna* anwesend ist, sondern nur noch der *puruṣottama* selbst. *Arjuna* ist in der Schau des Weltengeistes in einer Selbstvergessenheit, in der er den Leib mit seinen Zellen nicht mehr in abgesonderter Weise beachten muss. Er wird aus sich selbst herausgehoben. Er wird ein anderer und somit kann die *Kṛiṣṇa*-Gestalt ungehindert über ihm erstrahlen.

1 XI/14: Jede geistige Schau offenbart sich mit vielen, dem Irdischen fern liegenden verwunderlichen und zauberhaften metaphysischen Erscheinungsformen. Aus diesem Grunde spricht der Erzähler darüber, wie sich *Arjuna* ehrfürchtig und zugleich erschüttert in die höhere Wahrnehmung gibt. *Vismaya āviṣṭah*, erfüllt von Wundern – die Welt, die vor ihm aufsteigt ist eine unbegreifbare Szene aus erscheinenden Wundern.

Das sinnliche Schauen im Verhältnis zum übersinnlichen Wahrnehmen

Die Hellsichtigkeit bedient sich dem Gedanken und überwindet das physische Auge. Im Sehvorgang des rein physischen Auges zeigen sich die Abschirmungshüllen mit all ihren weltlichen Phänomenalitäten. Das Auge gehört deshalb zur physischen Welt.

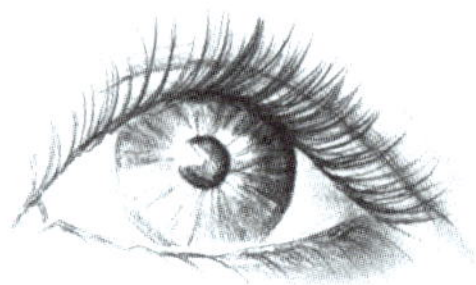

Der körperfreie Gedanke erstrahlt zurück auf den Körper und die Sinne. Die Welt der Abschirmung kann sich durch den erleuchteten Gedanken transzendieren.

Alle Beobachtungen, die durch den Sehsinn gegenständlich wahrnehmend und objekterfassend geschehen, geben für die Entwicklung der Hellsichtigkeit zunächst eine wichtige Orientierung. Durch die weitere Entwicklung müssen die Sinnesobjekte jedoch überwunden werden, da sie eine Abschirmung zum Geiste bedeuten. Alle sichtbaren Erscheinungen, wie Formen und Farben, sind Abschirmungsobjekte. Das physische Auge sieht in diesem Sinne die Abschirmung.

V Vorbereitungen zum Geistigen Schauen und konkrete Unterweisungen

Arjuna leistete auf seinem Wege der Verwirklichung eine langwierige Vorbereitung, die ihn zu einer besonderen Stellung für eine spirituelle Vision prädestinierte. Wenn der heutige Mensch den *Arjuna*-Leib in seiner Gestalt vor sich betrachten könnte, und wenn er sich seine Ausstrahlung vorstellen würde, so ließen sich sehr eigenartige Phänomene entdecken. *Arjuna* besaß nicht einen gewöhnlichen Leib, so fest und sicher, wie er heute definiert werden würde. Zur Zeit des *Kṛṣṇa*, 3000 Jahre vor Beginn der Zeitrechnung, war der Körper nach seiner Natur und Gliederung noch mehr Körper. Um diesen einfachen, physischen Leib wob ein lebendiges, buntes Farbenkleid. Dieses Farbenspiel deutete im Leuchten auf die edelsten Tugenden hin. Die schönen Farben offenbarten Mut und Tapferkeit, Reinheit und Charakterstärke. *Arjuna* besaß ein sehr reines Lichtkleid mit herrlichen Farben. Der Körper selbst aber blieb ganz in der Natur des Physischen überstrahlt von dem höheren Licht. Das Farbenspiel der ausstrahlenden Tugenden hatte wenig innigliche Leibverbindung. *Arjuna* besaß deshalb nicht einen vergeistigten und besonderen Körper. Der Körper war nicht mehr als ein kindlich gebliebenes, physisches Instrumentarium.

In der heutigen Zeit ist dieser lose Zusammenhang von Ausstrahlung und leiblicher Substanz nicht mehr gewährleistet. Wenn der Geist der Tugenden und das edle Wissen vom ewigen Selbst in die reale Entwicklung und Förderung kommen und ein erstes reines Bewusstsein gedeiht, verwandelt sich nicht nur die lichte Ausstrahlung des Menschen, sondern es transformiert sich auch der physische Leib in ein vergeistigtes Glied. Die geistige Entwicklung durchdringt heute viel tiefer das physische Leben und bringt es zu einem weichen Empfinden. Reinheit ist am religiösen Menschen ganz besonders in der vergeistigten Substantialität des Körpers sichtbar. Der Leib erscheint zart, geschmeidig, wie aufgelöst und immer in einem anmutig unaufdringlichen Zurückgewichensein. Die Vergeistigung und das weichere Körperniveau, das in einem gewissen Sinne einer kindlichen Widerstandslosigkeit und Geschmeidigkeit ähnlich ist, sind in der physischen Erscheinung direkt sichtbar. Für den, der diese Verwandlung bis hinein in die physischen Glieder sucht, ist aber eine lange Vorbereitungszeit und Schulung unerlässlich.

Arjuna hatte diese lange Vorbereitungszeit durch sein Exil erhalten. Ihn umwob ein anmutiges Farbenspiel, das auf seinen Edelmut und seine Reinheit deutete. *Arjuna* war der Schüler des erhabenen und wohl geschätzten *Kṛiṣṇa* und so war er der Lernende. Wie aber konnte er die Erhabenheit seines Lehrers und Gebieters erschauen? Das Lichtkleid der Tugenden gab ihm eine erste Berechtigung, eine Art Begünstigung für diese so kunstvoll sich anbahnende, göttliche Vision. In jenes schon sehr gut ausgearbeitete tugendhafte Strahlen musste das Edelste aller Sinnesorgane aus dem Geiste selbst hineinkommen, damit die Vision des Weltengeistes möglich wurde. Die Strahlkraft seines psychischen Wesens hätte diese Schau noch nicht ermöglichen können. Die Tugend und die Entwicklung einer reinsten Ausstrahlung führte zu jener Kulmination einer spirituellen Vision. Dann wurde es ihm erst möglich, dass er zu dieser Wahl des göttlichen Yoga, zu der Weltenerkenntnis im Yoga überhaupt gekommen ist. Ihm wurde durch die überstrahlende Kraft des *Kṛiṣṇa* die Möglichkeit der höchsten Vision zuteil. Er konnte gerade noch dieses Schauen ertragen. Sein Leib war zitternd. Er war, im Leibe sehr gut vorbereitet, der Erste, der dies schauen konnte.

Das Bild zeigt eine Aura, die für *Arjuna* etwa Gültigkeit besitzt. In der Kehlkopfregion richtet sich das Bewusstsein auf und formt langsam das Herz zu einer Mitte und Ordnung. Noch ist der ganze Leib nicht licht und die reichhaltige Bewusstheit im Herzen nicht angekommen. Diese Schau auf die Aura betrifft noch nicht die große geistige Vision des Schauens der Weltengesetze und der Weltengeistigkeit.

VI Hellsichtigkeit mit Selbst oder ohne Selbst

Welche Art des Hellsichtigseins gab es früher und welche gibt es sogar in degenerierter Art und Weise noch bis zum heutigen Tag? Welche unterschiedlichen Voraussetzungen bestanden bei all denen, die in der Einsamkeit vorbereitet wurden und in die geistigen Götterwelten schauen konnten? Das damalige atavistische Hellsehen ist von einem wahrnehmenden geistigen Schauen, das durch das Selbst in vollem Umfang mit dem Bewusstsein getragen ist, in jedem Fall zu unterscheiden. Diesen Unterschied soll der heutige Student der geistigen Schule kennen, da in der gegenwärtigen Zeit oft verkehrterweise versucht wird, in das alte Schauen hineinzukommen und nicht das Bewusstsein mit einem ganzen Selbst aufgerichtet wird. Es ist nämlich ein wirklich entscheidender Unterschied, wie man in die geistige Welt hineindringt, mit einem Selbst und in vollreifem Bewusstsein zu einem Gegenstand, *sat*, oder ohne Selbst und im Fehlen eines klaren Gedankens, *asat*. Das ist ein fundamentaler Unterschied mit großen Konsequenzen. So gibt es eine Reinheit, die eher infantil bleibt und nicht auf Selbstkraft beruht und eine, die auf einem intakten Selbst und dem vollen, reifen Bewusstsein gegründet ist.

Die gleiche Unterscheidung findet sich auch auf dem Gebiet des Heilwesens. Die Erfahrung zeigt, dass Heilungen ohne Selbst viel unkomplizierter zu sein scheinen, als Heilungen mit einem ganzen Selbsthintergrund. Der Unterschied ist auf vielen Gebieten so wesentlich, aber ganz besonders in der Spiritualität und auch auf den Heilswegen, weil er einen epochalen Abschnitt, eine Mitte in der irdischen Gesamtentwicklung markiert. Das Selbst in ganzem Umfang bezeichnet und fördert die Mitte, die wahre Vergeistigung und gewährt dasjenige im Lebensauftrag, was durch die Zeit und durch die gesamte spirituelle Entwicklung in der Zeit gekommen ist. Die Heilungen, Visionen, Entwicklungsillusionen und Erfahrungen, die ohne Selbst geschehen, sind in Wirklichkeit gegenteilig zu jenen, die mit dem unendlichen Aufrichtevermögen des Selbst eintreten.

Wenn dem Menschen eine Vision im alten Sinne zuteil wird, wenn es ihm gelingt, aus dem physischen Leib zu entschlüpfen, wie es die früheren Methoden gerne bevorzugen, indem der Sich-Übende beispielsweise sein Selbstwertgefühl herabmindert und sogar aufgibt, dann kann durchaus ein Blick in das geistige übersinnliche Leben frei werden. In Nahtoderfahrungen ist das gelegentlich mit mehr oder weniger guten Voraussetzungen gegeben. Eine Herabdämpfung des Selbstes ist jedoch niemals günstig, denn es ist das Selbstwertgefühl, das Selbst in seinem ganzen Umfang, das sich mit einem gehobenen Denken, einem reineren Fühlen und geläuterten Willen neu

Die drei Glieder einer integralen geistigen Schau

Geist, *brahman*, der Gedanke, als die Welt der unmanifestierten Wirklichkeit. Er spendet die Erfahrung einer selbstseienden Existenz im Ausdruck höchster Kompetenz und ermöglicht eine bewusste Hellsichtigkeit.

Der Schauende verbindet durch seine wache Aktivität und durch den gut gewählten Gedanken die obere Welt mit einer unteren. Geistiges Schauen heißt zugleich, die Welten miteinander verbinden.

Die Objekte des Schauens befinden sich beispielsweise in der *prakṛiti*, den Erscheinungen und Bewegungen der Natur;

oder die Objekte des Schauens befinden sich in den verschiedenen Wesen, die in der astralen oder nachtodlichen Welt existieren.

Bedeutungsvoll ist aber, dass es der Geist mithilfe des Gedankens ist, der schaut und die individuelle Seele diese Fähigkeit erlernt.

verbindet. Jene Schranke, die Bindungen und allerlei Denkvorgänge bewirken, ist wie eine Widerstandsmacht und diese fesselt die äußeren Sinne an die Welt. Wenn man das Selbst, das an die Sinne gefesselt ist, unmittelbar ausschaltet, beispielsweise durch Drogen, Hypnose oder Trance, dann können zweifellos andere und faszinierende Wahrnehmungen für eine scheinbare geistige Welt entstehen. Aber diese Wahrnehmungen sind für einen hohen Preis gegeben, denn sie erlauben dem Selbst keine Integrität. Es fehlt bei diesen Wahrnehmungen die Dimension der Zukunft und des Werdens der Entwicklung. Jener Mensch, der sich also entweder dumpf oder mit Drogen übersensibel macht, der das Selbstwertgefühl ausschaltet und somit in eine Art Schauen hineinkommt, in eine Wahrnehmung für die wesenhafte Welt hinter der physischen Erscheinung, der wird durchaus scheinbar spirituelle Erfahrungen und Erfolge haben und er wird sogar mit seinen subjektiven Gefühlen verschmelzen. Er wird bei sich spüren, dass er zu einer Einheit mit dieser erschauten Welt gelangt, aber es wird ihm gleichzeitig wie einem Schwimmenden in einem unbekannten Ozean ergehen. Er wird hin und her treiben, ohne Führung, und jenen Mächten einer höheren Wirklichkeit hilflos gegenüberstehen. Er wird keinen Standpunkt beziehen können und sich im Wesenhaften der eigenen Schauungen verlieren. Der Standpunkt, die Kraft und Substanz ist im Subjekt und im Objekt das Selbst. Der Geistschüler, der dieses Selbst durch Disziplin und Schulung aufbaut, braucht eine besondere Gegenwart zur irdischen und vor allem zur geistigen Welt. Er schaut also nicht im Sinne eines herabgedämpften oder überdurchschnittlich sensibilisierten Bewusstseins, sondern er schaut in einem ganz gegenwärtigen Bewusstsein und nimmt dann im Schauen einmal das Subjekt bei sich und einmal das Objekt außerhalb von sich wahr. Er nimmt also die übersinnlichen Phänomene unmittelbar in einer vorgegebenen Konzentration aus sich selbst wahr und erlebt sowohl das Gegenständliche, als auch das wesenhaft Dahinterliegende, bis hin zu jener Quelle der göttlichen Weisheit.

Das erste kommende Selbst ist das Bedeutungsvolle an der Vision des *Arjuna*. Aus diesem Grunde ist sie mit viel Angst erfüllt. Denn zu diesem unmittelbaren, individuellen Wachsein und Reagieren im Subjekt war bislang niemand fähig. *Arjuna* ist tatsächlich in der Geschichte der Erste, der im Selbst das Selbst schauen konnte. Er setzte damit einen ganz großen Markstein. Der *ṛiṣi*, der Seher, der die *Bhagavad Gītā* geschrieben hat, wusste um diesen Markstein und drückte es gegen Ende des elften Kapitels wie folgt aus: *mayā prasannena tavā' rjune daṁ rūpaṁ paraṁ darśitam ātmayogāt tejomayaṁ viśvam anantam ādyaṁ yan me tvad anyena na dṛṣṭapūrvam* (XI/47) »Was du jetzt durch Meine Gunst erschaust, o *Arjuna*, ist meine erhabene Gestalt, meine Gestalt von leuchtender Kraft, die allumfassende, unendliche, ursprüngliche, die niemand unter den Menschen außer dir bis jetzt erblickt hat. Ich habe sie dir durch meinen Selbst-Yoga gezeigt.«

VII Die vollkommene Überwindung des körperlichen Daseins beim geistigen Schauen

Wenn man das visionäre Schauen betrachtet, wie es stattfindet oder stattgefunden hat, so bemerkt man, wie zum Beispiel *Arjunas* Angst mit überwältigender Exposition geschildert wird. Wenn das übersinnliche Schauen in bewusster Weise vom Menschen durch Schulung geübt wird, dann ist immer eine Vorbereitung für die Selbsterkraftung und das gegenständliche Wahrnehmen notwendig. Es muss das Feuer von inneren Persönlichkeitsstrukturen zum Erkraften kommen, damit eine Erkenntnis nicht in Trance, sondern in vollreifem Bewusstsein erfolgt. Der Mensch ist genötigt, sich aus den Erbanlagen und den üblichen Gefühlsbindungen herauszulösen. Er darf nicht einfach in ein früheres, mehr kindliches Bewusstsein zurückfallen oder sich in einfachere, stille, subjektive Meditationsformen versenken. Er darf weiterhin nicht in ein dumpferes Bewusstsein und keinesfalls in ein eingebildetes, organisch verhaftetes Innenwahrnehmen geraten. Alle subjektiven Gefühle schweigen in einer realen Vision. Der Mensch steigt dann aus allen sensitiven subjektiven Formen heraus und erstarkt in der Erkenntnis und in der Wahrnehmung zur gewählten Betrachtung. Er erkraftet in der reinen objektiven Beziehung zur Realität des übersinnlichen Lebens. Der geistig Schauende muss also eine Vorbereitung mit einer gezielten Formung der Bewusstseinskräfte und der Individualität durchschreiten.

Dieses Schauen, das auf ihn zukommt, ist mit einer unglaublichen Anforderung und des Weiteren sogar mit einer physischen Belastung verbunden. Es lässt sich diese Belastung etwa wie folgt beschreiben:

Arjuna richtet sich auf zu jenen unendlichen Dimensionen, er erschaut die leuchtende Gedankengestalt des *Kṛiṣṇa*, er sieht des Weiteren astralische und sogenannte im Hüter der Welt gebundene Wesenswelten, in denen ein Selbstwirken stattfindet. Er sieht in allem eine zentrale Gestalt, die strahlend, leuchtend, ohne Anfang und ohne Ende ist. Eine große Zukunftsvision ist es, die er wahrnimmt. So sieht er beispielsweise, dass auf dem Schlachtfeld durch diese Gestalt oder durch diese Kraft seines Wesens bereits die Determination gegeben ist, dass all die Feinde schon verschlungen sind. Sein übersinnliches Auge bemerkt unmittelbar, dass eine Weisheit, eine Logik, eine Dynamik in der Welt vorherrscht, die durch sich selbst wirkt und aus einer einzigen Mitte heraus erstrahlt. Er sieht den Gedanken in seinem Lebensfeuer. Er trägt während der Vision sein eigenes Rückgrat aufgerichtet und ist sich der vollendeten Weite der Weltengeistesschau bewusst. Sein ganzes zitterndes Wesen erlebt diesen Vorgang so intensiv, dass er sich von der gewaltigen Schar der astralen Mächte wahrhaftig erdrückt fühlt. Sein Körper scheint vor der Größe des Weltengeistes zu zerbrechen und seine Sinne drohen zu erblinden. *Arjuna* sagt schließlich zum Schluss der Vision:

adṛṣṭapūrvaṁ hṛṣito 'smi dṛṣṭvā bhayena ca pravyathitaṁ mano me
tad eva me darśaya deva rūpaṁ prasīda deveśa jagannivāsa (XI/45)

kirīṭinaṁ gadinaṁ cakrahastaṁ icchāmi tvāṁ draṣṭum ahaṁ tathai 'va
tenai 'va rūpeṇa caturbhujena sahasrabāho bhava viśvamūrte (XI/46)

»Ich habe gesehen, was niemals zuvor gesehen ward, und bin voller Freude, wenn auch mein Verstand von Furcht verwirrt ist. O Gottheit, zeige mir nun Deine andere Gestalt, wende mir Dein Herz der Gnade zu, Du Herr der Götter, o Du Wohnung des Weltalls! Sehen möchte ich Dich wieder so wie zuvor, den Gekrönten mit Streitkolben und Diskus. Nimm Deine vierarmige Gestalt wieder an, o Du Tausendarmiger, o universale Gestalt.«

Mit der Schilderung der Vision offenbart der *Ṛṣi* jene wichtige Aussage des geistigen Wahrnehmens im gegründeten Selbst. Warum ist es dem Menschen nicht möglich, aus seinem Bewusstsein, auch dann, wenn er klar konzentriert ist, in die geistige Welt hineinzuschauen? Die Frage lässt sich wie folgt beantworten: Ein großes geistiges Schauen ist nicht möglich, weil das Bewusstsein den schöpferischen Weltengeist in seiner selbsteigenen Vision nicht aushalten könnte. Die Nerven würden es nicht ertragen, wenn sich der Vorhang unmittelbar öffnen würde und die geheimnisvolle innere Welt mit ihren Strömungen und der selbstwirkenden Kraft offenbaren könnte. Dieses reine, schöpferische Prinzip der göttlichen Logik könnte das Bewusstsein nicht ertragen. Der gewöhnlich im Leben stehende Mensch kann ohne Vorbereitung die unendliche Weite und machtvolle Logik nicht anschauen und deshalb ist sein Bewusstsein durch andere Wesen und Kräfte abgelenkt.

Der unvorbereitete Mensch hat also nicht die Stärke und den vorbereiteten Leib, er besitzt nicht die Voraussetzungen in den lichten Tugenden und das Selbst mit genügender Kraft, um den großen Visionen standzuhalten. Eine Öffnung des Weltenvorgangs in realer geistiger Offenbarung würde den Menschen in die Psychose, in den Irrsinn hineinstürzen. Deshalb ist es unter normalen Bedingungen nicht möglich, in die geistige Welt und in ihre faszinierende Logik hineinzuschauen.

Die mentale irdische Existenz hat vor der geistigen Welt Angst. Jene Welt, die sich *Arjuna* geoffenbart hat und die Geistphänomene, die sich allgemein im visionären Schauen verkünden, sind ganz anders als die Erscheinungsformen, die mit den irdischen Sinnen wahrnehmbar sind. In dieser Welt sehen die Sinne einen Mittelpunkt, den aber der Mensch durch sich selbst mehr oder weniger projiziert. Die Projektion ist das Eigenartige der Bindung und der Bewusstseinsqualität angelernter intellektueller Arbeit. Das Bewusstsein im Beobachten und Nachdenken ist genau so ausgerichtet, dass es immer vom subjektiven Urteil ausgeht und nach diesem die Wahrnehmung steuert. Der Mensch kann nur schwer eine Mitte woanders ansetzen und von dieser ganz neuen Mitte aus ein tieferes und objektives Urteil bilden. Die Erziehungsbedingungen sind in der heutigen Kultur sehr bindend, fesselnd, auf eine unangenehme Weise anthropozentrisch, subjektiv und wenig geistig. Diese allgemeine Hülle des Bewusstseins am Körper erschafft jene kompakte Mauer im Wahrnehmen, die eine freie und höhere Vision des Weltenschöpfergeistes nicht zulässt.

Wenn man aber zu einer vollkommenen Stille gelangt und gleichzeitig im erhöhten Wachbewusstsein der Gegenwart zu verweilen vermag, so dass man sich seiner selbst bewusst ist und dann die Weisheit, die Logik, die Dynamik des Geistigen beobachtet, so wird man vielleicht mit einiger Vorbereitung und Übung ein Spiel von Wesenskräften beobachten, das außerhalb des eigenen Leibes bleibt. Wenn man beobachtet, was die wirkliche Determination ist, jenes Wirken höchster geistiger Mächte, dann realisiert man die Verlagerung des Subjektes in ein neues Objekt. Die Vision ist eigentlich immer eine Umkehrung zu dem, was aus dem eigenen Leiblichen und Psychischen hervorgeht. Sie geht immer mit einer vollkommenen Subjektumkehrung zum Objekt hin einher, oder einer Außen- und Innenumkehrung. Es ist also nicht das gleiche Empfinden wie im motorischen Sinnesorganismus des Leibes, sondern das Geistige wirkt sensibel, lichtvoll aus sich selbst, aus einer völlig anderen Mitte, als es das Leibliche ist. Diese Mitte oder dieser Quellgrund ist die menschliche Schöpferkraft selbst und sie vermag sich frei von Räumen in einer wie stillstehenden Zeit zu bewegen. Aber dann gibt es den Körper, die persönlich gewordene Psyche und alle Verhaftungen, die sich im subjektiven Leben angesammelt haben. Diese sind es, die vor Angst erzittern und nahezu wie zu vibrieren beginnen, denn sie sind dem sterblichen und unbedeutenden Dasein ausgeliefert. Die Dimension des Geistigen ist für alles Triebhafte und irdisch Verhaftete unerträglich. Geistiges Schauen bildet ein Sterben in der eigenen Mitte und eine Verlagerung vom eigenen Subjekt in ein frei gewähltes Objekt. Aus diesem Grunde überschritt *Arjuna* in seiner Vision zum *Kṛiṣṇa* im umfassenden Sinne den sogenannten Hüter der Schwelle, der mit zahlreichen Wesen und Ängsten besetzt ist. Er erschaute diese Dimension in der Wachheit und somit in der Gegenwart der Angst mit der Kraft des Selbst.

Das Erschauen der Wesen als die wahren Feinde

kāma eṣa krodha eṣa rajoguṇa samudbhavaḥ
mahāśano mahāpāpmā viddhy enam iha vairiṇam

»Es ist das Begehren, begleitet von Zorn, das aus dem *raja-guṇa* entstammt, dieses ist all verschlingend und all sündig, kenne diese als deine wahren Feinde hier auf der Erde.« (III/37)

Die Betrachtung des menschlichen Astralleibes offenbart jene so bedeutungsvolle Wahrheit, dass die Feinde, die den Menschen angreifen, immer eine Korrespondenz mit dem Innenleben aufweisen.

Wann und zu welcher Zeit wird jemand in einen äußeren Kampf verwickelt und zur ungewollten Reaktion gezwungen? Die wahren Feinde jedenfalls liegen nicht an der Oberfläche, sondern in der Tiefe des individuellen Menschen, der wiederum kollektiv in Verbindung mit vielen anderen steht.

Jedes unangemessene und egoistische Begehren, das aus dem Inneren mit Ansprüchen emporsteigt, ist der menschlichen Entwicklung schädlich.
Es sind die Feinde oder Widersachermächte in der Schöpfung.

VIII Der Kṛiṣṇa und seine vielseitigen Aspekte

Kṛiṣṇa spricht im zehnten Kapitel, noch vor der alles überragenden Vision, über die geheimnisvolle Transzendenz des Selbst. Er spricht Beispiele aus, wie diese Welt zu ihm und wie er selbst in Beziehung zu dieser Welt steht. *Kṛiṣṇa* scheint dabei ganz in die Welt des Geistes oder zu der Dimension des Außerirdischen zu gehören und nichts mit dem Irdischen zu tun zu haben. Er sagt: »Diese Wesen befinden sich alle in Mir, sie sind ausgeströmt von Mir, aber Ich bin nicht in ihnen. Ich bin nicht in diesen Wesen.« (IX/4-5) Dieses Selbst ist also, wenn es der Leser wörtlich nimmt, nicht in diesen Wesen, es ist nicht immanent oder, anders ausgedrückt, noch nicht in der Welt angekommen. Wo ist dann dieses Selbst? Der Text entfaltet eine Antwort in vielen bildhaften Gleichnissen:

sargāṇām ādir antaś ca madhyaṁ cai 'vā 'ham (X/32)

»Von der Schöpfung bin Ich der Anfang und das Ende sowie die Mitte.«

dyūtaṁ chalayatām asmi tejas tejasvinām aham
jayo 'smi vyavasāyo 'smi sattvaṁ sattvavatām aham (X/36)

»Ich bin das Glücksspiel des Betrügers und die Stärke der Mächtigen. Ich bin Entschlossenheit, Beharrlichkeit und Sieg. Ich bin die *sattva*-Eigenschaft der Guten.«

Er nennt eine unglaublich schöne, weite Palette an Beispielen und steigert sie noch mit den Worten: »Ich will dir Mein Wesen beschreiben, aber diese Beschreibung wird nur ein ganz kleiner Teil Meines unendlichen Wesens und Meiner unendlichen Vielfalt sein. Es ist nur möglich, dir einen ganz geringfügigen Teil aus dieser Welt, aus dieser mannigfaltigen, millionenfachen Welt zu geben. Ich bin das Schöne unter den schönen Aspekten der Natur.« (X/40-41) Er beschreibt Bilder über Bilder, in die er sein Wesen in charakteristischer Weise miteinbezieht, zum Beispiel in die Dichtkunst, in die Musik, in die verschiedensten Qualitäten, in die Kastenformen und in vieles mehr. Überall ist er mit Offenbarungen enthalten. In allem drückt er sich als etwas Geheimnisvolles aus und doch ist er selbst nicht darin. *Puruṣa* oder *puruṣottama* scheinen nicht in der *prakṛiti* zu sein. *Prakṛiti* scheint eine andere Dimension aufzuweisen. Beide gehören aber zusammen; wie sie zusammengehören und aufeinander bezogen sind, soll jetzt an einem kleinen Beispiel veranschaulicht werden.

IX Das Selbst im Geiste oder das Selbst in der Erde

Als Beispiel sei einmal ein Kunstwerk gewählt – und es handelt sich mit der Beschreibung, die der Erhabene von sich selbst gibt, wahrhaftig um ein Kunstwerk. Die Augen, die ein Kunstwerk betrachten, sehen Farben und ausgearbeitete Formen, sie erahnen ein Thema, einen Inhalt und vor allem sind sie entzückt von der Schönheit und anziehenden Größe. Aber jenes so bedeutungsvolle und inhaltliche Geheimnis des Künstlers sehen die irdischen Sinne nicht: Sie sehen noch nicht den Gedanken und seine Erhabenheit, die der Künstler in sein Werk trägt. Es wäre wohl viel zu einseitig, den Künstler mit der Farbe gleichzusetzen. Das Selbst, das jedes Geheimnis eines Kunstwerkes darstellt, ist in der Form, in der Durchgestaltung, in der Komposition nur äußerlich oder in Ahnungen sichtbar, es ist tatsächlich nicht materiell enthalten und doch ist es die Kraft oder die Schaffenskraft des Urhebers, die das ganze Gemälde, das Werk, die Melodie oder die Dichtung bewegt. Zutiefst ist im Werk der Schöpfer mit seiner Genialität und seiner errungenen oder auch durch Inkarnationen mitgebrachten Geistigkeit unsichtbar und dennoch authentisch enthalten. Wenn man sich beispielsweise Gemälde von Raffael, Michelangelo oder Leonardo da Vinci anschaut, so lebt jeweils der Künstler mit einem besonderen Ausdruck im Werk. Aber er ist nicht die einzelne Farbe, denn das höchste Geheimnis ist in der Materie nicht substantiell oder wägbar enthalten. Das Kunstwerk ist beispielsweise ganz von innen heraus ein Raffael. Es ist nicht eine andere oder bloße materielle Realität und die Farbe hat dennoch nichts mit Raffael zu tun.

In der Kunst trifft sich die Erscheinung mit dem unsichtbaren geistigen, schöpferischen Urheber. Bei *prakṛiti* und *puruṣa* handelt es sich um eine klare, weisheitsvolle, philosophische Einteilung für die Natur und auf der anderen Seite für die schöpferische Seele. Woher kommt die sichtbare Schöpfung und woher kommt der Geist in seiner personalen Form im Menschen? Es kommen beide, die schöpferische Seele wie auch das Phänomen, wie Platon es ausdrückt, aus der urbildlichen Welt der Idee. Sie entspringen aus dem Ewigen, aus dem Urgeist *brahman*. Die Welt ist eine Einheit und doch lässt sie sich philosophisch in detailliertem Maße getrennt, analytisch, sichtbar nebeneinander differenziert und dadurch vergleichsweise erkennbar schildern. Die Menschen haben eine Zeit hier auf der Erde verfügbar, aber die Zeit ist für sie, wie es gerne die östliche Philosophie ausdrückt, aus der Zeitlosigkeit hervorgegangen. Es gibt einen Raum und eine Form, aber dieser Raum und diese Form sind aus der Unendlichkeit hervorgegangen. Das Bewegte ist aus dem Bewegungslosen, aus der Stille des Gedankens hervorgegangen, und das Geschaffene ist aus dem Ungeschaffenen entsprungen – aus einer Welt der Ideen, jene personale Erscheinung des Menschen und jene apersonale Erscheinung der Natur besitzt einen tiefen Urgrund in einer Ebene der vollkommenen, freien und schöpferischen Wirklichkeit. So atmet dieser Urgeist mit seinen Gedanken geheimnisvoll und inniglich in all diesen Einzelheiten, die sich zu einem bunten Mosaik, zu einer unendlichen Vielfalt ordnen. Die Natur ist eine Schöpfung vom Geiste oder Gedanken und dennoch ist scheinbar der *Kṛiṣṇa* nicht in ihnen. Er ist nur Offenbarung aber er ist noch nicht immanent. Tatsächlich war die *Kṛiṣṇa*-Gestalt, wie das Rudolf Steiner beschreibt und wie es sich durch eine geistige Sicht erkennen lässt, noch nicht so tief in die Erdensphäre inkarniert, dass er sagen könnte, er wäre in ihnen. Obwohl es einen leiblichen Träger für den *Kṛiṣṇa* gab, so war dieser nur eine der vielen Offenbarungen von einer noch rein im Geiste lebenden großen, göttlichen Idee.[1]

1 Das göttliche *brahman* mit dem Gedanken lebt ausgebreitet, geschaffen und organisiert mit allen Vielseitigkeiten und Phänomenen. Alles Sichtbare und Seiende hat seinen Ausgang in einem höchsten Geiste und somit stehen die Wesen im Geiste, *matsthāni*, aber der Geist im Sinne des Reinen und schon bis zur Erde vorgedrungenen Gedankens in personaler Form ist noch nicht in ihnen – *cā 'haṁ teṣv avasthitah* (IX/4). Indem die Weltschöpfung in früheren Zeiten noch nicht so tief inkarniert war, lebte der Geist wie ausgegossen, kosmisch, über dem Boden schwebend, gegliedert durch die Trennung der Äther. In seinem hochkarätigen Selbstsein konnte er noch nicht ganz die Erdensphäre erobern.

Das Gesetz des Geistes als Offenbarung im Verhältnis zur kommenden Liebe

»Alle Wesen existieren in Mir (im Gedanken), in Meiner unmanifestierten Form - *avyakta mūrtinā*.« (IX/4)

»Aber ich, der Gedanke, wohne nicht in ihnen.«

Dieser scheinbare Widerspruch löst sich auf, wenn man folgende Formulierungen hinzunimmt:

Alle Wesen existieren in und aus dem Gedanken, aber der Gedanke ist noch nicht im Sinne der verwirklichten Liebe angekommen. Er ist Offenbarung aber noch nicht Liebe. Er wohnt noch nicht in der Liebe.

Der Gedanke existiert und somit lebt die Erscheinung als Ausdruck des Höchsten. Es ist der Gedanke, der das ganze Universum erhält - *ekāṁśena sthito jagat* (X/42). Die Inniglichkeit aber, die man Liebe nennt, lebt noch nicht in den Wesen - *na ca bhūtastho* (IX/5).

Aus diesem Grunde heißt es:
na ca matsthāni bhūtāni - »Ich wohne noch nicht in den Wesen« (IX/5).
Es ist das Gesetz der Erscheinung des Geistes und der Erde gegeben,
viṣṭabhyā 'ham idaṁ kṛtsnam - »Ich oder der Gedanke erhalten die Schöpfung« (X/42).
Die Verbindung zwischen beiden durch die Liebe, der alles durchdringenden inniglichsten Schöpfersubstanz, ist noch nicht manifestiert.

Die Bhagavad Gītā

Kapitel XI bis XIV

XI Yoga der Schau der göttlichen Gestalt

A. Der Zerstörer Zeit

arjuna uvāca
madanugrahāya paramaṁ guhyam adhyātmasaṁjñitam
yat tvayo 'ktaṁ vacas tena moho 'yaṁ vigato mama

1. *Arjuna* sprach:
Aus Mitleid hast du dies Wort vom tiefsten spirituellen Geheimnis des Seins zu mir gesprochen. Dadurch ist meine Verblendung aufgehoben.

bhavāpyayau hi bhūtānāṁ śrutau vistaraśo mayā
tvattaḥ kamalapatrākṣa māhātmyam api cā 'vyayam

2. Über Entstehen und Vergehen der Wesen habe ich nun ausführlich von Dir, o Lotosäugiger, gehört, und ebenso über die unvergängliche Größe der göttlichen bewussten Seele.

evam etad yathā 'ttha tvam ātmānaṁ parameśvara
draṣṭum icchāmi te rūpam aiśvaraṁ puruṣottama

3. So ist es, wie Du Dich selbst dargestellt hast, o höchster Gebieter. Ich begehre nun, Deine göttliche Gestalt und Deinen göttlichen Leib zu erblicken, o *Puruṣottama.*

manyase yadi tac chakyaṁ mayā draṣṭum iti prabho
yogeśvara tato me tvaṁ darśayā 'tmānam avyayam

4. Wenn Du meinst, dass es von mir erkannt werden kann, o Gebieter, o Meister des Yoga, dann zeige mir Dein unvergängliches Selbst.

śrī bhagavān uvāca
paśya me pārtha rūpāṇi śataśo 'tha sahasraśaḥ
nānāvidhāni divyāni nānāvarṇākṛtīni ca

5. Der Erhabene sprach:
Erblicke, o *Pārtha*, Meine hundert und tausend göttlichen Gestalten, verschieden nach Art, Form und Farbe.

paśyā 'dityān vasūn-rudrān aśvinau marutas tathā
bahūny adṛṣṭapūrvāṇi paśyā 'ścaryāṇi bhārata

6. Schaue die *Adityas*, die *Vasus*, die *Rudras*, die beiden *Aśvins* und auch die *Maruts*. Betrachte die vielen wunderbaren Erscheinungen, die noch niemand gesehen hat, o *Bhārata*.

ihai 'kasthaṁ jagat kṛtsnaṁ paśyā 'dya sacarācaram
mama dehe guḍākeśa yac cā 'nyad draṣṭum icchasi

7. Hier und heute soll Dein Blick die ganze Welt umfassen mit allem Beweglichen und Unbeweglichen, o *Guḍākeśa*, das in Meinem Körper vereint ist, und was du sonst noch zu schauen begehrst.

na tu māṁ śakyase draṣṭum anenai 'va svacakṣuṣā
divyaṁ dadāmi te cakṣuḥ paśya me yogamaiśvaram

8. Was du sehen sollst, das kann dein menschliches Auge nicht fassen. Es gibt aber ein göttliches Auge (ein innerstes Schauen), und dieses Auge verleihe Ich dir jetzt. Erblicke Mich in Meinem göttlichen Yoga.

saṁjaya uvāca
evam uktvā tato rājan mahāyogeśvaro hariḥ
darśayām āsa pārthāya paramaṁ rūpam aiśvaram

aneka vaktra nayanam anekādbhuta darśanam
aneka divyābharaṇaṁ divyānekodyatāyudham

divya mālyāmbara dharaṁ divya gandhānulepanam
sarvāścaryamayaṁ devam anantaṁ viśvatomukham

divi sūrya sahasrasya bhaved yugapad utthitā
yadi bhāḥ sadṛśī sā syād bhāsas tasya mahātmanaḥ

tatrai 'kasthaṁ jagat kṛtsnaṁ pravibhaktam anekadhā
apaśyad devadevasya śarīre pāṇḍavas tadā

tataḥ sa vismayāviṣṭo hṛṣṭaromā dhanaṁjayaḥ
praṇamya śirasā devaṁ kṛtāñjalir abhāṣata

9. – 14. *Saṁjaya* sprach:
Als *Hari*, der Meister des großen Yoga, so gesprochen hatte, o König, da zeigte er dem *Pārtha* Seine erhabene Gestalt. Es ist die Gestalt der unendlichen Gottheit, deren Angesichter uns überall anblicken. Alle Wunder des Seins existieren in ihr. Unendlich vervielfältigt sie all die wunderbaren Offenbarungen des Seins, ein weltweites Gottwesen, das mit unzählbaren Augen sieht, aus unzähligen Mündern spricht, zum Kampf gewappnet ist mit zahllosen erhobenen göttlichen Waffen, herrlich erstrahlt im heiligen Schmuck der Schönheit, gekleidet ist in himmlischen Gewändern der Göttlichkeit, lieblich anzuschauen ist in den Girlanden aus göttlichen Blüten, duftend von überirdischen Wohlgerüchen. So hell strahlt das Licht dieses göttlichen Körpers, als ob tausend Sonnen zugleich am Himmel aufgegangen wären. Die ganze Welt, in ihre Vielfalt zerteilt und doch eine Einheit, wird sichtbar im Körper des Gottes der Götter. *Arjuna* erblickte Ihn (den Gott, großartig, schön und schrecklich, den Herrn der Seelen, der in der Herrlichkeit und Erhabenheit Seines Geistes diese wilde und schauerliche, diese geordnete und wundervolle, diese liebliche und schreckliche Welt hat sichtbar werden lassen). Und überwältigt von Erstaunen, von Freude und von Furcht, beugt er sich tief zu Boden und huldigt dieser erschütternden Erscheinung mit ehrfurchtsvollen Worten und mit gefalteten Händen.

arjuna uvāca
paśyāmi devāṁs tava deva dehe sarvāṁs tathā bhūta viśeṣa saṁghān
brahmāṇam īśaṁ kamalāsanasthaṁ ṛṣīṁś ca sarvān uragāṁś ca divyān

15. *Arjuna* sprach:
In Deinem Leib schaue ich alle die Götter, o Gott, und die verschiedenen Scharen von Wesen: *Brahman*, den Schöpfergott, im Lotos sitzend, und die *ṛiṣis* und das Volk der göttlichen Schlangen.

aneka bāhūdara vaktra netraṁ paśyāmi tvāṁ sarvato 'nantarūpam
nā 'ntaṁ na madhyaṁ na punas tavā 'diṁ paśyāmi viśveśvara viśvarūpa

16. Ich erblicke Arme und Körper, Augen und Angesichter, ich sehe Deine unendlichen Formen zu allen Seiten. Aber ich sehe weder Dein Ende noch Deine Mitte noch Deinen Anfang, o Gebieter des Weltalls, o allumfassende Gestalt.

kirīṭinaṁ gadinaṁ cakriṇaṁ ca tejorāśiṁ sarvato dīptimantam
paśyāmi tvāṁ durnirīkṣyaṁ samantād dīptānalārkadyutim aprameyam

17. Ich sehe Dich mit Deiner Krone, mit Deinem Streitkolben und Deinem Diskus, kaum zu erkennen, denn Du bist eine leuchtende Masse von Energie

zu allen Seiten von mir, eine Flammenglut, die mich einschließt, ein sonnenhelles, feuerglühendes Unermessliches.

tvam akṣaraṁ paramaṁ veditavyaṁ tvam asya viśvasya paraṁ nidhānam
tvam avyayaḥ śāśvata dharma goptā sanātanas tvaṁ puruṣo mato me

18. Du bist der erhabene Unwandelbare, den wir erkennen müssen. Du bist das hohe Fundament und der hohe Wohnsitz des Universums. Du bist der unvergängliche Hüter der ewigen Gesetze. Du bist die immerwährende Seele des Seins.

anādi madhyāntam ananta vīryam ananta bāhuṁ śaśi sūrya netram
paśyāmi tvāṁ dīpta hutāśa vaktraṁ svatejasā viśvam idaṁ tapantam

19. Ich erblicke Dich als den ohne Ende, Mitte und Anfang von unendlicher Stärke, mit zahllosen Armen. Sonnen sind Deine Augen und Monde, Du hast ein Gesicht von flammendem Feuer und entzündest das ganze Weltall mit der Flamme Deiner Kraft.

dyāvāpṛthivyor idam antaraṁ hi vyāptaṁ tvayai 'kena diśaś ca sarvāḥ
dṛṣṭvā 'dbhutaṁ rūpam ugraṁ tave 'daṁ lokatrayaṁ pravyathitaṁ mahātman

20. Aller Raum zwischen Erde und Himmel wird von Dir allein ausgefüllt. Wenn diese Deine wilde und verblüffende Gestalt gesehen wird, winden sich alle drei Welten in Pein und Leiden, o Du mächtiger Geist.

amī hi tvāṁ surasaṅghā viśanti kecid bhītāḥ prāñjalayo gṛṇanti
svastī 'ty uktvā maharṣi siddhasaṅghāḥ stuvanti tvāṁ stutibhiḥ puṣkalābhiḥ

21. Die Scharen der Götter dringen in Dich ein, voll Angst und Anbetung. Die *ṛiṣis* und die *Siddhas* rufen laut: »Lass Frieden walten und Glück!« und lobsingen Dir und preisen Dich.

rudrādityā vasavo ye ca sādhyā viśve 'śvinau marutaś co 'ṣmapāś ca
gandharva yakṣāsura siddha saṅghā vīkṣante tvāṁ vismitāś cai 'va sarve

22. Die *Rudras, Adityas, Vasus, Sadhyas, Viśvāsa*, die beiden *Aśvins* und die *Maruts*, die *Ūṣmapa*, die *Gandharvas*, die *Yakṣas* und. *Asuras*, die *Siddhas*: alle haben in erschrockenem Staunen ihre Augen auf Dich gerichtet.

rūpaṁ mahat te bahu vaktra netraṁ mahābāho bahu bāhūru pādam
bahūdaraṁ bahu daṁṣṭrākarālaṁ dṛṣṭvā lokāḥ pravyathitās tathā 'ham

23. Erschüttert und in Angst versetzt ist die Welt mit ihren Nationen, und auch ich bin es angesichts Deiner großen Gestalt mit den vielen Mündern und Augen, o Starkarmiger, den vielen Armen, Schenkeln, Füßen und Bäuchen, schrecklich anzusehen die vielen Zähne.

nabhaḥ spṛśaṁ dīptam aneka varṇaṁ vyāttānanaṁ dīpta viśāla netram
dṛṣṭvā hi tvāṁ pravyathitāntarātmā dhṛtiṁ na vindāmi śamaṁ ca viṣṇo

24. Ich erblicke Dich, wie Du bis an den Himmel heranreichst, in vielen Farben erstrahlend, mit geöffneten Mündern und feurigen Augen. Beunruhigt und gequält ist die Seele in meinem Innern, und ich finde keinen Frieden und keine Freude mehr.

daṁṣṭrākarālāni ca te mukhāni dṛṣṭvai 'va kālānalasannibhāni
diśo na jāne na labhe ca śarma prasīda deveśa jagannivāsa

25. Da ich auf Deine Münder schaue, schrecklich anzusehen mit ihren vielen Fangzähnen zum Zerstören, auf Deine Angesichter, die den Vernichtungsfeuern von Tod und Zeit gleichen, verliere ich jeden Richtungssinn und finde keinen Frieden mehr. Wende Dein Herz der Gnade zu, o Gott der Götter, Zuflucht aller Welten!

amī ca tvāṁ dhṛtarāṣṭrasya putrāḥ sarve sahai 'vā vanipālasaṅghaiḥ
bhīṣmo droṇaḥ sūtaputras tathā 'sau sahā 'smadīyair api yodhamukhyaiḥ

vaktrāṇi te tvaramāṇā viśanti daṁṣṭrākarālāni bhayānakāni
kecid vilagnā daśanāntareṣu saṁdṛśyante cūrṇitair uttamāṅgaiḥ

26. – 27. Die Söhne des *Dhṛitarāṣṭra*, sie alle mit der Vielzahl der Könige und Helden, *Bhīṣma, Droṇa* und *Karna* zusammen mit den hervorragendsten Kriegern auch auf unserer Seite, sie alle stürzen sich in Deine Fangzähne und schrecklichen Kinnladen. Manche sieht man mit zermalmten blutigen Schädeln gefangen zwischen Deinen Zähnen der Macht.

yathā nadīnāṁ bahavo 'mbuvegāḥ samudram evā 'bhimukhā dravanti
tathā tavā 'mī naralokavīrā viśanti vaktrāṇy abhivijvalanti

28. Wie die Strömung vieler rauschender Fluten dem Ozean zueilt, so werden alle diese Helden der Menschenwelt in Deine vielen Flammenmünder hineingerissen.

yathā pradīptaṁ jvalanaṁ pataṅgā viśanti nāśāya samṛddhavegāḥ
tathai 'va nāśāya viśanti lokāḥ tavā 'pi vaktrāṇi samṛddhavegāḥ

29. Wie ein Schwarm von Motten in immer wachsender Hast zu ihrem Verderben hineinfliegt in ein Feuer, das jemand entzündete, so stürzen sich jetzt die Nationen mit wachsender Eile in Deinen Rachen des Verderbens.

lelihyase grasamānaḥ samantāt lokān samagrān vadanair jvaladbhiḥ
tejobhir āpūrya jagat samagraṁ bhāsas tavo 'grāḥ pratapanti viṣṇo

30. Die Regionen ringsum leckst Du mit Deinen Zungen und verschlingst alle Völker in Deinem Feuerrachen. Die ganze Welt ist erfüllt von der Glut Deiner Kräfte. Grell und fürchterlich ist Dein Feuermeer, und es verbrennt uns alle, o *Viṣṇu*.

ākhyāhi me ko bhavān ugrarūpo namo 'stu te devavara prasīda
vijñātum icchāmi bhavantam ādyaṁ na hi prajānāmi tava pravṛttim

31. Erkläre mir, wer Du bist, der Du diese Gestalt des Schreckens trägst. Sei gegrüßt, o Du gewaltige Gottheit! Wende Dein Herz der Gnade zu! Wissen möchte ich, wer Du bist, der Du von Anfang warst. Denn ich kann die Absicht Deines Wirkens nicht verstehen.

śrī bhagavān uvāca
kālo 'smi lokakṣayakṛt pravṛddho lokān samāhartum iha pravṛttaḥ
ṛte 'pi tvāṁ na bhaviṣyanti sarve ye 'vasthitāḥ pratyanīkeṣu yodhāḥ

32. Der Erhabene sprach:
Ich bin der Zeit-Geist, der Vernichter der Welt, der sich aufgemacht hat in Riesengestalt zur Vernichtung der Völker. Auch ohne dein Zutun werden alle diese Krieger, die sich in den Heeren gegenüberstehen, nicht mehr sein.

tasmāt tvam uttiṣṭha yaśo labhasva jitvā śatrūn bhuṅkṣva rājyaṁ samṛddham
māyai 'vai 'te nihatāḥ pūrvam eva nimittamātraṁ bhava savyasācin

33. Darum erhebe dich! Erwirb dir deinen Ruhm! Besiege deine Feinde! Erfreue dich einer reichen Herrschaft! Durch Mich und niemand sonst sind auch sie bereits erschlagen. Auf dir liegt nur der Vollzug, o *Savyasācin*.

droṇaṁ ca bhīṣmaṁ ca jayadrathaṁ ca karṇaṁ tathā 'nyān api yodhavīrān
mayā hatāṁs tvaṁ jahi mā vyathiṣṭhā yudhyasva jetāsi raṇe sapatnān

34. Töte sie, die schon von Mir getötet sind: *Droṇa*, *Bhīṣma*, *Jayadratha*, *Karna* und die anderen heldenhaften Krieger! Lass keinen Schmerz und keine Verwirrung mehr über dich kommen! Kämpfe, du wirst den Feind in der Schlacht besiegen!

B. Der doppelte Aspekt

saṁjaya uvāca
etac chrutvā vacanaṁ keśavasya kṛtāñjalir vepamānaḥ kirīṭī
namaskṛtvā bhūya evā 'ha kṛṣṇaṁ sagadgadaṁ bhītabhītaḥ praṇamya

35. *Saṁjaya* sprach:
Als *Kirīṭī* (*Arjuna*) mit gefalteten Händen und zitternd diese Worte *Keśavas* gehört hatte, huldigte er Ihm nochmals und sprach zu *Kṛiṣṇa* mit versagender Stimme, zutiefst erschrocken und niedergebeugt.

arjuna uvāca
sthāne hṛṣīkeśa tava prakīrtyā jagat prahṛṣyaty anurajyate ca
rakṣāṁsi bhītāni diśo dravanti sarve namasyanti ca siddhasaṅghāḥ

36. *Arjuna* sprach:
Recht und billig ist es, dass die Welt über Deinen Namen jubelt und froh wird. In Schrecken fliehen vor Dir die *Rākṣasa* nach allen Richtungen, und die Scharen der *Siddhas* beugen sich vor Dir in Anbetung.

kasmāc ca te na nameran mahātman garīyase brahmaṇo 'py ādikartre
ananta deveśa jagannivāsa tvam akṣaraṁ sad asat tat paraṁ yat

37. Wie sollten sie Dir auch keine Huldigung erweisen, o mächtiger Geist! Denn Du bist der Ur-Schöpfer und Ur-Handelnde und größer selbst als der schöpferische *brahman*. O Du Unendlicher, o Du Gebieter der Götter, o Wohnsitz des Weltalls! Du bist der Unwandelbare. Du bist das, was ist und was nicht ist, und du bist, was das Erhabene ist.

tvam ādidevaḥ puruṣaḥ purāṇas tvam asya viśvasya paraṁ nidhānam
vettā 'si vedyaṁ ca paraṁ ca dhāma tvayā tataṁ viśvam ananta rūpa

38. Du bist die uralte Seele und die erste und ursprüngliche Gottheit, die erhabene Ruhestätte dieses Alls. Du bist der Erkennende und alles, was erkannt werden soll. Du bist der höchste Zustand des Seins. O Du Unendlicher in endlicher Gestalt, durch Dich ist dieses Weltall ausgebreitet worden.

vāyur yamo 'gnir varuṇaḥ śaśāṅkaḥ prajāpatis tvaṁ prapitāmahaś ca
namo namas te 'stu sahasrakṛtvaḥ punaś ca bhūyo 'pi namo namas te

namaḥ purastād atha pṛṣṭhatas te namo 'stu te sarvata eva sarva
ananta vīryāmita vikramas tvaṁ sarvaṁ samāpnoṣi tato 'si sarvaḥ

39. – 40. Du bist *Yama* und *Vāyu* und *Agni* und *Soma* und *Varuna* und *Prajāpatī*, Du Vater der Geschöpfe und ihr Urahne. Sei tausendmal gegrüßt und wieder und immer wieder gegrüßt von vorn, von hinten und von allen Seiten, denn Du bist alles und jedes, das ist. Unendlich an Macht, unermesslich an Kraft zum Handeln, durchwaltest Du alles und bist alles.

sakhe 'ti matvā prasabhaṁ yad uktaṁ he kṛṣṇa he yādava he sakhe 'ti
ajānatā mahimānaṁ tave 'daṁ mayā pramādāt praṇayena vā 'pi

yac cā 'vahāsārtham asatkṛto 'si vihāra śayyāsana bhojaneṣu
eko 'thavā 'py acyuta tat samakṣaṁ tat kṣāmaye tvām aham aprameyam

41. – 42. Habe ich je vor Dir ein kühnes und vorschnelles Wort gesprochen, da ich Dich nur als meinen menschlichen Freund und Gefährten ansah, wenn ich sagte: o *Kṛiṣṇa*, o *Yādava*, o Kamerad; da ich nichts wusste von Deiner Allmacht, in unbedachtem Irrtum oder in Liebe redete; habe ich Dir je Respektlosigkeit gezeigt in Scherz und Spiel, wenn wir auf den Polstern, dem Ratssitz oder beim Bankett beieinander saßen; wenn ich allein war oder in Deiner Gegenwart, Du Fehlloser, – so erbitte ich Vergebung von Dir, dem Unermesslichen.

pitā 'si lokasya carācarasya tvam asya pūjyaś ca gurur garīyān
na tvatsamo 'sty abhyadhikaḥ kuto 'nyo lokatraye 'py apratima prabhāva

43. Du bist der Vater dieser ganzen Welt der sich bewegenden und der unbeweglichen Dinge. Du bist der Einzige, dem Anbetung gebührt, das erhabenste Ziel der Verehrung. Niemand ist Dir gleich. Wie könnte denn ein anderer in den drei Welten größer sein als Du, in Deiner Allmacht Unvergleichlicher!

tasmāt praṇamya praṇidhāya kāyaṁ prasādaye tvām aham īśam īḍyam
pite 'va putrasya sakhe 'va sakhyuḥ priyaḥ priyāyā 'rhasi deva soḍhum

44. Darum verneige ich mich tief vor Dir. Ich werfe meinen Leib vor Dir zu Boden und verlange Gnade von Dir, dem anbetungswürdigen Herrn. Wie ein Vater mit seinem Sohn, wie ein Freund mit seinem Freund und Kameraden, wie einer, der liebevoll ist zu dem, den er liebt, so sollst Du, Gottheit, mit mir verfahren.

adṛṣṭapūrvaṁ hṛṣito 'smi dṛṣṭvā bhayena ca pravyathitaṁ mano me
tad eva me darśaya deva rūpaṁ prasīda deveśa jagannivāsa

45. Ich habe gesehen, was niemals zuvor gesehen ward, und bin voller Freude, wenn auch mein Verstand von Furcht verwirrt ist. O Gottheit, zeige mir nun Deine andere Gestalt, wende Dein Herz der Gnade zu, Du Herr der Götter, o Du Wohnung des Weltalls!

kirīṭinaṁ gadinaṁ cakrahastaṁ icchāmi tvāṁ draṣṭum ahaṁ tathai 'va
tenai 'va rūpeṇa caturbhujena sahasrabāho bhava viśvamūrte

46. Sehen möchte ich Dich wieder so wie zuvor, den Gekrönten mit Streitkolben und Diskus. Nimm Deine vierarmige Gestalt wieder an, o Du Tausendarmiger, o universale Gestalt.

śrī bhagavān uvāca
mayā prasannena tavā 'rjune 'daṁ rūpaṁ paraṁ darśitam ātmayogāt
tejomayaṁ viśvam anantam ādyaṁ yan me tvad anyena na dṛṣṭapūrvam

47. Der Erhabene sprach:
Was du jetzt durch Meine Gunst erschaust, o *Arjuna*, ist Meine erhabene Gestalt, Meine Gestalt von leuchtender Kraft, die allumfassende, unendliche, ursprüngliche, die niemand unter den Menschen außer dir bis jetzt erblickt hat. Ich habe sie dir durch Meinen Selbst-Yoga gezeigt.

na vedayajñādhyayanair na dānair na ca kriyābhir na tapobhir ugraiḥ
evaṁ rūpaḥ śakya ahaṁ nṛloke draṣṭuṁ tvad anyena kurupravīra

48. Nicht durch das Studium der Veden, nicht durch Opfer und auch nicht durch Spenden, nicht durch zeremonielle Riten, nicht durch strenge Kasteiungen kann diese Meine Gestalt von jemand anderem als dir geschaut werden, du Vornehmster der *Kurus*.

mā te vyathā mā ca vimūḍhabhāvo dṛṣṭvā rūpaṁ ghoram īdṛṅ mame 'dam
vyapetabhīḥ prītamanāḥ punas tvaṁ tad eva me rūpam idaṁ prapaśya

49. Ohne Pein solltest du diesen schrecklichen Anblick ertragen, ohne Verwirrung deines Mentals, ohne dass dir die Glieder versagen. Wirf die Furcht von dir und lass dein Herz frohlocken! Erblicke wieder Meine andere Gestalt!

saṁjaya uvāca
ity arjunaṁ vāsudevas tatho 'ktvā svakaṁ rūpaṁ darśayām āsa bhūyaḥ
āśvāsayām āsa ca bhītam enaṁ bhūtvā punaḥ saumyavapur mahātmā

50. *Saṁjaya* sprach:
Als *Vasudeva* so zu *Arjuna* gesprochen hatte, offenbarte Er ihm wieder Seine normale (*Nārāyana*) Erscheinung. Der *Mahātmā* nahm wieder die ersehnte Gestalt der Gnade, Liebe und Holdseligkeit an und tröstete so den Erschrockenen.

arjuna uvāca
dṛṣṭve 'daṁ mānuṣaṁ rūpaṁ tava saumyaṁ janārdana
idānīm asmi saṁvṛttaḥ sacetāḥ prakṛtiṁ gataḥ

51. *Arjuna* sprach:
Da ich nun wieder Deine freundlich-menschliche Gestalt erblicke, o *Janārdana*, wird mein Herz von Wonne erfüllt, und ich genese wieder zu meiner eigenen Natur.

śrī bhagavān uvāca
sudurdarśam idaṁ rūpaṁ dṛṣṭavān asi yan mama
devā apy asya rūpasya nityaṁ darśana kāṅkṣiṇaḥ

nā haṁ vedair na tapasā na dānena na ce 'jyayā
śakya evaṁvidho draṣṭuṁ dṛṣṭavān asi māṁ yathā

bhaktyā tv ananyayā śakya aham evaṁvidho 'rjuna
jñātuṁ draṣṭuṁ ca tattvena praveṣṭuṁ ca paraṁtapa

52. – 54. Der Erhabene sprach:
Die mächtigere Gestalt, die du hast schauen dürfen, ist nur für die wenigen, höchstentwickelten Seelen. Die Götter selber verlangen immer danach, sie zu betrachten. So wie du Mich erblickt hast, kann ich nicht erkannt werden durch den *Veda*, noch durch strenge Kasteiungen, noch durch Spenden oder durch Opfer. Es kann nur erreicht werden durch jenes *bhakti*, das allein Mich in allen Dingen betrachtet, anbetet und liebt.

matkarmakṛn matparamo madbhaktaḥ saṅgavarjitaḥ
nirvairaḥ sarvabhūteṣu yaḥ sa mām eti pāṇḍava

55. Sei Vollzieher Meiner Werke! Nimm Mich an als das erhabene Wesen und Ziel! Werde Mein *bhakta*! Sei frei von Verhaftung und ohne Feindschaft zu allen Wesen! Denn solch ein Mensch gelangt zu Mir, o *Pāṇḍava*.

XII Yoga der liebevollen Hingabe

Der Weg und der *bhakta*

arjuna uvāca
evaṁ satatayuktā ye bhaktās tvāṁ paryupāsate
ye cā 'py akṣaram avyaktaṁ teṣāṁ ke yogavittamāḥ

1. *Arjuna* sprach:
Wer hat das höhere Wissen vom Yoga: Jene Dir in Liebe Ergebenen, die so durch ein immerwährendes Einssein nach Dir suchen, oder jene, die nach dem ungeoffenbarten Unwandelbaren trachten?

śrī bhagavān uvāca
mayy āveśya mano ye māṁ nitya yuktā upāsate
śraddhayā parayo 'petās te me yuktatamā matāḥ

2. Der Erhabene sprach:
Die Yogins, die ihr mentales Wesen fest in Mir gegründet haben und, von höchstem Glauben erfüllt, durch immerwährendes Einssein zu Mir zu gelangen suchen, die halte Ich für die Vollkommensten in der Einung des Yoga.

ye tv akṣaram anirdeśyaṁ avyaktaṁ paryupāsate
sarvatragama cintyaṁ ca kūṭasthaṁ acalaṁ dhruvam

saṁniyamye 'ndriyagrāmaṁ sarvatra samabuddhayāḥ
te prāpnuvanti mām eva sarva bhūta hite ratāḥ

3. – 4. Aber auch jene, die nach dem Unerklärbaren, ungeoffenbart Unwandelbaren trachten, das allgegenwärtig, unvorstellbar, in sich ausgeglichen, unbeweglich und beständig ist, auch sie gelangen zu Mir, wenn sie all ihre Sinne bezähmen, ihr Verstehen gelassen ist, wenn sie das eine Selbst in allen Dingen erkennen und von ruhiger Freundlichkeit stillen Wohlwollens für alle Wesen sind.

kleśo 'dhikataras teṣāṁ avyaktāsakta cetasām
avyaktā hi gatir duḥkhaṁ dehavadbhir avāpyate

5. Doch ist der Weg derer, die sich dem Suchen nach dem ungeoffenbarten *brahman* weihen, viel schwerer. Verkörperte Seelen können hier nur durch ständige Abtötung ihres Körpers zum Ziel kommen, durch Leiden all ihrer bezähmten Glieder, durch harte Disziplin und Qual ihrer Natur.

ye tu sarvāṇi karmāṇi mayi saṁnyasya matparaḥ
ananyenai 'va yogena māṁ dhyāyanta upāsate

teṣām ahaṁ samuddhartā mṛtyu saṁsāra sāgarāt
bhavāmi nacirāt pārtha mayy āveśita cetasām

6. – 7. Jene jedoch, die ihr gesamtes Wirken an Mich überantworten, die, Mir völlig hingegeben, Mich verehren, indem sie auf Mich in einem antwortenden Yoga meditieren, die ihr ganzes Bewusstsein auf Mich richten, diese, o *Pārtha*, befreie Ich schnell aus dem Meer des an den Tod gebundenen Daseins.

mayy eva mana ādhatsva mayi buddhiṁ niveśaya
nivasiṣyasi mayy eva ata ūrdhvaṁ na saṁśayaḥ

8. Lass all dein Denken in Mir ruhen und gründe dein ganzes Verstehen in Mir. Zweifle nicht daran, dass du in Mir, oberhalb dieses sterblichen Daseins wohnen sollst.

atha cittaṁ samādhātuṁ na śaknoṣi mayi sthiram
abhyāsa yogena tato mām icchā 'ptuṁ dhanaṁjaya

9. Und wenn du nicht fähig bist, das Bewusstsein ständig auf Mich zu richten, o *Dhanaṁjaya*, dann trachte nach Mir durch den Yoga praktischer Disziplin.

abhyāse 'py asamartho 'si matkarmaparamo bhava
mad artham api karmāṇi kurvan siddhim avāpsyasi

10. Und wenn du auch dies nicht kannst, Mich durch Praxis zu suchen, dann sei es dein höchstes Ziel, Mein Werk zu tun. Wenn du alle deine Handlungen um Meinetwillen tust, wirst du Vollkommenheit erlangen.

athai tad apy aśakto 'si kartuṁ madyogam āśritaḥ
sarva karma phala tyāgaṁ tataḥ kuru yatātmavān

11. Aber wenn selbst dies ständige Gedenken an Mich und die Erhebung deines gesamten Wirkens empor zu Mir du als jenseits deiner Kraft empfindest, dann verzichte mit beherrschtem Ich auf alle Früchte deines Handelns.

śreyo hi jñānam abhyāsāt jñānād dhyānaṁ viśiṣyate
dhyānāt karmaphala tyāgas tyāgāc chāṁtir anantaram

12. Erkenntnis ist wahrlich besser als Übung, Meditation ist besser als Erkenntnis, Verzicht auf die Früchte des Handelns ist besser als Meditation. Auf Verzicht folgt Friede.

adveṣṭā sarva bhūtānāṁ maitraḥ karuṇa eva ca
nirmamo nirahaṅkāraḥ samaduḥkhasukhaḥ kṣamī

saṁtuṣṭaḥ satataṁ yogī yatātmā dṛḍhaniścayaḥ
mayy arpita manobuddhir yo madbhaktaḥ sa me priyaḥ

13. – 14. Wer frei ist von Ichhaftigkeit, von ›ich‹ und ›mein‹, Freundschaft und Mitleid mit allen Wesen hat und keinem lebendigen Geschöpf mit Hass begegnet, wer von ruhigem Gleichmut erfüllt ist gegenüber Freud und Leid, wer geduldig ist und vergibt, wer wunschlos zufrieden ist und sich ständig selbst beherrscht, wer den festen, unerschütterlichen Willen und die Entschlossenheit des Yogins hat und solche Liebe und Verehrung, dass er sein ganzes Gemüt und seine Vernunft an Mich hingibt, der ist Mir lieb.

yasmān no 'dvijate loko lokān no 'dvijate ca yaḥ
harṣāmarṣabhayodvegair mukto yaḥ sa ca me priyaḥ

15. Wer die Welt nicht quält und plagt und sich auch nicht quälen und plagen lässt vonseiten der Welt, wer befreit ist von der geplagten, aufgeregten niederen Natur, von ihren Wellen der Freude und Furcht, der Angst und des Unwillens, der ist Mir lieb.

anapekṣaḥ śucir dakṣa udāsīno gatavyathaḥ
sarvārambha parityāgī yo madbhaktaḥ sa me priyaḥ

16. Wer nichts mehr begehrt, rein ist, sachkundig in allem Handeln, neutral gegenüber allem, was kommt, nicht geplagt oder beunruhigt wird durch das, was eintritt oder geschieht, wer allen Antrieb zum Handeln aufgegeben hat, der Mich Verehrende, – er ist Mir lieb.

yo na hṛṣyati na dveṣṭi na śocati na kāṅkṣati
śubhāśubha parityāgī bhaktimān yaḥ sa me priyaḥ

17. Wer weder das Erfreuliche begehrt, noch jubelt, wenn es ihm zufällt, wer vor dem Unerfreulichen nicht zurückschreckt und nicht Leid empfindet,

wenn es ihn befällt, wer keinen Unterschied mehr macht zwischen glücklichen und unglücklichen Ereignissen (weil er in seiner Gott-Ergebenheit alle Dinge gleichmütig als gut entgegennimmt aus den Händen seines ewigen Geliebten und Meisters), – der ist Mir lieb.

samaḥ śatrau ca mitre ca tathā mānāpamānayoḥ
śītoṣṇa sukha duḥkheṣu samaḥ saṅgavivarjitaḥ

tulya nindā stutir maunī saṁtuṣṭo yena kenacit
aniketaḥ sthiramatir bhaktimān me priyo naraḥ

18. – 19. Gleich gegen Freund und Feind, gleichmäßig gegenüber Ehrung und Beschimpfung, Freude und Schmerz, Lob und Tadel, Kummer und Glück, Hitze und Kälte (all den Beunruhigungen mit gegensätzlichen Einflüssen der angeborenen Natur), schweigsam, zufrieden und genügsam mit allem und jeglichem, keiner Person oder Sache verhaftet, an keinen Ort gebunden, gefestigt im Mental (weil es ständig im höchsten Selbst ruht und für immer auf das göttliche Ziel seiner Liebe und Verehrung gerichtet ist), – ein solcher Mensch ist Mir lieb.

ye tu dharmyāmṛtam idaṁ yathoktaṁ paryupāsate
śraddadhānā matparamā bhaktās te 'tiva me priyāḥ

20. Aber über alle Maßen lieb und teuer sind Mir jene frommen Verehrer, die Mich (den *puruṣottama*) zu ihrem einzigen und höchsten Ziel machen und aus vollkommenem Glauben und mit Sorgfalt dem zur Unsterblichkeit führenden *dharma* folgen, das in dieser Lehre dargestellt wird.

XIII Yoga der Unterscheidung von ›Feld‹ und ›Kenner des Felds‹

Das ›Feld‹ und der ›Kenner des Felds‹

arjuna uvāca
prakṛtiṁ puruṣaṁ cai 'va kṣetraṁ kṣetrajñam eva ca
etad veditum icchāmi jñānaṁ jñeyaṁ ca keśava

1. *Arjuna* sprach:
Über *prakṛiti* und *puruṣa*, über das ›Feld‹ und den ›Kenner des Felds‹, über das Erkennen und den Gegenstand der Erkenntnis möchte ich gern noch mehr erfahren, o *Keśava*.

śrī bhagavān uvāca
idaṁ śarīraṁ kaunteya kṣetram ity abhidhīyate
etad yo vetti taṁ prāhuḥ kṣetrajña iti tadvidaḥ

2. Der Erhabene sprach:
Dieser Körper, o Sohn der *Kuntī*, wird das ›Feld‹ genannt. Jener, der Kenntnis nimmt von dem ›Feld‹, wird von den Weisen der ›Kenner des Felds‹ genannt.

kṣetrajñaṁ cā 'pi māṁ viddhi sarva kṣetreṣu bhārata
kṣetra kṣetrajñayor jñānaṁ yat taj jñānaṁ mataṁ mama

3. Begreife Mich, o *Bhārata*, als den ›Kenner des Felds‹ auf allen ›Feldern‹. Wirkliche Erleuchtung und einzige Weisheit ist nur dort, wo die Erkenntnis gleichzeitig das ›Feld‹ und dessen ›Kenner‹ umfasst.

tat kṣetraṁ yac ca yādṛk ca yadvikāri yataś ca yat
sa ca yo yat prabhāvaś ca tat samāsena me śṛṇu

4. Erfahre nun also von Mir in Kürze, was das ›Feld‹ ist, sein Charakter, seine Natur, sein Ursprung und seine Entstellungen und was Er ist und welche Macht Er hat.

ṛṣibhir bahudhā gītaṁ chandobhir vividhaiḥ pṛthak
brahmasūtrapadaiś cai 'va hetumadbhir viniścitaiḥ

5. Von den *ṛiṣis* ist hiervon in vielfältiger Weise in verschiedenen inspirierten Versen gesungen worden. Und ebenso handeln hierüber die *Brahma Sūtra*, die uns die rationale und philosophische Analyse geben.

mahābhūtāny ahaṁkāro buddhir avyaktam eva ca
indriyāṇi daśai 'kaṁ ca paṁca ce ndriyagocarāḥ

6. (Das ›Feld‹, *kṣetra*, bilden die folgenden Teile:) die noch unterschiedslose, unentfaltete Kraft, die fünf elementaren Zustandsformen der Materie, die zehn Sinne und der eine (das Mental), die Vernunft und das Ich sowie die fünf Objekte der Sinne.

icchā dveṣaḥ sukhaṁ duḥkhaṁ saṁghātaś cetanā dhṛtiḥ
etat kṣetraṁ samāsena savikāram udāhṛtam

7. Zuneigung und Abneigung, Lust und Schmerz (dies sind die hauptsächlichen Entstellungen des *kṣetra*), Bewusstsein, Zuordnung und Ausdauer bilden, in Kürze beschrieben, das ›Feld‹ und seine Entstellungen.

amānitvam adambhitvam ahiṁsā kṣāntir ārjavam
ācāryopāsanaṁ śaucaṁ sthairyam ātmavinigrahaḥ

8. Als wahres Wissen im Gegensatz zur Unwissenheit gilt: völlige Abwesenheit von weltlicher Eitelkeit und Anmaßung; niemandem Schaden zufügen; eine aufrichtige Seele; ein duldsames, leidgeprüftes und gütiges Herz; Reinheit von Geist und Körper; ruhige Charakterstärke und Unerschütterlichkeit; Selbstbeherrschung und meisterhafte Beherrschung der niederen Natur; herzliche Ehrerbietung dem Lehrer gegenüber;

indriyārtheṣu vairāgyam anahaṁkāra eva ca
janma mṛtyu jarā vyādhi duḥkha doṣānudarśanam

asaktir anabhiṣvaṅgaḥ putra dāra gṛhādiṣu
nityaṁ ca samacittatvam iṣṭāniṣṭopapattiṣu

9. – 10. eine entschlossene Beseitigung des Hingezogenwerdens des natürlichen Wesens zu den Gegenständen der Sinne; grundlegend Freisein von Ichhaftigkeit; das Aufgeben der Gebundenheit an Familie und Heim und des Aufgehens darin; eine klare Erkenntnis der fehlerhaften Natur des gewöhnlichen physischen Menschenlebens, das ziellos und leidvoll Geburt und Tod, Krankheit und Alter unterworfen ist; beständiger Gleichmut der Seele allen erfreulichen und unerfreulichen Ereignissen gegenüber.

mayi cā 'nanyayogena bhaktir avyabhicāriṇī
vivikta deśa sevitvam aratir janasaṁsadi

adhyātma jñāna nityatvaṁ tattva jñānārtha darśanam
etaj jñānam iti proktam ajñānaṁ yad ato 'nyathā

11. – 12. Ein meditatives Mental, der Einsamkeit zugewandt und abgewandt dem eitlen Lärm der Massen und Menschenansammlungen; philosophische Erkenntnis des wahren Sinnes und der umfassenden Prinzipien des Seins; ruhige Stetigkeit der inneren spirituellen Erkenntnis und des inneren Lichts; der Yoga unentwegter Hingabe; die Liebe zu Gott; des Herzens tiefe und ständige Anbetung der allumfassenden und ewigen Gegenwart. Alles Gegenteilige ist Unwissenheit.

jñeyaṁ yat tat pravakṣyāmi yaj jñātvā 'mṛtam aśnute
anādimat paraṁ brahma na sat tan nā 'sad ucyate

13. Ich werde dir den einzigen Gegenstand zeigen, auf den das Bewusstsein spiritueller Erkenntnis eingestellt sein muss. Fest darauf konzentriert, wird die Seele, die hier verdüstert ist, wieder heil und kommt zur seligen Freude an ihrer wahren Natur und an ihrem ursprünglichen Bewusstsein der Unsterblichkeit. Es ist der ewige *brahman*, der weder *sat* (Sein) noch *asat* (Nichtsein) genannt wird.

sarvataḥ pāṇipādaṁ tat sarvato 'kṣiśiromukham
sarvataḥ śrutimal loke sarvam āvṛtya tiṣṭhati

14. Seine Hände und Füße umgeben uns von allen Seiten. Seine Häupter, Augen und Angesichte sind jene unzählbaren Antlitze, die wir schauen, wohin wir uns auch wenden. Sein Ohr ist überall. In Seiner unermesslichen Größe erfüllt und umhüllt Er diese ganze Welt mit Sich Selbst. Er ist das allumfassende Wesen, in dessen Umarmung wir leben.

sarvendriya guṇābhāsaṁ sarvendriya vivarjitam
asaktaṁ sarvabhṛc cai 'va nirguṇaṁ guṇabhoktṛ ca

15. Ihn reflektieren alle Sinne und ihre Eigenschaften, aber Er ist ohne Sinne. Er ist nicht verhaftet und trägt und erhält doch alles. Er erfreut sich der *guṇas* und wird doch nicht durch sie eingeschränkt.

bahir antaś ca bhūtānām acaraṁ caram eva ca
sūkṣmatvāt tad avijñeyaṁ dūrasthaṁ cā 'ntike ca tat

16. Was in uns ist, ist Er, und was wir außerhalb von uns erfahren, ist Er auch. Das Inwendige und das Auswärtige, das Ferne und das Nahe, das Sich-Bewegende und das Unbewegliche, all dies ist Er zur selben Zeit. Er ist die äußerste Feinheit von dem, was so fein ist, dass wir es nicht mit unserer Erkenntnis erfassen.

avibhaktaṁ ca bhūteṣu vibhaktam iva ca sthitam
bhūta bhartṛ ca taj jñeyaṁ grasiṣṇu prabhaviṣṇu ca

17. Er ist der Unteilbare und der Eine. Aber Er scheint sich Selbst in Gestalten und Geschöpfe zu zerteilen und tritt in all den gesonderten Wesen in Erscheinung. Alle Dinge werden ewig von Ihm geboren, in Seiner Ewigkeit aufrechterhalten und ewig zurückgenommen in Seine Einheit.

jyotiṣām api taj jyotis tamasaḥ param ucyate
jñānaṁ jñeyaṁ jñānagamyaṁ hṛdi sarvasya viṣṭhitam

18. Er ist das Licht aller Lichter, strahlend jenseits aller Finsternis unserer Unwissenheit. Er ist die Erkenntnis und zugleich das Ziel des Wissens. Er wohnt im Herzen aller.

iti kṣetraṁ tathā jñānaṁ jñeyaṁ co 'ktaṁ samāsataḥ
madbhakta etad vijñāya madbhāvāyo 'papadyate

19. So habe Ich dir ›Feld‹, Erkenntnis und Ziel der Erkenntnis kurz erläutert. Wenn der Mir Ergebene ein solcher ›Kenner‹ geworden ist, erlangt er Mein *bhāva* (das göttliche Sein und Wesen).

prakṛtiṁ puruṣaṁ cai 'va viddhy anādi ubhāv api
vikārāṁś ca guṇāṁś cai 'va viddhi prakṛtisaṁbhavān

20. Erkenne du, dass *puruṣa* (die Seele) und *prakṛiti* (die Natur) beide ohne Ursprung sind und ewig. Aber die Seins-Bestimmungen der Natur und die niederen Gestaltungen, die sie für unsere bewusste Erfahrung annimmt, haben ihren Ursprung in *prakṛiti* (im gegenseitigen Aufeinander-Wirken dieser beiden Wesenheiten).

kārya kāraṇa kartṛtve hetuḥ prakṛtir ucyate
puruṣaḥ sukhaduḥkhānāṁ bhoktṛtve hetur ucyate

21. Die Kette von Ursache und Wirkung und der Zustand, Handelnder zu sein, werden von *prakṛiti* erschaffen. *Puruṣa* genießt Freude und Schmerz.

puruṣaḥ prakṛtistho hi bhuṅkte prakṛtijān guṇān
kāraṇaṁ guṇasaṅgo 'sya sad asad yoni janmasu

22. *Puruṣa*, eingefaltet in *prakṛiti*, genießt die Eigenschaften (*guṇas*), die aus *prakṛiti* geboren werden. Den *guṇas* verhaftet zu sein, ist die Ursache für seine Geburt in guten oder schlechten Mutterschößen.

upadraṣṭā 'numantā ca bhartā bhoktā maheśvaraḥ
paramātme 'ti cā 'py ukto dehe 'smin puruṣaḥ paraḥ

23. Beobachtender Zeuge, Ursprung der Zustimmung, Erhalter des Wirkens der Natur, ihr Genießer, allmächtiger Herr und erhabenes Selbst ist zugleich die allerhöchste Seele, die in diesem Körper wohnt.

ya evaṁ vetti puruṣaṁ prakṛtiṁ ca guṇaiḥ saha
sarvathā vartamāno 'pi na sa bhūyo 'bhijāyate

24. Wer so den *puruṣa* und die *prakṛiti* mit ihren Eigenschaften (*guṇas*) kennt, der soll nicht wiedergeboren werden, wie er auch leben und wirken mag.

dhyānenā 'tmani paśyanti kecid ātmānam ātmanā
anye sāṅkhyena yogena karmayogena cā 'pare

25. Dies Wissen erwächst aus einer inneren Meditation, durch die uns das ewige Selbst in unserem Selbstsein offenbar wird. Es kann auch aus dem Yoga der *Sāṅkhyas* erwachsen (durch die Trennung der Seele von der Natur). Oder es erwächst aus dem Yoga des Handelns.

anye tv evamajānantaḥ śrutvā 'nyebhya upāsate
te 'pi cā 'titaranty eva mṛtyuṁ śrutiparāyaṇāḥ

26. Andere, die diese Yoga-Wege nicht kennen, mögen durch andere die Wahrheit erfahren und ihr mentales Wesen gemäß jenem Sinn formen, dem es mit Glauben und Konzentration lauscht. Doch wie auch immer wir zu diesem Wissen gelangt sind, es trägt uns über den Tod hinaus in die Unsterblichkeit.

yāvat saṁjāyate kiṁcit sattvaṁ sthāvara jaṅgamam
kṣetrakṣetrajña saṁyogāt tad viddhi bharatarṣabha

27. Wisse also, o Bester der *Bharatas*, dass jegliches Wesen, ob beweglich oder unbeweglich, aus der Vereinigung von ›Feld‹ und ›Kenner des Feldes‹ geboren wird.

samaṁ sarveṣu bhūteṣu tiṣṭhantaṁ parameśvaram
vinaśyatsv avinaśyantaṁ yaḥ paśyati sa paśyati

28. Wer den Erhabenen, der in gleicher Weise in allen Wesen wohnt, unvergänglich im Vergänglichen, wer ihn so erkennt, erkennt wirklich.

samaṁ paśyan hi sarvatra samavasthitam īśvaram
na hinasty ātmanā 'tmānaṁ tato yāti parāṁ gatim

29. Wer den gleichmütigen Herrn begreift als den spirituellen Innewohnenden in allen Kräften, in allen Dingen und in allen Wesen, der fügt sich selbst kein Leid zu (indem er sein Wesen dem Verlangen und den Leidenschaften ausliefert). Und so erlangt er den Zustand der Vollkommenheit.

prakṛtyai 'va ca karmāṇi kriyamāṇāni sarvaśaḥ
yaḥ paśyati tathā 'tmānam akartāraṁ sa paśyati

30. Wer sieht, dass alles Wirken in Wahrheit durch *prakṛiti* geschieht und dass das Selbst der nichthandelnde Zeuge ist, der erkennt.

yadā bhūtapṛthagbhāvam ekastham anupaśyati
tata eva ca vistāraṁ brahma saṁpadyate tadā

31. Wenn er begreift, dass dies unterschiedliche Dasein der Wesen in dem einen ewigen Sein bleibt und sich doch aus ihm heraus ausbreitet, gelangt er zum *brahman*.

anāditvān nirguṇatvāt paramātmā 'yam avyayaḥ
śarīrastho 'pi kaunteya na karoti na lipyate

32. Weil das unvergängliche höchste Selbst ohne Anfang ist und ewig und nicht durch die Seins-Bestimmungen (*guṇas*) eingeschränkt wird, darum, o *Kaunteya*, handelt es nicht und leidet es auch nicht, obwohl es im Körper wohnt.

yathā sarvagataṁ saukṣmyād ākāśaṁ no 'palipyate
sarvatrā 'vasthito dehe tathā 'tmā no 'palipyate

33. So wie der Äther, der das All durchdringt, wegen seiner Feinheit nicht beeinträchtigt wird, so bleibt auch das Selbst, das überall im Körper seinen Ort hat, unbeeinträchtigt.

yathā prakāśayaty ekaḥ kṛtsnaṁ lokam imaṁ raviḥ
kṣetraṁ kṣetrī tathā kṛtsnaṁ prakāśayati bhārata

34. So wie die Sonne die ganze Erde erleuchtet, so, o *Bhārata*, erleuchtet der ›Kenner des Feldes‹ das gesamte ›Feld‹.

kṣetra kṣetrajñayor evam antaraṁ jñāna cakṣuṣā
bhūtaprakṛti mokṣaṁ ca ye vidur yānti te param

35. Die mit dem Auge des Wissens diesen Unterschied zwischen dem ›Feld‹ und dem ›Kenner des Felds‹ und die Befreiung der Wesen von *prakṛiti* wahrnehmen, sie gelangen zum Erhabenen.

XIV Yoga der drei Seins-Bestimmungen (*guṇas*)

Über die *guṇas*

śrī bhagavān uvāca
paraṁ bhūyaḥ pravakṣyāmi jñānānāṁ jñānam uttamam
yaj jñātvā munayaḥ sarve parāṁ siddhim ito gatāḥ

1. Der Erhabene sprach:
Wieder will ich dir das höchste Wissen kundtun, den Inbegriff allen Wissens, nach dessen Erkenntnis die Weisen zur höchsten Vollkommenheit gelangt sind.

idaṁ jñānam upāśritya mama sādharmyam āgatāḥ
sarge 'pi no 'pajāyante pralaye na vyathanti ca

2. Nachdem sie in diesem Wissen ihre Zuflucht genommen haben und mit Mir von gleicher Natur und gleichem Gesetz geworden sind, werden sie in die Schöpfung nicht (mehr) hineingeboren und auch nicht durch die Angst vor der allumfassenden Auflösung erschüttert.

mama yonir mahad brahma tasmin garbhaṁ dadhāmy aham
saṁbhavaḥ sarvabhūtānāṁ tato bhavati bhārata

3. Mein Schoß ist das *mahad brahma*. In diesen senke Ich den Samen ein. Aus ihm entspringen alle Wesen, o *Bhārata*.

sarva yoniṣu kaunteya mūrtayaḥ saṁbhavanti yāḥ
tāsāṁ brahma mahad yonir ahaṁ bījapradaḥ pitā

4. Was für Gestaltungen auch immer aus irgendwelchen Mutterschößen hervorgebracht werden, o *Kaunteya*, das *mahad brahma* ist ihr Schoß. Und Ich bin der Vater, der den Samen einsenkt.

sattvaṁ rajas tama iti guṇāḥ prakṛtisambhavāḥ
nibadhnanti mahābāho dehe dehinam avyayam

5. Die drei *guṇas sattva, rajas* und *tamas*, die aus *prakṛiti* geboren sind, fesseln im Körper, o Starkarmiger, den unvergänglichen Bewohner des Körpers.

tatra sattvaṁ nirmalatvāt prakāśakam anāmayam
sukha saṅgena badhnāti jñānasaṅgena cā 'nagha

6. Von diesen ist *sattva* durch die Klarheit seiner Eigenschaften die Ursache von Licht und Erleuchtung, und durch die Kraft dieser Reinheit bringt es in der Natur keine Krankheit und kein Leiden hervor. Es bindet aber durch Verhaftung an Erkenntnis und durch Verhaftung an Glück, o Sündloser.

rajo rāgātmakaṁ viddhi tṛṣṇāsaṅgasamudbhavam
tan nibadhnāti kaunteya karmasaṅgena dehinam

7. *Rajas*, wisse, hat als Wesensmerkmal den Reiz der Zuneigung und des Verlangens. Es ist ein Kind der Verhaftung der Seele an das Verlangen nach den Dingen, o *Kaunteya*, und es fesselt den verkörperten Geist durch Verhaftung an das Wirken.

tamas tv ajñānajaṁ viddhi mohanaṁ sarvadehinām
pramādālas ya nidrābhis tan nibadhnāti bhārata

8. Aber *tamas*, erkenne, ist aus der Unwissenheit geboren und der Betörer aller verkörperten Wesen. Es fesselt durch Nachlässigkeit, Trägheit und Verschlafenheit, o *Bhārata*.

sattvaṁ sukhe saṁjayati rajaḥ karmaṇi bhārata
jñānam āvṛtya tu tamaḥ pramāde saṁjayaty uta

9. *Sattva* lässt dem Glück verhaftet sein, *rajas* dem Wirken, o *Bhārata*. *Tamas* hüllt das Wissen ein und bindet an die Nachlässigkeit von Irrtum und Untätigkeit.

rajas tamaś cā 'bhibhūya sattvaṁ bhavati bhārata
rajaḥ sattvaṁ tamaś cai 'va tamaḥ sattvaṁ rajas tathā

10. Zeitweilig übernimmt *sattva* die Führung, wenn es *rajas* und *tamas* überwältigt hat, o *Bhārata*. Dann wieder führt *rajas*, nachdem es *sattva* und *tamas* überwältigt hat, o *Bhārata*. Und schließlich *tamas*, wenn es *sattva* und *rajas* überwältigt hat.

sarvadvāreṣu dehe 'smin prakāśa upajāyate
jñānaṁ yadā tadā vidyād vivṛddhaṁ sattvam ity uta

11. Wenn durch alle Tore in den Körper eine Flut von Licht einströmt, ein Licht des Verstehens, des Wahrnehmens und der Erkenntnis, sollte man verstehen, dass es zu einer starken Ausweitung und einem Emporsteigen von *sattva* in der Natur gekommen ist.

lobhaḥ pravṛttir ārambhaḥ karmaṇām aśamaḥ spṛhā
rajasy etāni jāyante vivṛddhe bharatarṣabha

12. Habgier, das Suchen nach Anreizen, der Antrieb zu Handlungen, Unruhe und Begehrlichkeit, all dies drängt in uns nach oben, wenn *rajas* zunimmt.

aprakāśo 'pravṛttiś ca pramādo moha eva ca
tamasy etāni jāyante vivṛddhe kurunandana

13. Unwissenheit und Trägheit, Nachlässigkeit und Selbsttäuschung, diese Eigenschaften werden geboren, wenn *tamas* vorherrscht, o Freude der *Kurus*.

yadā sattve pravṛddhe tu pralayaṁ yāti dehabhṛt
tado 'ttamavidāṁ lokān amalān pratipadyate

14. Wenn *sattva* sich behauptet hat, wenn der Verkörperte zu seiner Auflösung kommt, gelangt er zu den makellosen Welten derer, die die höchsten Prinzipien kennen.

rajasi pralayaṁ gatvā karmasaṅgiṣu jāyate
tathā pralīnas tamasi mūḍhayoniṣu jāyate

15. Kommt es zu einer Auflösung, wenn *rajas* vorherrscht, wird er unter jenen Menschen (wieder)geboren, die dem Handeln verhaftet sind. Wird sein Leib aufgelöst, wenn *tamas* zunimmt, wird er in den Schößen derer wiedergeboren, die in völlige Unwissenheit gehüllt sind.

karmaṇaḥ sukṛtasyā 'huḥ sāttvikaṁ nirmalaṁ phalam
rajasastu phalaṁ duḥkham ajñānaṁ tamasaḥ phalam

16. Man sagt, dass die Frucht des Wirkens, das in rechter Weise vollzogen wurde, rein und *sattva*-artig ist. Leid ist die Folge *rajas*-artiger Taten. Unwissenheit ist das Ergebnis *tamas*-artigen Handelns.

sattvāt saṁjāyate jñānaṁ rajaso lobha eva ca
pramādamohau tamaso bhavato 'jñānam eva ca

17. Aus *sattva* geht das Wissen hervor, die Habgier aus *rajas*, Nachlässigkeit und Selbsttäuschung aus *tamas* und ebenso die Unwissenheit.

ūrdhvaṁ gacchanti sattvasthā madhye tiṣṭhanti rājasāḥ
jaghanya guṇa vṛttisthā adho gacchanti tāmasāḥ

18. Nach oben steigen jene empor, die in *sattva* sind. Die in *rajas* leben, verbleiben in der Mitte. Die aber in Unwissenheit und Trägheit eingehüllt sind, in die Auswirkung der niedrigsten Eigenschaft, des *tamas*, sinken nach unten.

nā 'nyaṁ guṇebhyaḥ kartāraṁ yadā draṣṭā 'nupaśyati
guṇebhyaś ca paraṁ vetti mad bhāvaṁ so 'dhigacchati

19. Wenn der Sehende begreift, dass die Seins-Bestimmungen der Natur einzige Bewirker und Ursache der Handlungen sind, und Jenes kennt und sich Jenem zuwendet, das erhaben über den *guṇas* steht, dann gelangt er zum *madbhāva* (Bewegung und Zustand des Göttlichen).

guṇān etān atītya trīn dehī dehasamudbhavān
janma mṛtyu jarā duḥkhair vimukto 'mṛtam aśnute

20. Wenn sich so die Seele über die drei *guṇas* erhebt, die mit der Verkörperung in der Natur entstanden sind, wird der Mensch befreit aus seinem Unterworfensein unter Geburt und Tod und deren Begleiter: Verfall, Altern und Leiden, dann kommt die Seele schließlich in den Genuss der Unsterblichkeit ihres Selbstseins.

arjuna uvāca
kair liṅgais trīn guṇān etān atīto bhavati prabho
kimācāraḥ kathaṁ cai 'tāṁs trīn guṇān ativartate

21. *Arjuna* sprach:
Welches sind die Kennzeichen eines Menschen, der sich über die drei *guṇas* emporgeschwungen hat, o Herr? Von welcher Art ist sein Wirken? Und wie überwindet er die *guṇas*?

śrī bhagavān uvāca
prakāśaṁ ca pravṛttiṁ ca moham eva ca pāṇḍava
na dveṣṭi saṁpravṛttāni na nivṛttāni kāṅkṣati

22. Der Erhabene sprach:
Von demjenigen, o *Pāṇḍava*, sagt man, er steht über den *guṇas*, der weder zurückschreckt noch -weicht vor der Wirkweise der Erleuchtung (dem Ergebnis aufsteigenden *sattvas*), vor dem inneren Antrieb zum Wirken (dem Ergebnis aufsteigenden *rajas*) vor der Trübung seines mentalen und nervlichen Wesens (dem Ergebnis aufsteigenden *tamas*) und sich nicht nach diesen *guṇas* sehnt, wenn ihre Wirkung aufhört;

udāsīnavad āsīno guṇair yo na vicālyate
guṇā vartanta ity eva yo 'vatiṣṭhati ne 'ṅgate

23. der eine Stellung eingenommen hat wie einer, der hoch über den *guṇas* wohnt und nicht von den *guṇas* erschüttert wird; der erkennt, dass es die *guṇas* sind, die die Abläufe des Handelns bestimmen, und unbewegt daneben steht;

sama duḥkha sukhaḥ svasthaḥ sama loṣṭāśma kāṁcanaḥ
tulyapriyāpriyo dhīras tulyanindātmasaṁstutiḥ

mānāpamānayos tulyas tulyo mitrāripakṣayoḥ
sarvārambhaparityāgī guṇātītaḥ sa ucyate

24. – 25. der Glück und Leid als gleich betrachtet, Gold, Schlamm und Stein als von gleichem Wert; dem einerlei ist das Erfreuliche und das Unerfreuliche, Lob und Tadel, Ehre und Schande, die Partei seiner Freunde und die seiner Feinde; der beständig ist in einer weisen, unerschütterlichen und unwandelbaren inneren Ruhe und Stille; der nicht aus seinem Ich die Initiative zum Handeln ergreift (sondern alles Wirken den *guṇas* der Natur überlässt).

māṁ ca yo 'vyabhicāreṇa bhaktiyogena sevate
sa guṇān samatītyai 'tān brahmabhūyāya kalpate

26. Und ebenso kommt jener, der Mich liebt und mit unbeirrbarer Liebe und Verehrung nach Mir trachtet, über die drei *guṇas* hinaus und ist dazu vorbereitet, *brahman* zu werden.

brahmaṇo hi pratiṣṭhā 'ham amṛtasyā 'vyayasya ca
śāśvatasya ca dharmasya sukhasyai 'kāntikasya ca

27. Ich (der *puruṣottama*) bin das Fundament des schweigenden *brahman* und der Unsterblichkeit, des unvergänglichen spirituellen Seins und des ewigen *dharmas* und der höchsten Wonne des Glücks.

Die hervorragende Triphonie im letzten Vers des XIII. Kapitels

kṣetra kṣetrajñayor evam antaraṁ jñāna cakṣuṣā
bhūtaprakṛti mokṣaṁ ca ye vidur yānti te param
(XIII/35)

»Die mit dem Auge des Wissens diesen Unterschied zwischen dem ›Feld‹ und dem ›Kenner des Felds‹ und die Befreiung der Wesen von *prakṛti* wahrnehmen, sie gelangen zum Erhabenen.«

Im Geist liegt das Auge der Weisheit. Es ist ganz Geist, Gedanke und Verwirklichung.

Der Feldkenner ist der seelisch begabte Mensch, der entscheidet und handelt.

Das Feld sind der Körper, die Materie und die weltlichen Phänomene.

VI Die Seelen Kṛiṣṇa und Christus

Vortrag vom 2.11.1995

1 Verschiedene Zeitperioden im geistigen Wahrnehmen

Kṛiṣṇa ist auf dem Bild in einer eleganten Gebärde mit der Flöte dargestellt. Er wird meist in Blau gemalt, in weichen und kreisenden Aurafarben. Diese blaue Aura soll den Feueräther und das kosmische Himmelsblau darstellen. Die blaue Farbe des Hintergrundes ist richtig gewählt, denn die Seele entspringt einem absolut warmen und tiefen, fast ins Dunkle neigenden Blau. *Kṛiṣṇa* lebte in dieser Sphäre der tragenden, wärmenden und alles umfassenden, auf die Erde einstrahlenden Ätherkräfte. Das Farbenspiel und die Form seines Gesichtes erscheinen jedoch nicht der Wirklichkeit entsprechend, denn es ist eine Projektion eines Wunschbildes vom Volk und den Anhängern. Diese verleihen dem Gesicht ein engelhaftes Aussehen, aber dieses so harmonische, jugendliche, freie, engelhafte Aussehen verfälscht die Realität. In der Wirklichkeit seines Daseins war er mit starken Zügen der Physiognomie geformt und trug viele Veränderungen in seinem Ausdruck. Man lasse sich deshalb von den Bildern, die über *Kṛiṣṇa* existieren, nicht zu einem falschen Anbetungsideal verleiten. Die Realität einer Inkarnation, wie es der Erhabene in Indien repräsentiert, war jugendlich, aber außerordentlich dynamisch und sogar sehr wenig engelhaft. Das Farbenspiel der Lichtaura verlieh den Menschen früher ein tieferes Eingebundensein in die astrale oder kosmische Welt. Das Blaue, das sich aus einem tiefen Urgrund heraus in die Erscheinung der Physiognomie des *Kṛiṣṇa* trug, gab eine starke, beruhigende und doch kräftigende Autorität in seine Person. Damals sah der Einzelne noch mehr die wesenhafte Erscheinungswelt, da er noch keine trennende und so sehr in die Materie gebundene Individualität fühlte. Der frühere Mensch war auf natürliche Weise hellsichtig, zumindest war er auf jener Ebene der Naturempfindungen geistig wahrnehmend. Heute gibt es ebenfalls und sogar in wachsendem Maße wieder Menschen mit übersinnlicher Wahrnehmung oder Hellsichtigkeit. Man muss, wie schon angeführt, mit der Disziplin des geistigen Schauens zwei grundverschiedene Arten von Hellsichtigkeit unterscheiden: Ein Hellsehen mit Selbstkraft und ein Hellsehen ohne Selbstkraft, ein sogenanntes atavistisches, ›vom Großvater übernommenes‹, Charisma. Wenn die geschulte Hellsichtigkeit mit einer ausreichenden Selbstkraft einhergeht, bewirkt jeder Blick eine Art Befreiung von Wesen. Fehlt aber die ausreichende Selbstkraft, führen die geistigen Wahrnehmungen den

Menschen nicht in die Entwicklung und es können sehr leicht Bindungen entstehen. Der Unterschied in der Art und Weise, wie die Wahrnehmungen zur irdischen und übersinnlichen Wirklichkeit getätigt werden, ist sehr groß. Gerade das wachsende Selbst bildet den Mittelpunkt der hier dargestellten Vorträge. Diese Selbstkraft als geistige höchste Seinsebene ist im Yoga der Anfangs- und sogar der Endpunkt. Es wird dem Leser in der *Bhagavad Gītā* Schritt für Schritt erzählt, wie dieses Selbst in *Arjuna* erkraftet, wie er seine Grenzen im Persönlichen überschreitet und sich im Aufgerichtetsein gründet.

Die Wunschbilder, die in der *Kṛiṣṇa*-Darstellung erscheinen, verlocken den Menschen und ideologisieren eine Gestalt, die man sich heute nicht mehr vorstellen kann. Die Seele trat aus einem tiefsten Ursprung in die Weltschöpfung und ist mit besonderen Fähigkeiten, Aufgaben, Intentionen und Zielen ausgerichtet. Der Übende, der sich in der geistigen Wahrnehmung zu *Kṛiṣṇa* übt, muss zunächst alle existierenden ideologisierten Bilder abschütteln, um zu einer einigermaßen realen, gültigen Sicht der geistigen Wirklichkeit zu gelangen.

Kṛiṣṇa selbst offenbart sich in der *Bhagavad Gītā* in seiner Schau als die allumfassende Gottheit, wobei er sich als die mächtige, weltzerstörende Zeit darlegt. *Kalo 'sm lokakṣayakṛt* – die mächtige zerstörende Zeit, so spricht er sich in XI/32 in einem *Śiva*-Aspekt als zerstörende Macht aus. Gleichzeitig offenbart er im gleichen Vers den Ausgang des Kampfes, der nach scheinbaren historischen Forschungen tatsächlich in einer völligen Vernichtung auf dem *kurukṣetra* endet. »Auch ohne dich wird keiner der in den feindlichen Heeren aufgestellten Krieger am Leben bleiben.« (XI/32)

»Diese Welten würden vergehen, würde ich nicht wirken.« (III/24)[1] Besäße dieses wärmende, geistige Potenzial des Gedankens keine Existenz und könnte es nicht fortwährend den Geist des Menschen erhalten, müsste alle Erscheinung der Zerstörung verfallen. Die Gottheit äußert sich in Kapitel III als die erhaltende, allestragende Dimension des Geistes und tritt an die Stelle des *Nārāyaṇa*, des *Viśnu*-Gottes. In anderen Versen offenbart sie sich schließlich als der *Brahma* oder der Schöpfer selbst und repräsentiert auf diese Weise den Uranfang der hinduistischen Trinität von *Śiva*, *Nārāyaṇa* und *Brahma* – Zerstörer, Erhalter und Schöpfer. Die tiefe Weisheit, die mit diesen Versen in den verschiedensten Kapiteln immer wiederkehrt, will die ursprüngliche Macht des Gedankens und seines ganzen wechselseitigen schöpferischen Seins darlegen. Tatsächlich gründet sich die Seele von *Kṛiṣṇa* in diesem uranfänglichen Werdeprozess und bereitet die verschiedenen Entwicklungsstufen für die kommenden Epochen vor.

---

1 *Na kuryāṁ karma ced aham* – Sie würden nicht existieren, wenn das Wirken des Gedankens (Ich) nicht wäre (III/24).

II Verschiedene Aspekte zum Selbst

Rudolf Steiner spricht von einer Entwicklung des Menschen, die aus einer Art kosmischen Einheit in Sippschaften und Gruppen bestand und sich im Laufe der Jahrtausende zu einer immer freieren Individualität fortbewegt. Wenn man die universale, gnadenumwobene Selbstkraft betrachtet und einmal den subtilen Unterschied zwischen den beiden großen göttlichen Boten herausstellt, den Boten, die auf die Erde gekommen sind, *Kṛiṣṇa* und Christus, so muss man einiges vorbereitend an Inhalten heranführen, damit der Unterschied überhaupt etwas näher rückt. Für ein mehr exoterisches Verständnis der östlichen und westlichen Schriften wird der feinere Unterschied weniger interessant sein; die meisten Yogapraktizierenden vereinfachen ihre Sicht in den Religionen und sagen: »*Kṛiṣṇa* gehört wohl nach Indien und Christus beheimatet, wie es die Tradition besagt, das Abendland. Was die Inder mit ihrer Gottheit tun, wird schon das Richtige für sie sein, im Westen lebt jedenfalls der Bezugspunkt zu Christus.« In den letzten Jahrzehnten gewannen aber die östlichen Schriften immer mehr an Bedeutung, und es zeigt sich doch in zunehmender Weise die Bemühung um eine Art Synthese oder wenigstens um einen gesunden Dialog. Eine Gleichmacherei aller Aussagen von geschichtlichen Dokumenten kann keine zielführende Perspektive eröffnen. Was ist nun an der Gottheit *Kṛiṣṇa* wahr und was ist seine Größe? Wie kann sie vom christlich geprägten Westen verstanden werden? Was hat sie für das Christliche zu sagen? Diese Fragen verlangen nach den bisherigen Betrachtungen sehr genaue Antworten. Durch einseitige Fixierungen entstehen unheimliche Dialogschwierigkeiten und eine Synthese von Osten und Westen könnte sich damit nur im Sinne einer sehr oberflächlichen Toleranz für die andere Wirklichkeit ergeben. Durch die einseitigen Wahrheitsansprüche entsteht auf der einen Seite ein Christus-Materialismus und auf der anderen Seite ein *Kṛiṣṇa*-Kult, das sind Umstände, die aber dem tieferen Gehalt der geistigen Geschichte ganz und gar nicht näher kommen. Was ist wirklich das Streben nach Wahrheit, das die Aussagen der großen Dokumente, der Evangelien und der *Bhagavad Gītā*, auf eine dialogfähige Stufe führt? Wie sind diese beiden großen und umfassenden Dimensionen des Kommens von so bedeutenden Inkarnationen zu verstehen? Es handelt sich mit Jesus Christus um das Kommen eines göttlichen Lebens in das sogenannte Fleisch, wie es immer betont wird. Der Ausdruck ist hierfür Inkarnieren. Auch mit *Kṛiṣṇa* handelt es sich um das Kommen eines göttlichen Lebens in die personale Gestalt, zumindest in die Offenbarung eines Leibes. Wo ist der Unterschied und wie kann der Leser diesen Unterschied für sich im Wesentlichen erfassen, so dass er einigermaßen eine Klarheit zur *Bhagavad Gītā* und ihrer wichtigsten, zentralen

Gestalt findet? Wie kann der Yogapraktizierende beispielsweise im Vergleich dazu Christus sehen, der im Kultus des Westens liegt?

Es ist die Frage sehr sensibel und sie muss mehr aus einer rein geistigen Betrachtung eine erste Beantwortung erhalten. Welche großen Entwicklungsfragen stehen denn mit Christus und welche mit *Kṛiṣṇa* in Verbindung? Sind sie beide etwa wie gleich zu sehen, sind sie die gleiche Seele, die gleiche Inkarnation? Manchmal werden sie als etwas vollkommen Identisches angesehen. Das Gemeinsame wird häufig mit historischen Forschungsergebnissen belegt. Christus kam in einer Krippe im Stall auf die Welt und *Kṛiṣṇa* kam im Gefängnis ins Erdendasein. Sie waren gleichermaßen arm. Beide hatten eine vergleichbare, annähernd ähnliche Kindheit, die entsprechend den heiligen Familien bewegt, lebendig und auch von dramatischen Situationen im Umfeld begleitet war. Sind sie vielleicht aus dem gleichen Seelenurgrund geboren? Entstammen sie aus einem gleichen Selbst, aus einer einzigen Inkarnation? Wo liegt das Geheimnis? Rudolf Steiner gibt hierzu sehr gute Angaben, da er die Weltenentwicklung in umfassendem und geistigem Sinne zugrunde legt.

Der äußere historische Ablauf ergibt sich sehr eindeutig und klar: 3000 Jahre vor Christus war *Kṛiṣṇa* als eine weit im Kosmos ausgebreitete Seele anwesend. Es liegen tatsächlich 3000 Jahre der Zeitrechnung zwischen beiden und markieren jeweils eine ganz neue Kulturepoche. Diese 3000 Jahre wären rein von der Zeit her vielleicht nicht so wichtig zu nehmen; sie sind aber doch wesentlich, weil der Mensch früher in der kulturellen und innerleiblich bewussten Einordnung ein anderes Empfindungsleben hatte. Er war in der leiblichen und psychischen Verfassung noch ein besonders kosmisch orientierter Bürger und dies war bereits anders als zur Zeit des Evangeliums. Man erinnere sich daran, dass es zur Zeit des *Kṛiṣṇa* noch gar keine Logik gegeben hat. Aristoteles und die griechische Periode der Logik und Philosophie kamen erst viel später. So war das Denken und auch das Wahrnehmen des Menschen, wie er die Welt sah, wie er in der Welt agierte und reagierte, noch anders verankert und gelenkt als in den späteren Phasen der Entwicklung. Das Bewusstsein war zur Zeit des *Kṛiṣṇa* mehr kosmisch, luftig und leicht. Es war geprägt von den Veden und ihrer universalen Weltensicht und es war wenig fixiert. Rudolf Steiner schreibt schließlich zu dem hebräischen Volk, in dem Christus geboren wurde, dass dieses schon eine gewisse Schwere und Verhaftung aufwies.

Wenn man diesen Vergleich noch weiter ansetzt und nicht nur von den Worten, sondern von den Empfindungen ausgeht, dann wird man bemerken, dass mit dem Christusleben die Liebe zur Erde kam.

Die *Bhagavad Gītā* spricht in einer erhabenen Stilform, in einer übergeordneten Melodie und vermittelt jene Atmosphäre der geistigen Gesetze, die wie unerschütterlich sind. Das Evangelium hingegen weist sehr viele persönliche Schilderungen auf und ist weitaus stärker von Gefühlen affektiert. Was ist in der Seele der Unterschied? Gerade mit der Hinwendung an diese Schrift und mit dem stillen Ergründen ihrer inneren Sphäre, ihrer unausgesprochenen Gedanken, lernt man ihr wirkliches, tieferes Geheimnis kennen. Denn es ist ein Geheimnis, das sich mehr im Intervall des Gedankens zeigt, das zwischen den Zeilen liegt, ein Geheimnis, das niemals so ganz klar in Worte zu kleiden ist. Es drückt sich mit der übergeordneten meditativen Sphäre der Worte aus. Die Erde ist relativ und die Erscheinungsformen und Wesen, die kommen und gehen, lassen keinen Grund zum Grübeln oder Verzagtsein entstehen. Das Persönliche ist für die *Gītā* nicht wichtig. Das evangelische Zeugnis über Jesus Christus aber betont stark das Persönliche und dennoch erstrahlt tiefgründig ein geistig-irdisches Wahrheitsbewusstsein. Im Unterschied zur Botschaft vom ›Lied des Herrn, des Erhabenen‹, der in einer etwas anderen Weise, wie eine übergeordnete Gestalt zum Leben spricht, nehmen die Evangelien die persönliche Inkarnation sehr wichtig.

Mit den folgenden Fragen kann man diese Forschung noch näher beleuchten: Wenn ein Suchender wie *Arjuna*, einer seiner Brüder oder auch kurze Zeit danach einer seiner Angehörigen einen Blick auf die Erde gerichtet hätte und sich direkt mit Meditation in die Materie hineingelebt hätte, wie hätte diese Person die Materie empfunden? Was hätte sie mit ihrem Wahrnehmungsvermögen in der Welt der Erscheinung, die man nach orientalischer Philosophie *māyā* nennt, gefunden? Hätte sie wirklich den höchsten Geist, den *Kṛiṣṇa*, das reine Selbst gefunden oder hätte sie nur Wesen entdeckt? Wäre für sie eine spirituelle Entwicklung möglich gewesen, die sich immer klarer und unmittelbarer zu einem Objekt, zur Materie, zur Erde oder zu gewissen Bereichen dieser Welt hinwendet? Hätte sie diesen Geist, den sie sucht, diesen vollkommenen, höchsten Geist von *Kṛiṣṇa* wirklich in der Welt finden können? Diese Fragen muss man mit einem vorsichtigen Nein beantworten. Damals hätte sie ihn in der Erde wohl noch nicht finden können, denn er war noch nicht in ihr. Der wesentliche Unterschied wird dem Leser deutlich, wenn er auf die Botschaften, zum Beispiel des Johannesevangeliums aufmerksam wird: »Und er kam in die Welt, er kam in das Seine ...« (Jo 1,10-12) Er kam unmittelbar in die Inkarnation, in das Fleisch und Blut. Diese deutliche Definition wird dem Leser von *Kṛiṣṇa* nie gegeben. *Kṛiṣṇa* bleibt immer der Erhabene. Er ist Gott oder der reine Gedanke, er bleibt in dieser Welt des Reinen und er thront somit über allem. Er ist das Gesetz des Selbst, er ist der Unberührte, in dem alle Wesen ruhen, aber er selbst ist nicht im Himmel und nicht auf der Erde; er ist nicht in all den Wesen des Kosmos und der daraus erstrahlenden *māyā*.

Die Gottheit *Kṛiṣṇa* stieg nach der Inkarnationslehre nicht so tief in den Körper hinein wie vergleichsweise Christus. Die *Bhagavad Gītā* spricht deshalb vom Geiste zur Erde, gleichsam wie aus den oberen Welten zu den Phänomenen.

Diese Zeichnung nach dem Gemälde ›Das Pflügen‹ von Giovanni Segantini demonstriert die zum Mutterboden der Erde gerichteten Gefühle und schenkt im Ausdruck ein Gefühl für die Heimat.

III Die zunehmende Verdichtung der Körperlichkeit

Wenn man die vorhergehende Betrachtung und Frage wiederholt, wie der Mensch damals war, zur Zeit der *Bhagavad Gītā*, dann bemerkt man unweigerlich, dass die Seele und der Körper in diesen früheren Zeiten in einer Art losen Verbindung waren und so konnte der Einzelne noch dämmerhaft und verblassend die vielen Wesen um sich schauen. Die Erde war etwas ganz Wesenhaftes, eine *prakṛiti-māyā* mit unendlichen Bewegungen ohne Grenze. Diese Erde war für den Menschen ein bewegtes Leben, das mit der Nacht entschwand und mit dem Tage, wenn das Bewusstsein erwachte, wiederkam. In der Nacht entschwand es, weil der Mensch sich bewusstseinsmäßig in andere Welten verlor. Am Tage kam dieses ganze Wesensgebilde wieder. Der Mensch blieb mit seinem physischen Körper aber noch relativ rein. Der Körper war einfach Körper, er war weich, durchlässig und die Ängste vor dem Tode waren nicht groß. Das Bewusstsein war nicht richtig mit dem Körper verbunden, und somit war die Welt wie eine wesenhafte Erscheinung. Sie fühlte sich märchenhaft geistig an und nicht so materiell konturiert wie heute. Zur Zeit Christi aber hatte sich das Bewusstsein schon derartig stark zu einem engmaschigen Netzwerk verbunden, dass das Wahrnehmen und der Körper nahezu eins wurden. Die Undurchlässigkeit dieses engmaschigen Netzwerkes ist auffällig und bedeutungsvoll. Bewusstsein und Körper verschmolzen im Laufe der Zeitgeschichte immer mehr miteinander. Das Materiell-Werden bemerkten die Menschen und sie fühlten damit ihre Hoffnungslosigkeit im Geiste und in der Sünde. Man kann dieses Verschmelzen, dieses so starke Ineinandergehen von Bewusstsein und Leib als Verdichtung bezeichnen und diese nimmt den Menschen mit all seinen höheren Wesensgliedern in der Erde und in der Materie gefangen. Es kam für die Menschen zunehmend das dramatische Erscheinungsbild ihres eigenen physischen Gefangenseins und der Sünde.

Abbildung: *Kṛiṣṇa* ist das Sinnbild für den Gedanken und dieser Gedanke strahlt in seiner kosmischen Dimension auf die Umgebung aus. Das Gespräch im Kampfwagen zwischen dem göttlichen Wagenlenker und seinem Schüler offenbart eine wachsende lichte Sphäre, denn es findet auf einer freien, von Polaritäten unabhängigen Ebene der Gedanken statt. Jeder der geschilderten Inhalte strahlt förmlich wie eine Sonne auf den Schüler und darüberhinaus auf die ganze Umgebung. Die *Bhagavad Gītā* dürfte eine der freiesten Kompositionen sein, die es in der Weltschöpfung gibt, frei von all jenen Gegensätzen, die das irdische Leben beanspruchen.

IV Der Tod und seine Bedeutung für Christus

Der profunde Unterschied von *Kṛiṣṇa* zu Christus ist, dass *Kṛiṣṇa* nicht richtig in seinen physischen Leib inkarnierte. Es war zu jener Kulturepoche tatsächlich nicht notwendig, die Erde bis in die Tiefe zu erforschen und mit dem Bewusstsein in einen intensiven leiblichen Zusammenhang zu gelangen. Die Gesetze des Geistes walteten für jeden Menschen und diese gaben sogar eine Art kosmisches Heimatgefühl. Aber zur Zeit Christi musste das göttliche Leben, das göttliche Sein ganz tief in das Fleisch hineinsteigen und dort einen Leidensweg vollbringen. Diese Herabkunft und irdisch-geistige Verbindung erzählt beispielsweise am deutlichsten das Johannesevangelium. Es zeigt sich in besonderer und bemerkenswerter Weise der Unterschied, dass Christus anfangs, nach der Johannestaufe, etwa zwei Jahre lang einen hohen, ausstrahlenden Wirkungsbereich hatte, den er dann aber langsam verlor, als immer mehr die Gegnerschaft aufkam und ihn schließlich bis zur Kreuzigung drängte. Die Heilungen wurden weniger, das ganze Wesen von Christus ging immer mehr in eine gewisse Tiefe des Leibes hinein. Dieser Verlust des übergeordneten Strahlens ist eine tatsächliche Wahrheit, die auch aus dem Evangelium selbst deutlich hervorgeht. Mit der Johannestaufe kam der hohe Wirkungsbereich des Christus. Es kam das reine, göttliche Sein in die Geburt, und somit lebte dieses reine Sein als glorreiche Heilkraft; es strahlte mit bedeutungsvoller feinster Wärme und Liebe, mit höchster Autorität als reinste Substanz auf die Umgebung aus. Es drängte sich aber nach und nach die Gegnerschaft in das persönliche Leben des Christus und brachte das sich verdichtende Prinzip, bis schließlich das ganze Leben wie festgehalten war und in die Enge der Beschuldigung geriet. Viele Jünger verließen ihn und diejenigen, die noch bei ihm waren, standen ratlos und in einer gewissen Weise sogar schlafend dem dramatischen Geschehen gegenüber. Sie begriffen das Ereignis des Verrates und die Aggressivität der Beschuldigungen noch nicht. So konnten sie auch gar nicht wirklich reagieren. Es kam die Kreuzigung und jener Augenblick, da Jesus am Kreuze rief, »mein Gott, mein Gott, warum hast du mich verlassen?« (Mt 27,46), war das Zeichen, dass die geistige Kraft, die erhabene Strahlkraft ganz erloschen war und die Geistigkeit restlos in seinen Körper und die Erde überging. Der Körper war damit vollendet vergeistigt und mit der höchsten Geisteskraft durchdrungen. Er kam mit dem Tode in die Erde. Die Christusgestalt ging mit der geistigen Herabkunft ins Fleisch und mit seinem Sterben in die Erde hinein. Deshalb besteht, wie das Rudolf Steiner ausdrückt, ein wesentlicher Unterschied, ob man die Erde nach Christus oder vor Christus betrachtet. Die Zeit von *Kṛiṣṇa* war noch mit der großen Strahlkraft des übergeordneten Lebens verwoben.

Kṛiṣṇa ging nicht in die Erde hinein. Er war immer der Erhabene und schulte seinen Bogenschützen zum höchsten Yoga, er war in seiner Natur frei von einer Passion zur Erde und machte in ironischer Weise Scherze. Sein Naturell erfreute sich am Spiel der *māyā* mit all ihren Phantastereien. So spricht der Wagenlenker sinngemäß: »Was kümmerst du dich um diese Welt? Schaue diese Welt mit ihren blutigen und ständig wandelnden Gesichtern einmal an, mit all ihren niedrigen Ausstrahlungen des Astralleibes, die wie Schreckensgespenster anmuten und doch keine bleibende Existenz besitzen. Tue aber mit besonderem Vorzug deine Pflicht in dieser Welt, handle, aber lege keine Betonung auf deinen Anspruch. Verhafte dich nicht. In diesen wenigen Vergänglichkeiten sollst du keine Früchte begehren. Sehe diese begrenzte Erscheinungswirklichkeit, aber zu dieser Einseitigkeit im Irdischen wirst du niemals gehören«[1] (II/47).

Kṛiṣṇa bleibt in seiner erhabenen außerirdischen Gestalt und er wird zum Ideal in Indien, zur Gottesgestalt der Anbetung. Sein ideologisiertes junges Angesicht mit der Flöte wird zu einer übergeordneten Gottesfigur, die nicht in diesem Sinne ein Opfer des Leibes darbringt. Christus ist die Gabe des Opfers mit dem ganzen Leib und als dieses ist er in die Erde eingedrungen. *Kṛiṣṇa* ist nicht als Opfer in die Erde hineingegangen. Er bleibt seinem Ursprung treu und blickt auf die zeitlichen Geschehnisse, die wie vor ihm ausgebreitet erscheinen. Versucht man aus der heutigen Sicht geistig die Inkarnation von *Kṛiṣṇa* zu erfassen, erscheint sie zunächst wie lichtlos, wie eine aus einem sehr tiefen Dunkelblau perspektivisch kommende Idee des Ursprunges, die gewissermaßen das Zeitliche in ersten Phasen anzustoßen vermag. Aber die Erscheinung im Erdendasein ist sonnenhaft, lichtvoll, souverän und sie bleibt immer außerirdisch. *Kṛiṣṇa* hatte einen Leib, er bediente sich sogar mehrerer Leiber, wie bereits gesagt. Er war per se nicht jener Mensch, der seinen Leib in die Mitte platziert hätte, er blieb immer wie in einem tiefsten Zentrum unberührt und unangetastet außerhalb und somit hatte das Leibliche und auch das Persönliche bei *Kṛiṣṇa* nicht die Bedeutung wie bei Christus (Siehe die Bilder auf S. 223 bzw. S. 81).

---

1 Ähnliche Gedanken über die vergängliche Welt schildern beispielsweise Evangelisten. Der heilige Paulus gibt seiner Gemeinde in Korinth einen vergleichbaren Hinweis auf die durch den Glauben relativierte Haltung der irdischen Wirklichkeit gegenüber: »Die Zeit ist begrenzt: Dass künftig die, die Frauen haben, seien, als hätten sie keine und die Weinenden, als weinten sie nicht, und die sich Freuenden, als freuten sie sich nicht, und die Kaufenden, als behielten sie es nicht, und die die Welt Nutzenden, als benutzten sie sie nicht, denn die Gestalt dieser Welt vergeht« (1 Kor 7, 29-31). Dennoch sollte man auf jenen feinsinnigen Unterschied achten, wie die *Bhagavad Gītā* die Erde in einer souveränen Freiheit anblickt, während Paulus sich zu dieser Erkenntnis regelrecht hindurchringen musste.

V Śrī Aurobindo und die Bhagavad Gītā

Im Fortgang Indiens wandelte sich dennoch die Zeit, ohne dass ein konkretes historisches Ereignis unbedingt den Markstein bilden musste; denn man hatte in Indien intuitiv die Tendenz, jenes hohe Ideal einfach immer wieder der Zeit anzupassen. So schrieb Śrī Aurobindo beispielsweise eine umfassend integrale Sicht der *Bhagavad Gītā* und er erkannte diesen tiefen Sinn, der mit *Kṛiṣṇa* in Verbindung stand. Eine Meditation, die nicht die Erde ablehnte, sondern die eine Vision beinhaltet, die den Geist mit der Erde verbindet, war das Ziel des Wirkens von Śrī Aurobindo. Er schrieb in seiner visionären, intuitiven Schau den Integralen Yoga, der eine Synthese von Geist und Leben darstellt, in vielen Büchern nieder.[1] Dieser Yoga ist nicht mit Körperübungen belegt, sondern umfasst eine großartige visionäre Schau. Śrī Aurobindo war in seinem früheren Leben ein bekannter, tief fühlender, christlicher Astronom. Seine Botschaft über die *Gītā* lehrt er auf jene Weise, die in Verbindung mit dem Christusleben stehen musste. Das offizielle Christentum war für diesen großen Lehrer aus Pondicherry ein fürchterliches religiöses Armutszeugnis. Er selbst war im Inneren der Seele ein christlicher Bote. Er wusste dies bei sich selbst zwar nicht ganz genau, aber er wusste, dass die *Bhagavad Gītā* einer entsprechenden Neuformulierung bedurfte, da sonst der Mensch das Leben und das höchste Ideal nicht richtig miteinander verbinden kann.[2] Er müsste sonst die Erde immer zu weit verlassen, er müsste in die besondere Ferne streben, damit er das höchste Ideal wirklich finden könnte.

Dieses höchste Ideal des Yoga der *Bhagavad Gītā* bedurfte einer erweiterten Ergänzung. Der Integrale Yoga zeigt bereits mit dem Namen, dass er einen ernsthaften Versuch zu dieser Neuformulierung erbrachte. Śrī Aurobindos Integraler Yoga ist eine These vom Leben und dem Höchsten, von dem irdischen Dasein im Einklang mit dem außerirdischen und eine Synthese der von ihm erwähnten drei *puruṣa*: dem Geist der Natur, dem Geist des Menschen und schließlich dem *puruṣottama*, dem alles lenkenden Ursprungsgeist im Werden des Gedankens.

Indien blieb also nicht auf einer Entwicklungsstufe stehen, wie es gerne von manchen etwas überheblichen Kritikern des Westens betont wird. Das große Kulturland war immer flexibel, es hatte nur nicht so deutliche historische Marksteine. Es gibt eine große Zahl von geistigen Boten in Indien, die sich mit dem Werden der Welt beschäftigten und die durch ihre persönliche und über das Persönliche hinausgehende Ausstrahlung sich immer wieder zu einer größeren Vergeistigung ausrichteten. Hier im Westen aber markiert das

Christusereignis eine ganz andere, neue Zeit und somit heißt es: Der Alte Bund ist vorüber, der Neue Bund ist gekommen. Intuitiv hatte man die Zeitrechnung für den größten Teil der Welt mit dem Christusereignis begonnen. In der Erde lebt unmittelbar der Erlöser und somit lebt er auf apersonale Weise in allen Erscheinungen.

Zu jener Zeit als Śrī Aurobindo in Pondicherry lehrte, gab es bereits die Drucklegung von Büchern und es war tatsächlich in dem Ashram eine eigene Druckerei vorhanden, die die weisheitsvollen Schriften für die spirituell Suchenden herausgab. Eine breite Öffentlichkeit nahm an den Verkündigungen der Weisheiten teil. Die ehemalige *śruti*, die klassische und frühere Überlieferung der spirituellen Wahrheiten von erleuchteten Meistern zu ihren sorgfältig auserwählten Schülern, klingt noch im Hintergrund dieser Schriften wie eine große ätherische Musik in die Atmosphäre. Sie tönte melodiös, rhythmisch, wundersam und lichtvoll dem Kosmos und den langjährig spirituell suchenden Personen entgegen.

Ähnlich erscheint das Wirken der christlichen Frühzeit wie das letzte Tönen der *śruti*. Jene Personen, die das christliche Geheimnis erfuhren, trugen nun den Geist wie eine lebendige Feuerflamme in sich und sie wurden ohne ausgesprochenes Bekenntnis von ihren Mitmenschen als Christen erkannt. Ihre Ausstrahlung von Liebe und Wärme, Sanftheit und tiefer Verbundenheit zur Erde kennzeichnete ihre Persönlichkeit und man nahm zu dieser Zeit wahr, dass dieses geheimnisvolle Licht die Erde vergeistigen kann.

Der Weg der Spiritualität begann in Indien mit der mündlichen, weisheitsvollen Überlieferung, der *śruti*, und diese ist zu sehen wie eine kosmische geistige Offenbarung, wie ein Planetenfirmament, das zu sprechen beginnt. Im Laufe der Jahre erlosch diese *śruti* und es begannen sich die Wege der Spiritualität in Bahnen des Irdischen zu verfestigen. Ganz besonders mit dem Aufkommen der Buchdruckkunst, die noch vor einigen hundert Jahren nicht ganz zu unrecht als die schwarze Kunst bezeichnet wurde, verlor sich die Bedeutung des lebenden und strahlenden Weisheitslehrers, des Gurus oder Meisters, der in Einklang mit dem Wort das Weltengeheimnis offenbaren konnte.

---

1 Die Synthese des Yoga von Śrī Aurobindo beschäftigt sich mit der Frage, wie die geistige Wirklichkeit oder das ›supramentale Bewusstsein‹ mit dem irdischen Leben harmonisch und fruchtbar zusammenzuführen sein könnte. Der Yoga sollte nach Aurobindo nicht zu sehr in die Einsamkeit und Abgeschiedenheit tendieren, sondern ein Bestandteil der Welt werden und dennoch seine tiefgründige Geistigkeit authentisch beibehalten.

2 Diese Sicht des Autors entspringt den Erkenntnisforschungen des Autors selbst.

Die śruti, die geistige Offenbarung

Die mächtige Ausstrahlung der Worte der Meister in authentischer Wahrnehmung hinein in den Kosmos erklingen heute noch wie eine eigene unabhängige Sphäre, sie tönen und klingen wie Weltenmusik, während die absteigenden Überlieferungen bis hin zur Buchdruckkunst und schließlich zum Internet keine imponierenden Wirkungen auf die Planeten ausüben.

Die *śruti* strömt sukzessiv von Weisheitslehrer zu Weisheitslehrer.

Bald kam die Zeit, in der die Weisheiten auf Palmblätter geschrieben wurden und erstmals eine irdisch sichtbare Form erhielten.

Die ersten Niederschriften der spirituellen Weisheiten auf Papier markieren eine beginnende und wachsende materialistische Zeit.

Der Buchdruck, die schwarze Kunst, ermöglichte eine weite Verbreitung der ehemaligen weltkosmischen Wahrheiten.

Das Internet, das heutige Medium, dürfte wohl einen größten und unangemessenen Verwässerungsgrad von Spiritualität aufweisen.

VI Die Konsequenz einer geistigen Schulung durch den Christus

Für die Entwicklung der Menschheit liegt im christlichen Fühlen eine ganz wesentliche und zentrale Bedeutung. Sie zeigt sich im Sinne der Entfaltung der Seelenkräfte. Die Seelenkräfte sind das Denken, das Fühlen und der Wille. Diese Seelenkräfte sollen in einem richtigen Sinne gereinigt und in einer weiteren Disziplin zu einer wachsenden Strahlkraft gebracht werden. Man kann diese Seelenkräfte nun ganz auf ein höchstes Ideal ausrichten. In der *Bhagavad Gītā* wird dem Leser dies sehr eindringlich mit vielen Versen nahegelegt. »Richte deinen Geist allein auf Mich, du wirst zu Mir kommen, du wirst den Ozean der Verwirrungen, der Wünsche und Begierden überwinden, das verspreche Ich dir.« (XVIII/65) Es ist jener Gedanke im Sinne eines höchsten Ideals, ein Ziel zu bestgedachter Moralität, eine Wahrheit ohne Beugung und Kompromisse, die der Meditierende anbeten soll, damit er mit dem Abscheiden des Leibes in diese eingehen kann.

Christus ist nun nicht nur das höchste Ideal und nicht nur der Gott der reinen übergeordneten Zielsetzung im Sinne eines Gedankens; in einer Schulung richten die Übenden die Seelenkräfte noch zusätzlich auf die Schöpfung, die die Leibgestalt des Christus ist. Man kann nun auf die personale Gestalt des Christus allein die ganzen Seelenkräfte richten. Aber wer ist Christus? Christus ist in die Erde mit seinem Kreuzestod hineingegangen.[1] Er ist die innerste Mystik der Erde selbst. Deshalb heißt es im Evangelium: »Der mit mir das Brot isst, tritt mich mit Füßen« (Joh, 13,18). Mit dieser zunächst sehr mysteriösen Aussage ist folgendes ausgesagt: Du stehst eigentlich auf mir, denn ich bin der Liebesatem der Erde, ich bin das Eine und das Alles, ich bin diese ganze Erde im innersten Sein. Christus lässt sich wie eine feinste Essenz direkt in den Dimensionen der irdischen Elemente finden. Die menschlichen Seelenkräfte sollten zur Erde, zur Materie hin ausgerichtet werden und das ist etwas Wesentliches für die gegenwärtige Zeit, für eine bessere Religiosität und kultfreie Entwicklung. Die Menschheit hat nunmehr einen gewaltigen Materialismus geschaffen und dieser ist wohl eine Folge des Nicht-Erkennens der bestehenden Geistigkeit der Erde und zugleich ist es eine Folge einer einseitigen, kulthaften Gottesverehrung. Ein kraftloser Kult mit Anbetung, der keine Verbindung zur irdischen Welt sucht und der das Denken, das Fühlen und den Willen nicht mit geistigen Inhalten beseelt, bleibt in einer Einseitigkeit und fördert eine abgespaltene Religion und eine Wissenschaft, die ohne Geist die Materie erobern möchte.

Wäre *Kṛiṣṇa* bereits der Erlöser gewesen, der in das Fleisch gekommen ist, dann hätte ein Materialismus in der Entwicklung schneller folgen können. Muss es einen Materialismus gezwungenermaßen geben? Diese Frage beantwortet Rudolf Steiner durchaus mit einem Ja, jedoch erscheint der Materialismus immer dann, wenn das religiöse Verständnis entgleitet und die Beziehung von einem höheren Geist zum Leben nicht mehr eintreten kann. Die Welt könnte ein Paradies werden, wenn der Geist mit all seinen Namen und Formen einen richtigen Platz finden würde.

Die Geistigkeit zeigte sich früher, indem man den Blick von der Erde auf das höchste kosmische Ideal empor richtete. *Tat tvam asi* – ›das bist du‹, so wies der Meister den Schüler auf den Kosmos hin. Heute aber wenden sich die spirituell Suchenden, wenn sie anspruchsvolle Spiritualität suchen, beispielsweise in der Yogapraxis mit den *āsana*, dem Körper hin und ergründen die verschiedenen Bedingungen an diesem Körper. Sie erforschen diese nicht nach psychologischen Ideen, sondern in einer viel natürlicheren, direkten Weise, in einer sinnlich-materiell ausgerichteten und zugleich gedanklich-abstrakt orientierten Weise, so dass sie die tieferen Zusammenhänge kennenlernen, beispielsweise mit den Fragen: Was ist das Bewusstsein und wie arbeitet es am Körper? Was ist der Körper und wie zeigt er seine Existenz? Wie zeigt sich das Denken in Verbindung mit der Bewegung? Wie äußert sich der Wille in seiner reinen Form und in seiner möglichen Ausgestaltung? Was sind Triebe und reine Willensbewegungen? So lernt der Studierende das Wesen der Sünde, das nichts anderes als der subjektive Emotionalkörper ist, in geduldiger und sorgfältiger Forschungsarbeit kennen und darüber hinaus bearbeitet er nicht nur sein eigenes körperliches Dasein, sondern den universalen Christus. Ganz allmählich durchdringen die Yogapraktizierenden mit wachsender Aufmerksamkeit der Sinne und dem sich weitenden mentalen Bewusstsein die gegebene Wirklichkeit, die sowohl eine irdische als auch eine geistige ist. Die Sinne begeben und wenden sich zuerst an das Sichtbare hin und ergründen langsam die Logik des Unsichtbaren. So erforscht das Bewusstsein das Sichtbare mit der tieferen Logik, die aus dem Unsichtbaren kommt und es ist zuletzt der Christus, der langsam in das Bewusstsein rückt. Der Weg geht in die Richtung des Geistes und in die Richtung der Materie. Er geht zur Erforschung der Realität und führt den Menschen in letzter Konsequenz zum Opfer des eigenen Lebens.

---

1 *Guhyād guhyataraṁ* (XVIII/63): Es ist das Geheimnis der Tiefe, das Leben des Geistes in seinem Ort der Schöpfung, das sich vom Kosmos zur Erde mit Christus neigte. Aber es ist, wie das Wort *guhyā* in der *Gītā* ausspricht, ein Geheimnis, ein Mysterium.

Der Yoga im Zusammenwirken mit dem Werdeprozess der Erde

»Ich lehrte diesen unvergänglichen Yoga *Vivasvān,* dem Sonnengott, dieser gab ihn an *Manu* weiter und *Manu* lehrte ihn *Ikṣvāku*«, heißt es in IV/1.

Nach einer geistigen Sicht des Autors erscheint die Seele von *Kṛiṣṇa* tatsächlich, wie der oben genannte Vers beschreibt, vor dem Licht der Sonne.

Die drei Namen, die im einleitenden Vers des IV. Kapitels erscheinen, beschreiben alle eine Dynastie der Sonne, mit ihrer göttlichen Herkunft und einer großen Bedeutung für die Formung der Welt.

Rudolf Steiner bezeichnet die Seele von *Kṛiṣṇa* in seiner geistigen Schau als die Schwestern-Seele des biblischen Adam. Er weist mit der *Kṛiṣṇa*-Inkarnation auf einen Zusammenhang mit der Christuswesenheit hin.

VII Der Bhakti-Yoga

Für eine vergleichende Betrachtung soll nun die Aufmerksamkeit auf einige inhaltliche Verse der *Bhagavad Gītā* gerichtet werden. Für die Betrachtung des *bhakti*-Yoga, der in der geistigen Schulung eine ganz wesentliche Bedeutung einnimmt, aber gleichzeitig in der Gesellschaft ein großes Problem aufwirft, können das neunte und zwölfte Kapitel dienen. Weiterhin soll dann ein großer Schritt hinüber zum achtzehnten Kapitel erfolgen. Die Gedanken, die an diesen Tagen besprochen wurden, sind nur ein kleiner Ausschnitt des ganzen Inhalts dieser, für die Religion allgemein, grundlegenden Schrift.

Die *Bhagavad Gītā* bringt dem Leser den Gesang des erhabenen Selbst und das Gesetz des Yoga. Es ist das Lied des höchsten und reinen Gedankens. Der Yoga ist zunächst einmal *karma*-Yoga, der Yoga des unterscheidenden Tätigseins, er ist ebenso *bhakti*-Yoga, der Weg der vollendeten Hingabe, und gleichzeitig ist der *jñāna*-Yoga, der Weg der grazilen Erkenntnissuche. Es scheint, dass das in der Selbstentscheidung gegründete und wertfreie Handeln, das geistig pflichtgetreue, moralisch hochgestellte Tätigsein wie eine Grundsäule der gesunden Aktivität ganz wesentlich angesprochen ist. Aber es ist nicht nur das Handeln allein; immer ist die Erkenntnis mit dem Handeln verbunden und es ist gleichzeitig auch immer die Hingabe an ein höheres Gesetz oder einen reinen Gedanken gegeben. So sind *bhakti-*, *jñāna-* und *karma*-Yoga im Sinne des *trimārga* ein Ganzes im Selbst. *Bhakti-*, *jñāna-* und *karma*-Yoga sind somit eine innerste Synthese des mentalen, vitalen und physischen Wesens und sie gehören zusammen. Dieses Selbst ist heute nicht mehr ein fernes Selbst im Himmel, dieses Selbst ist das höchste menschliche Wesensglied, das man mit dem Begriff ›Gott‹ benennt. Es ist das Einzigartige in personaler Gestalt, das der Mensch in sich trägt. Der Mensch trägt Gott in seiner Einzigartigkeit und es ist der Gedanke, aus dem der Mensch geworden ist. Es ist die Gabe und das Opfer. Derjenige, der die *Bhagavad Gītā* aufmerksam liest, erkennt langsam, dass dieser Gott nicht ein ferner ist, sondern dass dieser Gott als individuelle, allumfassende Kraft im Allerinnersten durch den Gedanken als das eigentliche Sein lebt.

Die Gestalt *Kṛiṣṇa* ist personal. Die Gestalt Christi ist ebenfalls personal. Gott oder der Gedanke kam als Person in die Welt. Im zwölften Kapitel, das vor allen Dingen das *bhakti*, die Art der Hingabe, die Art der verehrenden Liebe zur Person in den Mittelpunkt rückt, stellt dieses personale Wesen eine Möglichkeit dar, wie man die Art der Hinwendung und der Hingabe verstehen kann. Die Frage von *Arjuna* im zwölften Kapitel lautet:

evaṁ satatayuktā ye bhaktās tvāṁ paryupāsate
ye cā 'py akṣaram avyaktaṁ teṣāṁ ke yogavittamāḥ (XII/1)

»Wer hat das höhere Wissen vom Yoga: Jene Dir in Liebe Ergebenen, die so durch ein immerwährendes Einssein nach Dir suchen, oder jene, die nach dem ungeoffenbarten Unwandelbaren trachten?«

Der geistige Lehrer antwortet ihm etwa mit folgenden Worten: »Du kannst das Ewige, das Allumfassende, das Unnennbare, das Eine, das Unaussprechbare, das Ungeoffenbarte direkt anbeten, du kannst sogar dich in dieses hineinleben[1], du kannst es direkt verehren, in dieser unpersönlichen Form kannst du es dir vorstellen; aber du wirst dir leichter tun, wenn du persönlich und in der Beziehung zu einem Gedanken die Gestalt verehrst. Wenn du deinen Geist ganz auf Mich (und meinen hohen Gedanken) richtest, dann werde Ich dich befreien.« (XII/3-8) Weiterhin antwortet er: »Wenn es dir aber nicht möglich ist, deinen Geist beständig auf Mich gerichtet zu halten, dann suche Mich durch den Yoga der unentwegten Übung zu erlangen. Wenn auch diese Disziplin dir nicht möglich ist, dann suche Mich durch das Handeln, das du ganz allein Mir in Meinem hohen Ideal weihst, zu gewinnen. Du wirst zu Mir kommen. Und wenn auch diese Handlung, dieses geweihte Handeln dir nicht möglich ist, dann suche danach, dass du keine Früchte aus der Handlung begehrst, auch dann wirst du das Höchste erhalten. Du wirst zu Mir, zu diesem Gedanken und Gesetz, das Ich repräsentiere, kommen.« (XII/9-12) Er stellt seine Person oder, anders ausgedrückt, den höchsten Gedanken in den Mittelpunkt der Anbetung. Die Unterscheidung zwischen einem klaren Gedanken und einer allgemeinen Vorstellung ohne Attribut ist für die Hingabe wichtig: »Es ist leichter, wenn du die Person direkt im Mittelpunkt deiner Betrachtung, deiner geistigen Ausrichtung siehst. Schwieriger ist es, wenn du auf das Ewige, auf das Unpersönliche blickst.«

---

1 Die *Unio Mystica*, die ganz besonders in der mittelalterlichen christlichen Geschichte durch verschiedene Heilige, die sich fast immer in Klöstern bewegten, bekannt wurde, ist von ihrem Charakter ganz streng von der *Bhagavad Gītā* und ihrer Philosophie wie auch von ihrer Erfahrungsschilderung zu unterscheiden. Während das Einleben in ein Gottesideal, wie es meist in der *Unio Mystica* geschieht, nahezu immer eine sehr persönliche und subjektiv orientierte Erfahrung darstellt, beschreibt der Dialog des Wagenlenkers mit dem Bogenschützen eine hochgradige Erforschung der geistigen Welten, ihrem Zusammenhang und ihren Perspektiven. In kompromissloser Gründlichkeit erarbeiten die Verse jene Unterscheidung von vergänglichen Phänomenen, Wesen und menschlichen Gefühlen zu den Werten, die die geistige Welt in ihrem Nachtodlichen *bhāva* und in weiterem Fortgang zu *brahman*, der höchsten Wirklichkeit, aufnimmt. *Viveka*, die Unterscheidungsbildung, benützt hierzu klare Gedanken und Bilder mit authentischem Hintergrund und lässt keinerlei persönliche Interventionen, die ein menschliches Gemüt kritisch einwenden könnte, zu.

VIII Nirguṇa- und Saguṇa-Meditation

Eine *saguṇa*-Meditation ist nach der Begrifflichkeit mit einem konkreten Objekt verbunden, während eine *nirguṇa*-Meditation auf eine unfassbare Wirklichkeit gerichtet ist, die jedoch ungreifbar ist.

Wie betet man Gott oder einen Gedanken im Sinne der *saguṇa*-Meditation an? Betet man ihn in der persönlichen Gestalt an, wendet man sich einem persönlichen Heiligen, einem vorbildhaften Menschen hin oder nur einer persönlichen Sache? Das Christentum brachte mit der Botschaft Christi ganz zentral diesen persönlichen Gott, den Gott, der Fleisch geworden ist. Dadurch besteht die Möglichkeit, sich unmittelbar an die Person Jesu Christi hinzuwenden. Die Mittel und die Wege hierzu sind es, die Evangelien zu studieren, denn diese legen ein Zeugnis von seinem geistigen und persönlichen Wirken ab.

Es ist sehr wesentlich, dass diese persönliche Gestalt unmittelbar gegeben ist, denn es ist kaum möglich, sich dem Ewigen, dem Ungeoffenbarten mit Aufmerksamkeit hinzuwenden. Zwar ist es, wie *Kṛiṣṇa* lehrt, auch auf diesem Wege möglich, Befreiung zu erlangen, aber es ist sehr schwer. In der westlichen Kultur herrscht das große Übel, dass die persönliche Hinwendung, ganz besonders wenn sie außerhalb der Kirche geschieht, immer in Frage gestellt wurde. Heute müssen Personen, die sich einer geistigen Persönlichkeit hinwenden, sehr viel Spott ertragen. Man wertet die persönliche Hinwendung zu einem eigenständigen Ideal, *iṣvara-devatā*, in Form eines Meisters, eines außergewöhnlichen Menschen, als fragwürdig und oft als negativ ab. Christus lebte und sprach mehr durch seine Taten, wie die Worte des Johannesevangeliums zeigen: »Ich bin der Weg, die Wahrheit und das Leben.« (Jo 14,6) Er verkündete das in seiner Person nahe gekommene Reich des reinen Gedankens und die Menschen wendeten sich ihm hin, sie folgten ihm nach. Er zeugte persönlich von Gott, aber die Verknüpfung mit dem so stark individuellen Erscheinungsbild blieb nicht immer ohne Schwierigkeiten. Die Juden kamen und sagten: »Du zeugst von dir selbst, und weil du selbst von dir zeugst, kann das Zeugnis nicht wahr sein.« Es kam, wie die Evangelien berichten, zu großen Auseinandersetzungen, da Jesus von sich selbst zeugte. Dieses Selbstzeugnis galt im jüdischen Volke als das schlimmste Verbrechen. Auf dem religiösen Gebiet war das Zeugnis aus dem eigenen Ich ein Verrat an der Heiligen Schrift und die Todesstrafe wurde für diese Ketzerei ausgesprochen. Im Lukasevangelium wird die Geschichte von Maria Magdalena erzählt, die dem Erlöser die Füße wusch. Christus sagte zu ihr: »Deine Sünden sind vergeben.« (Lk 7,48) Er meinte mit diesen Worten: »Dir sind deine Sünden infolge deiner Liebe vergeben.« Sie lebte für ihn allein oder, wenn man es im

Sinne der höchsten Willens- und Glaubensbestrebungen betrachtet, so gab sie dem Christus den Platz ihrer Mitte. An verschiedenen Stellen fragten sich die Pharisäer: »Wer ist dieser, der Sünden vergibt?« (Lk 7,49) Als Mensch Sünden zu vergeben war in den Augen der Pharisäer das größte Verbrechen, das man begehen konnte. Es war ein weiterer religiöser Hochverrat, Verrat an dem Gesetz, das Moses gegeben hat. Die Konfrontationen, die unweigerlich aus verschiedenen Anschauungen entsprangen und dies mit ganz neu geborenen Selbstzeugnissen und des Weiteren mit Heilungen sehr persönlicher Art, mussten jene Apokalypse herbeiführen, die eine ganze neue Menschheitsperiode begleiten soll. Der Begriff des Glaubens beinhaltet sowohl nach der *Bhagavad Gītā* als auch nach den Evangelien die vollständige Zustimmung zu einer Wahrheit. Das deutliche und repräsentative Bild der Liebe in einer Person, wie es der Christus ist, war eine außerordentliche Provokation für die gesetzestreuen Befolger der von Moses geprägten Religion. Der Kreuzestod war unübersehbar programmiert und zeigt bildhaft eine Existenz, die die *Bhagavad Gītā* mehr in einem geistigen Sinn vollzieht.[1] Während der Krieg in den Himmelsfronten als heilige Macht des Fortschrittes tobt und das irdische *kurukṣetra* lediglich ein Ausdruck von äußeren Uneinigkeiten und Konfrontationen ist, beginnt sich das Selbst des *Arjuna* aufzurichten. Es wird zum Weltenselbst. Eine neue Periode soll mit diesem Aufrichten des Bogenschützen mit seinem Willen für die Zukunft erwachen. Der Gedanke soll durch den menschlichen Willen eigenständig in die Erscheinung treten. Der Kosmos will mit dem Gedanken aufleuchten. Die Offenbarung der *Gītā* gewinnt eine große kosmische Bedeutung. Sodann folgt aber eine noch weitere Evolutionsstufe der Spiritualität. Mit Christus geht nun dieser Gedanke in die Erde hinein, wird Teil von ihr selbst und verbindet das einzelne Staubkorn mit den höchsten Schöpferkräften der Liebe.

1 Es gibt heute eine Form der scheinbaren religiös geistigen Offenbarung durch die Methode des sogenannten Channelings. Man benennt diese Art der scheinbaren Offenbarung ebenfalls mit den Begriffen der medialen Übermittlung. Durch einen Menschen scheint eine Stimme zu sprechen, während dieser, der als Medium sich bereit macht, ganz seine eigene Person und sein ganzes waches, gedanklich aufgerichtetes Bewusstsein zurücknimmt. Eine gewisse Trance ist in diesen medialen Übermittlungen meist nicht zu übersehen. Das Channeling stellt keine adäquate Alternative zum Verwirklichungsweg dar, den die *Bhagavad Gītā* beschreibt, da es das hohe und kompromisslose Aufrichten der Selbstkräfte, der Gedanken und der Willensmöglichkeiten umgeht und deshalb nicht die Wirklichkeit der übersinnlichen Welten mit ihren Gesetzen berührt.

Der Glaubensbegriff

Intellektuelles Fürwahrhalten oder äußere Frömmelei wären rein oberflächliche Definitionen des Glaubens. Der Begriff, wie er im tiefsinnigen Bewusstsein, *śraddhā*, erfasst werden kann, erschließt sich am Anfang des XVII Kapitels.

śraddhā

Der völlige Glaube ist die vollständige Akzeptanz einer Wahrheit, die erstrebt, erschaut und mit ganzem Willen verwirklicht wird.

dhā

Der Glaubensbegriff, durchaus auch als Vertrauen und geistig zu erstrebende Zielorientierung zu verstehen, wird aus der Wortwurzel von *dhā* gebildet. *Dhā* heißt platzieren. Welchen Gedanken, welchen Inhalt platziert der Strebende durch resolute Entscheidung, klare Willensformung und unabdingbare Zielorientierung auf seinem Weg zur spirituellen Entwicklung?

yo yacchraddhaḥ sa eva saḥ (XVII/3)

»Und was auch immer in ihm dieser Wille, dieses Vertrauen und dieser grundlegende Glaube ist, er ist jenes, und jenes ist er.«

Mit diesen Worten der *Gītā* beantwortet sich die Frage nach der authentischen, persönlichen Mitte, die den Inhalt und Kern der Seele bildet.

IX Die Überwindung des Materialismus im Geist des bhakti

Wie ist es wirklich mit Liebe und Verehrung in der Welt? Das übersteigerte Selbstbewusstsein, das sich im besonderen Maße im Westen lautstark behauptet, verträgt es nicht, wenn jemand ein tiefgründigeres geistiges Zeugnis ablegt. Es führte im Westen schon immer zu großen Schwierigkeiten, wenn jemand sich selbst, in welcher Weise auch immer, mit einer tiefgründigen Wahrheit zu erkennen gibt und dabei authentisch auftritt. Die Ängste vor dem Geiste und vor der Existenz des Gedankens sind tatsächlich durch den Materialismus nicht geringer geworden. So ist aus der weiten Ausstrahlung dieses Problems, das aus der Angst entspringt, auch jene Aussage zu erklären, die einmal ein Sektenreferent gemacht hat: »Wenn sich irgendwo ein geistiger Mittelpunkt bildet, dann haben wir die Pflicht, ihn zu zerschlagen.« Diese Anschauung ist tatsächlich tief im Bewusstsein des Menschen durch das kirchliche System verankert. Es muss alles, was in irgendeiner Weise mit persönlicher Verehrung und Hingabe zu tun hat, angreifen, ja sogar zerschlagen, da sonst der Materialismus nicht in jenem Maße gedeihen kann, wie vielleicht in einer schlechten Religion gewünscht. Persönliche Hinwendung darf deshalb zu einem verrückten und unstimmigen, banalen Esoterismus erfolgen, aber niemals zu authentischen Wahrheiten. Verehrung ist heute zu Jesus Christus erlaubt und zwar nur deshalb, weil man die Evangelien nicht mehr richtig entziffern kann und eine Art Kultbewegung, die für den Materialismus ungefährlich ist, fördert. Niemand kennt den längst verstorbenen Jesus Christus. Unmittelbare Hinwendung zu einem persönlichen Ideal und einer damit verbundenen Person gilt gegenwärtig als Verrat an der Gesellschaft oder als Sektiererei. Das Geistgeheimnis im Menschen, immanent und authentisch, hatte die damalige Geschichte schon gehasst und verfolgt. Persönliche Hinwendung ohne Kulthandlungen hatte man ausgeschlossen, man hatte sie nicht wirklich akzeptiert. Die persönliche Hinwendung, selbst wenn Rudolf Steiner davor warnt, ist ein ganz wesentlicher Teil der geistigen Schulung. Sie muss nur im richtigen Sinne verstanden werden.

Im Osten gibt es viele Formen der Hinwendung und sie ist nicht nur akzeptiert, sondern sie wird sogar gefördert. Der Lehrer gilt immer als eine große Autorität. Im Osten lebt im Kernstück aller Lehren die Hinwendung vom Schüler zum Lehrer. Es gibt des weiteren, wie die *Bhagavad Gītā* im zwölften Kapitel ausdrückt, die Anbetung des Ungeoffenbarten, des Ewigen oder Unpersönlichen, des allgemein Unsterblichen, *akṣara* (XII/3). Die direkte Disziplin des *bhakti*, wie es im einfacheren Sinne verstanden wird, geschieht in einer persönlichen Hinwendung zu einem Lehrer, zu einem Eingeweihten, zu einem geistigen Boten. Im Osten wird diese Disziplin mit *iṣvara-praṇidhāna* benannt und stellt eine der Regeln des *rāja*-Yoga dar.

Die persönliche Hinwendung ist tatsächlich ein unverzichtbarer Teil der geistigen Schulung. Für den Geistschüler ist es interessant, dies in möglichst konkreter Weise zu klären. Wer wird in Wirklichkeit verehrt? *Kṛiṣṇa* spricht im achtzehnten Kapitel Worte, die tatsächlich etwas schwer zu verstehen sind und die unbedingt einer klareren Ausformulierung bedürfen:

manmanā bhava madbhakto madyājī māṁ namaskuru
mām evai 'ṣyasi satyaṁ te pratijāne priyo 'si me (XVIII/65)

sarvadharmān parityajya mām ekaṁ śaraṇaṁ vraja
ahaṁ tvā sarvapāpebhyo mokṣayiṣyāmi mā śucaḥ (XVIII/66)

»Dies ist mein Wort und Versprechen an Dich bedeutet in diesem Vers eine deutliche Offenbarung des Gesetzes. Das Wort ist eine unmittelbare Wirklichkeit und die Wirksamkeit dieses Wortes bildet eine logische geistige Konsequenz, eine von innen heraus wirkende Liebe, die zu der Einheit mit der gewünschten Welt führt. Aus diesem Grunde spricht der Wagenlenker: ›Denn Du bist mir lieb‹.«

Er spricht: »Gib alle *dharma*, alle Regeln auf und opfere dich Mir allein, beuge dich vor Mir.« Er sagt Worte, die in dieser Absolutheit und Ausschließlichkeit wahrhaftig etwas schwer zu verstehen sind. Alle *dharma* aufzugeben heißt, dass man alle Übungsrichtungen und überhaupt alle Vorschriften aufgibt und sie nur als einen vorbereitenden Teil betrachtet. Man hält nicht mehr an den verschiedenen Strukturen, an den Glaubensformen fest, man lässt alle Glaubensrichtlinien mit ihrer Relativität beiseite. Man nimmt sie nicht mehr absolut und gibt sie als bevormundende, das Leben dirigierende und einseitig zwingende Realität auf. Man schätzt sie, aber hält sich nicht mehr an die engen Strukturen, an die vorgegebenen Richtlinien der Form einer Anbetung oder eines Yoga, man lässt dies beiseite und richtet den Blick unmittelbar auf einen Gedanken des Ideales. Was besagt diese Formulierung, dass man allein dem Herrn des Gedankens opfert, sich allein diesem einen Gott im Sinne eines Gedankens hingibt?

Im nächsten Vers, der ein erstes Licht auf die Art und Weise der vollendeten Hingabe wirft, spricht die *Bhagavad Gītā* etwa folgende Worte: »Das sage Ich zu niemandem, das sage Ich nur zu dir. Und sprich auch du, *Arjuna*, zu niemandem, der nicht voller Hingabe, voller Liebe für das Geistige ist. Sage dies zu niemandem, der nicht opferbereit ist, der nicht einen Sinn für Entsagung, für die Tugend und das Höchste hat. Sage dies zu niemandem, der vielleicht gegen mich urteilt oder der in irgendeiner Weise Leidenschaften nachhängt.« (XVIII/67) Dies sagt *Kṛiṣṇa* in der geheimen Unterweisung, da er weiß, dass seine Worte vom weltlichen Bewusstsein missverstanden werden müssen.

Diese Wortformulierungen erscheinen nicht am Anfang dieser großen Schrift des *vedānta*, sondern im achtzehnten Kapitel und zieren den beschließenden Rahmen der Erzählung. *Arjuna*, der Bogenschütze, geht durch die Läuterungen und erreicht die verschiedensten Visionen. Er wird in seinem Aufstieg des Yoga zu einer großen Autorität, die die Regeln kennengelernt, angenommen und verstanden hat. Er konnte das Selbst in seinen ängstlichen Schranken, Begrenzungen und falschen mitmenschlichen Gefühlen durch das größere Selbst überwinden, *saṁstabhyā 'tmānam ātmanā* (III/43). Seine Persönlichkeit gelangt zu einer Autorität, die die richtungsweisenden Regeln kennt und sie deshalb nicht mehr als zwingenden Rahmen für das Leben benötigt. Er wird zum *dharma*, zur Rechtschaffenheit selbst. Er steigt zum Gedanken auf, zum Ideal seiner Kaste, zum *kṣatriya* aller *kṣatriyāh* und deshalb ist er derjenige, der nicht durch die Regeln sein Leben meistert, sondern die Regeln unmittelbar aus sich selbst und in dynamischem Sinne verkörpert.

Für den Leser ist es einmal hochinteressant, wenn er beispielsweise den 33. Vers des Kapitels II betrachtet. *Arjuna* wird belehrt, dirigiert, gezielt auf die Konsequenzen des Ausweichens vor dem *dharma* hingewiesen und somit in die rechtschaffene Ordnung geführt.

»Wenn du aber diesen Kampf für das Recht nicht wagst, hast du deine Pflicht, die edle Tugend und deinen Ruhm preisgegeben. Du hast dich vom *dharma* losgelöst und mit Sünde beladen.«

Dann kann sich aber der Leser den Schlussteil der Bhagavad *Gītā* vergegenwärtigen, mit dem 77. Vers in Kapitel XVIII:

»Wenn ich, *Saṁjaya*, dieser wunderbaren Gestalt von *Hari*, dem *Kṛiṣṇa*, dem reinen Gedanken immer wieder lausche und erinnere, *saṁsmṛtya-saṁsmṛtya*, o König, bin ich stets aufs Neue beseelt.«

Jene Stimmung, mit der die *Bhagavad Gītā* ihre Verse beschließt, haucht den Gedanken und seine selige Sphäre aus. Der Anfang der *Gītā* ist streng, kompromisslos, mit einer Klarheit, die keine honigsüßen Phrasen duldet, sondern die Regel als höchste Notwendigkeit, Pflicht und Ehre bezeichnet. Am Ende, nachdem das *dharma* manifest ist, gewinnt es einen relativen Charakter in der gesamten Weltordnung. Die Stimmung der Glückseligkeit überwiegt.

Der Begriff des dharma

dhr

Diese Wortwurzel bedeutet tragen, erhalten, vom Ursprung sichern, zusammenhalten oder man kann das daraus resultierende Wort *dharma* übersetzen mit: ein in den höheren Gesetzen gut gegründetes Bewusstsein.

dharma

Allgemein bedeutet das Substantiv Rechtschaffenheit, Ethik, Moralität, gute Sitte

dharmyamṛtam

Dieses Wort bezeichnet das unsterbliche, ewige *dharma,* den ›Nektar des *dharma*‹. Es ist höher als jegliche Sittenlehre. Siehe den Vers XII/20

svadharma

Die Wortsilbe *sva* bezieht sich auf das Individuelle des Menschen und beschreibt deshalb das sehr persönliche, moralische, gegründete Gesetz des Menschen.

X Das Geheimnis des bhakti

Die Hingabe trägt ebenso wie die Erkenntnis eine innere Verschlüsselung, sodass sie in ihrem wahren Gehalt und integralen Sinn nicht verstanden werden kann. Die Hingabe an *Kṛiṣṇa* oder an Christus ist für den Menschen praktisch gesehen nicht möglich, da niemand ihr persönliches Leben kennt. Die verehrende Liebe kann vielleicht nur auf eine rituelle Weise mit Bildern und Heiligenfiguren einen Ersatz erhalten. Dennoch muss es, und zwar in der übersinnlichen Welt, die vollkommene, von göttlichem Eifer getragene Hingabe zu einem höchsten Ideal geben. Sie ist im Inneren der vielen Bewusstseinsformen des Lebens ein aus dem Geiste motiviertes tiefstes, verborgenes Mysterium des Menschseins.

Die Richtlinien des *dharma,* wie sie im Osten mit vielen Büchern aufgestellt sind, erhalten die Ethik der Gesellschaft. Wenn es jedoch um ein geistiges Werden geht, so lässt sich dieses nicht durch Richtlinien allein definieren, denn wenn der Lebensauftrag, der höchste schöpferische Yoga, beim Menschen einmal wirklich in die Ernsthaftigkeit seines Vollzuges kommt, wie es beispielsweise bei *Arjuna* der Fall war, dann ist das Wesentliche, dass sich das Bewusstsein dem Geheimnis des *bhakti* in der Weltschöpfung gewahr wird, denn es ist ein höchster Weltenwille und eine innerste Feuerkraft mit einer unverfehlbaren Wirklichkeit.[1] Die Hingabe liegt in der Saat des geistigen Willens, mit seinem expansiven Drängen nach größtmöglicher Ausdehnung. Sie eröffnet sich mit ihrer geistigen Saat aus einer besonderen irdischen Lebenskonstellation in weit fortgeschrittenem Verlauf und sie kristallisiert sich, wenn man es esoterisch ausspricht, aus der gediegenen Fülle des heiligen Äthers. Die Hingabe wird unmittelbar zur Hingabe im aufflammenden Willen selbst und verschmilzt in den ausstrahlenden Kräften der Seele mit dem geistigen inneren Geheimnis.

mahātmānas tu māṁ pārtha daivīṁ prakṛtim āśritāḥ
bhajanty ananya manaso jñātvā bhūtādim avyayam (IX/13)

»Doch die großen Seelen, o *Arjuna,* die an Meinem göttlichen Wesen teilhaben, beten Mich von ganzem Herzen und mit ungeteilten Sinnen an, Mich als unvergänglichen Ursprung aller Wesen erkennend.«

---

1 Der Lebensauftrag ist eine hier gewählte Begrifflichkeit für ein höchstes zu erfüllendes Pflichtbewusstsein, *dharmātma,* das ein Mensch für eine bestimmte Zeit zur Realisierung eines Werkes leisten muss. Äußere Gefühle und Neigungen von Sympathie und Antipathie dürfen zum Vollzug des bevorstehenden Lebensauftrages keine Irritierungen geben.

bhakti, die Seligkeit der Einheit

Die Verse 13 bis 20 im zwölften Kapitel beschreiben eine polaritätsfreie Wirklichkeit, die im Verhältnis zur höchsten geistigen Ebene, zum Selbst, dem reinen Gedanken steht.

Die Aussage »*sa me priyaḥ* - der, der polaritätsfrei ist, ist mir lieb«, wiederholt sich bis zum Ende des Kapitels mehrfach.

Diese Aussage, die sich in den Versen des zwölften Kapitels ausdrückt, bedeutet, dass für die Seele im Nachtodlichen das Licht der Beschauung vom Geiste leuchtet. »Der ist mir lieb«, will jene Wirklichkeit bezeugen, die von der reinen geistigen Welt zu den Seelen im Nachtodlichen webt und leuchtet. Wenn sie im Sinne von *bhakti* und einer geistigen guten Willensverbindung besteht, führt sie zu einer soliden Beziehungsebene in der Fortsetzung zur Welt. Alle guten Beziehungen, die es in der Welt gibt, ernähren sich von dem Verhältnis, wie der Geist zu den Seelen im Nachtodlichen sein Licht der Beschauung aussendet.

Diese großen Seelen leben nicht so, wie man sich das leicht vorstellen könnte, in einer Verkörperung, sie sind vielmehr Schöpferkräfte des Geistes, die den Willen des Menschen beflügeln und vom Geist das Bewusstsein der irdischen Menschen zu grenzüberschreitenden und bedeutungsvollen Taten motivieren. Sie verehren oder, besser gesagt, sie sind liebend vereint mit dem Geiste, denn sie sind in steter Treue als geistige Schöpfersubstanz tätig. Wären diese großen Kräfte in der geistigen Weltenschöpfung nicht angelegt, so hätte der Mensch keine Möglichkeiten, seinen Willen zu entfalten und er könnte sich zu keinen Taten und Zielen hinwenden. Die Hingabe fließt von oben aus einer unsichtbaren Welt den einzelnen Menschen zu und lässt den Willen mit Wärme und levitierender Kraft zu wachsenden Taten aufsteigen.

Nicht die Hinwendung zu einem erdachten, abstrakten Ideal wird die letzte Gültigkeit besitzen, sondern die Leistung der Wahrheitssuche in allem, und diese erwacht, indem der Übende das Selbst wie den Vater, die Mutter und den Ahnherrn dieser Welt erkennt (IX/17), denn die Lust und Freude an der Verwirklichung gewinnen ihre Maße von diesen geheimnisvollen Schöpfungswirklichkeiten, die dem Willen wie ein geistiges Schloss zugrunde liegen.

Die Wege des Mysteriums des *bhakti* zu erfassen sind langwierig und weit, denn alle Wirklichkeiten, die mit dem menschlichen Willen korrespondieren, sind in die mysteriösen Tiefen der Weltschöpfung eingebettet. In ersten Schritten muss sich der Übende für längere Phasen Wahrheiten und Wahrheitsquellen widmen. In weiteren Formen erlebt er sich in einer gesteigerten Zielsetzung zu den Idealen. Die Hingabe trifft dann bald auf allen Ebenen des Lebens zu: »Gib dich allein Mir hin, opfere dich Mir auf.« (XVIII/65) Mit einer anderen Formulierung würde dies heißen: »Gib dich allein diesem idealen Gedanken hin und ergründe das Geheimnis des Willens, opfere dich mit den kleinlichen Bedürfnissen dem großen Weltenwillen, den du als höchstes Ziel weit über deine Person hinaus erkannt hast und du wirst deshalb zu diesem Ziel gelangen.« Es ist diese Hinwendung nur durch den höheren Weltenwillen und die Erkenntnis des Gedankens, beispielsweise ausgedrückt darin, wie dieses Selbst die Wärme erschafft – *tapāmy aham*, ich spende die Wärme (IX/19) – möglich. Die kleinliche Szene des Menschseins hat hierzu gar nichts zu sagen, denn sie mutet unmündig an, wenn man sie nur ahnend mit dem, wie der große Wille das Werden in Hingabe und Opfer erzeugt, betrachtet. Liebende Verehrung bleibt so lange begrenzt, als der Gedanke im Schöpfersein und höchsten Licht und der Wille mit seiner wärmenden Weltenkraft im bewegten Sein des Werdens noch nicht erkannt sind.

Erst nach langer Vorbereitung ist es also möglich, in diesem Sinne in einen weiteren, unmittelbaren Yoga und damit in einen tiefgreifenden Lebensvollzug einzutreten: »Gib alle *dharma* auf, weise alle Formen des Glaubens mit Begrenztheit von dir. Richte dich auch nicht nach irgendwelchen Übungen, sondern wende diese Übungen ebenfalls für ein Ziel an.« (XVIII/66) Die Worte bedeuten nun nicht, dass man keine Übungen machen darf oder nie mehr eine Form benützen soll, sondern vielmehr, dass man sich unmittelbar durch das eigene Vertrauen und Vermögen der Seelenkräfte konfrontiert und dies auf allen Gebieten. Die Gottheit, die man verehrt, der man sich hingibt, lebt in der ganzen Erde und sie ist der Gedanke, das Gefühl und der Wille mit seinem Ziel im Menschen selbst. Der Weltenwille mit Feuer und Bewegtheit ergreift den individuellen Willen und der Mensch wird zum Opfer im höchsten Maße, *ahaṁ yajñaḥ* (IX/16).

Die vollkommene Hingabe ist der höchste Vollzug des Yoga. Sie ist gekennzeichnet durch lange Vorbereitung, disziplinierte Bereitschaft, unabdingbare Wahrheitssuche und ein Ziel mit universaler Gültigkeit. Die Sätze in Kapitel IX und XII beschreiben die Hingabe an ein höchstes fassbares Ziel, das sich konkret in Gedanken offenbart. Man sucht in den Botschaften, in den heiligen Schriften nach diesem höchsten Geheimnis. Es ist der Gedanke, das große Mysterium, das sich im Wollen der Weltenschöpfung repräsentiert und durch das Wort Ich, *aham* des *Kṛiṣṇa* zum individuellen Willen entfaltet und manifestiert. Man sucht nach den erhabenen Gesetzen, die in tiefster Wahrheitslogik dem menschlichen Dasein zugrunde liegen. Es gibt ab einem bestimmten Punkt der Entwicklung keine Vorschrift oder autoritäres Gewissen mehr, die die Suche begrenzen würden. Das feste Stehen, *sthito 'smi* (XVIII/73) in einem wahren Gedanken gibt auf diesem Pfad keine Zwänge oder äußere Sanktionen, die Glaubensinstitutionen so gerne als Bedenken anmelden, sondern es ist das Selbst im Gedanken und in seiner befreiten Dimension, *mokṣa*, das zum Zeugnis, Wahrheit und *dharma* wird. Es ist die Verwirklichung als übergeordnete Sphäre der Wirkung und Überzeugung. Das eine Selbst lebt als Herr der Opfer und es ist der Genießer, *ahaṁ hi sarvayajñānāṁ bhoktā ca prabhur eva ca* (IX/24) Der Mensch gibt durch seine Erkenntnis dieser hohen Welt, der reinen Wirklichkeit des Geistes, den Willen in Einheit mit diesem und legt somit durch niemand anderen als durch den Geist in seinem Ich die Unmittelbarkeit in den freien Vollzug. Es gibt nur jene Anmut, Anziehung und Überzeugung aus dem Ruf der geistigen Welt und der Realisierung von Wahrheit und Pflicht. Diese vollkommene Hingabe birgt eine resolute Selbstentscheidung in vollster Kenntnis der geistigen Wirklichkeit in sich. Sie ist eine Willenszentrierung zu einem höchsten Gedanken, die aus dem gereinigten Wesen erwacht. Wie bedeutungsvoll diese Sätze mit ihrer Formung des Ich sind und wie diese vollkommene Hingabe zu verstehen ist, lässt sich erst langsam erahnen.

Der Lebensauftrag

paśya me yogamaiśvaram

»Siehe meinen göttlichen Yoga, oder anderes ausgedrückt: In diesem göttlichen Yoga liegt nicht nur Mein, sondern sogar, *eva,* dein Lebensauftrag.« (XI/8)

Wenn man den Lebensauftrag, der bei einem vorbereiteten Menschen unweigerlich bevorsteht, betrachtet, so erlebt man ihn wie eine große, ja sogar eine übergroße Frucht, die der Engel dem Menschen entgegenstreckt. Siehe - *paśya* - meinen göttlichen Yoga - *me yoga maiśvaram* – ist in der *Gītā* der umschreibende Begriff für den Lebensauftrag.

XI Unmittelbarkeit der Hingabe

In Vers XVIII/66 heißt es: »Lege alle *dharma* weg, lass sie hinter dir und gib dich allein mir hin. Dein Handeln soll unmittelbares Handeln werden. Es wird zu einem Handeln in der Verantwortung des höchsten Gedankens und im kosmisch geeinten Willen selbst. Dein Denken soll unmittelbar im Denken und im Pflichtgefühl, *dharmātman*, oder im göttlichen Yoga, im Lebensauftrag aufgehen.« Es ist ein Denken, das sich authentisch mit dem Geiste verbindet und aus dem Geiste bis hinein in den Willen erfüllt. Es ist ein höchstes geeintes Beziehungsfühlen im Lichte der Beschauung, unabhängig von Mein und Dein, in der polaritätsfreien Wirklichkeit der Universalität selbst. Das ganze Empfinden richtet sich zur Welt und gleichzeitig über sie hinaus und es richtet sich dadurch unmittelbar in dieses werdende, bevorstehende, geistige Leben hinein. Jener, der diese Wahrheit durch Studium, Geduld, Selbstanalyse, Disziplin, Übung und Verehrung in der Meditation erreicht hat, von dem darf man ohne Übertreibung sagen, dass er geeint ist und »es wird nichts mehr zu wissen übrig bleiben«:

jñānaṁ te 'haṁ savijñānam idaṁ vakṣyāmy aśeṣataḥ
yaj jñātvā ne 'ha bhūyo 'nyaj jñātavyam avaśiṣyate (VII/2)

Diese vollkommene Verwirklichung der Wahrheit in ihrer polaritätsfreien Wirkung ist Yoga. Yoga führt zu der Auflösung aller trennenden und widersprüchlichen Thesen, Gefühle, Stimmungen und des Unerklärbaren und schenkt das Bewusstsein von höchster irdischer wie auch geistiger Einigung. Die Glaubensrichtlinien haben die Bedeutung, dass sie eine gewisse Ordnung geben, eine allgemeine, gültige Ausrichtung für den Weg und eine Orientierung, damit man sich auf dem Pfade zurechtfinden kann. Aber es kommt dann der Zeitpunkt des sich im Willen einenden Selbstes, ab dem sich diese Glaubensrichtlinien relativieren müssen. Man darf nicht mehr zu einem fremden Gott beten. Es erwacht das Sehen der Gottheit unmittelbar im Leben und seinen Bezügen, es richtet sich im Schauen an die Menschen und im Erbauen an neue Lebenskräfte und es werden die Taten zu Wirkungen mit Befreiungsprozessen einer unbeschreiblichen, universalen Art. Grundsätzlich darf die Aussage, dass es nichts mehr an weiterem Wissen oder Wissenswertem gibt, nicht zu absolutistisch und monozentrisch betrachtet werden. Für das Ego gibt es nichts mehr zu tun, jedoch für die Welt bedarf es des unendlichen Gebens. Jedes menschliche Bewusstsein gibt auf unendliche Weise, solange es im Erdendasein und im Kosmos ist. Die Erkenntnis einer Wirklichkeit, die aber das Wissen selbst ist, erhebt das einzelne Individuum und lässt nur jene Handlungen zu, die universal geeint sind.

VII Die Bhagavad Gītā und die Schwelle zur geistigen Welt

Vortrag vom 17.6.1998 in Zürich

1 Die ätherische Bewegung der Verse

Die *Bhagavad Gītā* ist eine Art Geheimschrift, sie ist das Lied des mysteriösen, geistigen Selbst, das Lied des *Kṛiṣṇa*, der symbolisch oder mit seinem Namen an der Stelle des inneren schöpferischen Mysteriums, des Höchsten, des Gottes der Menschheit und der Weltenweiten steht. Es ist das Lied des *bhagavān*, des erhabenen Lehrers, der die ganze Schöpfung umschließt und durchdringt. Der *bhagavān* kommt aus der Welt des Geistes und ist selbst reiner Geist oder Gedanke. Das Selbst ist eine rein geistige Entität und, genau gesprochen, feiner sogar als eine Entität. Es ist jene reine, intuitive Idee, die aber doch realistisch und transzendent der Schöpfung als die Einzigartigkeit und als das Höchste und Größte zugrunde liegt.

Wenn jemand in der *Bhagavad Gītā* liest, dann wird er eine Anzahl von Versen entdecken, die eine jeweils signifikante Aussage besitzen und die über den klassischen geistigen Yoga ein Bild beschreiben. Der Yoga wird in Versen und, wenn man das Original in Sanskrit nimmt, sogar in melodischen, rhythmischen Versen gegeben; es wird dabei vor allen Dingen Rücksicht auf die ästhetische und künstlerische Seite genommen. Die *Bhagavad Gītā* legt nicht so große Betonung in eine vollkommene, technische Perfektion des Wortes, diese besitzt sie zwar auch, aber sie legt vor allem Wert auf die einzigartige Darstellung einer Wirklichkeit in einer vollkommenen, künstlerischen Weise. Diese Vollkommenheit der Darstellung ist bezeichnend für dasjenige, was der indische Geist immer wieder in verschiedenen Epochen hervorgebracht hat. Das *Lied des Herrn* nimmt innerhalb eines großen Epos mit seiner Darstellung wohl den höchsten Raum und somit auch den größten Wert einer künstlerischen Vollkommenheit ein. Die Verse sind genau nach einem Sinn gewählt. Sie sind im Vierer-Versmaß gegliedert und bezeichnen bestimmte Gedanken über jenen erhabenen *bhagavān*, über jenes höchste Selbst, das sie schrittweise nahe führen. Es ist auch ein Lied des ewigen *brahman*, des höchsten Geistes, einer Wirklichkeit, die der Schöpfung zugrunde liegt, aber die mit den Augen, ja, selbst mit den feineren Sinnen noch nicht wahrnehmbar ist. *Brahman*, die Wirklichkeit des Geistes, ist die schöpferische Musik oder das schöpferische Sein selbst. Sie ist eine Welt, eine Ebene, die real existent ist und in jedem Partikel dieser Erde sowie auch in den Menschen existentiell lebt.

Ich will einmal einen Vers rezitieren, damit Sie für den ersten Teil der Ausführungen einen Eindruck davon bekommen, wie diese Verse gegliedert sind. Dieser Vers heißt:

»Wie der mächtige Wind, der sich überall bewegt, immer im Raume bleibt, wisse, dass so alle Wesen in Mir ruhen.« (IX/6)

Bei der Darstellung der Verse legt die *Gītā* vielfach ihre Ausdrucksart auf relativ einfache Bilder oder einfache Vergleiche, wie in diesem Beispiel der mächtige Wind und der Raum *ākāśa*. Das Wort *ākāśa* ist bekannt geworden durch die esoterische *ākāśa*-Chronik. Es ist der ätherische Raum, ein Raum, der mit dem Luftprinzip, oder einfacher mit dem Wind, mit dem seelischen Prinzip des Luftelementes in Verbindung steht. So ist der Vergleich nicht willkürlich gewählt, sondern in der Analogie der Schöpfung direkt gegeben. Es ist der mächtige Wind, der im Raume bleibt, in *ākāśa* urständet und der auch eine Beziehung zu dem kosmischen Leben, zu jenem ätherischen Element oder ätherischen Sein besitzt. Die *Bhagavad Gītā* erzählt alle Verse auf relativ einfache Weise und bleibt vor allem sprachlich klar und vornehm. Sie schildert dennoch in einer melodiösen Art höchste Geheimnisse. Diese höchsten Geheimnisse scheinen so verblüffend einfach, dass man ihren tieferen Sinn meist gar nicht so sehr beachtet. Sie sind aber Geheimnisse, die der Weltschöpfung gesetzmäßig zugrunde liegen und unserem ganzen Leben, unserem seelischen Werdegang inniglich innewohnen. Ich will den Vers einmal in Original-Sanskrit rezitieren:

yathā 'kāśasthito nityaṁ vāyuḥ sarvatrago mahān
tathā sarvāṇi bhūtāni matsthānī 'ty upadhāraya (IX/6)

Diese Melodie der Verse lässt sich gar nicht anders wiedergeben als in einem mehr sprechartigen Gesang oder in einem fließenden Rhythmus. Alle Verse sind in einem genau gewählten Rhythmus gehalten. Sie sind nach geistigen Gesetzen komponiert und beschreiben mit ihrem Rhythmus ein Gesetz, das in der geistigen Welt besteht. Die Melodie des Geistes wird also unmittelbar ausgedrückt. Der Leser findet mit dem Lied des *bhagavān* nicht eine Ideologie vor sich, sondern eine durchaus praktische, konkrete Wirklichkeit der Schöpfung, die einmal erschaut und wiedergegeben wurde. Die Verse berichten in einer ganz realen Schilderung von dem, was in der übersinnlichen Welt geschieht und deshalb handelt es sich um geheime Offenbarungen. Eine Ideologie wäre nur eine Glaubensannahme von der geistigen Welt. In der *Bhagavad Gītā* findet sich aber eine unmittelbare Schilderung sowohl der irdischen als auch der geistigen Realität. Sie will die Konstruktivität der Entwicklung ausdrücken und deutlich, sogar überdeutlich dem frommen Gläubigen darstellen, dass keinerlei Fortschritt in der Seele zu entwickeln ist, wenn nicht Destruktivität, Zerstörung, Kampf und höchste Auseinandersetzung mit widerstreitenden Kräften gegeben sind. Die Realität von Entwicklung und Zerstörung, Aufbau und Vernichtung kommt sogar in den Versen so nahe, dass man sie gar nicht nach Gut und Böse emotional bewerten kann und man sie schwerlich im Sinne eines gesellschaftlich brav-gesitteten Glaubens abzuleugnen vermag.

yad ādityagataṁ tejo jagad bhāsayate 'khilam
yac candramasi yac cā 'gnau tat tejo viddhi māmakam

»Das Licht der Sonne, das diese ganze Welt erleuchtet, und das Licht, das im Mond ist und im Feuer, - erkenne dieses Licht als das Meinige oder als das Licht des höchsten und reinen Gedankens!« (XV/12)

Die Luft, *vayu*, der Raum, *ākāśa* und alle physischen und metaphysischen Wesenserscheinungen, *sarvabhūtāni*, werden in der *Bhagavad Gītā* als Beispiel für die auf- und absteigende Weltenbewegung im Sinne von Konstruktivität und Destruktivität genannt. Sie sind der Ausdruck eines Bildes, das in einem großen und zugleich vielseitigen Übersinnlichen der Weltenschöpfung ihren Ursprung hat.

II Die Dualität und Nichtdualität

Es ist für das anfängliche Verständnis der *Bhagavad Gītā* hilfreich, wenn die Ebenen charakterisiert werden, die sie umschließt. Diese Ebenen kennen wir aus der ganz lapidaren Bedeutung von Körper, Seele und Geist. Die *Bhagavad Gītā* spricht, wenn auch in geringem Umfang, durchaus auch zur körperlichen Ebene. Sie spricht weiterhin zur seelischen Ebene und sie spricht in erster Linie zu dem, was die geistige Realität oder das geistige Gesetz der menschlichen Schöpfung darstellt. Die körperliche oder besser ausgedrückt die materielle Wirklichkeit ist diejenige Ebene, die in den hervorragenden Klängen und metrischen Versen besteht und sich ausnahmslos, ohne Makel, durch die ganze Komposition organisiert.

Die inhaltliche Auseinandersetzung in der *Bhagavad Gītā* geschieht in einer einzigartigen Triphonie (siehe S. 308), in einer dreigliedrigen Darstellung, denn sie überwindet in beständigem Maße die dualen Gegensätze durch das Hinzunehmen einer dritten Dimension. Der äußere Charakter der gesamten Darstellung der Verse bewegt sich in der Vierheit, die metrisch miteinander genau gewählt und mit jedem einzelnen Begriff substanziiert ist. Manchmal sind nur zwei Zeilen gewählt, die jedoch genau in ihrer Mitte zu teilen sind. Die Zahl vier erscheint wie die Erde. Die geistigen Inhalte, die in der Drei ihren Ausgang nehmen und makellos eine höhere freie Wirklichkeit beschreiben, gliedern sich in die Verse mit der Vierheit hinein.

Die *Bhagavad Gītā* kann durchaus von dieser Exaktheit der Sprache, und das ist sogar der häufigere Interpretationscharakter, von dieser künstlerisch-philosophischen Ebene oder von der konkreten, ja ich möchte sagen von der mehr begrifflich-wissenschaftlichen Ebene aus verstanden werden. Wenn sie mehr wissenschaftlich-philosophisch verstanden wird und man die verschiedenen Philosophien in der Erzählung berücksichtigt – einmal die *Sāṅkhya*-Philosophie, weiterhin klingt ein gewisser Teil der *Veda* hinein und als Krönung enthält die *Gītā* den Yoga mit seinen verschiedenen Teilen, *bhakti*, *jñāna* und *karma* – dann erhält man eine sehr gute Übersicht über die verschiedenen geistigen Ebenen der Dualität und Nicht-Dualität. In diesen Philosophien sind auch ganz konkrete Begriffe genannt und Interpretationen gegeben, die ein einheitliches Bild des damaligen geistigen Schatzes wiedergeben, der das indische Volk inspirierte. Die wissenschaftlich-philosophische Analyse ist durchaus ein Weg, der notwendig ist, damit überhaupt eine erste Einordnung der Verse geschieht und ein elementares Vorstellungsvermögen entsteht über das, was zum sogenannten Kosmisch-Göttlichen gehört und über dasjenige, was mehr zum sterblichen, irdischen Sinn gerechnet wird. Eine sogenannte Initiationsschrift, die aus einer so hohen Inspiration geboren ist, spricht mit ihren wohlkomponierten Versen zur physischen Welt, und wenn sie einigermaßen exoterisch, ohne Ansprüche, mehr von der begrifflichen Zuordnung interpretiert wird, gibt sie eine wunderbare Ordnung und eine erste schöne Klarheit innerhalb der philosophischen Unterscheidungskriterien. Sie stärkt in diesem Sinne dasjenige, was eigentlich die geistigen Gesetze der Menschwerdung sind. Eine hohe Idee spiegelt ihre Kraft in metrische Formen und dies exakt ohne Makel. Sie stärkt durch ihre künstlerische Genauigkeit das soziale Leben und Eingeordnetsein. Die heutige Kultur ist von ihrem wesentlichsten, substantiellen Wert eine soziale Kultur und man kann sie nicht als eine spirituelle Kultur bezeichnen. Der größte Wert der Zeit, die größte Errungenschaft des naturwissenschaftlichen Denkens ist wahrhaftig ein hochgradig entwickeltes, soziales System. Die gegenseitige Wahrnehmung ist eine Aufgabe seit vielen Jahrhunderten. Zu jener Zeit, als die *Bhagavad Gītā* entstanden ist, ist die Spiritualität und die atavistische, intuitive Ahnung über die geistigen Welten mehr verloren gegangen und es hat sich die sogenannte Dunkelheit oder Finsternis über die Erde ausgebreitet. Die schöne verbindende, inhaltliche Dreiheit geht in die weltliche Vierheit. Es ist dies die Finsternis gegenüber dem Geiste, und dennoch verbleibt die höchste Schönheit einer metrischen Viererkomposition. Das Hineinschauen in die Welten des *brahman* ging verloren und es kam eine Welt, die bezeichnend ist für die *Kauravas*, für diejenigen, die unter dem blinden König *Dhṛitarāṣṭra* geboren sind. Der blinde König steht für die Finsternis der Zeit. Man kann die Ebene von den Begriffen und der gesamten Einordnung, künstlerischen Einordnung, charakterisieren und feststellen, dass sie wertvolle und auf einfache Weise ausgedrückte Unterscheidungskriterien enthält für das was eine höchste Leistung einer Poesie aus dem Geiste sein kann. Die Begriffe und die metrischen Verse belegen die irdische Form, in die sich die höchsten geistigen Inhalte mit ihrer Universalität hineinfügen. Die Zahl 3 und die Zahl 4 begegnen sich auf künstlerische vornehme Weise.

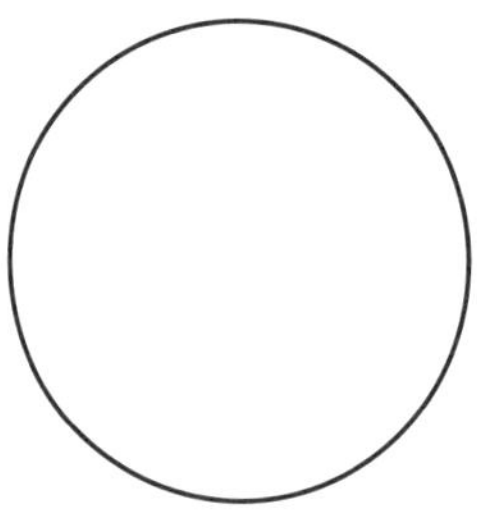

Die Welt von *brahman* offenbart sich einheitlich, nicht dual, *advaita*. Symbolisch deutet der Kreis auf die Unendlichkeit hin und die Zahl 3 schmückt inhaltlich diese Unendlichkeit aus.

Die irdische Welt offenbart sich dual, *dvaita*, und diese lässt sich symbolisch mit einem Quadrat darstellen. Die 4 liegt sicher und konkret mit den Winkeln und Linien in dieser Figur.

Über diese beiden Symbole kann sich der Leser meditierend eine Empfindung aneignen.

Die sichtbare phänomenale Welt

mayā 'dhyakṣeṇa prakṛtiḥ sūyate sacarācaram
hetunā 'nena kaunteya jagad viparivartate (IX/10)

»(...) Die Natur bringt allerlei Erscheinungen und Bewegungen hervor. Sie ist in unendlichen Zyklen, *jagad viparivartate,* zwischen Bewegung und bewegungslosen Momenten ausgerichtet.«

Der Geist wird aber in der *Bhagavad Gītā* als der oberste Herrscher, *adhyakṣeṇa* dieser bewegten *prakṛiti* bezeichnet. Er ist höher als die Lüfte und alle Licht- und Wesenswirkungen.

Die irdische Welt erscheint für das Auge gewissermaßen wie eine Abschirmung vor dem Geiste und bringt deshalb das Sichtbare hervor. Sie zeigt sich in vielen Vergleichen. Ein Berg unterscheidet sich von einem Wald und ein freier Raum der Lüfte grenzt sich von den Wiesenhängen und Graten der Berge ab. Jeder Blick, der in die sichtbare Welt gerichtet ist, fördert duale Eindrücke. Der Geist jedoch ist nicht sichtbar, denn dieser entzieht sich der Dualität. Er ist übersinnlich und frei vom Räumlichen.

III Die seelische Ebene und ihre Realität

Weiterhin beinhaltet die *Bhagavad Gītā* ausdrucksstarke Bilder mit einer vorzüglichen Beschreibung der erlebbaren Gefühle, die sich im Kampf mit den widersprüchlichen Seinsbedingungen des Daseins ergeben. Die seelische Wirklichkeit ist mit dem ethischen Verhalten verbunden, mit der inneren Sittlichkeit und den Tugenden. Es ist jene zweite Ebene bezeichnend für das, was im Menschen stattfindet, wenn er gute Taten vollbringt und für das, was hingegen eintritt, wenn er den bösen Mächten der Finsternis unterworfen ist. Ein Beispiel kann diese seelische Ebene konkretisieren und damit eine Vorstellung erschaffen, wie die Seele in ihrer Tugend in der *Bhagavad Gītā* angesprochen wird. Die Verse vergleichen die Ebene der *Kauravas*, die dem Bösen, dem Übelgesonnenen, wie es dargestellt wird, unterliegt, mit jener der *Pāṇḍavas*, den Guten, den reingebliebenen Weißen. Diese Weißen oder diese noch mehr vom außerirdischen Leben Heimgesuchten, kämpfen mit den Söhnen des blinden Königs. Der Kampf ist durchaus von einem moralischen Charakterzug gezeichnet. *Kṛiṣṇa* belehrt *Arjuna*: *tasmād uttiṣṭha kaunteya yuddhāya* – »Steh auf *Arjuna*, erhebe dich« (II/37). Die *Gītā* drückt mit diesen Worten fast meditativ und doch in einem Imperativ gehalten aus: »Erhebe dich auch aus dieser irdischen, vom Körper und falschen Gefühlen geprägten Ebene.« Wenn Sie wissen, dass ein Klagen von *Arjuna* gegenüber dem Schrecken des Kampfes besteht, so ahnen Sie die mächtigen Gefühlsrealitäten der niedrigen Gemütseinflüsse, wie sie *Arjuna* ganz gefangen nehmen. *Arjuna* steht dem Heer seiner eigenen verhafteten Wirklichkeit gegenüber. Die *Pāṇḍavas* sind auf der einen Seite und die *Kauravas* auf der anderen, dazwischen steht der Schüler mit seinem Bogen und sieht sich die seelischen Verhältnisse an, damit er einen Eindruck bekommt, mit welchen metaphysischen Entitäten er es zu tun hat und wer sein wirklicher innerer Gegner ist.

aśocyān anvaśocas tvaṁ prajñāvādāṁś ca bhāṣase
gatāsūn agatāsūṁś ca nā nuśocanti paṇḍitāḥ (II/11)

»Du sorgst dich um jene, um die du dich nicht zu sorgen brauchtest; doch du sprichst Worte der Weisheit. Die Weisen grämen sich weder um die Lebenden noch um die Toten.«

Jene Unterscheidung zwischen erbauenden Gedanken und sehr unbedeutenden vergänglichen oder sogar niedrigen Formen des Lebens, klingt dem Leser in der *Bhagavad Gītā* in unentwegten Bildern entgegen. *Kṛiṣṇa* belehrt *Arjuna* mit den Worten: »Was kümmerst du dich um das Sterbliche und um die menschliche kleinliche Bewertung von Ereignissen? Du solltest dich mit deiner Seele erheben und dich um die reine Geistigkeit bemühen und diese Dinge, die die moralische Bewertung der Welt, das Sterben, das Kämpfen und das Töten betreffen, einmal ganz mir überlassen.« Er sagt: »Die gewöhnliche Welt von Sympathie und Antipathie solltest du ab heute nicht mehr als deine Heimat sehen, denn ich will dir eine höhere Realität lehren, ich will dir nun Geistiges lehren. Deshalb steh auf und kämpfe *Bharāta*.« Es ist diese Realität im Verstehen wahrhaftig ein Kampf. Man bemerkt an der Schilderung, dass es nicht ein Kampf mit den äußeren Feinden ist, sondern mit den inneren Widerständen und mit der Entwicklung zu Einsichten in die ewigen Gesetze. Es ist wahrhaftig ein Kampf in der Seele. So wendet sich das Bild von der sympathisch geprägten Welt hinweg zur geistigen Wirklichkeit. Es wendet sich das Bild sogar ganz in die geistige Wirklichkeit hinein. Das ist der seelische Ausgang, der im ersten und zweiten Kapitel in der *Bhagavad Gītā* geschildert wird.

Die seelische Welt ist für den Leser eine wichtige Erscheinung, die aufzeigt, was mit dem Menschen geschieht, wenn er den dunklen Mächten verfällt, und was sich mit dem Menschen ereignet, wenn er sich den edlen Tugenden und großen Wahrheiten der Schöpfung hingeben kann. Ein kleines Beispiel soll zu dieser seelischen Welt angeführt werden, damit sie im Gegensatz zur geistigen Welt noch besser unterschieden werden kann. Man nehme einmal an, man begeht eine Lüge oder äußert eine Beleidigung. Das emotionale Gemüt beleidigt jemanden oder es grenzt jemand anderen bösartig aus, weil die Angst vor den Konsequenzen einer größeren Entwicklung die Seele bedrängt. Derjenige, der solche Taten vollbringt, angestachelt durch negative Mächte und Wesen oder getrieben von Angstgefühlen, wird einen seelischen Schleier um sich herum errichten. Derjenige, der beleidigt oder lügt, wird immer mehr von einer Hülle umkleidet und diese Hülle schirmt ihn vor den lichteren größeren Wahrheiten ab, sie bringt ihm die Erfahrung näher, die man charakteristisch als Unverbundenheit, vielleicht Einsamkeit oder Eingeschlossensein bezeichnet. Vielleicht kennen Sie solche Gefühle und erleben manchmal im gesellschaftlichen Leben ähnliche Verhältnisse. Die Lüge führt zu einem fast phantomartigen Umkleiden mit einhüllenden Wesen. Die Lüge behindert die gesamte Entwicklung, besetzt das gesunde Selbst, schirmt dieses ab und wirft den Menschen auf die physische Körperlichkeit zurück. Mit jeder Lüge ist der Kontakt zur Außenwelt nicht mehr harmonisch und nicht mehr in einer glücklichen Verbindung, sondern er ist meist nur noch in irgendwelchen Schwierigkeiten mit unzähligen Konflikten und wachsenden Konfusionen gefangen. Derjenige aber, der sich durch die Kraft der Überwindung schult, vor allem durch die mentale und innere Selbstüberwindung, so dass er der heute so normalen weltlichen Lüge, den dunklen Mächten und Gewalten widersteht, der wird durchaus keinen leichteren Standpunkt in der Welt besitzen, aber ihm strömen Fülle und einende Verbindung zu. Dasjenige, was die unmittelbare Hinwendung zu Yoga und Wahrheit ist, bewirkt die Einheit von Körper, Seele und Geist, und diese Einheit lebt mit der Weltenschöpfung. Eine besondere Möglichkeit der Entwicklung strömt demjenigen zu, der das hohe *satya*, die Wahrheit leben kann und durch die Kraft seiner Überwindung sich jenen höheren Zielen öffnet, den großen Idealen hingibt, mit andächtigen Gefühlen aus seinem Ego emporhebt und die verschiedenen dämonischen, niedrigen Zustände eigenständig besiegt. Die *Bhagavad Gītā* sieht in der Wirklichkeit des Nachtodlichen ein *bhāva*, eine bleibende und taugliche Dimension, wenn der Übende zu einer wahrheitsgetreuen Handlung emporsteigt und ein *abhāva*, eine Art Nicht-Wirklichkeit, wenn sich der Einzelne den eigennützigen Gefühlen hingibt.

Mit dem Abscheiden des Körpers, dann wenn die Seele in den Kosmos hinübergeht, aus der sinnlichen Wirklichkeit mit der körperlichen Eingebundenheit abscheidet und in ihr ureigenes Reich gelangt, dann wird ihr dort schon bald dasjenige zuteil, was ihre Wirklichkeit und ihre Schätze auch im Irdischen und damalig Verborgenen waren. Wenn jemand eine Lüge begangen hat, so wird er in der geistigen Welt mit Einsamkeit, mit Abschnürung, mit einer Art Einkerkerung bei sich selbst konfrontiert, er kann nicht teilnehmen an einem freudigen oder einem lebendigen, erfüllten Miteinander mit anderen Seelen. Er lebt somit in einem *abhāva*, in einem Zustand des Bedeutungslosen. Er fühlt sich fern von seinen Mitmenschen, sogar von den ihm bekannten Seelen, die ebenfalls abgeschieden sind, und er findet auch keine lebendige Verbindung zu den Hinterbliebenen. Er wählt eine Art Gefängnis für eine vorübergehende Zeit in der kosmisch nachtodlichen Welt für sich selbst. Das ist die seelische Welt. Derjenige aber, der sich für große Wahrheiten öffnen kann, schreitet in die Fülle hinein und nimmt schöne Verbindungen auf, und dies sowohl zur Erde, zu den Hinterbliebenen, wie auch zu jenen, die ebenfalls abgeschieden sind und in der geistigen Welt verweilen. Die Entwicklung und das Leben des Bewusstseins sind nicht abgebrochen in der seelischen Welt, nachdem der Körper gestorben ist.

te taṁ bhuktvā svargalokaṁ viśālaṁ kṣīṇe puṇye martyalokaṁ viśanti
evaṁ trayīdharmam anuprapannā gatāgataṁ kāmakāmā labhante (IX/21)

»Nachdem sie die himmlischen Welten (die nachtodliche Seelenebene) genossen haben und der Lohn für ihre guten Werke aufgezehrt ist, kehren sie wieder in das sterbliche Dasein zurück. Da sie sich an die Tugenden halten, die durch die drei Veden eingeschärft werden, und die Befriedigung ihres Begehrens suchen, folgen sie dem Zyklus von Geburt und Tod.«

Nehmen Sie das bitte zur Kenntnis: Die meisten Menschen beurteilen, wenn sie moralisierend sind, die seelische Ebene von der physischen Wirklichkeit ausgehend und somit von den Kriterien, die allgemein die Gesellschaft zur Verfügung stellt, und das sind zeitweilige Tugenden und Untugenden, relativ Gutes und Böses, subjektiv Moralisches und Unmoralisches, und sie bemerken meist die dahinterliegende geistige Dimension, das wirkliche *bhava*, nicht mehr. Hier in der *Bhagavad Gītā* wird aber die seelische Ebene, und das ist dieser erhabene Standpunkt, dieser so großartige, gleichmütige Standpunkt der *Gītā*, diese Ebene der Seele im Leben nun von der nichtdualen Ebene geschaut; es wird wie von einer Wolke hinuntergeblickt auf das, was im sogenannten Astralischen oder im nachtodlichen Aufenthalt der Seele geschieht. Hier verströmt sich in Worten dieser große Gleichmut aus *Kṛiṣṇa* und aus der Ebene des *brahman*, die ganz rein von allen moralisierenden, dualistischen und menschlichen Meinungen ist. Diese Ebene des nun folgenden Geistes ist ganz unabhängig von Moralisierung und von der physischen Welt und doch steht sie mit ihnen in Verbindung. Im Geiste stehen alle Glieder geheimnisvoll in Verbindung. Wie sie in Verbindung stehen, soll in weiteren Interpretationen zu ganz bestimmten Versen erörtert werden.

Die seelische Welt des Menschen erscheint inniglich mit der Planetensphäre verbunden. In dem Bild wird der in Sorgfalt Studierende dargestellt. Die Genauigkeit, Tiefe und gedanklich exakte Unterscheidungsbildung sind Eigenschaften des Saturns. Sie gehören zur seelischen Welt.

bhū

Das Wort *bhāva* entspringt aus der Wortwurzel *bhu*, diese impliziert das Werdende, das in die Existenz Tretende. Sie erscheint häufig bei allen metaphysischen und physischen Erscheinungsformen.

bhāva

Die höhere Ebene des Seelenlebens, des Astralleibes

Diese zeigt sich in all jenen Wahrnehmungen zur geistigen Wirklichkeit (IX/13) zu denen sich die sogenannten großen Seelen, *mahātmānas*, aufrichten.

abhāva

Die niedrigere Ebene des Astralleibes äußert sich in den Polaritätenpaaren, wie beispielsweise *rāga* und *dveṣa*, von Anziehung und Abstoßung oder von Glück, *sukha* oder Unglück, *duḥkha*. In der Summe bilden die vielen Neigungen in den Polaritäten den niederen Anteil des Astralleibes.

IV Die Ebene brahman

Nun folgt logischerweise für diese Vorträge eine Kurzinterpretation der dritten Ebene, das ist die geistige Wirklichkeit, die in der orientalischen Philosophie mit *brahman* benannt wird. *Brahman* ist in den klassischen begrifflichen Definitionen eine Ebene, die übergeordnet zur Materie ist und die dadurch jene reine glorreiche Ideenwelt darstellt. Sie ist durchaus für die erste sinnliche Anschauung eine Nicht-Wirklichkeit, sie ist zunächst undefinierbarer Geist, aber sie ist bei näherer Betrachtung konkret und damit eine Welt aus existenten Ideen, eine Ebene, die eine Wirklichkeit in einer Substanz offenbart, die aber schwer mit Vergleichen zu benennen ist. Diese Wirklichkeit, die diese Ebene des *brahman* besitzt, kann man sich in etwa so vorstellen, wie das Innere des Lichtes. Stellen Sie sich einmal vor, Sie sehen ein Licht und Farben als Ausdruck des Lichts. Wenn die Augen die Farbe sehen, dann funktioniert dies ja nur, weil sie eigentlich die Reflexion wahrnehmen und der Körper diese Farbe nicht durchlässt. Die Farbe wird widergespiegelt und dadurch kommt sie über die Sinne und das Nervensystem zum Bewusstsein. Die Farbe ist ein Ausdruck des Lichtes. Es besitzt aber das Licht noch ein Inneres und ein geheimnisvoll Schöpferisches, eine Schöpferkraft, eine schaffende Dimension, eine wirkende Gestaltungsmacht, eine unsagbare Dynamik für die Welt, die wie das absolute in seiner Allgegenwärtigkeit ist. Es ist die Geistsubstanz, oder das reine Sein. Das Licht trägt eine weise Schöpferkraft für die ganze Menschheit und den Werdegang der Naturschöpfung.

Ebenso tragend und erhaltend ist das Feuerwesen, das Wärmewesen. Die Wärme besitzt Wirkungen, die spürbar für das Nervensystem sind. Die Wärme besitzt auch ein Inneres. Dieses Innere entspricht der Wirklichkeit des *brahman,* des ›Einen ohne ein Zweites‹. *Brahman* ist eine unfassbare Ebene, die durchaus konkreter ist als alles Konkrete und eine unfassbare allselige Freiheit für den darstellt, der immer mehr eine Empfindung, ein Fühlen, eine Vision zu diesen Dimensionen, die hinter den Phänomenen liegen, entwickelt. Eine Forschungsfrage dieser Art gründet sich nicht auf eine banale Glaubensfrage, die nur einen ideologischen Wert für die Religion besäße oder die man für alles Unerklärbare mit abstrakten Phantasien einsetzen würde. Sie ist eine Wirklichkeit, die mit der seelischen Welt inniglich verwoben ist, aber dennoch durch ihre eigene Geistigkeit unberührt von dieser bleibt und sie ist eine schaffende Weisheit, die bis in die Physis hinein existiert, aber doch, weil sie eine stofflich freie Wirklichkeit ist, frei von dieser lebt. Sie ist durch sich selbst, durch ihre eigene Geistigkeit unberührt. Sie ist die Welt des Ich oder allgemein des Selbst; diejenige Dimension, die das Einzigartige hervorbringt. Diese Welt des Einzigartigen darf auch mit der sehr trefflichen Definition der

Glückseligkeit bezeichnet werden. Tatsächlich ist sie weitaus definitiver als alle vergängliche sichtbare Erscheinung. *Brahman* ist die Welt einer immanenten und doch über alles hinausgehenden Wirklichkeit. Sie ist immer transzendent. *Brahman* ist transzendent und immanent, mit ihrem Geheimnis des Gedankens einwohnend und allgegenwärtig und doch entzieht sich dieses *brahman*, dieses Geheimnisvolle, ganz den Zugriffen der Physis und der sogenannten Astralität, die bezeichnend ist für die allgemeine wesenhafte Welt. Denn auch das astrale Wesen mit allen *bhūtāni*, *sarvabhūtāni*, fällt einmal im Werdegang der ganzen Entwicklung von der reinen Gedankenebene zurück.

So existieren drei Ebenen: Eine Welt des *brahman*, eine innere Wahrheitsdimension, eine Welt der Seele mit großen Bildern und eine Erscheinungsform des Physischen mit sichtbaren Gestalten. Die physische Welt ist die gröbere Wirklichkeit. Die seelische Welt ist die astrale, feinere, mittlere Dimension, es ist die Region, in der Reflexionen und die Wirkungen der Strahlkräfte stattfinden. Sie ist eine erfahrbare Welt, die in jedem Menschen, wenn er geeignete Empfindungen dafür ausprägt, spürbar ist. Die Aufgabe jeder Schulung ist es, und auch diejenige von *Arjuna*, für die astrale Welt Empfindungen zu entwickeln. Es gibt jene ursächliche noch höhere Region, die *brahman* ist, für die die menschliche Wahrnehmung im herkömmlichen Sinne keine rechten Empfindungen besitzt, weil sie sich ganz dem bewussten seelischen Erfassen entzieht. Dennoch aber kann und muss das menschliche Bewusstsein doch einen Sinn für jenes schöpferische Geheimnis des *brahman* ausprägen. Dieser Sinn, der für diese reine geistige Seinsebene, für *brahman*, ausgeprägt wird, erfordert aber eine ganz konsequente und sehr langatmige, von Geduld gezeichnete Schulung. Denn für dieses *brahman*, das eine Schaffenskraft ist, eine Schaffenskraft aus dem Ich-Selbst, aus der reinen Gedankenebene, muss sich der Mensch, bevor er es empfinden oder realistisch wahrnehmen kann, erst einmal die rechte abstrakte Vorstellung bilden. Er muss Bilder mit klaren Inhalten entwerfen, damit er diese inneren, in der Seele und in der Physis angelegten Ideenkräfte erahnt, die in der ganzen Weltschöpfung gegeben sind.

Diese drei Ebenen sind für die *Bhagavad Gītā* sehr wichtig. Vergleichsweise soll hier noch ein Gedanke herangeführt werden. Wenn das menschliche Bewusstsein im Leben steht, so ist es gemäß der Gewohnheit vergleichbar mit dem Tagesbewusstsein, es ist in der Sinneswelt und damit in der konkreten, begrifflichen Wirklichkeit. Wenn es aber hinwegtaucht und in ein Träumen übergeht oder in einen Halbschlaf versinkt, ist es bereits mehr in einer seelischen Wirklichkeit, die diffuse Bilder enthält, und wenn es sich vom Körper loslöst, wie es im Tiefschlaf der Fall ist, befindet es sich nahe bei *brahman*. Ohne Schulung verbergen sich diese höheren Gefilde des Geistes und der

Mensch erlebt mit den Augen und mit den Sinnesorganen nur einen schwachen Glanz des eigentlichen Absoluten.

Ebenso erscheint die Seele oder das menschliche Wesen in der Sinneswelt. Nach dem Tode ist die Seele grob gerechnet etwa ein bis dreißig Jahre in der seelischen Welt oder im astralen Himmel. Erst dann nimmt die Seele den Weg in *brahman* hinein. Sie nimmt auch den Weg in *brahman,* selbst wenn sie nicht sehr glücklich gelebt hat. Die Seele nimmt immer diesen Weg von *prabhava,* dem In-die-Verkörperung-Gehen, das ist der gewöhnliche Zustand, der Zustand des Werdens, in dem sich allgemein das Tagesbewusstsein befindet, und von der Auflösung und dem Loslassen in den Nächten, dem *pralaya.* Vielleicht wechseln viele Menschen schon in die seelische Welt hinüber oder haben auf bestimmten Gebieten Ahnungen von den Gesetzen dieser seelischen Welt, aber dann, wenn sie mit dem Körper abscheiden, betritt der Einzelne die seelische Welt in ganzem Umfang, ohne dass der Körper zum Ballast wird. Wenn die Seele diese Ebene durchschritten hat, geht sie mit dem Potenzial, das in ihr bleibt, das sie in diesem Werdegang, in der Inkarnation, im Aufenthaltsort auf der Erde errungen hat, in die Welt des *brahman* hinein. Von dort wird sich dann das Weitere im Beziehungsfeld zur Schöpfung entwickeln. Hier schildert die *Bhagavad Gītā* – und das ist das Einzigartige an diesem Werk – eine große Fülle von Bildern darüber, wie jenes *brahman* in Beziehung zu den übrigen Ebenen, zur Seele und zum Körperlichen steht. Dieses Verhältnis wird dem Leser trefflich an vielen Beispielen und Vergleichen gezeigt. Die Ebene des *brahman* ist transzendent und immanent, sie existiert im Körperlichen, in den Empfindungen und dem Gemüt. Sie ist ein verborgener Teil in der Seele. Das Gesetz des *brahman,* das in jedem Menschen lebt, ist und bleibt ein Mysterium.

Arjuna war hellsichtig auf der seelischen Ebene, und diese seelische Wirklichkeit ist jene Dimension, in der die *deva,* die Engel und Götter, wirken und die vielen Wesen, die *sarvabhūtāni* – ein Ausdruck, der in der *Bhagavad Gītā* immer wieder vorkommt – tätig sind. Die *sarvabhūtāni,* die substantiellen, feinstofflichen Wesen arbeiten im seelischen Umfeld und auch im apersonalen, im mineralischen, pflanzlichen und normal gegenständlichen Umfeld. Aber sie arbeiten wohlgemerkt auf einer Ebene, die als astralisch zu benennen ist. *Arjuna* sah noch diese elementaren Wesen. Deshalb wird *Arjuna* auch öfters gesagt: »Schaue doch diese Wesen einmal an. Sie kommen, sie bleiben eine Zeit lang und sie gehen wieder. Was gibt es sich darüber zu bekümmern?« Ich werde den Vers einmal im Original rezitieren:

avyaktādīni bhūtāni vyakta madhyāni bhārata
avyaktanidhanāny eva tatra kā paridevanā (II/28)

»Alle Wesen kommen, sie bleiben im mittleren Stadium und sie gehen wieder. Aber der weise Mensch soll sich darüber keine Sorgen machen.«

Der Wagenlenker schildert dem *Arjuna* die Möglichkeiten und Höhen, die er mit der Disziplin des Yoga einnehmen sollte und gemäß seines besonderen Niveaus des Charakters einnehmen muss. Es ist aber jene Lehre derartig anspruchsvoll, erhaben und in große Bilder eines Mysteriums gekleidet, sodass sie von einem heutigen, einfacheren Standpunkt, selbst mit einem gut gemeinten, philosophischen Betrachten, nicht mehr verstanden werden kann. *Arjuna* hatte schon eine bestimmte geistige Vorbereitung, er war diszipliniert, hellsichtig und sehr furchtlos. Der heutige Schüler auf dem geistigen Pfade muss durchaus erst einmal diesen reineren Standpunkt vorbereiten, damit er ihn einigermaßen in übergeordneter Weise einnehmen kann. Es wäre für den Menschen, wenn er sich rein passiv und meditativ in die *Bhagavad Gītā* hineinleben würde und diese Gedanken unmittelbar bei sich wörtlich nähme eine Art Versuchung gegeben, die wohl oder übel in Verhärtungen gegenüber der Weltschöpfung enden müsste. Man würde dann die Besonderheit der modernen Seelenkonstitution und die Anlagen der logisch denkenden Intellektualität außer Acht lassen. Deshalb soll die *Bhagavad Gītā* nicht einfach auf das Leben leichtfertig übertragen werden. Dasjenige, was die *Bhagavad Gītā* erzählen möchte und was in einer gewissen zeitlosen Hinsicht ein weltenkosmisches Gesetz selbst ist, ist das Wahrnehmen der Entwicklung und das erste Empfinden darüber, was ein Wesen repräsentiert, was ein *deva* in seiner höheren Wirklichkeit darstellt, was die Reinkarnationslehre sagen möchte und was das Selbst im höheren Sinne beschreibt. Weiterhin wird ein Empfinden vorbereitet, wie dieses geistige Selbst dem sterblichen Sinn mit allen Polaritäten gegenübersteht.

Die Flamme oder das Wesen des Feuers verbindet im sogenannten Weltenäther das Einzelne mit einem Ganzen. Der Hellseher sieht die Weltenschöpfung wie eine metaphysische, anmutige vereinende Feuerkraft. Diese geheimnisvolle ätherische Kraft bedient sich des Gedankens, bewegt ihn und führt ihn in die Entwicklung.

Die Verse beschreiben ein Geheimnis. Sie dürfen nicht immer wörtlich auf das Leben übertragen werden.

anapekṣaḥ śucir dakṣa udāsīno gatavyathaḥ
sarvārambha parityāgī yo madbhaktaḥ sa me priyaḥ

»Wer ohne Bedürfnisse ist, rein, tüchtig, unbetroffen und unbekümmert, allem Unternehmen und Bemühen entsagend - wer Mir so ergeben ist, der ist Mir lieb.«
(XII/16)

In diesen und anderen ähnlichen Versen, die die Entsagung betreffen, spricht der Wagenlenker mit großen Bildern zu der Seele im Nachtodlichen. Er spricht tatsächlich nicht auf moralisierende Weise zu den irdischen Verhältnissen, nein, er meint die Seele im Nachtodlichen, in der höheren polaritätsfreien Wirklichkeit des Astralleibes.

In der körperfreien Ebene dieses seelischen Daseins, die die Seele meist nach langen Läuterungen erreicht, erlebt sie jene Reinheit, *śuciḥ*, des begierdelosen Friedens, *sarvārambha parityāgī*, und dieser ist dem Geist *Kṛiṣṇa* lieb, *madbhaktaḥ sa me priyaḥ*.

V Die Welt brahman und das Opfer

Nun sollen einige Verse über jene erwähnte dritte Ebene des Geistes zur Interpretation kommen. Es handelt sich um die typischen und unerlässlichen Verse über das Opfer und die Opfergabe.

brahmā 'rpaṇaṁ brahma havir brahmāgnau brahmaṇā hutam
brahmai 'va tena gantavyaṁ brahmakarma samādhinā (IV/24)

Dieser Vers wird gerne als Tischgebet bei Yogaveranstaltungen rezitiert. Er heißt übersetzt: »*Brahman* ist die Opfergabe, *brahman* ist die gereinigte Butter, *brahman* ergießt sich hinein in das *brahman*-Feuer. *Brahman* wird im *brahman* das Feuer selbst. Wer *brahman* in allem sieht, der wird auch *brahman* erlangen.« Dieser außerordentlich melodische Vers steht am Anfang einer Reihe von Aussagen über das Wesen des Opfers, des *yajña*, wie es genannt wird. Das so mysteriös anmutende Opfer liegt allen religiösen Riten zugrunde und, wie es in der *Bhagavad Gītā* geschildert wird, allen menschlichen Handlungen. Die Erscheinungsform, dass der Mensch etwas hingeben muss, ist nicht nur symbolisch, sondern eine Daseinsrealität im größten und wichtigsten Umfange, die unmittelbar zu der gesamten Entwicklung, in der die Welt und der Kosmos stehen, zählt. Die *Bhagavad Gītā* erzählt in einigen kompakten Sätzen, wie die Weltschöpfung durch Opfer entstanden ist. Ohne Opfer könnte nicht ein einziges Leben entstehen. Handlungen und Hingeben, Aktivsein und Opfern gehören nach den Bildern der *Bhagavad Gītā* unweigerlich zusammen.

Die Realitätsform des immer vorhandenen Opfers, das die *Bhagavad Gītā* anspricht, offenbart einen ganz besonderen Charakter und richtet sich sehr deutlich an eine Art Schöpfungsgeschichte, die nichts anderes darstellt, als die Entstehung und das Werden. Die Schrift will jene mysteriöse Wirklichkeit erzählen, wie das irdische Leben mit einem immerwährenden, nahezu musikalischen Vorgang, der im Geistigen stattfindet, zusammenhängt. Wenn der Leser diesen oben genannten Vers, der mehr als nur eine pauschale Summe der anderen Verse über das Opfer darlegt, wirklich betrachtet, gewinnt er eine Ahnung über die reine geistige Welt *brahman*. »*Brahman* ist selbst die Opfergabe, sein ureigenes Sein ist das Feuer. Dasjenige, das sich opfert, ist *brahman*.« Übertragen gesehen könnte man sagen: Es ist der Geist, der sich opfert, und scheinbar opfert er sich für die Welt, aber nicht wirklich für die Welt, sondern für sich selbst, für seine eigene Geistvollkommenheit. Die geistige Entwicklung und das Opfer gehören unweigerlich, wie eine Einheit, zusammen.

Weiterhin heißt es wörtlich *brahma havir*. Diese bildhafte, spezielle Begrifflichkeit schenkt einen Vergleich, der in Indien nicht selten genannt wird: »*Brahman* ist die gereinigte Butter.« Für das westliche Verständnis ist das nun ein schwieriger, symbolisch sinnbildlicher Ausdruck. Die Butter und die Milch werden in Indien als Bilder genommen, die das erhaltende und reine Ernährungsleben darstellen. Die geklärte, gereinigte Butter bezeichnet hier die Welt eines aus und in *brahman* gewordenen Gedankens. Es wird jener reine Wert beschrieben, der nach dem Tode weiterexistiert, wenn alles Physische und niedrige Gemütshafte einmal weggefallen ist. Symbolisch bezeichnet dieses Bild die Welt des Ursprungs, die Heimat des Selbst, den höheren Himmel, wo niemand anhaftet und wo der Dämon und der *deva* zusammenleben können. Es ist eine Art Paradies. *Brahman* ist wahrhaftig eine paradiesische Welt, weil die Versuchung an jenes großartige immaterielle Sein, *brahman*, an jene gereinigte Welt nicht herantreten kann. In diesem hohen Himmel existiert keine Sünde und somit gibt es kein Leiden. *Brahma havir* ist sinnbildlich jene Welt, die *Arjuna* mit einfachen Vergleichen von *Kṛiṣṇa* erklärt bekommt.

Weiterhin heißt es im gleichen Vers: *brahmāgnau brahmaṇā hutam*. Wenn der Leser diese etwas komplizierten Worte weiterverfolgt, dann benötigt er – und das ist ein Teil einer Schulung, die er mit Eifer durchgehen muss – für den Anfang Anleitungen. Er braucht für diese Begriffe, die eine so fremde ungreifbare Wirklichkeit beschreiben, zunächst einmal eine konkrete, empfindsame Interpretation. *Brahmāgnau* ist die Form eines grammatikalischen Lokativs und bedeutet genau *brahma-agni* und es ist das Feuer in *brahman*. *Brahmāgni*, das Feuer des *brahman*, entsteht durch *brahman* selbst. Es entsteht oder lebt ein Feuer in *brahman*, das durch sich selbst existent ist. Diese kompakte Zusammenfassung ist eine ganz eigenartige und doch logische Darlegung des Geistes.[1]

1 *brahmāgnau brahmaṇā hutam* – *Brahman* ist in das *brahman*-Feuer geopfert. Dieser zweite Sektor des 24. Verses in Kapitel IV spricht jene Realitätssicht aus, die der fortgeschrittene Hellseher im Sinne der Entwicklungsprozesse, wie sie durch höhere Hierarchien oder anders ausgedrückt, durch verschiedene Engelskräfte in einer körperfreien Welt stattfinden, sieht. Es sind die Gedanken, die ständig in einer Bewegung zur Verwirklichung, zur unendlichen Vielseitigkeit der Gestaltung, der Veränderung, der Verwandlung, des Aufbaues, der Zerstörung, der Erhaltung, des Schutzes und des Schicksals getragen werden. Die Gedanken sind ein Sein, eine Wirklichkeit in *brahman* und diese wird von den *deva*, von den Engelskräften feurig, luftig mit aller multiplen Intention bewegt.

Brahman ist das Urbildeland, die Heimat der Gedanken

Brahman oder der Gedanke bietet sich als Opfer an und trägt sich in die Weltenschöpfung hinein.

VI Das Mysterium von der oberen Geistwelt zur unteren, irdischen Wirklichkeit

Große Yogalehrer in Indien wie Śrī Aurobindo haben die Verse über das Opfer auf eine Weise gedeutet, die sehr treffend ist, und doch für ein okzidentales Verständnis manchmal etwas schwer anmutet. Denn die großen Lehrer Indiens haben ein gewisses eigenes Fühlen zur Natur und zum Boden ihres segenreichen Heimatlandes. Man muss sich in dieses natürliche, integrative Fühlen bei einem so großen Yogalehrer wie Śrī Aurobindo hineindenken, damit man ahnen lernt, wie er beispielsweise das Wesen des Opfers interpretiert. Er sagt: Das Opfer ist eine typische Erscheinung in der Welt und im Geiste, von dem was *soham*, »Er bin ich«, bedeutet. Er, *saha*, bin ich, *aham* oder das Oben ist ein Unten, oder wieder anders ausgedrückt: Der Kosmos ist unmittelbar in der Erde, er ist *jagat*, die Welt der kosmischen Verbindung. Das *brahman*-Feuer ist das geistige Feuer. *Agni* wird als Begriff für ein geistiges Feuer und für ein erstes ätherisches Wirken des Selbst benützt. Das Wort ›ätherisch‹ bedeutet so viel wie ›eine immerwirkende freie kosmische Kraft und Energie‹. Es ist das Feuer, das in *brahman* urbildlich brennt und das in der Welt wie ein inneres, transzendentes Geheimnis latent webt und alles umschließt. Es brennt ohne Hitze, unsichtbar, unberührt, frei von der Materie, aber es brennt gleichsam wie eine geistige Flamme überall. Das *brahman*-Feuer ist ein trefflicher Ausdruck für das, was das Selbst beispielsweise in der Blume ist, das Selbst im Berg, das Selbst in einem Gegenstand, das Innerste in einer Erscheinung, sogar das Mysterium in einem Dämon. Man könnte dieses *brahman*-Feuer als eine ›immanente Religio‹ bezeichnen, eine Art innewohnende Geistigkeit, ein apersonales *ātman* oder Selbst, ein Naturzentrum des Geistes, das aber nicht persönlich geworden ist, sondern das durch die Werdeprozesse apersonal in der Weisheit der Natur lebt. In der Blume lebt nicht nur ein elementares Wesen und nicht nur eine Schaffenskraft, sondern es ist auch eine Einzigartigkeit in ihr enthalten, und diese Einzigartigkeit bezeichnet die *Bhagavad Gītā* als eine Art Feuerkraft in *brahman*. *Brahmāgni* ist das Feuer, das stille Feuer, das latente Geheimnis in der Blume, das verborgene Innere im Gegenstand, die geschaffene Intelligenz, sowohl im Tor als auch im Weisen. Es ist in jedem Ding und in jedem Menschen ein Feuer des *brahman*, ein latentes Inneres, ein immanentes Religiöses, ein Geistiges aus den höchsten Reichen des Himmels. Es heißt sodann in diesem Vers: »Wer *brahman* in allem sieht, der wird *brahman* erhalten oder zu *brahman* gelangen. Wer *brahman* oder dieses Feuer sieht, dieses Selbst in allem einmal identifiziert, der wird auch zu *brahman* eingehen.«

VII Die großartige Toleranz der Bhagavad Gītā

Wenn man den nächsten Vers zur Erkenntnisforschung benennt, so wird sogleich eine deutlichere Differenzierung zum Wesen des Opfers gegeben. Diese deutliche Aufgliederung betrifft die Form der Götter, jener *deva*, die angebetet werden.

daivam evā 'pare yajñaṁ yoginaḥ paryupāsate
brahmāgnāv apare yajñaṁ yajñenai 'vo 'pajuhvati (IV/25)

»Manche Yogins folgen den Göttern. Andere bringen *yajña* als Opfer in das Feuer des *brahman* dar.«

Es wird gerne dieser erste Teil irrtümlich übersetzt mit »Manche opfern den Göttern«. Es soll aber heißen: »Manche befolgen das Opfer.« Śrī Aurobindo hat diese Stelle sehr sorgfältig übersetzt. Die Übersetzung ist manchmal eine kritische Disziplin und dies ganz besonders ab jenem Punkt, ab dem man mit gewissen Interpretationen einen ersten Sinn deuten möchte. Mit eigenen, logischen Vorstellungen könnte man den ganzen Vers in eine andere Richtung ablenken und dem eigentlichen Sinn einen moralisierenden Gehalt aufoktroyieren. Der moralisierende, wertende Sinn ist aber bei diesem, wie auch bei anderen Versen nicht angemessen. Die *Bhagavad Gītā* beschreibt und offenbart die geistige Welt, wie sie dem Seher erscheint, in bester und vornehmster Weise. Jeder Vers bildet eine Aussage, die der Weltschöpfung zugrunde liegt. Die Verse aber benötigen dennoch das Risiko der Interpretation und eine sorgfältige erkenntnismäßige Ausarbeitung, denn sonst bleiben sie künstlerische Bilder, die dem heutigen Leser nicht mehr zugänglich sind. Die Interpretation soll möglichst so sein, wie sie der *Ṛṣi*, der Seher – es entspringt die Komposition aus einem Sehergeist – geheimnisvoll in diesem Vers angelegt hat. Die Welt und die Entwicklung zeigen, dass in allen Zeiten und Phasen des menschlichen Daseins die Götter mit verschiedenen Bildern verehrt wurden. Die Verehrungen müssen nicht auf die indischen Gottheiten beschränkt sein, sie sind ein Teil jeder religiösen Gemeinschaft. Wer philosophisch im Yoga oder im hinduistischen Gedankengut gegründet ist, weiß beispielsweise, dass *Sarasvatī* die Göttin für Weisheit und Kunst ist. Wer eine tiefe Beziehung, Verehrung und Liebe zu dieser Gottheit pflegt, folgt in gewisser Weise den Eigenschaften, die die Gottheit repräsentiert, und wenn es ihm sogar gelingt mit ehrlichem Herzen *Sarasvatī* in die Mitte seines Lebens zu führen, wird er, wenn er aus dem physischen Dasein abscheidet, mit dem Geistesgut, der Weisheit und der

Kunst verschmelzen. Er wird den Zielen, denen seine Verehrung galt, näherkommen. Die Seele trifft jene Werte nach dem Abscheiden in der nachtodlichen Welt, die er mit seiner persönlichen Hinwendung zu *Sarasvatī* erringen und wahrnehmen konnte. Wenn er dann von der Seelenebene in die Wirklichkeit von *brahman* eingeht, dann wird er aus dieser glorreichen Gedankendimension, soweit er sie erkannt und erlebt hat, aus *Sarasvatī* für die Welt ein Ideal abgeben. Er wird einmal in die seelische Welt hineingehen und nachdem er durch die astralisch-seelische Welt geschritten ist, wird er in die Welt *brahman* eingegliedert. Da er die Götter verehrt hat, geht er auch zu den Göttern:

yānti devavratā devān pitṝn yānti pitṛvratāḥ
bhūtāni yānti bhūtejyā yānti madyājino 'pi mām (IX/25)

»Die den Göttern, den *deva,* opfern, gehen hin zu den Göttern. Zu den verstorbenen Ahnen gehen die Ahnen-Verehrer. Zu den Elementargeistern oder Wesen gehen jene, die den Elementargeistern oder Wesen opfern. Aber die Mich verehren, den reinen Gedanken, kommen zu Mir, zu genau diesem Gedanken.«

Wer die Götter verehrt, geht zu den Göttern ein. Er betritt aber noch nicht das Höchste, will die *Bhagavad Gītā* sagen. Er geht beispielsweise zu einem spirituellen Aspekt, zu *Sarasvatī* und da er zu den Aspekten der Kunst und Weisheit geht, tritt er in jene Linie eines Ideals, das für ihn eine Erhöhung der Fähigkeiten und Möglichkeiten darstellt. Die verehrenden Bemühungen, die im Diesseits stattfinden, treten in die geistige Welt ein und sie geben dort, sofern es sich um ein authentisches ambitioniertes Wollen handelt, eine wahre Realität für den Menschen. Die Verse, sowohl jene über das Opfer als auch jene, die der Verehrung dienen, bilden eine wunderbare Beschreibung von großen geistigen kosmologischen Zusammenhängen. Es betrifft die Seele und ihren Werdegang in den nachtodlichen Welten und schließlich wie sie sich weiterhin im Geiste von *brahman* zu gründen vermag. Die Seele geht in diejenige Region über, die dem tatsächlichen Streben wahrheitsgemäß und tiefgründig entspricht, sie stellt sich in den Dienst ihres wahrheitsgetreuen wirklichen inneren Zieles und wenn dieses im Zusammenhang mit den Göttern war, erreicht sie jene Welt, die in vorzüglicher Hinsicht den Göttern entspricht. Die Seelen wirken dann im nachtodlichen Sein wieder auf die Erdenwelt zurück und geben der Weltenschöpfung, der irdischen Hinterlassenschaft, die genau bemessene Konfiguration im Sinne einer schöpferischen Gabe.

Die *Bhagavad Gītā* spricht ein großes Mysterium aus, ein *rāja-guhya* (IX/2), ein königliches Geheimnis und sie belehrt nicht auf moralisierende Weise den einzelnen Bürger. In diesem Sinne ist sie eine initiatorische Schrift mit Offenbarungen des höchsten Wissens.

Die Hinwendung zu den Engeln im Sinne einer interessierten bewusstseinsbildenden Arbeit

Die Betrachtung des zitierten Verses (IX/25) stellt eine ehrliche, konkrete Hinwendung zu den Engeln, zu den Vätern, zu den Wesen oder zu den reinen Gedanken dar. Der Unterschied von wirklich bewusst gewählten interessierten, von gutem Willen ambitionierten Kenntnis- und Erkenntnisschritten zu einem rein konsumgeprägten nutzbringenden Verlangen dürfte wohl so groß sein, wie der zwischen einem Seienden, einem *sat,* zu einem Nichtseienden, einem *asat*. Die Gefahr, sich nicht wirklich den Vätern, den Engeln oder den Gedanken hinzuwenden, ist deshalb sehr groß, da die materialistischen Prägungen fast automatisch den utilitaristischen Umgang mit jenen geistigen Entitäten programmieren. »Mich interessiert die Welt des Ahnen, des Verstorbenen und deshalb forsche ich.« Dieser Satz lässt sich sehr leicht mit einer Hinwendung vereinbaren, während der Ausspruch: »Ich nütze die Engel für meinen Schutz und arbeite mit ihnen« eine nichtseiende Realität beschreibt und deshalb für die *Bhagavad Gītā* gar nicht zur Diskussion steht.

VIII Vielseitige Wirkungen durch vielseitige Opfergaben

jñānayajñena cā 'py anye yajanto mām upāsate
ekatvena pṛthaktvena bahudhā viśvatomukham (IX/15)

»Auch Andere spüren Mich auf durch das Opfer der Erkenntnis.«

Es wird in diesem Vers, wie auch in vielen Versen des vierten Kapitels der Begriff ›Andere‹ genannt, *anye* oder manchmal auch *apare*. ›Andere‹ ist eine Umschreibung, die in dieser speziellen Initiationsschrift für die Identität eines Geistigen gebraucht wird. Es ist nicht das äußere irdische Leben mit den Anderen genannt, sondern jene Region der dienenden Hierarchie des *brahman*. Das sind eben viele und deshalb andere, als die bisher genannten.

Die ›Anderen‹ sind im Vers IV/25, der auf S. 362 genannt ist, zum Beispiel zuständig für das *brahman*-Feuer. Es sind wahrhaftig Ich-begabte Seelen oder es sind Selbstkräfte von jenen, die einmal gelebt haben und nun in *brahman* eingegangen sind, es sind Ich-Kräfte, einzigartige, ideale Mächte, einzigartige Schöpfungs- und Willenskräfte, die beispielsweise die Blumen kreieren, die Schönheit der ganzen Pflanzenwelt bezaubern, das Feuer in *brahman*, das für die apersonale Wirklichkeit brennt, entflammen. Es sind jene, die ein apersonales Selbst, eine einzigartige Wirklichkeit für diese Erdenschöpfung geben. Sie bilden die geistige Grundlage für jenes stille Feuer, das beispielsweise in den Sinnen lebt, *indriyāgni*. Es sind wieder Andere, die einmal im Leben gewirkt haben, die Großes leisteten und jetzt in den Dienst des weiten *brahman* treten. Die Schöpferkräfte, die von oben durch die Verdienste der Menschheit herunterstrahlen, sind mit dem Wort ›Andere‹ gemeint.

Wenn der Leser dann den nächsten, den dritten Vers über das Opfer nimmt, dann findet er eine noch deutlichere Differenzierung zum Wesen des Opfers.

śrotrādīnī 'ndriyāṇy anye saṁyamāgniṣu juhvati
śabdādīn viṣayān anya indriyāgniṣu juhvati (IV/26)

»Manche opfern das Hören und andere Sinne in das Feuer der Selbstbeherrschung. Andere bringen Klang und derartige Objekte der Sinne als Opfer in das Feuer der Sinne.«

Es werden nun wieder zwei technische Sanskrit-Begriffe genannt. Der erste ist das Feuer der Selbstbeherrschung oder das Feuer der Kontrolle, *saṁyamāgni*, und der zweite Begriff ist das Feuer der Sinne, *indriyāgni*. Der Leser könnte zur Vereinfachung die Worte anders übersetzen, dann würde er die Bedeutung des Verses leichter erahnen. Er könnte sich beispielsweise folgendes vorstellen: Andere legen ihren Geist, ihren zentralen Gedanken in die Fähigkeit zur Selbstbeherrschung. Damit diese Fähigkeit zur Selbstbeherrschung entsteht, ist ein Opfer beim Menschen vorausgegangen. Fügt er weiterhin zu dem Fachbegriff des *indriyāgni* – in den Feuern der Sinne – einen anderen Begriff hinzu, »die selige Freude der Sinne«, dann würde er schon mehr ahnen, dass mit diesen eigentümlichen, scheinbar altertümlichen Worten eine rein geistige Wahrnehmung geschildert wird. Diese erweiterte, etwas freie und doch präzisierte Übersetzung lautet nach der begrifflichen Umschreibung: Manche opfern ihren Sinn des Hörens, der einmal ausgeprägt wurde, in die Welt *brahman* und schenken den irdischen Hinterbliebenen die Fähigkeit zur Kontrolle ihrer Handlungsorgane und des Weiteren zur Fähigkeit des Hörens. Andere opfern ihre Gaben und schenken aus *brahman* der Welt die selige Freude in den Sinnen. Das erfahrbare Sinnesspiel von Menschen gründet sich auf einem vorausgegangenen Opfer. Es wird jene große geistig-kosmologische Sphäre und somit das gegenseitige Zusammenspiel von oben und unten verdeutlicht. Der Zusammenhang soll dem geistsuchenden Aspiranten sagen, dass auch das was im Hören stattfindet, der Mensch eigentlich gar nicht selbst tun kann. Denn das Hören, die Gabe des bewussten Hörens, kommt durch einen höheren Zufluss, und diese Fähigkeit ist einmal durch weisheitsvolle, aufsteigende Taten der Ahnen entstanden. Aber es steht auch diese Gabe in Analogie zur Kontrolle oder zu einem disziplinierten Handeln. Die *Bhagavad Gītā* schildert in dem Vers ganz besonders die Analogie von dem was die Kontrolle des Sinneslebens ist, zu dem, was die Sinneswahrnehmung selbst ist, denn beide hängen in einem Mysterium zusammen. Weiterhin gibt es andere, die opfern einen Klang. Wie können die Aspiranten das Opfer des Klanges verstehen? Man müsste sich schon sehr wenden und drehen, wenn man dieses eigenartige Opfer im Irdischen hervorbringen möchte. Auch wenn man das Hören opfern möchte, kann man sich wohl nur eine Theorie überlegen, denn man kann zwar vielleicht das Gehörte opfern, aber den Sinnesvorgang des Hörens unmittelbar zu opfern, und dies ist damit gemeint, ist gänzlich unmöglich. Es sind geistige Diener in *brahman*, die dieses Hören opfern und den Menschen befähigen, dass er auf sensible Weise ohne Unruhe und objektiv zu Hören lernt. Er lernt sein sensibles Nervensystem auf eine freie Weise zu gebrauchen. Die gesamte Schilderung steht mit dem menschlichen Nervensystem in Verbindung, und deshalb wird auf die Kontrolle hingewiesen. Weiterhin sind die Klänge in dieser geistigen Welt zum Thema gehoben, *visayān*, und in der geistigen Welt werden diese Klänge zum Opfer. Die Klänge werden nun von anderen Dienern geopfert, die hineingegangen sind in *brahman*. Dieses Opfer schenkt die Freude in den Sinnen oder das Feuer in den Sinnen, das Feurige, was Freude, Seligkeit in den Sinnen ist. Es lebt die Seele in dem, was der Lebensprozess oder das anmutige und leichte Sinneserfassen, das aus dem Geiste möglich wird, ist. Die Verse beschreiben das Wirken der ätherischen Welt, jener unsichtbaren kosmischen Dimension, die mit ihren vielfältigen Gestaltungen das Leben belebt, verwandelt und zu neuen höheren Erfahrungen führt.

Man achte deshalb bei dem Opfer der Sinne oder dem Opfer des Klanges darauf, ob der Mensch die Wahrnehmung über das sensible Nervensystem gewinnt oder ob er zu sehr in sich selbst gefangen ist und im Sinnesprozess allerlei Begehren und Zugriffe trägt.

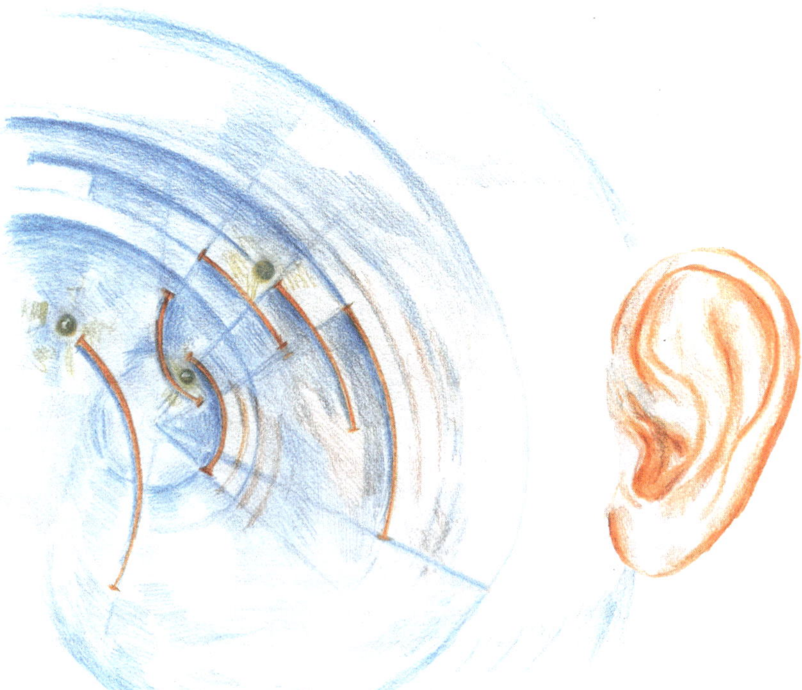

Mit dem Hören empfängt das Ohr genau bemessene Intervalle, die universalen, geistigen Gesetzmäßigkeiten entsprechen.

IX Verschiedene Formen der Askese

Nun erfolgt eine unterscheidende Schilderung, die besonders in der damaligen Zeit für den *Ṛiṣi* eine großartige Leistung war. Eine außerordentlich sorgfältige Differenzierung wird über dasjenige gegeben, was einerseits das Opfer der Askese ist und darüber, was andererseits das Opfer einer gewissen Art von spiritueller Arbeit ist. Diese ist auch eine Form der Askese, jedoch von ganz anderer Natur als die gewöhnliche Askese. Für ein grundlegendes Verständnis des Yoga ist dies sehr wesentlich.

sarvāṇī 'ndriyakarmāṇi prāṇakarmāṇi cā 'pare
ātmasaṁyama yogāgnau juhvati jñānadīpite (IV/27)

»Wiederum andere opfern alle Funktionen der Sinne und jene des Atems in das Feuer des Yoga der Selbstbeherrschung, das durch die Erkenntnis entzündet wurde.«

Hierzu erfolgt gleich der nächste Vers:

dravyayajñās tapoyajñā yogayajñās tathā 'pare
svādhyāya jñānayajñāś ca yatayaḥ saṁśita vratāḥ (IV/28)

»Noch wieder andere opfern Reichtum, Bußübungen und Yoga, während die Asketen der Selbstbeherrschung und strenger Gelübde das Studium der Schriften und Erkenntnis zum Opfer darbringen.«

Es wird hier eine Unterscheidung zwischen zwei verschiedenen Formen der Askese getroffen. Manche opfern alle Sinnesvorgänge, sie opfern auch das *prāṇa* in den Lebensstrom. Sie opfern, möchte man sagen, eigentlich alles, was zur Identität und zu ihrer eigenen Wesensnatur gehört. Es wird mit diesen Beispielen ein Opfer geschildert, das etwa wie folgend zu beschreiben ist: Stellen Sie sich einmal vor, Sie sind heute krank. Was werden Sie tun? Sie werden sich doch sicherlich um die Krankheit bemühen, damit Sie bald wieder körperlich und vielleicht auch psychisch leistungsfähig sind. Das dürfte die normale, bekannte Umgangsart mit dem physischen Körper sein. Für eine ganz andere Wirklichkeit, und es ist wirklich eine andere Wirklichkeit, schildert aber die *Bhagavad Gītā* eine Art der Askese, die für die moderne Zeit wichtig wäre und dennoch auf allerlei Widerspruch stoßen muss. Diese Form der Askese war von *Arjuna* in einem großen Grenzüberschreiten verlangt. *Kṛiṣṇa* sagt etwa im übertragenen Sinn: »Woher der Kleinmut und die Schwäche? Du hast eine Pflicht und ein Ziel und deshalb opfere dich für dieses und gib deine Schwächen auf. Diese große Aufgabe ergieße in den Lebensstrom deines Handelns und Denkens hinein. Wenn du krank bist, dann interessiert mich dein leidender Körper nicht, denn auch diesen sollst du der Pflicht gegenüber opfern.« So ist die Schilderung dieses Verses in aller Größe und im Sinne eines mutigen Aufrichtens zu verstehen. »Auch all dasjenige, das zu deinen Gefühlen und deinem Wesen gehört, muss geopfert werden. Diese überwindende große Askese ist für dich angezeigt, sie ist wirklich sehr edel und sie ist für den gewöhnlichen Verstand nur dann zugänglich, wenn ein neues Thema mit einer hervorragenden Aufgabe gegeben ist.«

Der Anfang des zweiten Kapitels ist für die gegebene Zeit, in der Menschen am Körper und an ihren eigenen persönlichen Gefühlen anhaften, wichtig, denn viele Menschen kommen an einen Punkt oder an die Schwelle zur geistigen Welt heran. Sie kommen in eine Situation, in der sich das Kampffeld der seelischen Welt weiter öffnet und diese seelische, noch begrenzte Hülle mit der ganzen persönlichen Abhängigkeit überstiegen werden muss. Die Selbstüberwindung ist bei Krankheiten und schweren Depressionen für spirituelle Personen oftmals die einzige Alternative. Man darf nicht nur um das persönliche Überleben und um weltliche Ideen kämpfen, man muss auch das gemütsverhaftete Wahrnehmen und alles Weltliche loslassen. Die Forderung vonseiten des Geistes ist bei verschiedenen scheinbar unlösbaren Konflikten die einzige Möglichkeit und viele Menschen kommen an diesen Punkt der Schwelle heran. Obwohl die Zeit in der Gegenwart so materialistisch ist, bringt sie dennoch diese Forderung nach einem Grenzüberschreiten von persönlicher Verhaftung zum überpersönlichen Pflichtgefühl hervor. Kleine Anzeichen dafür kann das menschliche Bewusstsein an dem klassischen Erschöpfungssyndrom bemerken. Die vielen Erschöpfungszustände sind ein gewisser Ausdruck für die Insuffizienz des körperlichen Lebens und verlangen von den Menschen eine sinnvolle, pflichtgemäße und wohl gewählte Aktivität. Die Entwicklung tritt an diese Schwellen in wachsendem Maße heran. Mit Weisheit muss die Erschöpfung oder die Krankheit geopfert werden. Solange man die Erschöpfung rein technisch durch eigennützige *prāna*-Übungen oder durch gewisse andere selbstbezogene Verrichtungen lösen möchte, oder die Ziele und Aufgaben, die dringlich anstehen, negiert, solange wird man dieses Opfer oder die Askese nicht leisten, die die *Bhagavad Gītā* hier in diesem Vers fordert. Sie sagt: »Das sind Andere, die von der geistigen Welt ausströmen und so dem Suchenden zuteil werden wollen.«

Es heißt in Vers IV/27: *ātmasaṁyama yogāgnau juhvati jñānadīpite*, was bedeutet, dass durch die geistige Welt und das Herabströmen der »Anderen« das Feuer des Yoga entzündet wird. Der Geist in seiner übergeordneten Dimension bringt Feuer oder anders ausgedrückt Selbstkraft in den Yoga hinein. Gedanken, die zuströmen, die wie eine feurige Inspiration wirken, entzünden die Wahrheiten und die Motivationen, diese zu verwirklichen. Das Opfer der geistigen Welt entzündet *jñāna*, Wissen, Erkenntnis und die selige Freude des persönlichen Aufstieges. Es ist eine tiefe Wahrheit, dass *Arjuna* in der *Bhagavad Gītā* seinen Standpunkt verlassen muss. Er wird vom Irdischen hinübergeführt in eine andere Welt und er muss das Opfer seines Mitgefühls leisten. *Arjuna* ist, wie bereits erwähnt, ein mitfühlender Mensch und er muss das Opfer des Mitgefühls leisten, aber ihm strömt im Gegenzug von oben die Gabe aus der anderen Welt, die Weisheit der Erkenntnis zu. Mit etwas Disziplin erhält der Mensch die Erkenntnis und dies ganz besonders, wenn er jene Schwelle passieren kann und über sich selbst grenzüberschreitend und auf ein Ziel besonnen hinauskommt. Diese Form der Askese ist außerordentlich großartig, erhaben und bildet Moralität in graziler Form. Der Mensch verlässt seinen bisherigen, subjektiven Standpunkt für ein geistiges Gefühl und ein werdendes Menschheitsziel. Er gibt deshalb sogar seine Krankheit oder sein Leiden, sein Mitgefühl und das, was er noch festhält hin und wird dann mit der Ausdauer des Weiterschreitens einen Zustrom von ganz hohen Seelen erleben. Die Seelen von Śivānanda, von Śrī Aurobindo, von Rudolf Steiner und anderen weisen Menschen leben in dieser Welt von *brahman* und schenken die Erkenntnisse und die möglichen günstigen Voraussetzungen zur Verwirklichung.

Śrī Aurobindo sah in der Weltenschöpfung eine großartige Einheit, die sowohl im Kosmos als auch in der Erde auf ihre Entdeckung wartet. *Brahman*, die Welt des Geistes, verbindet beide, den Himmel mit seinen Planeten und die Erde mit ihren Erscheinungen.

Der Wortbegriff saṅga, das Anhaften

saṅga

In demjenigen, dessen Bewusstsein mit gefesseltem Interesse an den Gegenständen seiner Sinne hängt, bildet sich Haftung an diese. Aus der Haftung kommt das Verlangen und aus Verlangen Zorn (II/62).

Saṅga bedeutet übersetzt die Verhaftung oder Gefangennahme der Sinne. Das Heilmittel, das die *Bhagavad Gītā* gegen die Anhaftung der Sinne vorschlägt, ist die sorgfältige Auseinandersetzung mit geeigneten Gedanken der Unterscheidung zwischen vergänglichen und unvergänglichen Werten der Weltenschöpfung. Betrachtet jemand mit klaren Gedanken ein Objekt, kann er sich mithilfe dieser Gedanken im Sinnesstrom frei bewegen.

X Die Askese in Weisheit mit der geistigen Welt

Ein nächster Vers spricht eine andere Form der Askese aus, eine Askese, die ebenfalls für die gegenwärtige Welt wichtig ist. Es heißt in diesem Vers: *svādhyāya jñānayajñāś ca yatayaḥ saṁśita vratāḥ* (IV/28), das Opfer von materiellen Dingen, körperlichen Formen und des Weiteren das Darbringen des Lesens und des Erkennens. Das Opfer von Bußübungen ist bereits genannt und wurde von dem Opfer des Lesens unterschieden. Die büßende Askese ist zunächst einmal eine reinigende, vorbereitende Übung gleich einer Disziplin, die im persönlichen Willen beginnt und noch keine universale Weltendimension vorträgt. Noch ist das Opfer nicht in aller Vollkommenheit über die Person hinausgehend und auf ein allgemein spirituell höchstes Ziel ausgerichtet. Der Mensch behält im materiellen Opfer noch eine gewisse Zurückhaltung und reinigt sich auf den Ebenen des Denkens, Fühlens und Wollens. Das große Opfer beschreibt hingegen einen schweren Standpunkt, der nur mit einem Zustrom von höheren Dimensionen möglich ist. Der Mensch verlässt sich beim vollendeten Opfer ganz selbst. Jemand, der die Fähigkeit zu Opfer- und Bußleistungen jedoch noch in begrenzterem Maße leistet, nimmt ebenfalls Seelen auf, und dieser Umstand ist in dem Begriff, *yatayaḥ saṁśita vratāḥ*, enthalten. Es sind Seelen, die einstmals gelebt haben und die sich nun hineingießen in das Bewusstsein des strebenden Schülers. Der einfache Asket erlebt eine gewisse Reinigung in der Seele durch eine Öffnung zu den oberen Welten und somit strömen ihm die vorausgegangenen, eifrigen Seelen aus den höheren Welten zu.

Man nehme den folgenden Vers über den Atem, bei dem der Einzelne durch das Tor des *prāṇāyāma* hindurchschreitet.

apāne juhvati prāṇaṁ prāṇe 'pānaṁ tathā 'pare
prāṇāpānagatī ruddhvā prāṇāyāmaparāyaṇāḥ (IV/29)

»Andere wiederum, die sich der Atemkontrolle widmen, gießen, nachdem sie *prāṇa* (den einströmenden Atem) und *apāna* (den ausströmenden Atem) innegehalten haben, *prāṇa* als Opfer in *apāna* und *apāna* in *prāṇa*.«

Und wieder der nächste Vers heißt:

apare niyatāhārāḥ prāṇān prāṇeṣu juhvati
sarve 'py ete yajñavido yajñakṣapita kalmaṣāḥ (IV/30)

»Andere schränken die Nahrungsaufnahme ein und gießen als Opfer die Vitalkraft ihres Lebensatems in den allumfassenden Lebensatem. Sie sind alle Wissende des Opfers und haben durch das Opfer ihre Sünde zunichte gemacht«.

Zur Verdeutlichung der oberen und der unteren Welt, von denen die *Bhagavad Gītā* erzählt, soll noch einmal wiederholt werden: die Anderen sind erlöste geistige Seelen und der Mensch, der übt, steht mit diesen in Verbindung. Er nimmt an den jenseitigen Reichen durch seine bewusste Gesinnungsart teil. Aus diesem Grunde heißt es trefflich und unzweideutig wie folgt: Sie sind Kenner des Opfers und sie sind von den Sünden rein geworden. Als weitere Erklärung lässt sich hierzu anführen, dass sie der Menschheit von oben herab eine Reinheit zuströmen lassen und sie in ihrem Gemüte und in ihrer Gesundheit erheben. In dieser konkreten Verbindung erscheint diese irdische Welt mit jenen metaphysischen Substanzen des Nachtodlichen und schließlich sogar des *brahman* unmittelbar korrespondierend und so sind sie konkret auf geistigem Wege miteinander tätig. So lebt sich das menschliche Potenzial, das sich einmal ausprägt, in *brahman* hinein; gleichsam als das Potenzial, als das Vermögen, als die direkte Nahrung legt sich dies hinein in *brahman* und von *brahman* schüttet sich diese Nahrung, die hineingegangen ist, wieder auf die weiteren Nachkommen aus. In der Schilderung wird auf die geistige Welt hingewiesen, in der im wahrsten Sinne eine Gabe lebt, denn Opfer ist Geben. Das, was mit dem Opfer angesprochen wird, ist ein Geben. So wie das menschliche Gemüt im Leben, das Loslassen lernt, einmal den Tod über sich ergehen lassen muss und nun ein größeres Bewusstsein erwartet, so ist der Atem der Weltenschöpfung immer im Sterben und größeren Auferstehen begriffen. Die Menschen müssen opfern, und das Opfer wird schließlich als Gabe beantwortet. Die Gabe strömt den Mitmenschen und sogar der ganzen Schöpfung, den Blumen, den Pflanzen und allem zu. Es heißt in einem weiteren, sehr schönen Vers:

yajñaśiṣṭāmṛta bhujo yānti brahma sanātanam
nā 'yaṁ loko 'sty ayajñasya kuto 'nyaḥ kurusattama (IV/31)

»Jene, welche die Überreste der Opfer ›essen‹, die gleich Nektar sind, gehen ein in das ewige *brahman*. Nicht einmal diese Welt ist für den Menschen bestimmt, der nicht Opfer bringt; wie kann dann die andere ihm gehören, o *Arjuna*?«

Es wird sehr direkt und kompromisslos jene unzweideutige fordernde Gesetzmäßigkeit geschildert, nach der für jemanden, der kein Opfer bringen kann, nicht einmal die physische Welt geeignet ist. Jener, der nicht handelt und nicht um Pflichten bemüht ist, wird in der *Bhagavad Gītā* schlecht behandelt, denn er hat keinen Platz in dieser Welt und damit soll gesagt werden, dass er noch gar nicht im Interesse der Entwicklung und des Menschseins handelt. Ohne Opfer kann der Mensch gar nicht geboren werden. Denn geistig geboren wird der Mensch aus *brahman*, dies will die Schrift des Erhabenen sagen. Er leistet Pflichten und gibt sich den Bedingungen des Daseins so selbstlos wie möglich hin und es strömt ihm schließlich jene geistige Dimension aus *brahman* zu. Das Selbst ist das Einzigartige und es wird im Menschen in Zusammenarbeit mit dem Geistigen geboren. Der Mensch ist ohne Entwicklung und Geistigkeit mehr oder weniger nur die Summe von Dämonen, oder wie es *Bhagavad Gītā* ausdrücken würde, eine Wesensnatur von astralen Kräften, die einer tierischen Instinktivität gehorchen. Die *Bhagavad Gītā* aber urteilt nicht, sondern sie spricht in erhabenem, ja, in großem Gleichmut diese Verhältnisse von oben und unten an. Sie sagt: diese Welt ist nur für die Menschen, die Opfer bringen. Menschen können sich nur wirklich inkarnieren, sie können nur ein Selbst erhalten, wenn das Opfer im Geiste gegeben ist. Und die, die das Opfer essen, erfreuen sich an diesem Nektar. Es ist das Opfer ein Nektar, es ist eine Gabe aus der geistigen Welt. *Bhuja* ist der Begriff für das Genießen. Das Essen ist nur ein etwas ungenauerer Ausdruck für das Entgegennehmen und das Empfangen der geistigen Gaben. Sie empfangen die Ströme des Seelischen und nehmen eine Gabe aus der geistigen Welt in sich auf. Die Asketen haben diese Gabe bereits in früheren Phasen der menschlichen Entwicklung in die Welt *brahmans* gebracht. Sie empfangen aus *brahman*, aus den Götterwelten, aus den großartigen, freien Welten, und das ist für sie ein Nektar. Das sagt dieser Vers aus. Aber wer dies nicht empfängt, der kann auch gar nicht geboren werden. So heißt es nun im nächsten Vers:

evaṁ bahuvidhā yajñā vitatā brahmaṇo mukhe
karmajān viddhi tān sarvān evaṁ jñātvā vimokṣyase (IV/32)

»So werden vielerlei Opfer vor *brahman* ausgebreitet. Wisse, dass sie alle aus Handlung hervorgehen; und wenn du dieses erkennst, so wirst du zur Freiheit gelangen.«

Aus den Handlungen gehen die Opfer hervor. Viele Opfer werden vor dem Gesicht des *brahman* ausgebreitet. Dieser letzte hier angeführte Vers beschließt damit die Schilderung über die Zusammenhänge von *brahman*, von der Welt des Geistes und den im Geiste weilenden Knechten, die dem Worte dienen und das irdische Leben erhalten.

Das vierte Kapitel ist vor allem auf die Erkenntnis ausgerichtet. Die *Bhagavad Gītā* schildert hier nicht eine dogmatische Enge, sie äußert vielmehr eine sehr weite Toleranz und schildert diese Geheimnisse in hohen, sehr direkten und unmittelbaren Beschreibungen, wie sie im Zusammenhang mit der gegenwärtigen Welt stehen. Der Leser kann sich schrittweise Begriffe und Bilder aneignen und diese zu Vorstellungen gestalten, schließlich über diese meditieren und langsam die kosmische große Analogie ergründen. Der Strebende auf dem Weg der Geistschule geht nicht fehl, wenn er über diese Verse oftmals meditiert und sich gute Interpretationen hierfür aneignet. Das menschliche Bewusstsein wird mit der Zeit in diese Welt der Gesetze von einer oberen und einer unteren Welt eindringen. Es bilden sich durch die Meditation die Samen der Begriffe und die Vorstellungen der großen geistigen Weltendimension. Mit der Zeit fließt dem Übenden durch die Hinwendung auch ein geistiges *agni*, ein Feuer zu und dieses bildet die Grundlage der Erkenntnis. Es ist *jñāna-agni*.

Dieser große Zusammenhang zwischen der oberen Welt und der unteren wird *Arjuna* immer wieder in neuen Variationen und mit neuen Aspekten erklärt. So sind es siebenhundert Verse mit meditativen Begriffen, die eine Schöpfungswahrheit beschreiben, eine Analogie, eine Welt des Geistes, die mit der irdischen sichtbaren Sinneserscheinung zusammenhängt und die inniglich mit der menschlichen Seele verwoben ist. Aber die Schöpfungs- und Bilderwelt in *brahman* ist letzten Endes doch die des Menschen selbst. Es ist in ganzer Konsequenz ein großartiges, einzigartiges und immer wieder neu erscheinendes Selbst, das sich im Individuum und in der ganzen Weltschöpfung generiert.[1]

---

1 Die *Bhagavad Gītā* lehrt nicht nur den Weg zur Erleuchtung, zu einem Aufgehen in einem Überbewusstsein, in *samādhi*, im seligen persönlichen Meditationserleben. Sie geht mit ihren Lehranweisungen am Beispiel mit dem Bogenschützen, der den menschlichen Willen repräsentiert und dem Wagenlenker, der hohe und höchste Gedanken in seiner Führungsinstanz darlegt, zu jener Anforderung der größtmöglichen Handlungsinitiative in weitreichender Freiheit über. Die Lehranweisungen betreffen den Einzelnen in seinem Aufstieg der unterscheidenden Weisheit (*viveka*) und der Kunst des Handelns, *yogaḥ karmasu kauśalam* (II/50), mit der er schließlich seine restliche Eigenbezogenheit überwindet und in einem hohen Streben zu den Weltengesetzen seine Pflicht in den Erdentagen erfüllt. Er soll nicht nur in einer Meditation seine höchste Seligkeitserfahrung gewinnen, sondern in einem integralen Wissen eine versöhnende Erfahrung erleben und im Handeln jene Fähigkeit darlegen, die ein befreites Aktivsein für die ganze Weltschöpfung zur Verfügung stellt, *muktasya karma*.

Der erste Vers und seine Triphonie

dharmakṣetra

Die Seelen in dem astralen Wirkungsfeld von *dharmaṣketra*.

dhṛtarāṣṭra uvāca
dharmakṣetre kurukṣetre
samavetā yuyutsavaḥ
māmakāḥ pāṇḍavāś cai 'va
kim akurvata saṁjaya
(I/1)

kurukṣetra – das Feld der Wirkungen

Dhṛitarāṣṭra sprach:
Als sie auf dem Felde von *kurukṣetra* versammelt waren, dem Felde der Ausarbeitung des *dharma* (Gesetz, Ordnung), ungestüm zur Schlacht drängend, was taten sie da, o *Saṁjaya*, mein Volk und die *Pāṇḍavas*?

In der Komposition bleiben die drei Kardinalsebenen der Weltenschöpfung von Geist, Seele und Erde im Gedächtnis.

Der letzte Vers vom Kapitel XVIII

Im Zentrum liegt der Glaube mit seiner Substanz des Gedankens, er ist Geist.

Die bewusst gewählte Opferleistung oder Tätigkeit bewegt sich auf der seelischen Ebene. Sie ist von Entscheidungen getragen.

Ein Wert, der ist (*sat*) oder ein Nicht-Wert (*asat*), der nicht ist.

aśraddhayā hutaṁ dattaṁ tapas taptaṁ kṛtaṁ ca yat
asad ity ucyate pārtha na ca tat pretya no iha
(XVII/28)

»Was immer getan wird ohne Glauben, o *Pārtha,* sei es die Opfergabe, das Spenden, die Askese oder sonst ein Werk, wird *asat* genannt. Es hat hier und auch im Jenseits keinen Wert.«

Erweiterte Übersetzung:
»Was auch immer ohne Bewusstsein eines klar gewählten Gedanken, ohne die Platzierung eines Ideals in Gedanken vollbracht wird und welche Buße auch immer ohne geeignete höhere Wahrnehmung und Ziele ausgeübt wird, gewinnt die Ordnung von *asat,* von einem Nicht-Sein. Dieses Nicht-Sein hat keinen Wert in der Welt, noch im Jenseits und es existiert gar nicht als Geistdimension, da es eben keinen Inhalt und keinen Gedanken trägt.«

Die Bhagavad Gītā

Kapitel XV - XVIII

XV Yoga des Höchsten Geistes – *puruṣottama*

Die drei *puruṣas*

śrī bhagavān uvāca
ūrdhvamūlam adhaḥśākham aśvatthaṁ prāhur avyayam
chandāṁsi yasya parṇāni yas taṁ veda sa vedavit

1. Der Erhabene sprach:
In seinem eigentlichen Ursprung oben (im Ewigen) verwurzelt und mit seinen Ästen ausgestreckt nach unten, sagt man von dem *aśwatta*-Baum, er sei ewig und unvergänglich. Seine Blätter sind die Hymnen des *Vedas*. Wer ihn kennt, ist der *Veda*-Kundige.

adhaś co 'rdhvaṁ prasṛtās tasya śākhā guṇapravṛddhā viṣayapravālāḥ
adhaś ca mūlāny anusaṁtatāni karmānubandhīni manuṣyaloke

2. Die Äste dieses kosmischen Baumes strecken sich nach unten und oben (nach unten in die materiellen, nach oben in die supraphysischen Ebenen). Sie wachsen durch die *guṇas* der Natur. Die sinnlich erfassbaren Gegenstände sind sein Laubwerk. Herunter in die Welt der Menschen senkt er seine Wurzeln der Verhaftung und des Verlangens mit der Folge endlos sich entwickelnden Handelns.

na rūpam asye 'ha tatho 'palabhyate nā 'nto na cā 'dir na ca saṁpratiṣṭhā
aśvattham enaṁ suvirūḍhamūlaṁ asaṅgaśastreṇa dṛḍhena chittvā

tataḥ padaṁ tat parimārgitavyaṁ yasmin gatā na nivartan i bhūyaḥ
tam eva cā 'dyaṁ puruṣaṁ prapadye yataḥ pravṛttiḥ prasṛtā purāṇī

3. – 4. Seine wirkliche Gestalt kann von uns in dieser materiellen Welt der Verkörperung des Menschen nicht wahrgenommen werden, auch nicht sein

Anfang und sein Ende und nicht sein Wurzelgrund. Wenn man aber diesen fest verwurzelten *aśwatta*-Baum mit dem scharfen Schwert des Freiseins von jeglicher Verhaftung abgehauen hat, sollte man nach jenem höchsten Ziel trachten. Wenn man dies erlangt hat, gibt es keinen Zwang mehr, ins sterbliche Leben zurückzukehren. »Ich mache mich auf den Weg« (sagt der Vedantische Vers) »um jene ursprüngliche Seele zu suchen, aus der jener uralte Drang zum Handeln hervorgeht.«

nirmānamohā jitasaṅgadoṣā adhyātmanityā vinivṛttakāmāḥ
dvandvair vimuktāḥ sukhaduḥkhasaṁjñair gacchanty amūḍhāḥ padam avyayaṁ tat

5. Und dies sind die Stufen auf dem Weg zum erhabenen Unendlichen: Frei sein von der Verwirrung durch die niedere *māyā*, frei sein von Ichhaftigkeit, den großen Fehler der Verhaftung überwunden, alles Verlangen zur Ruhe gebracht, den Gegensatz von Freude und Leid ausgetrieben haben und immer fest verankert sein in einem reinen spirituellen Bewusstsein.

na tad bhāsayate sūryo na śaśāṅko na pāvakaḥ
yad gatvā na nivartante tad dhāma paramaṁ mama

6. Dort finden wir das zeitlose Sein, das nicht erleuchtet wird durch Sonne, Mond und Feuer (sondern selbst das Licht der Gegenwart des ewigen *puruṣa* ist). Dorthin gelangt, kehren sie nicht zurück. Jenes ist der höchste, ewige Zustand Meines Seins.

mamai 'vā 'ṁśo jīvaloke jīvabhūtaḥ sanātanaḥ
manaḥ ṣaṣṭhānī 'ndriyāṇi prakṛtisthāni karṣati

7. Es ist ein ewiger Wesensteil von Mir, der in der Welt der lebendigen Geschöpfe zum *jīva* wird. Er entfaltet und hegt die subjektiven Kräfte von *prakṛiti*, das Mental und die fünf Sinne.

śarīraṁ yad avāpnoti yac cā 'py utkrāmatī 'śvaraḥ
gṛhītvai 'tāni saṁyāti vāyur gandhān ivā 'śayāt

8. Wenn der Herr diesen Körper annimmt (bringt er das Mental und die Sinne mit sich) und wenn er überdies noch weitergeht (indem er den Körper wieder ablegt), nimmt Er sie beim Weggehen wieder mit, so wie der Wind den Duft aus einer Blumenvase davonträgt.

śrotraṁ cakṣuḥ sparśanaṁ ca rasanaṁ ghrāṇam eva ca
adhiṣṭhāya manaś cā yaṁ viṣayān upasevate

9. Das Ohr, das Auge, den Tastsinn, den Geschmack und das Riechen – diese Sinne verwendet Er und ebenso den Verstand. Er erfreut sich der Gegenstände des Verstandes und der Sinne als die im Innern oder darüber wohnende Seele.

utkrāmantaṁ sthitaṁ vā 'pi bhuṁjānaṁ vā guṇānvitam
vimūḍhā nā nupaśyanti paśyanti jñāna cakṣuṣaḥ

10. Die Verblendeten nehmen Ihn nicht wahr bei seinem Kommen und Gehen, bei seinem Verharren in den Seins-Bestimmungen, bei deren Genuss und Abneigung. Die das Auge der Erkenntnis besitzen, nehmen Ihn wahr.

yatanto yoginaś cai 'naṁ paśyanty ātmany avasthitam
yatanto 'py akṛtātmāno nai 'naṁ paśyanty acetasaḥ

11. Die Yogins, die sich bemühen, erkennen den Herrn in sich selbst. Die Unwissenden aber, auch wenn sie danach streben, nehmen Ihn nicht wahr, da sie nicht durch die spirituelle Natur geprägt sind.

yad ādityagataṁ tejo jagad bhāsayate 'khilam
yac candramasi yac cā 'gnau tat tejo viddhi māmakam

12. Das Licht der Sonne, das diese ganze Welt erleuchtet, und das Licht, das im Mond ist und im Feuer, – erkenne dieses Licht als das Meinige!

gām āviśya ca bhūtāni dhārayāmy aham ojasā
puṣṇāmi cau 'ṣadhīḥ sarvāḥ somo bhūtvā rasātmakaḥ

13. Ich bin in diese irdische Form eingetreten (und bin der Geist ihrer materiellen Kraft) und erhalte durch Meine Macht diese Menge von Wesen. Ich bin die Gottheit des *Somas*, die durch *rasa* (den aufsteigenden Saft in der Erd-Mutter) alle Pflanzen und Bäume ernährt.

ahaṁ vaiśvānaro bhūtvā prāṇināṁ deham āśritaḥ
prāṇāpānasamāyuktaḥ pacāmy annaṁ caturvidham

14. So bin Ich zur Flamme des Lebens geworden und erhalte den physischen Körper der lebendigen Geschöpfe, und vereinigt mit *prāṇa* und *apāna* verdaue Ich die vier Arten der Nahrung (die gekaute, die eingesaugte, die geleckte und die getrunkene Nahrung, der Übersetzer)

sarvasya cā 'haṁ hṛdi saṁniviṣṭo mattaḥ smṛtir jñānam apohanaṁ ca
vedaiś ca sarvair aham eva vedyo vedāntakṛd vedavid eva cā 'ham

15. Ich wohne im Herzen aller. Aus Mir stammen das Gedächtnis und das Wissen und deren Abwesenheit. Und das, was von allen *Veden* (und in allen Formen des Wissens) gewusst wird, das bin Ich. Und Ich bin in der Tat der Kenner des *Vedas* und der Verfasser des *Vedantas*.

dvāv imau puruṣau loke kṣaraś cā 'kṣara eva ca
kṣaraḥ sarvāṇi bhūtāni kūṭastho 'kṣara ucyate

16. Es gibt zwei *puruṣas* (spirituelle Wesen) in dieser Welt: den Unwandelbaren (und Überpersönlichen) und den Wandelbaren (und Persönlichen). Der Wandelbare ist zu allen diesen Wesen geworden. Der *kūṭastha* (das hocherhabene Bewusstsein des Zustands des *brahman*) wird der Unwandelbare genannt.

uttamaḥ puruṣas tv anyaḥ paramātme 'ty udhāhṛtaḥ
yo lokatrayam āviśya bibharty avyaya īśvaraḥ

17. Aber ein anderer als diese beiden ist jener höchste Geist, der das erhabene Selbst genannt wird. Er geht in die drei Welten ein und trägt und erhält sie, der unvergängliche Höchste.

yasmāt kṣaram atīto 'ham akṣarād api co 'ttamaḥ
ato 'smi loke vede ca prathitaḥ puruṣottamaḥ

18. Da Ich jenseits des Veränderlichen und größer bin als der Unwandelbare selbst, werde Ich in der Welt und im *Veda* als der *puruṣottama* verkündet (als das erhabene Selbst).

yo mām evam asaṁmūḍho jānāti puruṣottamam
sa sarvavid bhajati māṁ sarva bhāvena bhārata

19. Wer so, von Täuschungen befreit, das Wissen von Mir als dem *puruṣottama* besitzt, der verehrt Mich (hat *bhakti* für Mich) mit all seiner Erkenntnis und jeder Äußerung seines natürlichen Wesens.

iti guhyatamaṁ śāstram idam uktaṁ mayā 'nagha
etad buddhvā buddhimān syāt kṛtakṛtyaś ca bhārata

20. So ist dir nun, Sündloser, von Mir das Allergeheimste *śāstra* (die höchste Lehre und Wissenschaft) mitgeteilt worden. Es völlig zu kennen heißt, in seinem Verstehen vollendet und erfolgreich zu sein im höchsten Sinne.

XVI Yoga der Unterscheidung von göttlicher und ungöttlicher Art

Deva und *Asura*

śrī bhagavān uvāca
abhayaṁ sattvasaṁśuddhir jñānayoga vyavasthitiḥ
dānaṁ damaś ca yajñaś ca svādhyāyas tapa ārjavam

ahiṁsā satyam akrodhas tyāgaḥ śāntir apaiśunam
dayā bhūteṣv aloluptvaṁ mārdavaṁ hrīr acāpalam

tejaḥ kṣamā dhṛtiḥ śaucam adroho nā 'timānitā
bhavanti saṁpadaṁ daivīm abhijātasya bhārata

1. – 3. Der Erhabene sprach:
Dies sind die Reichtümer des Menschen, der in die göttliche Art hineingeboren wurde: Furchtlosigkeit, Läuterung des Temperaments, Beständigkeit im Yoga der Erkenntnis, Spenden, Selbstbeherrschung, Opferbereitschaft, das Studium der Schriften, Askese, Aufrichtigkeit und Geradheit, Nichtschädigung anderer, Wahrhaftigkeit, Freisein von Zorn, Selbstverleugnung, Stillesein, Freisein vom Suchen nach Kritik, Mitleid mit allen Wesen, Nicht-habgierig-Sein, Güte, Bescheidenheit, Freisein von Ruhelosigkeit, Kraftvoll-Sein, Bereitsein zum Vergeben, Reinheit, Freisein von Neid und Stolz.

dambho darpo 'bhimānaś ca krodhaḥ pāruṣyam eva ca
ajñānaṁ cā 'bhijātasya pārtha saṁpadam āsurīm

4. Und dies, o *Pārtha*, ist der Besitz des Menschen, der in die *asurische* Natur hineingeboren wurde: Hochmut, Anmaßung, maßloser Eigendünkel, Zorn, Hartherzigkeit und Unwissenheit.

daivī saṁpad vimokṣāya nibandhāyā 'surī matā
mā śucaḥ saṁpadaṁ daivīm abhijāto 'si pāṇḍava

5. Die *deva*-Eigenschaften führen zur Befreiung, die *asura*-Eigenschaften zur Gebundenheit. Sei unbesorgt, o *Pāṇḍava*, du bist in die *deva*-Natur hineingeboren.

dvau bhūtasargau loke 'smin daiva āsura eva ca
daivo vistaraśaḥ prokta āsuraṁ pārtha me śṛṇu

6. Es gibt zwei Arten von Geschöpfen in dieser materiellen Welt: die von der Art der *devas* und die von der Art der *asuras*. Die *deva*-Art habe ich dir ausführlich beschrieben. Höre nun, o *Pārtha*, auch über die *asura*-Art.

pravṛttiṁ ca nivṛttiṁ ca janā na vidur āsurāḥ
na śaucaṁ nā 'pi cā 'cāro na satyaṁ teṣu vidyate

7. Die *asurischen* Menschen haben kein wahres Wissen über den Weg des Handelns oder über den Weg der Enthaltung. In ihnen ist keine Wahrheit, kein reines Handeln und keine gläubige Einhaltung der Regeln.

asatyam apratiṣṭhaṁ te jagad āhur anīśvaram
aparasparasaṁbhūtaṁ kim anyat kāmahaitukam

8. »Die Welt ist ohne Gott«, sagen sie, »sie ist nicht wirklich, nicht auf die Wahrheit gegründet, zustande gekommen durch wechselseitige Vereinigung, mit Verlangen als einziger Ursache, eine Welt des Zufalls.«

etāṁ dṛṣṭim avaṣṭabhya naṣṭātmāno 'lpabuddhayaḥ
prabhavanty ugrakarmāṇaḥ kṣayāya jagato 'hitāḥ

9. Die *asurischen* Menschen stützen sich auf diese Weltanschauung. Durch deren Unwahrheit zerstören sie ihre Seelen und ihre Vernunft und werden sie zum Mittelpunkt oder Werkzeug einer wilden, titanischen, gewalttätigen Aktion, eine Macht der Zerstörung in der Welt, eine Quelle der Rechtsverletzung und des Bösen.

kāmam āśritya duṣpūraṁ dambhamānamadānvitāḥ
mohād gṛhītvā 'sadgrāhān pravartante 'śucivratāḥ

10. Ihrer unersättlichen Begierde frönend, anmaßend, überheblich und trunken vor Hochmut, betören sich diese fehlgeleiteten Seelen selbst, beharren sie auf ihren falschen und eigensinnigen Zielen und verfolgen stur den unreinen Entschluss ihres Verlangens.

cintām aparimeyāṁ ca pralayāntām upāśritāḥ
kāmopabhogaparamā etāvad iti niścitāḥ

11. Sie bilden sich ein, Begierde und Genuss seien das einzige Ziel des Lebens, und sind (in ihrem unbeherrschten und unersättlichen Jagen nach diesem Ziel) bis zum Augenblick ihres Todes die Beute verzehrender, maßlos zunehmender Sorge und Gedanken, Anstrengung und Angst.

āśāpāśaśatair baddhāḥ kāmakrodhaparāyaṇāḥ
īhante kāmabhogārtham anyāyenā 'rthasaṁcayān

idam adya mayā labdham imaṁ prāpsye manoratham
idam astī 'dam api me bhaviṣyati punar dhanam

asau mayā hataḥ śatrur haniṣye cā 'parān api
īśvaro 'ham ahaṁ bhogī siddho 'haṁ balavān sukhī

āḍhyo 'bhijanavān asmi ko 'nyo 'sti sadṛśo mayā
yakṣye dāsyāmi modiṣya ity ajñānavimohitāḥ

12. – 15. Durch hundert Fesseln gebunden, von Zorn und Lust verzehrt, unermüdlich davon besessen, ungerechte Gewinne anzuhäufen, die ihrem Lebensgenuss und der Befriedigung ihrer Begierde dienen sollen, haben sie immer nur den einen Gedanken: »Heute habe ich diesen Gegenstand, den ich begehrte, gewonnen; morgen werde ich jenen anderen haben. Heute besitze ich soviel Reichtum; morgen werde ich noch mehr bekommen. Diesen meiner Feinde habe ich umgebracht; die übrigen werde ich auch noch umbringen. Ich bin der Herr und König der Menschen. Ich bin vollkommen, tadellos, stark, glücklich, erfolgreich. Ich habe das Privileg, die Welt zu genießen. Reich bin ich und von hoher Geburt. Wer kommt mir gleich? Ich werde opfern, spenden, genießen.«

aneka citta vibhrāntā moha jāla samāvṛtāḥ
prasaktāḥ kāmabhogeṣu patanti narake 'śucau

16. Derart besessen von vielen ichhaften Gedanken, Illusionen hingegeben und der Befriedigung des Verlangens zugetan (verrichten sie Werke, aber auf falsche Weise, sind sie ungemein aktiv, aber nur für sich selbst, ihre Begierde und ihren Genuss, nicht für Gott in ihrem eigenen Innern und Gott im Menschen), stürzen sie hinab in die unreine Hölle ihres eigenen Übels.

ātmasaṁbhāvitāḥ stabdhā dhanamānamadānvitāḥ
yajante nāmayajñais te dambhenā 'vidhipūrvakam

17. Sie opfern und spenden nicht nach der rechten Ordnung, sondern aus ichsüchtiger Prahlerei, aus Eitelkeit und mit unverschämtem und törichtem Stolz.

ahaṁkāraṁ balaṁ darpaṁ kāmaṁ krodhaṁ ca saṁśritāḥ
māṁ ātmaparadeheṣu pradviṣanto 'bhyasūyakāḥ

18. Im Egoismus ihrer Stärke und Macht, in der Gewalttätigkeit ihres Zorns und ihrer Anmaßung hassen, verachten und schmähen sie Gott, der verborgen in ihnen wohnt, und Gott im Menschen.

tān ahaṁ dviṣataḥ krurān saṁsāreṣu narādhamān
kṣipāmy ajasram aśubhān āsurīṣv eva yoniṣu

19. Diese hochmütigen Hasser (des Guten und Gottes), diese Bösen, Grausamen, Gemeinsten unter den Menschen in der Welt, schleudere Ich ständig wieder hinunter in immer mehr *asurische* Geburten.

āsurīṁ yonim āpannā mūḍhā janmani janmani
māṁ aprāpyai 'va kaunteya tato yānty adhamāṁ gatim

20. In *asurische* Schöße geworfen, von Geburt zu Geburt irregeführt, finden sie Mich nicht (da sie nicht nach Mir suchen) und sinken in den niedrigsten Zustand der Seele hinab.

trividhaṁ narakasye 'daṁ dvāraṁ nāśanam ātmanaḥ
kāmaḥ krodhas tathā lobhas tasmād etat trayaṁ tyajet

21. Dreifach sind die Tore zur Hölle: Verlangen, Zorn und Habgier, die Zerstörer der Seele. Darum soll sich der Mensch von ihnen lossagen.

etair vimuktaḥ kaunteya tamodvārais tribhir naraḥ
ācaraty ātmanaḥ śreyas tato yāti parāṁ gatim

22. Frei geworden von diesen Pforten der Finsternis, o Sohn der *Kuntī*, begibt sich der Mensch auf den Weg zu seinem eigenen höheren Wohl und gelangt zum höchsten Zustand der Seele.

yaḥ śāstravidhim utsṛjya vartate kāmakārataḥ
na sa siddhim avāpnoti na sukhaṁ na parāṁ gatimi

23. Wer die Gebote des *śāstra* verworfen hat und den Verführungen des Verlangens folgt, erlangt nicht Vollkommenheit, nicht Glück, nicht den höchsten Zustand der Seele.

tasmāc chāstraṁ pramāṇaṁ te kāryākāryavyavasthitau
jñātvā śāstravidhānoktaṁ karma kartum ihā 'rhasi

24. Darum lass das *śāstra* deine Autorität sein, die darüber entscheidet, was getan und was nicht getan werden soll! Im Wissen um das, was durch die Gebote des *śāstra* verkündet worden ist, solltest du in dieser Welt dein Werk verrichten.

XVII Yoga der Dreigeteiltheit des Glaubens

Guṇas, Glaube und Werke

arjuna uvāca
ye śāstravidhim utsṛjya yajante śraddhayā 'nvitāḥ
teṣāṁ niṣṭhā tu kā kṛṣṇa sattvam āho rajas tamaḥ

1. *Arjuna* sprach:
Wenn die Menschen, von Glauben erfüllt, Gott oder den Göttern opfern, aber das Gesetz des *śāstra* aufgegeben haben, von welcher Art ist jener konzentrierte Wille verehrungsvoller Hingabe in ihnen, *niṣṭha*, der ihnen diesen Glauben gibt und sie zu dieser Art des Handelns bewegt, o *Kṛiṣṇa*? Ist er aus *sattva*, *rajas* oder *tamas*?

śrī bhagavān uvāca
trividhā bhavati śraddhā dehināṁ sā svabhāvajā
sāttvikī rājasī cai 'va tāmasī ce 'ti tāṁ śṛṇu

2. Der Erhabene sprach:
Der Glaube in den verkörperten Wesen ist wie alle Dinge in der Natur von dreifacher Art und unterschiedlich gemäß der in ihrer Natur vorherrschenden Eigenschaft: *sattva*, *rajas* oder *tamas*. Höre nun von diesen!

sattvānurūpā sarvasya śraddhā bhavati bhārata
śraddhāmayo 'yaṁ puruṣo yo yacchraddhaḥ sa eva saḥ

3. Der Glaube eines jeden Menschen, o *Bhārata*, nimmt die Prägung an, die ihm durch den Stoff seines Wesens gegeben wird. Der *puruṣa*, die Seele im Menschen, ist gleichsam aus *śraddhā* gebildet: aus einem Glauben, einem Willen zum Dasein, einem Vertrauen auf das eigene Selbst und auf das Sein. Und was auch immer in ihm dieser Wille, dieses Vertrauen oder dieser grundlegende Glaube ist: er ist jenes, und jenes ist er.

yajante sāttvikā devān yakṣarakṣāṁsi rājasāḥ
pretān bhūtagaṇāṁś cā 'nye yajante tāmasā janāḥ

4. Die *sattva*-geprägten Menschen bringen ihre Opfer den Göttern dar, die *rajas*-geprägten den *Yakṣas* (Hütern des Reichtums) und den Kräften der *Rakṣasa*. Die übrigen, die *tamas*-geprägten Menschen verehren mit ihrem Opfer die Elementarkräfte und niederen Geister.

aśāstravihitaṁ ghoraṁ tapyante ye tapo janāḥ
dambhāhaṁkāra saṁyuktāḥ kāma rāga balānvitāḥ

karṣayantaḥ śarīrasthaṁ bhūtagrāmam acetasaḥ
māṁ cai 'vā 'ntaḥśarīrasthaṁ tān viddhy āsuraniścayān

5. – 6. Die Menschen, die im Gegensatz zum *śāstra*, voll Anmaßung und Ichsucht, gewaltsame Kasteiungen vornehmen, die unter dem Zwang ihrer Begierden und Leidenschaften stehen, deren mentale Denkkraft noch so unreif ist, dass sie den Organismus der Elemente, die ihren Körper bilden, quälen, und die auch Mich beunruhigen, der Ich im Körper wohne, – von diesen Menschen wisse, dass sie in ihren Entschlüssen *asurisch* sind.

āhāras tv api sarvasya trividho bhavati priyaḥ
yajñas tapas tathā dānaṁ teṣāṁ bhedam imaṁ śṛṇu

7. Auch die Nahrung, die einer gern hat, ist von dreifachem Charakter, ebenso wie sein Opfer, seine Askese, seine Spende. Höre dies über ihren Unterschied!

āyuḥ sattva balārogya sukha prīti vivardhanāḥ
rasyāḥ snigdhāḥ sthirā hṛdyā āhārāḥ sāttvikapriyāḥ

8. Das *sattva*-Temperament im mentalen und physischen Körper wendet sich seiner Natur gemäß den Dingen zu, die das Leben, die innere und äußere Stärke vermehren und sowohl die mentale, vitale und physische Kraft nähren, wie sie auch die Freuden, die Befriedigung und das Wohlbefinden von Sinn, Leben und Körper erhöhen, also allem was kraftvoll und mild, stärkend und hungerstillend ist.

kaṭvam lalavaṇātyuṣṇa tīkṣṇa rūkṣa vidāhinaḥ
āhārā rājasasye 'ṣṭā duḥkha śokāmaya pradāḥ

9. Das *rajas*-Temperament bevorzugt seiner Natur gemäß eine Nahrung, die stark säuernd, scharf, heiß, beißend, roh, zu schwer und brennend ist, Speisen, die sich als gesundheitsschädigend und im Unwohlsein von Geist und Körper auswirken.

yātayāmaṁ gatarasaṁ pūti paryuṣitaṁ ca yat
ucchiṣṭam api cā 'medhyaṁ bhojanaṁ tāmasapriyam

10. Das *tamas*-Temperament findet ein perverses Vergnügen an kalter, unreiner, verdorbener, fauler oder geschmackloser Nahrung oder akzeptiert sogar, wie die Tiere halbaufgegessene Überreste von anderen.

aphalākāṅkṣibhir yajño vidhidṛṣṭo ya ijyate
yaṣṭavyam eve 'ti manaḥ samādhāya sa sāttvikaḥ

11. *Sattva*-artig ist das Opfer, das von Menschen dargebracht wird ohne Begehren der persönlichen Frucht und das nach den richtigen Prinzipien vollzogen wird: mit dem Verstand, auf den Gedanken konzentriert, dass jede Tat, die getan wird, als Opfer getan wird.

abhisaṁdhāya tu phalaṁ dambhārtham api cai 'va yat
ijyate bharataśreṣṭha taṁ yajñaṁ viddhi rājasam

12. Als *rajas*-artig sollst du, o Bester der *Bharatas*, dasjenige Opfer ansehen, das dargebracht wurde im Hinblick auf persönlichen Lohn und auch zur Schaustellung.

vidhihīnam asṛṣṭānnaṁ mantrahīnam adakṣiṇam
śraddhāvirahitaṁ yajñaṁ tāmasaṁ paricakṣate

13. Als *tamas*-artig gilt ein Opfer, wenn es nicht im Einklang mit der rechten Ordnung des *śāstra* vollzogen wurde, wenn keine Speise dargebracht, kein *mantra* verwendet und keine Gabe geopfert wurde und es leer ist an Glauben.

deva dvija guru prājña pūjanaṁ śaucam ārjavam
brahmacaryam ahiṁsā ca śārīraṁ tapa ucyate

14. Als Askese des Körpers wird bezeichnet: die Verehrung, die man der Gottheit darbringt, dem Zweimal-Geborenen, dem spirituellen Führer, dem Weisen; ferner Sauberkeit, Aufrichtigkeit im Umgang, sexuelle Reinheit, das Vermeiden des Tötens und des Verletzens anderer.

anudvegakaraṁ vākyaṁ satyaṁ priyahitaṁ ca yat
svādhyāyābhyasanaṁ cai 'va vāṅmayaṁ tapa ucyate

15. Von Askese der Rede spricht man, wenn die Rede anderen keine Unannehmlichkeiten bereitet, wahrhaftig, freundlich und wohltuend ist und die Schriften studiert werden.

manaḥprasādaḥ saumyatvaṁ maunam ātmavinigrahaḥ
bhāvasaṁśuddhir ity etat tapo mānasam ucyate

16. Als Askese der mentalen Kräfte gilt: eine klare und ruhige Heiterkeit des Gemüts, Freundlichkeit, Schweigen, Selbstbeherrschung, Läuterung des gesamten Temperaments.

śraddhayā parayā taptaṁ tapas tat trividhaṁ naraiḥ
aphalākāṅkṣibhir yuktaiḥ sāttvikaṁ paricakṣate

17. *Sattva*-artig nennt man diese dreifache Askese, wenn sie im höchsten erleuchteten Glauben, ohne Verlangen nach Belohnung und harmonisch ausgeübt wird.

satkāra māna pūjārthaṁ tapo dambhena cai 'va yat
kriyate tad iha proktaṁ rājasaṁ calam adhruvam

18. *Rajas*-artig heißt die Askese, die unbeständig und flüchtig ist und unternommen wird, um Ehre und Verehrung von den Menschen zu ernten, um des äußeren Ruhmes und der eigenen Größe und Schaustellung willen.

mūḍhagrāheṇā 'tmano yat pīḍayā kriyate tapaḥ
parasyo 'tsādanārthaṁ vā tat tāmasam udāhṛtam

19. Als *tamas*-artig wird die Askese bezeichnet, wenn ihr eine nebelhafte oder illusionäre Idee zugrunde liegt, wenn sie unter Anstrengungen und selbstauferlegten Leiden durchgeführt wird oder sonst mit einer besonderen Kraftanstrengung in der Absicht, anderen Schaden zuzufügen.

dātavyam iti yad dānaṁ dīyate 'nupakāriṇe
deśe kāle ca pātre ca tad dānaṁ sāttvikaṁ smṛtam

20. Spenden geschieht nach Art des *sattva*, wo man es um des Gebens und Wohltuns willen tut und den beschenkt, der die Wohltat nicht erwidert und die Spende unter den rechten Umständen von Zeit und Ort und an den richtigen Empfänger austeilt (der würdig ist und für den die Gabe eine wirkliche Hilfe bedeuten kann).

yat tu pratyupakārārthaṁ phalam uddiśya vā punaḥ
dīyate ca parikliṣṭaṁ tad dānaṁ rājasaṁ smṛtam

21. Spenden ist von der Art des *rajas*, wenn die Gabe unwillig gegeben wird oder unter Vergewaltigung seiner selbst oder mit persönlichem und ichhaftem Zweck oder in der Hoffnung auf Rückerstattung in irgendeiner Form.

adeśakāle yad dānam apātrebhyaś ca dīyate
asatkṛtam avajñātaṁ tat tāmasam udāhṛtam

22. Spenden ist von der Art des *tamas*, wenn die Gabe ohne jede Erwägung der rechten Umstände von Zeit, Ort und Zweck, wenn sie ohne Rücksicht auf

die Gefühle des Empfängers gegeben wird, so dass dieser sie verachtet, selbst wenn er sie annimmt.

auṁ tat sat iti nirdeśo brahmaṇas trividhaḥ smṛtaḥ
brāhmaṇās tena vedāś ca yajñāś ca vihitāḥ purā

23. Die Formel *auṁ-tat-sat* ist die dreifache Bestimmung des *brahman*, durch den in alten Zeiten die *brāhmaṇa*, die Veden und die Opfer geschaffen wurden.

tasmād aum ity udāhṛtya yajña dāna tapaḥ kriyāḥ
pravartante vidhānoktāḥ satataṁ brahmavādinām

24. Darum werden von den Kennern *brahmans* die Opferhandlungen, das Spenden und die Askese stets mit dem Aussprechen von *aum* (OM) eingeleitet, wie es in den Regeln niedergelegt ist.

tad ity anabhisaṁdhāya phalaṁ yajña tapaḥ kriyāḥ
dāna kriyāś ca vividhāḥ kriyante mokṣakāṅkṣibhiḥ

25. Mit dem Aussprechen von *tat* und ohne Verlangen nach Lohn werden von den Suchern nach Befreiung die mannigfachen Handlungen des Opfers, der Askese und des Spendens vollzogen.

sadbhāve sādhubhāve ca sad ity etat prayujyate
praśaste karmaṇi tathā sacchabdaḥ pārtha yujyate

26. *Sat* bedeutet ›gut‹, und es bedeutet auch ›sein‹. Darum, o *Pārtha*, wird dieses Wort auch verwendet im Sinne eines guten Werkes (denn alle guten Werke bereiten die Seele für die höhere Wirklichkeit unseres Seins vor).

yajñe tapasi dāne ca sthitiḥ sad iti co 'cyate
karma cai 'va tadarthīyaṁ sad ity evā 'bhidhīyate

27. *Sat* ist alle Beständigkeit im Opfern, Spenden und in der Askese und sind alle Werke, die unter diesem zentralen Gesichtspunkt getan werden als Opfer, Spende und Askese (denn diese Handlungen bilden die Grundlage für die höchste Wahrheit unseres Geistes).

aśraddhayā hutaṁ dattaṁ tapas taptaṁ kṛtaṁ ca yat
asad ity ucyate pārtha na ca tat pretya no iha

28. Was immer getan wird ohne Glauben, o *Pārtha*, sei es die Opfergabe, das Spenden, die Askese oder sonst ein Werk, wird *asat* genannt. Es hat hier und auch im Jenseits keinen Wert.

XVIII Yoga der Befreiung

A. *Guṇas*, Mental und Werke

arjuna uvāca
saṁnyāsasya mahābāho tattvam icchāmi veditum
tyāgasya ca hṛṣīkeśa pṛthak keśiniṣūdana

1. *Arjuna* sprach:
Ich möchte, o Starkarmiger, das Prinzip von *saṁnyāsa* kennenlernen, das Prinzip von *tyāga*, o *Hṛiṣīkeśa*, und den Unterschied zwischen beiden, o *Keśiniṣūdana*.

śrī bhagavān uvāca
kāmyānāṁ karmaṇāṁ nyāsaṁ saṁnyāsaṁ kavayo viduḥ
sarva karma phala tyāgaṁ prāhus tyāgaṁ vicakṣaṇāḥ

2. Der Erhabene sprach:
Die Weisen haben unter *saṁnyāsa* das Ablegen (oder Beiseitelegen) begehrter Handlungen verstanden. *tyāga* ist der Name, den die Weisen einem völligen Aufgeben der Verhaftung an die Frucht des Handelns gegeben haben.

tyājyaṁ doṣavad ity eke karma prāhur manīṣiṇaḥ
yajña dāna tapaḥ karma na tyājyam iti cā 'pare

3. »Von jeglichem Handeln sollte man Abstand nehmen, weil es ein Übel ist«, erklären einige gelehrte Männer. »Die Handlungen des Opferns, des Spendens und der Askese dürfen nicht aufgegeben werden«, sagen andere.

niścayaṁ śṛṇu me tatra tyāge bharata sattama
tyāgo hi puruṣa vyāghra trividhaḥ samprakīrtitaḥ

4. Höre, wie Ich Mich hinsichtlich der Entsagung (*tyāga*) entschieden habe, o Bester der *Bharatas*. Denn auch die Entsagung im Handeln ist, o Tiger der Menschen, als von dreifacher Art erklärt worden.

yajña dāna tapaḥ karma na tyājyaṁ kāryam eva tat
yajño dānaṁ tapaś cai 'va pāvanāni manīṣiṇām

5. Auf die Handlungen des Opferns, des Spendens und der Askese sollte auf keinen Fall verzichtet werden. Sie sollen vollzogen werden, denn sie läutern den Weisen.

etāny api tu karmāṇi saṅgaṁ tyaktvā phalāni ca
kartavyānī 'ti me pārtha niścitaṁ matam uttamam

6. Aber, o *Pārtha*, selbst diese Handlungen sollen unbedingt vollzogen werden, indem man Verhaftung und Lohn beiseite lässt.

niyatasya tu saṁnyāsaḥ karmaṇo no 'papadyate
mohāt tasya parityāgas tāmasaḥ parikīrtitaḥ

7. Verzicht auf Handlungen, die nach der heiligen Vorschrift dargebracht werden, ist wahrlich nicht geeignet. Wenn man aus Unwissenheit auf sie verzichtet, ist der Verzicht *tamas*-artig.

duḥkham ity eva yat karma kāyakleśa bhayāt tyajet
sa kṛtvā rājasaṁ tyāgaṁ nai 'va tyāgaphalaṁ labhet

8. Wer das Wirken aufgibt, weil es Sorgen oder dem Fleisch Kummer bereitet, leistet damit einen *rajas*-artigen Verzicht und erlangt nicht die Frucht seiner Entsagung.

kāryam ity eva yat karma niyataṁ kriyate 'rjuna
saṅgaṁ tyaktvā phalaṁ cai 'va sa tyāgaḥ sāttviko mataḥ

9. Wer aber eine den heiligen Vorschriften entsprechende Handlung vollzieht, weil sie getan werden muss, und dabei keine Verhaftung, weder zur Handlung als solcher, noch zu der Frucht dieses Handelns, entsteht, dessen Entsagung gilt als *sattva*-artig.

na dveṣṭy akuśalaṁ karma kuśale nā 'nuṣajjate
tyāgī sattvasamāviṣṭo medhāvī chinnasaṁśayaḥ

10. Der weise Mensch, der sich der Zweifel entledigt hat und der Entsagung übt im Licht seines völlig *sattva*-geprägten Mentals, hat keine Abneigung gegen unerfreuliches und keine Bindung an erfreuliches Handeln.

na hi dehabhṛtā śakyaṁ tyaktuṁ karmāṇy aśeṣataḥ
yas tu karmaphala tyāgī sa tyāgī 'ty abhidhīyate

11. In der Tat können die verkörperten Wesen nicht auf jegliches Wirken verzichten. Wer aber die Frucht seines Handelns aufgibt, von dem sagt man mit Recht, dass er ein Entsagender ist.

aniṣṭam iṣṭaṁ miśraṁ ca trividhaṁ karmaṇaḥ phalam
bhavaty atyāgināṁ pretya na tu saṁnyāsināṁ kvacit

12. Die drei Arten von Ergebnis – erfreulich, unerfreulich und vermischt – existieren in dieser oder jener Welt, in diesem oder jenem Leben nur für die Sklaven des Begehrens und des Ichs. Am freien Geist bleiben diese Dinge nicht haften.

pañcai 'tāni mahābāho kāraṇāni nibodha me
sāṁkhye kṛtānte proktāni siddhaye sarvakarmaṇām

13. Erfahre von Mir, o Starkarmiger, die folgenden fünf Ursachen, wie sie vom *Sāṅkhya* für die Vollendung allen Wirkens niedergelegt worden sind.

adhiṣṭhānaṁ tathā kartā karaṇaṁ ca pṛthagvidham
vividhāś ca pṛthakceṣṭā daivaṁ cai 'vā 'tra pañcamam

14. Diese fünf sind: der Körper, die handelnde Person, die verschiedenen Werkzeuge, die vielerlei Bemühungen und schließlich das Schicksal.

śarīravāṅmanobhir yat karma prārabhate naraḥ
nyāyyaṁ vā viparītaṁ vā pañcai 'te tasya hetavaḥ

15. Diese fünf Elemente bilden unter allem andern die wirksamen Ursachen, *karana*, die Form und Ergebnis von jeglichem Werk bestimmen, das der Mensch mit Mental, Rede und Körper ausführt.

tatrai 'vaṁ sati kartāram ātmānaṁ kevalaṁ tu yaḥ
paśyaty akṛta buddhitvān na sa paśyati durmatiḥ

16. Da es sich so verhält, hat wahrlich derjenige, der aus unwissendem Verstand das reine Selbst als den Täter ansieht, eine verdrehte Vernunft. Er erkennt nicht.

yasya nā 'haṁkṛto bhāvo buddhir yasya na lipyate
hatvā 'pi sa imāṁl lokān na hanti na nibadhyate

17. Wer frei ist vom Ich-Sinn und in seiner Vernunft nicht beeinträchtigt wird, der tötet nicht, auch wenn er diese Völker erschlagen würde, und wird durch sein Handeln nicht gebunden.

jñānaṁ jñeyaṁ parijñātā trividhā karmacodanā
karaṇaṁ karma karte 'ti trividhaḥ karmasaṁgrahaḥ

18. Die Erkenntnis, der Gegenstand der Erkenntnis und der Erkennende sind drei Dinge, die den mentalen Impuls zum Handeln bilden. Ferner gibt es drei Dinge, die die Handlungen zusammenhalten und möglich machen: der Handelnde, das Werkzeug des Handelns und das vollzogene Werk.

jñānaṁ karma ca kartā ca tridhai 'va guṇabhedataḥ
procyate guṇasaṅkhyāne yathāvac chṛṇu tāny api

19. Erkenntnis, Handlung und Täter sind, nach dem *Sāṅkhya*, von dreifacher Art gemäß der Verschiedenheit der *guṇas* (Seinsbestimmungen). Erfahre auch über diese entsprechend.

sarvabhūteṣu yenai 'kaṁ bhāvam avyayam īkṣate
avibhaktaṁ vibhakteṣu taj jñānaṁ viddhi sāttvikam

20. Erkenne als *sattva*-artig jene Erkenntnis, durch die man das eine unvergängliche Sein in allem Werden und das eine unteilbare Ganze in allen diesen Teilerscheinungen wahrnimmt.

pṛthaktvena tu yaj jñānaṁ nānābhāvān pṛthagvidhān
vetti sarveṣu bhūteṣu taj jñānaṁ viddhi rājasam

21. Aber betrachte als *rajas*-artig jene Erkenntnis, die in allen diesen Wesen die Vielfalt der Dinge nur in der Getrenntheit und Verschiedenheit ihrer Wirkweisen sieht.

yat tu kṛtsnavad ekasmin kārye saktam ahaitukam
atattvārthavad alpaṁ ca tat tāmasam udāhṛtam

22. Die *tamas*-artige Erkenntnis ist eine kleinliche und enge Art, die Dinge zu betrachten, die keinen Blick hat für die wirkliche Natur der Welt. Sie klammert sich an einen einzigen Prozess oder an ein einziges gewohntes Verfahren des Wirkens, als ob dies das Ganze wäre (ohne Vorausschau oder eine das Ganze überblickende Vernunft).

niyataṁ saṅgarahitam arāgadveṣataḥ kṛtam
aphalaprepsunā karma yat tat sāttvikam ucyate

23. Wird eine Handlung nach der rechten Ordnung vollzogen ohne Verhaftung, Gefallen oder Missfallen (an ihrem Reiz oder ihrer Langweiligkeit) von einem Menschen, der kein Begehren nach ihrer Frucht hegt, dann wird sie *sattva*-artig genannt.

yat tu kāmepsunā karma sāhaṁkāreṇa vā punaḥ
kriyate bahulāyāsaṁ tad rājasam udāhṛtam

24. Wird aber eine Handlung von einem Menschen unternommen unter der Herrschaft des Begehrens oder mit Ich-bestimmtem Gefühl der eigenen Person beim Handeln oder wird sie mit ungewöhnlichem Kraftaufwand ausgeführt (mit angespanntem Willen, um das Ziel des Begehrens zu erreichen), nennt man sie *rajas*-artig.

anubandhaṁ kṣayaṁ hiṁsām anapekṣya ca pauruṣam
mohād ārabhyate karma yat tat tāmasam ucyate

25. Wird die Handlung unter Illusionen begangen (im mechanischen Gehorsam gegenüber Instinkten, Trieben und blinden Ideen) ohne Rücksicht auf die eigene Kraft und Fähigkeit, ohne Vorausschau auf die Folgen, auf die Kraftvergeudung und das anderen zugefügte Unrecht, dann gilt sie als *tamas*-artig.

muktasaṅgo 'nahaṁvādī dhṛtyutsāhasamanvitaḥ
siddhyasiddhyor nirvikāraḥ kartā sāttvika ucyate

26. Handelt der Täter frei von Verhaftung, frei von Ichhaftigkeit, voll fester, unpersönlicher Entschlossenheit, mit ruhiger Geradheit seiner Hingabe, weder hochgestimmt bei Erfolg, noch niedergeschlagen bei Misserfolg, dann wird er *sattva*-geprägt genannt.

rāgī karmaphalaprepsur lubdho hiṁsātmako 'śuciḥ
harṣaśokānvitaḥ kartā rājasaḥ parikīrtitaḥ

27. Hängt der Handelnde voll Eifer an seinem Werk, ist er leidenschaftlich verlangend nach dessen Frucht, ist er habgierig, unrein, oft gewalttätig, grausam und brutal in den Mitteln, die er anwendet, voll Freude (bei Erfolg) und voll Kummer (bei Misserfolg), dann gilt er als *rajas*-geprägt.

ayuktaḥ prākṛtaḥ stabdhaḥ śaṭho naiṣkṛtiko 'lasaḥ
viṣādī dīrghasūtrī ca kartā tāmasa ucyate

28. Handelt einer unter nur mechanischem Einsatz seiner mentalen Kräfte (setzt er sich bei seinem Tun nicht richtig ein), ist er stupide und eigensinnig, verschlagen und anmaßend, träge, leicht entmutigt und zaudernd, dann gilt er als *tamas*-geprägt.

buddher bhedaṁ dhṛteś cai 'va guṇatas trividhaṁ śṛṇu
procyamānam aśeṣeṇa pṛthaktvena dhanaṁjaya

29. Auch Verstand und Beharrlichkeit sind gemäß den Seinsbestimmungen von dreierlei Art. Vernimm, wie sie miteinander verbunden und getrennt sind, o *Dhanaṁjaya*!

pravṛttiṁ ca nivṛttiṁ ca kāryākārye bhayābhaye
bandhaṁ mokṣaṁ ca yā vetti buddhiḥ sā pārtha sāttvikī

30. Jener Verstand, der das Gesetz des Handelns und das Gesetz des Verzichts auf das Handeln erkennt, der die Sache, die getan werden soll, zu unterscheiden vermag von der Sache, die man unterlassen soll, und das, was man fürchten soll, von dem, wovor man sich nicht fürchten soll, und der erkennt, was den Geist des Menschen fesselt und was ihn befreit, ein solcher Verstand, o *Pārtha*, ist *sattva*-artig.

yayā dharmam adharmaṁ ca kāryaṁ cā 'kāryam eva ca
ayathāvat prajānāti buddhiḥ sā pārtha rājasī

31. Jener Verstand, der nur auf verkehrte Weise zwischen Recht und Unrecht unterscheidet, zwischen dem, was getan werden muss, und dem, was nicht getan werden darf, dieser Verstand, o *Pārtha*, ist *rajas*-artig.

adharmaṁ dharmam iti yā manyate tamasā 'vṛtā
sarvārthān viparītāṁś ca buddhiḥ sā pārtha tāmasī

32. Jener Verstand, in Dunkelheit gehüllt, der sich an das hält, was nicht das wahre Gesetz ist, und dies zum geltenden Gesetz erklärt, der alle Dinge getrübt durch falsche Auffassungen sieht, dieser Verstand, o *Pārtha*, ist *tamas*-artig.

dhṛtyā yayā dhārayate manaḥ prāṇendriya kriyāḥ
yogenā 'vyabhicāriṇyā dhṛtiḥ sā pārtha sāttvikī

33. Jene Beharrlichkeit, die ohne Schranken ist, mit der man durch Yoga das Mental und die Sinne und das Leben beherrscht, o *Pārtha*, ist *sattva*-artig.

yayā tu dharma kāmārthān dhṛtyā dhārayate 'rjuna
prasaṅgena phalākāṅkṣī dhṛtiḥ sā pārtha rājasī

34. Jene Beharrlichkeit jedoch, o *Arjuna*, mit der man Recht und Gerechtigkeit (*dharma*) festhält, Vorteil (*artha*) und Vergnügen (*kāma*) mit starkem Verhaftetsein an die Früchte seines Wirkens begehrt, eine solche Beharrlichkeit, o *Pārtha*, ist *rajas*-artig.

yayā svapnaṁ bhayaṁ śokaṁ viṣādaṁ madam eva ca
na vimuñcati durmedhā dhṛtiḥ sā pārtha tāmasī

35. Jene Beharrlichkeit, mit der man aus Unwissenheit nicht ablässt von Verschlafenheit, Furcht, Kummer, Niedergeschlagenheit und Hochmut, die, o *Pārtha*, ist *tamas*-artig.

sukhaṁ tv idānīṁ trividhaṁ śṛṇu me bharatarṣabha
abhyāsādramate yatra duḥkhāntaṁ ca nigacchati

yat tad agre viṣam iva pariṇāme 'mṛtopamam
tat sukhaṁ sāttvikaṁ proktam ātmabuddhiprasādajam

36. – 37. Und nun höre noch von Mir, du Stier der *Bharatas*, wie auch die Freude von dreifacher Art ist. Als *sattva*-artig gilt die Freude, in der man durch Selbstdisziplin zum wahren Glück gelangt und die dem Leiden ein Ende bereitet. Am Anfang schmeckt sie wie Gift, aber am Ende ist sie wie Nektar. Diese Freude entspringt aus der Zufriedenheit des höheren Mentals und des Geistes.

viṣayendriyasaṁyogād yat tad agre 'mṛtopamam
pariṇāme viṣam iva tat sukhaṁ rājasaṁ smṛtam

38. Als *rajas*-artig wird jene Freude gewertet, die aus der Berührung der Sinne mit ihren Gegenständen entspringt. Am Anfang schmeckt sie wie Nektar, aber am Ende wie Gift.

yad agre cā 'nubandhe ca sukhaṁ mohanam ātmanaḥ
nidrālasya pramādotthaṁ tat tāmasam udāhṛtam

39. Als *tamas*-artig wird jene Freude bezeichnet, an deren Anfang Verblendung steht und aus der Verblendung erfolgt, die aus Verschlafenheit, Trägheit und Unwissenheit hervorgeht.

B. *Svabhāva* und *svadharma*

na tad asti pṛthivyāṁ vā divi deveṣu vā punaḥ
sattvaṁ prakṛtijair muktaṁ yad ebhiḥ syāt tribhir guṇaiḥ

40. Es gibt keine Wesenheit, weder auf Erden noch im Himmel unter den Göttern, die nicht den Wirkweisen dieser drei Seinsbestimmungen (*guṇas*) unterworfen wäre, die in der Natur ihren Ursprung haben.

brāhmaṇakṣatriyaviśāṁ śūdrāṇāṁ ca paraṁtapa
karmāṇi pravibhaktāni svabhāvaprabhavair guṇaiḥ

41. Das Handeln der *brahmāṇa*, der *kṣatrya*, der *vaiśya* und der *śūdra* wird nach den Seinsbestimmungen eingeteilt, die in ihrer eigenen inneren Natur ihren Ursprung haben.

śamo damas tapaḥ śaucaṁ kṣāntir ārjavam eva ca
jñānaṁ vijñānam āstikyaṁ brahmakarma svabhāvajam

42. Das Handeln des *brahmāna* ist bestimmt durch Stille, Selbstbeherrschung und Askese, durch Reinheit, geduldiges Ertragen, Redlichkeit, Erkenntnis und Anerkennung der spirituellen Wahrheit. Es hat seinen Ursprung in seinem *svabhava*.

śauryaṁ tejo dhṛtir dākṣyaṁ yuddhe cā 'py apalāyanam
dānam īśvarabhāvaś ca kṣātraṁ karma svabhāvajam

43. Das seinem Wesen entsprechende Handeln des *kṣatrya* liegt im Heldentum und in der Begeisterung, in der Entschlossenheit und in der Tüchtigkeit, im Nichtweichen in der Schlacht, im Geben reicher Spenden, in seinem Herrscher-Sinn (*īśvara-bhāva*, dem Temperament des Herrschers und Führers).

kṛṣi gaurakṣya vāṇijyaṁ vaiśyakarma svabhāvajam
paricaryātmakaṁ karma śūdrasyā 'pi svabhāvajam

44. Das seiner Wesenslage entsprechende Handeln des *vaiśya* besteht in Ackerbau und Viehzucht, im Handel einschließlich der Arbeit des Handwerkers und des Künstlers. Alles Handeln, das den Charakter des Dienens hat, fällt unter die natürlichen Obliegenheiten des *śūdra*.

sve sve karmaṇy abhirataḥ saṁsiddhiṁ labhate naraḥ
svakarmanirataḥ siddhiṁ yathā vindati tac chṛṇu

45. Der Mensch, der bedacht ist auf das seiner eigenen Wesenslage entsprechende Werk, erlangt Vollkommenheit. Höre nun, wie derjenige Vollkommenheit erlangt, der sein ihm angeborenes Werk verrichtet!

yataḥ pravṛttir bhūtānāṁ yena sarvam idaṁ tatam
svakarmaṇā tam abhyarcya siddhiṁ vindati mānavaḥ

46. Wenn er durch sein eigenes Wirken Ihn verehrt, in dem alle Wesen ihren Ursprung haben, von dem dies ganze Weltall durchwaltet ist, dann erlangt ein Mensch Vollkommenheit.

śreyān svadharmo viguṇaḥ paradharmāt svanuṣṭhitāt
svabhāvaniyataṁ karma kurvan nā 'pnoti kilbiṣam

47. Es ist besser, dass er bei dem seinem eigenen Wesensgesetz entsprechenden Wirken bleibt, auch wenn dies in sich selbst unvollkommen ist, als wenn er ein seinem Wesen fremdes Gesetz gut ausführt. Wenn man in Übereinstimmung mit dem Gesetz der eigenen Natur handelt, begeht man keine Sünde.

sahajaṁ karma kaunteya sadoṣam api na tyajet
sarvārambhā hi doṣeṇa dhūmenā 'gnir ivā 'vṛtāḥ

48. Das dir eingeborene Werk, o Sohn der *Kuntī*, darfst du nicht aufgeben, auch wenn es mit Mängeln behaftet ist. Alle Handlungen (innerhalb der drei *guṇas*) sind mit Mängeln behaftet, so wie das Feuer vom Rauch verhüllt ist.

C. Hin zum höchsten Geheimnis

asaktabuddhiḥ sarvatra jitātmā vigataspṛhaḥ
naiṣkarmyasiddhiṁ paramāṁ saṁnyāsenā 'dhigacchati

49. Wenn der Verstand den Dingen nicht verhaftet ist, die Seele selbstbeherrscht ist und frei von Verlangen, dann erlangt ein Mensch durch Entsagung die höchste Vollkommenheit des *naiṣkarmya*.

siddhiṁ prāpto yathā brahma tathā 'pnoti nibodha me
samāsenai 'va kaunteya niṣṭhā jñānasya yā parā

50. Wie nun ein Mensch, wenn er dergestalt Vollkommenheit erlangt hat, hingelangt zum *brahman*, das vernimm von mir, o Sohn der *Kuntī*, diese höchst konzentrierte Weisung des Wissens.

buddhyā viśuddhayā yukto dhṛtyā 'tmānaṁ niyamya ca
śabdādīn viṣayāṁs tyaktvā rāgadveṣau vyudasya ca

viviktasevī laghvāśī yatavākkāyamānasaḥ
dhyānayogaparo nityaṁ vairāgyaṁ samupāśritaḥ

ahaṁkāraṁ balaṁ darpaṁ kāmaṁ krodhaṁ parigraham
vimucya nirmamaḥ śānto brahmabhūyāya kalpate

51. – 53. Man ist fähig zum *brahman* zu werden, wenn man die geläuterte Vernunft mit der reinen spirituellen Substanz in uns in die Einheit eingehen lässt; wenn man sein ganzes Wesen mit festem und stetem Willen beherrscht; wenn man Verzicht übt auf den Ton und die anderen Gegenstände der Sinne; wenn man sich zurückzieht von jeder Zu- und Abneigung; wenn man die Abgeschiedenheit pflegt ohne ichhafte Motive; wenn man enthaltsam lebt, Rede, Körper und Mental beherrscht; wenn man ständig geeint ist mit seinem innersten Selbst in der Meditation; wenn man Verlangen und Verhaftung aufgegeben hat; wenn man Ichsucht, Gewalttätigkeit und Anmaßung, Begierde und Zorn, Sinn und Instinkt des Besitzen-Wollens abgelegt hat; wenn man frei geworden ist von ›ich‹ und ›mein‹; wenn man still und heiter-gelassen ist.

brahmabhūtaḥ prasannātmā na śocati na kāṅkṣati
samaḥ sarveṣu bhūteṣu madbhaktiṁ labhate parām

54. Wenn einer zum *brahman* wurde, heiter im Selbst, sich nicht mehr grämt und nicht mehr begehrt, wenn er gleichmütig allen Wesen gegenüber wurde, dann erreicht er die höchste Liebe und Verehrung zu Mir.

bhaktyā mām abhijānāti yāvān yaś cā 'smi tattvataḥ
tato māṁ tattvato jñātvā viśate tad anaṁtaram

55. Durch die Verehrung erkennt er, wer und welche Fülle Ich bin, Meine ganze Wirklichkeit und alle Grundsätze Meines Seins. Wer Mich so erkannt hat, der geht ein in Jenen (*puruṣottama*).

sarvakarmāṇy api sadā kurvāṇo madvyapāśrayaḥ
matprasādād avāpnoti śāśvataṁ padam avyayam

56. Und gründet er auch alle seine Handlungen stets auf Mich, erlangt er durch Meine Gnade den ewigen und unvergänglichen Zustand.

D. Das höchste Geheimnis

cetasā sarvakarmāṇi mayi saṁnyasya matparaḥ
buddhiyogam upāśritya maccittaḥ satataṁ bhava

57. Weihe Mir alles, was du bist, gib all dein Handeln im Bewusstsein auf und versenke es in Mir! Mache Gebrauch vom Yoga des Willens und der Vernunft und sei ohne Unterlass in Herz und Bewusstsein eins mit Mir!

maccittaḥ sarvadurgāṇi matprasādāt tariṣyasi
atha cet tvam ahaṁkārān na śroṣyasi vinaṅkṣyasi

58. Bist du zu allen Zeiten eins mit Mir in Herz und Bewusstsein, dann wirst du durch Meine Gnade sicher durch jeden schwierigen und gefährlichen Engpass schreiten. Willst du aber aus Ichsucht nicht hören, wirst du ins Verderben sinken.

yad ahaṁkāram āśritya na yotsya iti manyase
mithyai 'ṣa vyavasāyas te prakṛtis tvāṁ niyokṣyati

59. Vergeblich ist dein Entschluss, den du in deiner Ichsucht denkst, indem du sagst: »Ich will nicht kämpfen!« Deine Natur soll dich zu deinem Werk berufen.

svabhāvajena kaunteya nibaddhaḥ svena karmaṇā
kartuṁ ne 'cchasi yan mohāt kariṣyasy avaśo 'pi tat

60. Und was aus deiner Verblendung heraus du nicht zu tun wünschst, o *Kaunteya*, das wirst du gegen deinen Willen tun, gebunden durch dein eigenes Handeln, das aus deinem *svabhāva* entspringt.

īśvaraḥ sarvabhūtānāṁ hṛddeśe 'rjuna tiṣṭhati
bhrāmayan sarvabhūtāni yantrārūḍhāni māyayā

61. Der Herr, o *Arjuna*, wohnt im Herzen von allen Wesen, bewegt sie, die wie an einen Mechanismus gebunden sind, durch Seine *māyā*.

tam eva śaraṇaṁ gaccha sarva bhāvena bhārata
tatprasādāt parāṁ śāntiṁ sthānaṁ prāpsyasi śāśvatam

62. Zu Ihm nimm deine Zuflucht auf allen Wegen deines Seins! Durch Seine Gnade sollst du eingehen in den höchsten Frieden und ewigen Zustand.

iti te jñānam ākhyātaṁ guhyād guhyataraṁ mayā
vimṛśyai 'tad aśeṣena yathe 'cchasi tathā kuru

63. So habe Ich dir ein Wissen mitgeteilt, das geheimer ist als alles, was verborgen ist. Wenn du gründlich darüber nachgedacht hast, handle wie du es für richtig hältst.

sarvaguhyatamaṁ bhūyaḥ śṛṇu me paramaṁ vacaḥ
iṣṭo 'si me dṛḍham iti tato vakṣyāmi te hitam

64. Höre weiter Mein allergeheimstes, Mein erhabenes Wort, das Ich jetzt zu dir spreche! Zu deinem Besten sage Ich es dir, denn du bist Mir innig lieb.

manmanā bhava madbhakto madyājī māṁ namaskuru
mām evai 'ṣyasi satyaṁ te pratijāne priyo 'si me

65. Sei Mir zugeneigt! Werde Mein Mich Liebender und Verehrender, ein Mir Opfernder! Beuge dich vor Mir! Dann wirst du zu Mir gelangen. Dies ist Mein Wort und Versprechen an dich, denn du bist Mir lieb.

sarvadharmān parityajya mām ekaṁ śaraṇaṁ vraja
ahaṁ tvā sarvapāpebhyo mokṣayiṣyāmi mā śucaḥ

66. Gib alle *dharma* auf und nimm deine Zuflucht allein zu Mir! Ich werde dich von aller Sünde und allem Übel befreien, sei unbekümmert!

idaṁ te nā 'tapaskāya nā 'bhaktāya kadācana
na cā 'śuśrūṣave vācyaṁ na ca māṁ yo 'bhyasūyati

67. Nie sollst du hierüber zu jemandem sprechen, der nicht Askese übt, nie zu jemand, der nicht verehrt, nie zu dem, der nicht dient. Und gewiss nicht zu dem, der Mich verachtet und Meiner spottet (der Ich im menschlichen Körper wohne).

ya idaṁ paramaṁ guhyaṁ madbhakteṣv abhidhāsyati
bhaktiṁ mayi parāṁ kṛtvā māmevai 'ṣyaty asaṁśayaḥ

68. Doch wer in tiefster Verehrung für Mich dies erhabene Geheimnis unter Meinen Verehrern verkündigt, gelangt gewiss zu Mir.

na ca tasmān manuṣyeṣu kaścin me priya kṛttamaḥ
bhavitā na ca me tasmād anyaḥ priyataro bhuvi

69. Und es gibt niemanden unter den Menschen, der Mir Lieberes täte, und niemand in dieser Welt wird Mir lieber sein.

adhyeṣyate ca ya imaṁ dharmyaṁ saṁvādam āvayoḥ
jñānayajñena tenā 'ham iṣṭaḥ syām iti me matiḥ

70. Wer sich in dieses unser heiliges Zwiegespräch vertieft, von dem werde Ich verehrt mit dem Opfer der Erkenntnis.

śraddhāvān anasūyaś ca śṛṇuyād api yo naraḥ
so 'pi muktaḥ śubhāṁl lokān prāpnuyāt puṇya karmaṇām

71. Auch wer, erfüllt von Glauben und ohne Widerspruch, auf diese Botschaft lauscht, wird befreit und erlangt die seligen Welten des Gerechten.

kaccid etac chrutaṁ pārtha tvayai 'kāgreṇa cetasā
kaccid ajñānasaṁmohaḥ pranaṣṭas te dhanaṁjaya

72. Ist dies alles aufmerksam von dir, o *Pārtha*, aufgenommen worden? Ist deine Verblendung, o *Dhanaṁjaya*, die begründet war in Unwissenheit, nun beseitigt?

arjuna uvāca
naṣṭo mohaḥ smṛtir labdhā tvatprasādān mayā 'cyuta
sthito 'smi gatasaṁdehaḥ kariṣye vacanaṁ tava

73. *Arjuna* sprach:
Beseitigt ist meine Verblendung. Durch Deine Gnade, o Unfehlbarer, habe ich meine Erinnerung wiedergewonnen. Nun bin ich stark, und meine Zweifel sind zerstreut. Ich werde nach Deinen Worten handeln.

saṁjaya uvāca
ity ahaṁ vāsudevasya pārthasya ca mahātmanaḥ
saṁvādam imam aśrauṣam adbhutaṁ romaharṣaṇam

74. *Saṁjaya* sprach:
So vernahm ich dies wunderbare Gespräch zwischen *Vāsudeva* und *Pārtha*, der großen Seele, und es ließ mir die Haare zu Berge stehen.

vyāsaprasādāc chrutavān etad guhyam ahaṁ param
yogaṁ yogeśvarāt kṛṣṇāt sākṣāt kathayataḥ svayam

75. Durch *Vyāsas* Huld erfuhr ich diesen Yoga, der das höchste Geheimnis ist, unmittelbar von *Kṛiṣṇa*, dem göttlichen Meister des Yogas, der es selbst verkündigt hat.

rājan saṁsmṛtya-saṁsmṛtya saṁvādam imam adbhutam
keśavārjunayoḥ puṇyaṁ hṛṣyāmi ca muhur-muhuḥ

76. O König, wenn ich dessen gedenke und mich immer wieder dieser wunderbaren und heiligen Zwiesprache zwischen *Keśava* (*Kṛiṣṇa*) und *Arjuna* erinnere, bin ich stets von neuem entzückt.

tac ca saṁsmṛtya-saṁsmṛtya rūpam atyadbhutaṁ hareḥ
vismayo me mahān rājan hṛṣyāmi ca punaḥ-punaḥ

77. Auch wenn ich immer wieder dieser wunderbaren Gestalt von *Hari* gedenke, o König, bin ich stets aufs Neue entzückt.

yatra yogeśvaraḥ kṛṣṇo yatra pārtho dhanurdharaḥ
tatra śrīr vijayo bhūtir dhruvā nītir matir mama

78. Wo auch immer *Kṛiṣṇa* ist, der Meister des Yogas, und wo immer *Pārtha* ist, der Bogenschütze, – dort sind zweifellos Ruhm, Sieg und Gedeihen. Und dort steht auch die unwandelbare Gerechtigkeit.

Anhang

Sanskrit und seine Aussprache

Die vielseitige wortreiche und grammatikalisch fein ausdifferenzierte Sanskritsprache führt sich auf das Erleben von kosmischen Klängen zurück. Der Laut, in Buchstaben materiell gekleidet, erreicht über den Luftstrom die menschlichen Sprechorgane und diese geben beispielsweise mit den Gutturalen k, kh, g, gh oder ṅ den Laut aus der Kehle wieder. Die Palatale c, ch, j, jh, und ñ werden im Gaumen gebildet. Die Dentale unterscheiden sich in echte Laute wie t, th, d, dh und n, bei denen die Zunge bis an die Zähne gelangt, während bei den Cerebralen, bei denen das t mit einem Punkt (ṭ) und auch das d mit einem Punkt (ḍ) gekennzeichnet ist, die Zunge nur am Zahndamm anstößt.

Sehr bedeutungsvoll ist das sogenannte *visarga*, das ḥ, das zusammen mit den Labialen b oder bh eine besondere, weiche Hauchform einnimmt. Es erhebt die weichen Konsonanten zu einem Semivokal. Am Ende des Wortes darf dieses ḥ in der Aussprache nicht unterschlagen werden, sondern betont noch einmal mit einem großen Aushauchen den letzten Buchstaben.

Eine weitere Bedeutung gewinnt der *anusvāra*, ein m mit einem hochgestellten Punkt: ṁ. Die nachfolgenden Konsonanten werden infolge dieses vorausgegangenen Konsonanten anders betont, beispielsweise werden das h, y, v, r, l und die drei s (s, ś, ṣ) wie »oung« betont. Weitere feine Abstimmungen, die aber für die weitere Darstellung nicht wichtig sind, ergeben sich wie automatisch.

Es werden die Zischlaute, ein scharfes ś, ein weicheres ṣ (beide wie sch gesprochen) und ein normales s unterschieden.

Die Vokale gliedern sich in lange und kurze und geben der Sprache einen Rhythmus. Das r mit einem Punkt (ṛ) ist ebenfalls mit einem leichten i zu sprechen und wie ein Selbstlaut zu verstehen, beispielsweise in dem Wort *ṛṣi*, dem Seher (im Text wurde das i um der besseren Lesbarkeit willen ergänzt). Ein kurzes e und o existieren in Sanskrit nicht, sie sind in der Betonung immer lang zu nehmen.

Grundsätzlich wird die Sanskritsprache nicht emotional betont, wie es beispielsweise ganz auffällig die italienische Sprache vorweist. Alle Rezitationen von Sanskritversen finden entweder im flüssigen Sprechgesang oder in rhythmischem Singen statt, jedoch ohne starke Höhen, Tiefen oder extreme Akzentuierungen.

Bei allen Sanskritrezitationen sollte sich der Meditierende unbedingt bewusst bleiben, dass ein oberes oder kosmisches Verhältnis nach der Erde tendiert und es in Worten durch die Sprechwerkzeuge wiedergegeben wird. Die Wiederholung des Mantra OM geschieht beispielsweise in Beziehung mit dem gesamten Atemraum. Dieses Mantra besteht aus drei Buchstaben, A U M und die ersten beiden Vokale ziehen sich zu einem Diphtong, einem O zusammen. Bei der Rezitation sollte eine feine Andeutung des A bleiben. Die Ausatmung geschieht am Anfang relativ weit. Wenn sich dann der Laut dem M annähert, schließt sich der Mund und am Ende klingt das M mit geschlossenen Lippen als Summton nach.

Der 23. Vers des 17. Kapitels spricht die Wortformel *auṁ tat sat* aus. In dieser Formulierung befinden sich einige Dentale. Den Anfang bildet das Mantra OM mit seiner Weite des A, der Verbindung mit dem U und der Manifestation des Konsonanten M. Bewegung und Nachklang der Bewegung entwickeln sich aus dieser Dreiheit. Das Wort *tat* heißt dies und *sat* ist das Sein. Der Blick bei diesem kurzen und deutlichen Mantra wird genau durch die Buchstaben und relative Kürze der Worte auf eine konkrete Wirklichkeit gelenkt. Dies ist das Sein, *tat sat*. Eine Bewegung, die jedoch nahezu durch die klar geformten Dentale eine punktuelle konzentrierte Wirklichkeit erhält, lebt in den einfachen Worten. *Auṁ tat sat* besitzt deshalb wie alle weiteren Sanskritverse nicht nur einen tiefgreifenden Bedeutungsinhalt, sondern belegt mathematisch genau eine logische und kosmische Proportion. Aus diesem Grunde ist das Sanskrit wie eine Art mathematische und konkrete Wirklichkeit zu verstehen, die aus dem Kosmos ihre Gesetze bis in die irdische Welt spiegelt.

Literaturhinweise

Rudolf Steiner,
Die okkulten Grundlagen der Bhagavad Gita,
Die Bhagavad Gita und die Paulusbriefe
Beides Rudolf Steiner Verlag, Dornach

Sri Aurobindo, Essays über die Gita,
Verlag Hinder+Deelmann, Gladenbach

Svāmī Śivānanda, Shirmad Bhagavad Gita,
Shivananda Yoga Vedanta Zentrum, Kitzbühel

Sathya Sai Baba, Die Weisheit der Bhagavad Gita
Sathya-Sai-Verlag, Steinfurt

Zum Autor

Heinz Grill ist 1960 in Wasserburg am Inn geboren und lebt heute in Lundo, Italien. Er ist spiritueller Lehrer, Autor und Begründer eines Geistschulungsweges, der die Grundlagen zur Durchdringung der verschiedenen Lebensbereiche mit geistigen Inhalten ermöglicht. Vielen Hundert Menschen hat er mit seiner Arbeit Zugang zu den geistigen Gesetzmäßigkeiten des Lebens eröffnet und ihrem Lebensauftrag nähergebracht. Es ist aber vor allem seine Person selbst, die durch die Authentizität ihrer geistigen Schau und ihrer außergewöhnlichen Heilkraft fasziniert.

Zur *Bhagavad Gītā* existieren wertvolle Interpretationen, beispielsweise die Essays von Śrī Aurobindo oder die Vorträge von Rudolf Steiner. Die Inhalte dieses hier vorliegenden Buches stehen nach meiner Einschätzung in einem engen inneren Bezug zu diesen Schriften, sie knüpfen aber nicht unmittelbar an diese an, sondern sind ganz aus der eigenen Erkenntnisarbeit und Erfahrung entwickelt.

Aus diesem Grund atmet in diesen Texten auch der gleiche freie, nicht von Verhaftungen einer materialistischen Welt tangierte Geist, wie in der *Bhagavad Gītā* selbst. Ich halte dieses Buch für eine fundierte, auch für jeden Laien ohne Vorkenntnisse zugängliche Hinführung an die *Bhagavad Gītā*. Es ist gleichzeitig ein Schulungsbuch, das die Realisierung des in der *Gītā* aufgezeigtes Entwicklungsweges gerade auch in der heutigen Zeit ermöglicht.

Stephan Wunderlich, Verleger